二十一世纪"双一流"建设系列精品教材

现代国际投资学

XIANDAI GUOJI TOUZIXUE

主　编　吕朝凤　周学智
副主编　支宏娟　朱丹丹　陈燕鸿

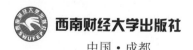
西南财经大学出版社

中国·成都

图书在版编目（CIP）数据

现代国际投资学/吕朝凤,周学智主编;支宏娟,朱丹丹,陈燕鸿副
主编.—成都:西南财经大学出版社,2022.12
ISBN 978-7-5504-5320-3

Ⅰ.①现…　Ⅱ.①吕…②周…③支…④朱…⑤陈…　Ⅲ.①国际投资
Ⅳ.①F831.6

中国版本图书馆 CIP 数据核字（2022）第 065753 号

现代国际投资学
主　编　吕朝凤　周学智
副主编　支宏娟　朱丹丹　陈燕鸿

策划编辑:李　琼
责任编辑:刘佳庆
责任校对:李思嘉
封面设计:墨创文化
责任印制:朱曼丽

出版发行	西南财经大学出版社(四川省成都市光华村街55号)
网　　址	http://cbs. swufe. edu. cn
电子邮件	bookcj@ swufe. edu. cn
邮政编码	610074
电　　话	028-87353785
照　　排	四川胜翔数码印务设计有限公司
印　　刷	郫县犀浦印刷厂
成品尺寸	185mm×260mm
印　　张	23.25
字　　数	524 千字
版　　次	2022 年 12 月第 1 版
印　　次	2022 年 12 月第 1 次印刷
印　　数	1— 1000 册
书　　号	ISBN 978-7-5504-5320-3
定　　价	48.00 元

序

人类社会进入 21 世纪，各国的经济社会发展交融渗透。尽管存在某些逆全球化的杂音，但不容置疑的是经济全球化和投资自由化的程度在进一步加深。产业链和供应链相互交织使得国际投资已成为国与国之间经济活动和社会联系的重要纽带，对国家间的政治、经济和社会关系产生了深刻的影响。

由于世界经济格局的发展变化，以跨国公司为主要载体的国际投资出现了一些新的发展趋势，即以中国为代表的发展中国家在国际投资领域开始扮演越来越重要的角色，其中中国因其吸收国际直接投资的快速增长成为全球瞩目的焦点。与此同时，进入 21 世纪，中国的对外投资也呈现迅猛增长的态势。当前，经济全球化发展步入新阶段，中国特色社会主义进入新时代，中国的经济发展、国际资本储备均已达到较高水平，已经初步具备较强的资本对外输出能力。习近平同志指出："我国经济正在实现从引进来到引进来和走出去并重的重大转变，已经出现了市场、资源能源、投资'三头'对外深度融合的新局面。"因此，在世界范围内优化国际投资布局，在注重规模扩张的同时提升投资的质量，既有利于中国经济的高质量发展，也有助于世界经济的良性循环。

当今世界正经历百年未有之大变局，全球投资环境日趋复杂，经济风险、政治风险、法律风险和社会风险此起彼伏，但经济全球化的大趋势不可逆转。我们需要在坚持习近平同志提出的人类命运共同体的基本理念下，对复杂多变的全球经济、政治环境下的国际投资展开更加深入的研究和探索。国际投资学涵盖面极广，既有深厚的学术理论基础，又有极强的现实指导意义；既包括偏重实体经济的直接投资，又包括具有金融属性的间接投资；既涉及经济，又涉及政治、法律、政策等。对以上内容进行有序、科学的梳理，去粗取精，是一项有难度却又非常有意义的工作。

为了对复杂的国际投资活动进行全面的研究和概括，也为了更好地传播国际投资理论知识和指导国际投资实践活动，西南财经大学等院校的专家学者特编写了

《现代国际投资学》一书。本书的编写坚持马克思主义立场与观点，坚持学术与历史视角，不仅全面梳理了当代国际投资学的理论与方法，而且从马克思主义理论出发对相关理论进行了辨析；不仅涵盖国际投资的基本理论，而且兼顾了国际投资实务方面的专题；不仅侧重于探讨国际普遍关注的经典案例与西方国家的国际投资行为，而且对中国对外直接投资进行了梳理。

本书的主要特色如下：

前瞻性强。本书的编写团队理论功底扎实，长期致力于国际投资学和世界经济的相关领域研究。全书在梳理当代经典理论和研究框架的基础上，概括了当前权威的国际投资理论，总结了现有的国际投资实践活动，对国际投资学的未来发展方向进行了有益的探索，初步形成了一套较为系统的现代国际投资理论体系，许多命题和专题都具有较强的前沿性。

规范实用。本书的撰写工作严谨规范，严格尊重原有文献的思想和逻辑，参考国际国内文献千余篇。本书所有的理论和论据均基于权威文献和数据库，并在文中一一进行了标注，方便读者进行进一步的理论探究。同时本书详细梳理了中国国际投资状况，并对教材的体系进行了创新性安排，章节安排符合国际投资学课程教学要求，并配有相应习题供读者学习使用。本书所附的教学 PPT、习题答案，有助于教师教学和学生自学。

学科交叉。本书具有学科交叉的特点，不仅包括国际投资的主要内容，还包括与国际投资相关的国际贸易、国际金融、国际经济法等前沿理论和政策。对于一些交叉领域的相关研究也有所涉及，尤其是关于国际投资环境评价、国际投资风险管理和国际投资法律管理等方面内容的梳理，对应对当今不确定因素较多的世界经济环境有一定的启发意义。

概括而言，本书论述范围广博、结构安排严谨、叙述脉络清晰、逻辑性强、前瞻性强，适宜于用作高等院校涉外经济、贸易、商务、金融、投资、管理和法律等专业的高年级本科生、硕士和博士研究生学习国际投资理论的教材。对于研究机构和跨国机构工作人员而言，这也是一本具有很高使用价值的参考资料。

王璟珺

于 2022 年 4 月 20 日

自 序

　　世界经济发展的不变趋势是经济全球化，其中投资国际化正是经济全球化的重要组成部分。早在 13 世纪，从佛罗伦萨商人为英国国王 Edward I 提供贷款开始，国际资本逐渐登上历史舞台（Fryde，1955）。国际投资最初的表现形式正是资本输出，通过提供贷款等间接投资方式进行。它打破了资本流动的国家界限，促进了欧洲经济融合，孕育了英国工业革命（Mokyr，1998）。随后，英国成为最早大规模进行资本输出的国家，间接投资仍是主要形式（王章辉，2013）。一战后，长期资本来源地由英国转移到美国（罗伯特，2011）。随后，美国对外投资规模迅速扩大，形式转向直接投资。在此阶段，以美国为首的发达国家依托强大经济实力，成为跨国投资的主体，投资的主要领域为传统制造业（陈继勇，1996）。

　　但是，在 20 世纪末，以中国为代表的广大发展中国家在国际投资领域中开始扮演越来越重要的角色，跨国投资在制造业和服务业领域的比重呈现出此消彼长的特点（World Investment Report，2000）。国际投资范围不断扩大，形式趋向多样化，主体趋向多元化。发展中国家在极力吸收外国投资的同时，也积极开展对外投资，如中国、韩国等（Carmen et al.，2016）。2018 年 11 月，中国首届国际进口博览会在上海市拉开帷幕，并将贸易与投资平行论坛的主题确定为"振兴国际贸易与投资，为全球经济增长注入持久动能"。国际直接投资和间接投资发展和加深了世界各国在生产、交换、流通、消费、研发（R&D）方面的协作关系，加速了世界经济各生产要素的流动（田素华 等，2019）。故而，对于实现生产要素在全球的优化配置和提高国际经济生产效率，国际投资能够发挥重要作用。

　　事实上，1978 年改革开放和 1992 年中国市场经济制度确立后，外资企业在 20世纪末才开始真正大规模进入中国市场（国家计委对外经济研究所课题组，1996）。此后 30 年间，跨国公司在中国的直接投资总额大幅增加，年平均增长率超过 20%。与此同时，全球直接投资也在迅猛发展。盛丹和王永进（2010）认为，其给包括中国在内的广大发展中国家带来了空前机遇，同时也带来了不容忽视的问题和挑战。自新中国成立以来，中国就开始重视对外投资（黄益平 等，2013）；进入21世纪，中国的对外投资增长迅猛，成就令世人瞩目。自2015年开始（2017年除外），中国对外直接投资流量蝉联全球第二（商务部 等，2020），且其规模在2014—2017年连续超过外资流入，中国成为国际资本净流入国（任永菊，2019）。亚洲基础设施投资银行的建立、"一带一路"倡议的实施，都给中国的对外投资带来了巨大的发展机遇。

随着改革开放不断深入以及中国资本市场的进一步开放，中国与世界经济交往日益密切，大量来源于外国投资银行、保险公司、投资基金的国际间接投资以股票等形式进入中国（吴晓求，2013、2017）。中国人民银行公布数据显示，截至2019年第三季度末，境外投资持有境内债券规模和股票规模分别超过2.18万亿元和1.77万亿元，均创历史新高。然而，以国际证券投资为主的国际间接投资具有追逐高额利润、缺乏稳定性、投机性强的特征（Broto et al.，2011；Pagliari et al.，2017），所以，以国际证券投资为主的国际间接投资在提高中国资本市场运作效率的同时，也可能会使中国资本市场暴露在更多风险之中（綦建红，2021）。因此，加强对证券市场的把控、规范国际间接投资，对于东道国保持经济稳定、提升经济增长质量是非常重要的（蔡奕，2015；朱晓娟 等，2019）。

必须指出的是，针对国际投资如此重要的课题，学者们不断拓展和加以完善，在学术和实践上获得了殊勋茂绩。研究者们已经将传统的跨国投资理论逐渐延伸到行为投资等领域，并将传统外商直接投资理论逐渐拓展到异质性企业假说下的跨国直接投资决策领域。已有研究为学术界提供了宝贵的探索对象和研究素材。然而，国际投资形式仍在不断演化，国际投资的内涵仍在不断丰富，国际投资仍存在着一些未知的研究领域，相关内容仍有待进一步深入研究；此外，当前国际投资学的基本理论仍然以西方主流国际经济分析框架为基础（陈建勋 等，2015），但是随着以中国为代表的众多发展中国家崛起，学者们开始探索一套能够很好诠释发达国家企业的国际投资行为和发展中国家企业的国际投资行为的理论分析框架（赵蓓文，2017），相关研究仍有待进一步发展。为此，编者尝试借助本书对已有成果进行归纳，对优秀研究成果进行梳理，对现有的国际投资理论和实践进行总结，并对现有的国际投资理论体系加以完善。

本书是由西南财经大学、中国社会科学院、云南大学、中南财经政法大学、四川农业大学、西华大学、厦门理工学院、浙江师范大学、深圳市房地产和城市建设发展研究中心九所高校和研究机构，十位作者共同完成的，是众多学者合作的成果。本书的编写坚持马克思主义，坚持学术与历史视角。本书不仅全面梳理了当代国际投资学的理论与方法，而且从马克思主义的角度对个别理论进行了辨析；不仅涵盖了国际投资的基本理论，而且兼顾了国际投资实务方面的专题；不仅展现了国际投资经典理论与模型，而且梳理了国际学术界最近提出的理论与模型；不仅侧重于探讨国际主流所关注的经典案例与西方国家的国际投资行为，而且对中国对外直接投资进行了梳理。总之，本书从不同方面展现了国际投资理论演化和变迁的波澜壮阔画卷。本书的主要特色如下：

前瞻性强。本书的编写团队由具备教授、副教授或讲师职称的中青年教师组成，他们均拥有经济学博士学位，长期致力于国际投资学和世界经济的相关领域研究。本书在梳理当代经典理论和框架的基础上，也对国际投资学的未来发展方向和专题进行了一些探索。许多命题和专题都具有较强的前沿性。

规范实用。本书的撰写工作严谨规范，严格尊重原有文献的思想和逻辑，参考的国际和国内文献多达千余篇，本书在一定程度上可以被称为国际投资学研究大纲。本书的章节安排符合国际投资学课程教学要求，并配有相应习题以供学习使用。本书还附有教学PPT、习题答案，以帮助高校师生教学和学习。

学科交叉。本书具有学科交叉的特点，不仅包括国际投资的主要内容，还包括与国际投资相关的国际贸易、国际金融、国际经济法等前沿理论和政策。对于一些交叉学科的研究也有所涉及，例如与贸易和投资相关的国际风险评估问题、投资环境评价问题等。

论证充分。本书所有的理论和论据，都是基于权威文献和数据库，并在文中进行了一一标注。读者在注释和参考文献中，可找到对应的资料。本书在总结大量文献的基础上，基本实现了如下目标：概括当前权威的国际投资理论，总结现有的国际投资实践活动，初步形成一套系统的现代国际投资理论体系，为高年级本科生、硕士和博士研究生学习国际投资理论提供一本具有前瞻性的教材。

编者

2022 年 1 月

目　录

1

现／代／国／际／投／资／学

3

现
代
国
际
投
资
学

5

6

现／代／国／际／投／资／学

7

第一章
国际投资学导论

经济全球化已成为世界经济不可逆转的趋势。全球化以波浪式不断前进，使世界资源的分配更加有效，国际资本流动日趋活跃。目前各国之间的竞争已经由过去政治、军事上的抗衡转变为经济上的竞争与合作。在此背景下，国际投资成为各国间经济活动与联系的表现形式，同时也是衡量各国经济水平的重要标准。国际投资的结构、形式、规模对各国的经济发展状况乃至全球影响力产生了重要的影响。在此背景下，我国通过"一带一路"和自由贸易区建设，推动国际投资双向发展，促进各国协同发展，推动构建人类命运共同体，为国际投资的发展贡献了中国方案和中国智慧（张宗斌 等，2020）。

第一节 国际投资的基本概念

一、国际投资概述

（一）国际投资的含义

在经济学理论中，投资的目的是增加资本的价值（Dowrie et al.，1950；Blomström，1989；Bodie et al.，1993；万解秋 等，2003；杨汝岱 等，2019）。在《中华辞海》中，投资的目的是通过经营活动直接，或通过债券或股权间接参与利润分配①。虽然经济学家们各自给出的投资定义可能存在一定的差异，但是学术界对投资定义的最基本共识是存在的，即它主要是指实际生产性资本增加的过程或获取金融资产（Black et al.，2017）②。相对应，对于国际投资而言，学术界对其内涵也有基本共识（Solnik et al.，2008）③。在国际投资实践中，主要有两种国际投资定义：狭义和广义的概念。前者旨在促进资本的跨境自由流动，后者则倾向于提供更多的投资政策支持。

---

① 原文是：投资指货币转化为资本的过程。实物投资是以货币投入企业，通过生产经营活动取得一定利润。证券投资是以货币购买企业发行的股票和公司债券，间接参与企业的利润分配。具体请参见《中华辞海》（赵志远和刘华明编，北京：印刷工业出版社，2001）。
② 具体请见 BLACK J，HASHIMZADE N 和 MYLES G（2017）编写的 *Oxford Dictionary of Economics*（5ed）（Oxford：Oxford University Press）。
③ 具体请见 SOLNIK B，MCLEAVEY D 和 INSTITUTE C（2008）编写的 *Global Investments*（Cambridge，Massachusetts：Addison Wesley Press）。

1. 狭义的国际投资定义

狭义的国际投资仅指代国际直接投资，强调私人或国家直接在海外投资设厂并参与经营，对其海外投资企业享有直接控制权（Schreuer，1997；Sebastien，2008；何芳，2018）。狭义的投资定义是以企业为主体的，强调对企业的控制与管辖。这种定义在1990年以前一直很普遍，之后缔结的投资条约涵盖了越来越广泛的投资类型（David et al.，1992；Caron et al.，2004；黄世席，2014）。

2. 广义的国际投资定义

广义的国际投资包括任何形式的国际资本流动（Schreuer，1997；Sebastien，2008；何芳，2018），泛指一个投资者在另一个国家投资的所有资产。这种基于资产的定义是最为传统的，并在大多数国际投资条约中使用（David et al.，1992；Vandevelde，2008；张光，2017）。

总结已有文献，本书给出了国际投资的概念，即国际投资是指各类投资主体将其拥有的货币资本或产业资本，经跨国界流动与配置形成实物资产、无形资产或金融资产，并通过跨国运营以实现价值增值的经济行为。

（二）国际投资的主体和客体

国际投资主体，主要是指具有独立投资决策、资金来源充足、可享受投资收益的机构、经济实体和个人。同时，他们对投资形成的资产拥有所有权或控制权（戴相龙等，1998），包括跨国公司、跨国金融机构、官方和半官方机构以及个人投资者。

国际投资客体是指投资者参与投资活动的对象（何盛明，1990；谈萧，2006），具体包括实物资产、无形资产和金融资产。

就国际投资主体而言，跨国公司是发展中国家经济增长的引擎。跨国公司是外国直接投资流入发展中国家的主要推动力；跨国公司创造就业机会，通过采购国内商品和服务在发展中国家产生溢出效应（Oshionebo，2020）。跨国金融机构包括跨国银行和非银行金融机构，其中跨国银行是主要的金融机构。近几十年来，随着外国银行进入限制的放宽，跨国银行在发达国家和新兴国家的业务显著扩大（Claessens et al.，2014）。根据国际清算银行（Bank for International Settlement，BIS）统计，国际清算银行的国际债权从1990年的6万亿美元增加到2007年的37万亿美元，占世界GDP的70%以上（BIS，2008）。在拉丁美洲以及中欧和东欧，欧洲和美国的大型银行扩大了其附属机构网络，在一些国家的信贷市场份额超过25%，在一些国家超过50%（Allen et al.，2013）。官方机构主要指政府，其参与国际投资往往具有鲜明的民族色彩和深刻的政治内涵。半官方机构指非政府的国际性组织，它们通常作为政府机构的一部分，或者与国际"种子"基金有关。以国际复兴开发银行为例，国际复兴开发银行是一个超国家的国际组织，其主要政策取向不属于任何国家的管辖范围，也不干涉其成员国的内政。个人投资者是指参与国际投资的自然人，一般通过国际证券交易参与国际间接投资，这些国际证券的交易通常不需要个人投资者离开本国（Hunguru et al.，2020）。

就国际投资客体而言，实物资产主要包括固定资产和存货，如在境外设立的企业及生产的产品等。无形资产包括专利权、非专利技术、商标权、版权、特许经营权、土地使用权、商业秘密等。在国际投资中金融资产包括国际债券、国际股票、国际衍生品等（Chen，2021）。

（三）国际投资的动机

关于国际投资发生的动机，不同学者提出了不同的观点，如寻求资产（Kuemmerle，1997；Cheng et al.，2000）、寻求市场扩张（Cheng et al.，2000）、寻求市场替代（Mirza et al.，2004；Meyer et al.，2005）、寻求效率和资源（Sethi et al.，2003；Lin et al.，2004），以及寻求政府政策（Kang et al.，2007；Ali et al.，2010）等。

1. 寻求市场扩张

对于以寻求市场扩张为目的的国际投资，目标是在国外市场复制跨国公司的企业特有优势，并通过利用新的外国客户基础（额外的东道国国别优势）来补充公司目前的国内客户（目前的国内客户国别优势），以扩大其业务规模和范围。这种努力通常通过增加产量（规模扩张）或扩大产品和服务范围（范围扩张），来增加跨国企业的国内就业（Hong et al.，2019）。Ghemawat（2003）强调了企业特有优势复制的重要性，即跨国公司利用多个外国市场的相似性，从而实现规模经济并扩大共同活动的范围。进行这种国外直接投资的跨国公司基本上在国外市场通过复制现有的企业特有优势，以服务于跨国公司利用其扩大的国外业务开拓的额外外国客户。利用这种复制的优势有助于跨国公司在世界市场上变得更有竞争力，并为它们的最终产出创造额外的需求（Lipsey，1994）。

2. 寻求市场替代

在某些情况下，跨国公司可能需要在外国探索新的市场机会，以弥补国内需求的下降。在这种情况下，多国企业转让、开发或复制其企业特有优势的过程可能会受到本国具体国情的影响（Buckley et al.，2007；Lu et al.，2011）。根据行业生命周期理论，一个新行业的国内需求通常始于引进阶段，随着新行业国内市场的成熟，它们可能在增长阶段迅速增加，最终下降（Klepper et al.，1990；Jovanovic et al.，1994；Klepper，1997）。当一家跨国公司的工业部门到达其本国工业生命周期的最后阶段时，该公司可能不得不在国外培养新客户，以弥补国内客户的减少，由此便产生了国际投资。

3. 寻求劳动力资源

寻求劳动力资源的国际投资，旨在通过获取更便宜或更好的新生产要素，如外国劳动力（新的东道国劳动力）来替代低效的国内劳动力（当前的母国劳动力），从而维持跨国公司的国际可转移生产效率。寻求劳动力资源的国际投资（主要为国际直接投资）将生产基地转移到外国而减少了国内生产，因此这种投资对跨国企业的国内就业产生了负面影响（Kotabe，1989）。

当寻求劳动力资源的国际投资因东道国的出口替代战略而加速时，这种现象会变得更加突出。因为出口替代型国际投资从战略上用东道国的产出取代了多国企业的本土生产（Ekholm et al.，2007）。这种战略还可以鼓励进口回到跨国公司的母国，

3

从而进一步减少跨国公司的国内雇员。因此，当跨国公司实施寻求劳动力资源的外国直接投资时，母国国内就业水平可能会受到负面影响。

4. 寻求自然资源

寻求自然资源的国际投资，旨在通过利用国外稀缺自然资源的新渠道，维持跨国公司在国外市场的企业特有优势。这种投资有助于在外国建立开采或提炼自然资源的当地基地（新的东道国国别优势），以补充生产要素供给（目前的母国国别优势）（Hong et al., 2019）。由于自然资源在各国之间是不可流动的，跨国公司可以通过对外直接投资将稀缺的自然资源内部化来降低交易成本（Buckley et al., 1976）。此外，跨国企业的上游活动（自然资源的采购）与其下游活动（自然资源密集型产品的生产或销售）是纵向联系的（Lee et al., 2020）。因此，对寻求自然资源的国际投资的更大承诺将导致跨国企业在母国和东道国业务的更大扩张。这种扩张要求对地理上分散的活动进行更有力的协调和控制，在多国企业的纵向一体化价值链下运作（Lee et al., 2020）。因此，这种寻求自然资源的国际投资可以补充跨国公司的国内就业战略，从而增加国内就业。

5. 寻求战略资产

寻求战略资产的国际投资，旨在通过获取在外国可获得的但在跨国公司母国不可获得的专门知识和技术（企业特有优势）来创建新的企业特有优势。跨国公司创造新的企业特有优势，要么通过用其东道国现有的知识补充其本国的知识，要么通过发展其本国现有的新知识（Davies, 2005）。第一种企业特有优势的勘探涉及通过开展国内基地开发 R&D 活动来获得外国直接投资的战略资产（Kuemmerle, 1997）。在这种类型的国际投资中，跨国企业通常努力通过创造新的、针对具体地点的科学知识或与市场相关的知识，来对东道国的市场环境变化及时做出反应，将本国的知识创造作为东道国商业发展的基础（Kuemmerle, 1997）。第二种企业特有优势的探索涉及寻求战略资产的国际投资，目的是用东道国产生的新的外国知识取代薄弱的国内知识。在这种类型的国际投资中，跨国公司在东道国建立其外国 R&D 能力，以强化其薄弱的本土创新和生产活动（Kuemmerle, 1997）。此外，由于跨国公司需要向其外国子公司提供总部服务，以与子公司的知识相结合，因此为寻求战略资产而进行外国直接投资的跨国公司，其国际投资行为可能导致跨国公司在国内就业的增加（Ibarra-Caton et al., 2018）。这种战略资产寻求行为会增强跨国界的知识创造过程，跨国公司通过知识开发、使用、获取和吸收等过程，可以促进自身的发展（Rugman et al., 2004）。

6. 寻求国际合作、建设友好国际关系

寻求国际合作的国际投资，旨在通过跨国并购、对外工程承包、绿地投资等对外投资方式，加强母国与东道国的合作交流，建设友好国际关系（徐强，2005）。过去，国际投资的政治职能主要体现在能够分别对母国和东道国的国内政策产生影响，但随着国际化、一体化趋势逐渐加强，国与国之间变得越来越互相依赖，在此基础上，国际投资的政治作用也开始由对母国和东道国的国内政策产生影响向对国际关系产生影响转变（Haynes et al., 2003；张谐韵，2011；李杨 等，2016）。以我

国对外投资为例，中国坚持和倡导人类命运共同体理念，通过双向投资联动，实现了国际投资互利共赢的目标，通过资本输出对落后国家施以援助，加强对资本引进国技术支持，最大限度提高东道国自主发展能力，从而实现更平等公正的国际合作，建设友好国际关系（张宗斌 等，2020）。

7. 寻求国际分工地位的提升

寻求国际分工地位提升的国际投资，旨在通过参与国际投资，给东道国带来技术升级，进而带动技术产业链的发展，促使其整体产业链国际地位的提升（李宗明 等，2018）。早期跨国企业在发展中国家的投资，主要集中于加工出口业。发展中国家受困于当时本身的技术能力不足，无法开展研究活动来达成自我技术层次的提升，因此都是以劳动力密集以及低技术密集度的产业为主（赵立斌，2013）。但是，外来投资除了造成大量的资金流入也带来了大量的工作机会，更重要的是新技术的引进（Doytch et al.，2011）。新技术的引进和消化也会促使发展中国家的产业升级，从而反向投资于发达国家，更加促进了其价值链及国际分工地位的改变和提升（王迎新 等，2014；Zhao et al.，2017）。

二、国际投资的分类

（一）国际直接投资

国际直接投资是指一个国家（地区）的居民或实体直接在海外投资设厂并参与经营，并享受企业的经营收益（Bodie et al.，1993；OECD，1996）。根据控制方式的不同，国际直接投资可分为股权关联和非股权关联的国际直接投资。通常所说的独资和合资，是基于股权关系的国际直接投资（Solnik et al.，2008）。许可证交易、特许经营和受限的中长期贷款就是典型的基于非股权联系的国际直接投资（Solnik et al.，2008）。就近年来越来越流行的合作运营和战略联盟来说，它们往往介于两者之间，具有更灵活的选择。

（二）国际间接投资

国际间接投资是在国际直接投资基础上发展起来的一种投资模式，以股票和债券为媒介，资本转移依靠货币形式（Bodie et al.，1993；程惠芳，2002），主要投资形式有国际股票投资（杨德才，2007）、国际信贷投资（周启元，1995）和国际债券投资（聂名华，1995）。从广义上讲，除国际直接投资外，各种资本流动均可视为国际间接投资。狭义的国际间接投资仅指投资者为了获得预期收益而购买国际债券、国际股票、国际信托等有价证券的投资（Solnik et al.，2008）。

（三）国际灵活投资

国际灵活投资是国际资本流动的一种投资方式（Bodie et al.，1993）。虽然人们对国际灵活投资做了长期研究，但纵观国内外的研究文献，还没有对这方面进行系统的研究（Patibandla，2020）。周杰普（1997）将国际灵活投资称为"与贸易有关的投资"，我国在对外经济贸易的实践中习惯称其为外商其他投资。国际灵活投资的出现并非空穴来风，而是有一定的基础。随着国家或企业的国际资本流动，客观现象也随之出现。顾永才（1998）认为，国际灵活投资的产生源于两个原因：一是为了解决国际贸易过程中物资基础以及技术短缺的问题；二是为了拓展金融业务的空间。下面将对国际灵活投资的常见形式进行介绍。

1. 国际租赁

国际租赁是一国的承租人向另一国的出租人租赁必要的生产设备，并支付一定租金的交易（Gao，2018）。为了克服大宗商品在国际贸易中的交易困难，商品信贷和金融信贷是一种特殊的融资形式。这是利用外资的一种方式。根据这种安排，租赁公司支付设备的费用，然后将其出租给用户。使用者支付租金，取得设备使用权。

国际租赁是现代租赁业由国内向国外进一步发展的结果。陈玲（2004）认为，国际租赁是指出租人和承租人在跨国情况下的租赁业务。由于国际租赁可以通过租赁方式使用国际商业贷款，近年来，国际租赁作为国际商业贷款和国际经济技术合作的一种形式，越来越多地被使用。此外，宋浩平（2016）认为，国际租赁不是针对某一设备的租赁，而是集融资、贷款、设备采购、租赁等活动于一体，不仅对外提供资本，还提供设备所承载的先进的技术。在当今市场上，国际租赁大致可分为六种：融资租赁、经营租赁、杠杆租赁、售后回租租赁、维修租赁和综合租赁（卢进勇 等，2016）。

2. 国际工程承包

国际工程承包是指国际承包商提供自己的技术、资金、劳动力、管理、设备和材料，按照外国工程建设单位（用人单位）的要求，为外国工程建设单位（用人单位）建设工程或者从事其他有关经济活动（Zheng，2015）。国际经济技术合作是指按照事先约定的合同条件进行的综合性商务活动和国际经济交流活动，属于国际招标、投标、投标谈判或其他谈判渠道。

对于国际工程承包，郝生跃（2003）认为，国际工程承包是指项目公司或其他单位有能力通过国际竞争性招标来实施工程，用人单位委托工程服务单位为本工程及其分部工程进行设计和施工。许文凯（2003）认为，国际工程承包既是一种商务活动，也是一种对外技术交流。承包人与具有法人资格的发包人按照一定的价格和条件，通过国际招标、投标、谈判或其他谈判方式签订合同。承包人应按合同对技术、资金、劳动力、管理、设备、材料等方面的要求组织实施工程，从事其他有关经济活动，按质量、数量、进度完成工程；经业主验收后，按合同规定的价格和付款方式收取费用。

卢进勇和杜奇华（2006）认为，国际工程承包是指一国的承包人以自己的资金、技术、劳动力、设备、原材料和许可证，承包外国政府、国际组织或私营企业的工程。它是一种按承包商和业主签订的承包合同所规定的价格、支付方式收取各种成本费用并获得利润的国际经济合作方式。

3. 风险投资

风险投资是指投资人在项目的早期阶段进行投资，当其发展得相对成熟后，在市场上兜售其股票，从而收回投资，获得高风险收益的一种投资活动。投资对象以高科技企业为主，具有智力与资本紧密结合的特点（Li，2014）。风险投资不仅为处于初创期的企业提供稀缺的资金，帮助其快速启动，早日实现盈利，而且在为高潜力初创企业提供技术指导 (Sapienza, 1992; Baum et al., 2004; Wright et al., 2005)、战略规划 (Dimov et al., 2005; Kenney et al., 2008) 等增值服务方面发挥着关键作用。

风险投资行业起源于美国, 现已扩展至全球 (Pezeshkan, 2020)。近年来, 跨国风险资本交易的数量有所增加 (Hellmann et al., 2002; Busenitz et al., 2004; Aizenman et al., 2008; Li, 2012)。通过国际投资, 风险投资者能够利用国外市场的增长机会 (Guler et al., 2010; Dai et al., 2012)。然而, 由于母国和东道国之间的地理、文化和体制差距所带来的挑战, 风险投资者们在国际投资中可能面临重大的外国责任 (Zaheer, 1995)。

第二节 国际投资学的研究对象与研究方法

一、研究对象

国际投资学研究的基本对象主要包括**国际投资相关理论、国际投资主体、国际投资客体和国际投资管理**。

国际投资相关理论研究的核心是国际投资理论, 其中以针对国际直接投资的理论研究为主, 比较著名的国际投资理论包括以 Hymer (1960)、Vernon (1966)、Buckley 和 Casson (1981) 为代表的国际投资微观理论, 以 Hirsch (1976)、Kojima (1978) 为代表的国际投资宏观理论, 以及以 Dunning (1977) 为代表的国际投资综合理论。国际投资相关理论研究还包括针对国际投资的概念、国际投资期限、国际投资的分类、国际投资的动因等的研究。例如, Warren (2013) 提出了影响投资期限的 12 个因素, 认为长期投资在稳定市场、降低成本方面优于短期投资。

国际投资主体研究主要是对从事国际投资活动的国际机构的发展、组织结构和经营战略的研究。例如, Han (2009)、Song 等 (2016)、Kim 和 Ko (2018) 分别研究了产品质量、价格、区位选择、便利性选择、品牌意识和服务对跨国公司的影响。

对国际投资对象的研究主要是对国际直接投资和各种类型的国际间接投资的研究。例如, Canh 等 (2020) 的研究表明, 经济不确定性的增加将对外商直接投资 (foreign direct investment, FDI) 流入产生负面影响。

国际投资管理的研究主要集中在投资环境、投资决策、投资规则、投资风险等方面。例如, Henisz (2000)、Peng 等 (2008)、Holmes 等 (2013) 和 Cavusgil 等 (2020) 研究了东道国投资环境的影响因素, 包括制度风险、腐败、单边权利结构等。

二、研究方法

(一) 总量分析与个量分析相结合

总量分析就是把国际投资活动看作一个统一的整体, 研究国际投资这一行为本身所产生的影响, 从而正确反映国际投资各个要素和各个方面之间的内在联系。例如，Marinov（2002）运用总量分析方法研究了中东欧国家的 FDI 模式及其影响因素。

个量分析是将综合的国际投资活动分解为几个简单的影响因素，针对不同因素分别进行研究，了解每个因素的内在性质和特点。例如，Canh 和 Gabriel（2021）采用个量分析方法，研究了经济政策不确定性和金融发展对 FDI 流入的影响。

通过个量分析和总量分析，既可以了解影响国际投资活动的各个因素的性质和特点，又可以把它们作为一个有机的整体来研究，全面正确地认识国际投资活动的规律。

（二）静态分析与动态分析相结合

静态分析是在认识到国际投资相对稳定的前提下，对某一时点的国际投资活动现状进行分析。这种分析方法可以考察一定时期内国际投资活动的发展状况和特点。陈享光（2004）运用静态分析方法，对外商投资与外商投资的均衡分析进行了研究。

动态分析是针对一定时期内国际投资活动的变化进行分析，着重研究国际投资活动变化过程，并推断其发展方向和趋势。例如，袁保生和王林彬（2021）利用2003 年至 2017 年中国在 131 个国家对外直接投资的面板数据，研究了异质性国际投资争端对中国 FDI 影响的差异。

静态分析与动态分析互为前提，相互补充。研究国际投资，不仅要了解其在过去某一时期的发展情况，还要由过去的情况推断其未来的发展，以便及时调整战略，取得成功。因此，研究时应将静态分析与动态分析相结合，在分析过去活动的基础上，预测其未来的发展趋势和前景，揭示国际投资活动的发展规律。

（三）定性分析与定量分析相结合

定性分析是用归纳演绎等方法，对国际投资进行"质"的方面的研究；定量分析是利用数学方法，对国际投资活动中的各种数量关系和变化进行定量描述，从而加深对国际投资由量变到质变规律的认识。

对于国际投资活动的现象和结果，我们不仅要对整体进行定性判断和预测，还要进行定量测量和分析。目前定量分析已经成为国际投资研究的主流，如 Necla（2017）提出的投资效果投入产出分析、Hwang（2017）提出的金融资产定价与风险控制模型、Charles（2018）提出的投资项目可行性研究等。

（四）抽象分析与实证分析相结合

国际投资学是在国际投资实践中产生的，具有复杂性和多样性。理论分析只能在具体的实证分析的基础上进行，否则，用理论推导出来的空洞结论难以解释国际投资的实践。因此抽象分析离不开实证分析做指导。例如，Maroula 和 Araujo（2021）通过分析 2005—2014 年双边 FDI 流动的面板数据，采用广义矩估计（generalized method of moments，GMM）策略研究了信息摩擦对 FDI 连续性的影响。

三、与相关学科的关系

（一）西方投资学与国际投资学的关系

西方投资学现在一般分为两类：一类是将投资学理解为证券投资学，即研究有关证券投资的微观理论，对宏观方面的投资内容涉及较少，目前高校中对于投资学的学习多属于这一类（郭永清，2013）；另一类则是从宏观的角度对投资的特征与理论进行介绍（郭永清，2013）。西方投资学与国际投资学既有联系又有区别。

两者的联系主要体现在国际投资中的国际间接投资以股票和债券为媒介，属于证券投资的一种。因此，在研究时需要借鉴西方投资学中较为完善的证券投资理论，将其代入国际投资中。如赵艳平等（2019）利用投资学实证分析中常用的 GMM 方法实证分析了资本管制对国际资本流动的影响。

两者的差异主要体现在两个方面：一是，国际投资学强调"国际"这一概念，即资本是在国与国之间流动，而不是西方投资学中的资本仅在国内流动（郭永清，2013）；二是，国际投资除了有以证券投资为代表的国际间接投资外，还有国际直接投资，即在海外设立企业参与经营，关于这一方面的研究，西方投资学涉及较少（郭永清，2013）。

（二）国际金融学和国际投资学的关系

1. 国际金融学和国际投资学的联系

国际金融学研究资金的跨境流动（Jordi，2021）；国际投资学的研究对象不仅包括资金的跨境流动，还包括商品和服务的跨境流动（Yong，2020）。两者都包括货币资本国际转移。

两者相互影响。一方面，国际利率和汇率的变化会影响国际证券投资的价格和收益分配，也会影响国际直接投资的收益，进而影响国际投资的方向和规模；另一方面，国际投资的影响也会限制资金的流动，进而影响全球范围内的利率与汇率。如李苏骁和杨海珍（2019）通过对 54 个国家国际证券资金流动的研究证实，对发展中国家来说，浮动化的利率制度会大幅减少国际证券资金的流入。

2. 国际金融学和国际投资学的区别

（1）研究领域不同。国际金融学只涉及货币；国际投资学不仅涉及货币因素，还涉及各种生产要素。如 Pathak 等（2013）考察了东道国商业环境对国际直接投资的影响，发现当地商业环境因素可能会降低外国直接投资刺激创业活动的能力，例如，知识产权受到强有力保护的环境可能会使外国直接投资更难产生技术溢出效应。

（2）研究重点不同。国际金融学主要研究资本流动对国际收支、汇率和利率波动的影响，以及对一国长期经济贸易状况的影响。国际投资学研究的重点是资本流动的经济效益，最重要的研究对象是私人投资者，即跨国公司。如 Chen（2006）、Buckley 等（2007）、Oliveira 等（2018）研究发现新兴跨国公司对外直接投资的进入模式选择具有重要的战略意义，有助于其寻求新的战略资产和能力。

（3）分析问题的角度不同。国际金融学主要分析国际资本流动对国际金融市场、国际金融中心和国际收支的影响。例如钟阳（2014）研究发现资本流动活性和惯性效应在一国国际金融中心的发展中起到重要作用。国际投资学主要分析国际资本流动对投资国和东道国的国际竞争、国际贸易和经济发展的影响。例如学术界普遍认为外国直接投资可以对东道国经济发展产生积极的溢出效应（如 Hermes et al.，2003；Li et al.，2005；De Vita et al.，2009；Doucouliagos，2011）。

（三）国际贸易学与国际投资学的关系

1. 国际贸易学与国际投资学的联系

这两个研究领域都与货物和服务的国际流动有关。国际贸易学研究货物和服务的跨境流动；国际投资学研究商品、服务和资金的跨境流动（莫里森 等，2020）。

两者相互影响。一方面，许多企业在开拓海外市场时，最初往往采用海外贸易的形式，即向海外出口产品，以进一步了解国外市场的需求，当发现本地生产、本地销售或返乡利润较大时，就会将原出口产品转为外商投资（刘晓华，2020）；另一方面，当国际投资完成后，东道国只需在本国的外商企业购买所需产品，不需要再通过进口来获得产品，在一定程度上抑制了国际贸易的发展（符磊 等，2014）。

2. 国际贸易学与国际投资学的区别

（1）研究领域不同。国际贸易学不仅涉及资本的跨境流动，也涉及非资本的跨境流动，主要解释商品和服务的非资本特征。国际投资学只研究已经转化为资本的商品和服务的跨境流动，主要表现为商品和服务的资本特性（符磊 等，2013）。

（2）研究角度不同。国际贸易所带来的是商品的国际流动，国际贸易学研究的是一国商品的国际竞争力及其在国际市场上的获利能力；国际投资学则从生产与产品的角度出发，研究一个国家参与国际生产创造更大相对效益的能力（朱琳，2015）。

（3）对经济活动的影响不同。国际贸易主要是指商业活动，是商品在国际上流动的活动，即货币和商品交易的运作。国际投资活动则兼具了转移资金、技术、设备和管理的功能。目前国际投资增速长期高于国际活动贸易增速，国际投资已经取代国际贸易成为国际经济发展的主要动力（唐宜红，2017）。

第三节　国际投资及理论的产生与发展

一、国际投资的产生与发展

早期，以英国为代表的欧洲国家在海外的殖民扩张，带来了资金、原材料等在全球范围内的流动（Stavrianos，1979）。英国工业革命结束后，一方面，英国国内资本大量增加，过量的资本缺乏有效的投资渠道；另一方面，由于对原材料等生产要素的大量需求，英国不得不通过国际投资的方式转移国内资本，同时换取生产要素，国际投资由此产生（Reid，2010）。

根据国际投资的规模和模式，国际投资的发展过程通常分为以下六个阶段：

（一）形成阶段（19 世纪中叶到 1914 年）

19 世纪中叶，伴随着工业革命的完成，资本主义经济体系在欧美国家基本建立

（庄起善，1983）。为了寻求资源、获取高额利润和应对国内经济危机，这些国家大多鼓励国内企业通过对外投资进行扩张，对资本的跨境流动几乎没有任何限制。而这些国家普遍存在的贸易保护主义则进一步鼓励大型企业在东道国设厂。同时，企业间的互动与竞争为国际投资的兴起提供了动力；通信技术与交通运输业的发展，为企业的跨境管理提供了条件（Chandler，1971）。到19世纪末，一些欧洲国家的贸易公司已经扩展到许多领域，企业遍布全球（Rauschenbach，1988）。这一时期，国际投资的主要形式是国际间接投资，国际直接投资所占比重较小（许晓峰，1996；张为付，2009）。到1914年，全球国际直接投资流出存量已达145.82亿美元，投资者几乎全部来自英国、美国等西方发达国家（见表1-1）。

表1-1　1914年世界主要国家对外直接投资（流出）存量

	英国	美国	法国	德国	意大利、荷兰、瑞士、瑞典
投资存量/亿美元	65	26.5	17.5	15	12.5
所占百分比/%	44.6	18.6	12.0	10.3	9.6

资料来源：DUNNING J H. Multinational enterprises and the globalization of innovatory capacity ［J］. Research policy，1993，23（1）：67-88.

（二）缓慢发展阶段（1915—1945年）

该时期，由于两次世界大战和大萧条的影响，世界经济遭受重创，国际投资也是如此。

第一次世界大战极大地摧毁了参战国的生产力，严重阻碍了国际经济合作。由于战争的需要，以英法为代表的欧洲主要外国投资者严格控制资本外流，国际直接投资规模急剧萎缩（钟远蕃，1982）。同时，美国由于本土未经历战火，经济受影响程度最小，战后从国际净债务国一举成为国际净债权国，成为新的国际资本主要来源国（周茂荣，1987）。

在大萧条期间，国际间接投资大幅下降，而国际直接投资增长亦趋缓。英国在国际投资中的地位有所下降，而美国的相对地位有所上升（余顽，1997）。除日本外，主要的外商直接投资国家集中在欧洲和美洲（见表1-2）。

表1-2　1938年世界主要国家对外直接投资（流出）存量

	英国	美国	意大利、荷兰、瑞士、瑞典	法国	日本	加拿大
投资存量/亿美元	105	73	35	25	7.5	7
所占百分比/%	39.8	27.7	13.3	9.5	2.8	2.7

资料来源：DUNNING J H. Multinational enterprises and the globalization of innovatory capacity ［J］. Research policy，1993，23（1）：67-88.

第二次世界大战期间，欧洲大陆作为主战场，各国经济发展受到严重打击，外商直接投资跌至谷底。美国由于远离战场，受战争的影响较小，战后成为世界上最强大的经济体。从 1941 年到 1945 年，美国对外资产增加了 29.8 亿美元，短期资本增加了 36.1 亿美元，美国资产的中长期海外投资占 90.9%（Dunning，1993）。

（三）恢复发展阶段（1946—1960 年）

第二次世界大战后，欧洲大陆一片废墟，急需资金支持。1947 年 7 月，美国启动"马歇尔计划"支持欧洲大陆复兴，在美国援助欧洲的同时，也为未来美国资本流入欧洲市场奠定了基础。1944 年布雷顿森林体系的建立，确立了以美元作为世界货币，这使美国公司更容易收购欧洲公司（孟宪扬，1990；林贤剑 等，2005）。1948 年达成的关税与贸易总协定降低了所有国家的关税壁垒，促进了国际贸易的发展（唐正宇，1984）。此外，美国政府出台相关政策，鼓励美国企业到国外投资，使美国的国际投资迅速增长。从 1950 年到 20 世纪 60 年代中期，美国占世界外国直接投资的 85%。随着欧洲共同体于 1957 年宣布成立，美国在西欧的直接投资从 1950 年的 17 亿美元增加到 1971 年的 276 亿美元，几乎每五年翻一番。美国的国际投资占据了大部分外国市场，并在计算机、半导体和石油化工等快速增长的行业中赚取了巨额利润（见表 1-3）。

表 1-3　1960 年各主要西方国家对外直接投资（流出）存量

	美国	英国	荷兰	法国	加拿大	发展中国家
投资存量/亿美元	319	108	70	41	25	7
所占百分比/%	48.3	16.3	10.6	6.2	3.8	1.1

资料来源：DUNNING J H. Multinational enterprises and the globalization of innovatory capacity ［J］. Research policy, 1993, 23（1）：67-88.

（四）高速发展阶段（1961—1989 年）

20 世纪 60 年代以来，国际政治经济结构相对稳定，各国逐渐从战争的阴影中走出，各国之间的经济联系日益加强。在良好的国际环境下，国际直接投资迅速发展，在世界经济中的地位不断提高。

这一时期，国际直接投资规模快速增长，尤其体现在发达国家上。以对外直接投资（流出）存量为例，1980 年，美国对外直接投资（流出）存量为 2 153.7 亿美元，1990 年，这一数据上升为 7 317.6 亿美元，年平均增长率 13.01%。在新兴发达国家中，日本对外直接投资（流出）存量，从 1980 年的 196.1 亿美元上升至 1990 年的 2 014.4 亿美元，年平均增长率 26.23%，在全球的占比由 3.5% 上升至 8.9%；20 世纪 80 年代中后期，在对外直接投资（流出）存量方面，日本就超越德国，居世界第三位，仅次于英国和美国。

从国际投资去向来看，国际投资从单向投资转向了投资对流，形成了一个横向交叉。最初的国际投资大多是从发达国家到落后国家，但在 20 世纪 70 年代后，国际投资有相当一部分是在发达资本主义国家之间进行的（郭振林，1993；王东，2000）。20 世纪 80 年代以来，资本主义国家对发展中国家的投资占其对外投资总额的比例逐年下降，对发展中国家的投资仅限于少数"新兴工业化"国家或地区，外商直接投资大多流向"工业化国家"。1985 年，美国外商直接投资（流入）流量达到 204.9 亿美元，占全球外商直接投资（流入）流量的 36.7%，是全球最大的外商投资接受国；G7 集团外商直接投资（流入）流量达到 322.9 亿美元，占全球外商直接投资（流入）流量的 57.8%。

这一时期，发展中国家和地区也进入了积极吸收外资的阶段。拉丁美洲和加勒比地区，是较早和较多接受外国投资的发展中国家和地区（郭振林，1992；叶兴平，2002），1980 年拉丁美洲和加勒比地区接受外商直接投资流量为 63.1 亿美元，占全球外商直接投资额（流入）的 11.59%。亚洲方面，东亚地区①接受外商直接投资流量从 1980 年的 12.6 亿上升为 1990 年的 109.5 亿，年平均增长率 24.14%，外资及外资带来的先进技术为东亚地区的发展起到了重要促进作用（Kim et al.，2007）。

尤为值得一提的是，在这一时期，石油输出国组织异军突起，成为国际直接投资领域的一支重要力量。1973—1974 年与 1979—1980 年两次石油提价，使得石油输出国组织的经常账户出现巨额盈余（薛亮，1990；李优树，2000）。但这些国家由于经济落后，吸收资金的能力有限，大量资本外流（李优树，2000）。1974—1980 年，石油输出国组织大量的资本流向国外，其中，在西方发达国家的存款为 1 250 亿美元，对外直接投资与证券投资为 2 320 亿美元，为国际货币基金组织提供贷款 200 亿美元，无偿援助非产油发展中国家 810 亿美元（Church，2000）（见表 1-4）。

表 1-4　1986—1990 年世界主要国家和地区对外直接投资（流出）存量

单位：亿美元

年份	1986 年	1987 年	1988 年	1989 年
世界	11 551.81	13 730.65	16 118.12	1 928.46
发达国家	10 666.78	12 761.48	15 057.74	18 060.13
美国	5 300.74	5 902.46	6 924.61	8 324.60
欧盟	3 855.78	4 869.70	5 444.76	6 425.90
日本	580.71	770.22	1 107.80	1 543.67
发展中国家	885.03	969.17	1 060.38	1 224.53
亚洲	842.70	1 085.34	1 523.30	2 093.36
中国	13.50	19.95	28.45	36.25

资料来源：UNCTAD，网址：https://unctadstat.unctad.org/wds/TableViewer/tableView.aspx。

（五）迅猛发展阶段（1990—2010 年）

20 世纪 90 年代之后，伴随着全球化进程的推进，国际投资进入了一个迅猛增长的时期，国际投资规模空前扩大。从世界对外直接投资存量来看，1985 年全球对

① 包括中国、日本、韩国、朝鲜、蒙古国。

外直接投资（流出）存量为 9 018 亿美元，1990 年增长至 22 549 亿美元，为 1985 年的 2.5 倍。2000 年全球对外直接投资（流出）存量突破 7 万亿美元，达到 74 089 亿美元，到 2010 年更是达到了 204 681.41 亿美元，是 1990 年对外直接投资（流出）存量的 9.08 倍（见表 1-5）。

表 1-5 1990—2010 年部分年份世界主要国家和地区对外直接投资（流出）存量

单位：亿美元

年份	1990 年	1995 年	2000 年	2005 年	2010 年
世界	22 549.03	39 932.74	74 089.02	120 007.46	204 681.41
发达国家	21 145.08	36 813.03	67 189.24	108 025.71	174 242.63
美国	7 317.62	13 637.92	26 940.14	36 379.96	48 095.87
欧盟①	9 757.76	17 206.99	29 073.09	51 628.35	86 750.44
日本	2 014.41	2 384.52	2 784.45	3 865.85	8 310.76
发展中国家	1 403.95	3 119.70	6 899.78	11 979.05	30 438.78
亚洲	2 696.90	4 530.26	8 842.79	13 602.52	33 881.03
拉丁美洲及加勒比地区	520.48	678.52	531.70	2 028.77	4 165.98
中国	44.55	177.68	277.68	572.06	3 172.11

资料来源：UNCTAD，网址：https://unctadstat.unctad.org/wds/TableViewer/tableView.aspx。

从流量上看，1985 年全球对外直接投资（流出）流量为 621 亿美元，1990 年增长至 2 438.7 亿美元，为 1985 年的 3.93 倍。虽然 1991—1993 年三年间受到经济危机的影响，国际投资规模出现下降，但从 1994 年开始国际投资规模便迅速回升并超过经济危机前水平。2000 年全球对外直接投资（流出）流量规模达到 11 624.9 亿美元，2010 年更是达到 13 921.8 亿美元，为 1990 年的 5.71 倍。

这一时期国际投资的快速增长，还体现在增长率上。1990—2000 年十年间，全球对外直接投资（流出）存量和流量分别增长了 228.5% 和 377.2%，年平均增长率分别达到 12.63% 和 16.95%；全球外商直接投资（流入）存量和流量，分别增长了 235.9% 和 562.1%，年平均增长率分别达到 12.88% 和 20.85%。同期，全球 GDP 年平均增长率仅为 3.87%②。可以看出，在这一时期国际直接投资的增长率，是远高于全球 GDP 的增长率的。

在国际投资的来源与去向上，发达国家仍是国际直接投资的主要来源国和接受国，但发展中国家的地位也在不断提高（Solnik et al.，2008）。从国际直接投资存量来看，1990—2010 年 20 年间，发达国家对外直接投资额（流出），从占全球对外直接投资额（流出）的 93.75% 下降为 83.45%，发展中国家则由 6.22% 上升至 14.74%；发达国家外商直接投资额（流入）从占全球外商直接投资额（流入）的

现／代／国／际／投／资／学

———————

① EU28 包括：奥地利、比利时、保加利亚、克罗地亚、塞浦路斯、捷克、丹麦、爱沙尼亚、芬兰、法国、德国、希腊、匈牙利、爱尔兰、意大利、拉脱维亚、立陶宛、卢森堡、马耳他、荷兰、波兰、葡萄牙、罗马尼亚、斯洛伐克、斯洛文尼亚、西班牙、瑞典和英国。

② 资料来源：UNCTAD，网址：https://unctadstat.unctad.org/wds/TableViewer/tableView.aspx。

76.76% 下降为 65.94%，发展中国家则由 23.17% 上升为 30.55%。

从国际直接投资流量来看，1990—2010 年 20 年间，发达国家对外直接投资额（流出）从占全球对外直接投资额（流出）的 94.62% 下降为 70.81%，发展中国家则由 5.38% 上升至 25.58%；发达国家外商直接投资额（流入）从占全球外商直接投资额（流入）的 83.06% 下降为 50.88%，发展中国家则由 16.91% 上升为 44.55%。可以看出，无论是从国际直接投资存量还是从国际投资流量，无论是从对外直接投资（流出）还是从外商直接投资（流入）来看，发达国家在国际投资中都仍然占主导地位，尤其是在对外直接投资上，其主导地位更加突出（Solnik et al., 2008）。但不可否认的是，发达国家的主导地位正在下降，而发展中国家在国际直接投资中的地位正在逐渐提高（Freckleton et al., 2012）。

从国际投资的环境来看，国际投资环境在逐渐趋向自由化（崔凡 等，2013）。20 世纪 90 年代以来，世界各国无论是单边层次还是双边层次的政策改革都明显增多（Horn et al., 2021）。1991 年实行单边层次改革的国家有 35 个，到 1996 年实行单边层次改革的国家有 65 个，其中 55 个为发展中国家（Ghasem, 2015）。从改革的内容来看，各国都倾向于简化国际投资审批程序、制定投资优惠政策和保护政策，以及改善国际营商环境，进一步开放外商直接投资。

（六）当前国际投资的新阶段（2011 年至今）

在经历了持续近 40 年的快速发展后，进入 21 世纪，随着全球大部分国家和地区的经济增长放缓，国际投资规模出现了波动。以国际直接投资流量（流入）为例，2000 年全球 FDI 流入量为 13 566.5 亿美元，2011 年全球 FDI 流入量达到 16 128.9 亿美元；2012—2014 年都维持在 1.4 万亿美元的水平；在 2015—2016 两年又创下新高，全球 FDI 流入量突破 2 万亿美元，而后逐年降低至 2019 年的 1.53 万亿美元水平。2020 年受新冠肺炎疫情影响，全球 FDI 降为 9 988 亿美元（见图 1-1）。

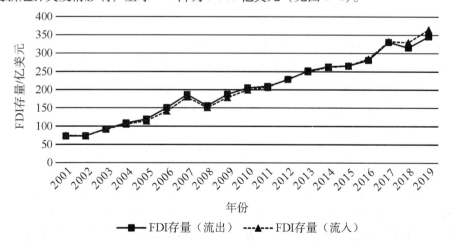

图 1-1　2001—2019 年全球 FDI 存量变化

资料来源：UNCTAD，网址：https://unctadstat.unctad.org/wds/TableViewer/tableView.aspx。

目前，国际直接投资走势偏弱。流入发达国家的外商直接投资迅速减少，而流入发展中国家的外商直接投资保持稳定。2015—2019年五年间，发展中国家外商直接投资（流入）流量基本维持在每年7 000亿美元的水平上，约占全球外商直接投资（流入）流量的42%，相信发展中国家在未来FDI市场上的表现将更加显著（陈继勇 等，2011；景光正 等，2017）（见表1-6）。

表1-6　2019年世界主要国家和地区对外直接投资（流出）流量

	全球	发达国家	美国	欧盟	发展中国家	中国
投资流量/亿美元	131 370	91 680	12 480	45 520	37 310	11 710
所占百分比/%	100.0	69.8	9.5	34.7	28.4	8.9

资料来源：UNCTAD，网址：https://unctadstat.unctad.org/wds/TableViewer/tableView.aspx。

二、国际投资理论的产生与发展简述

目前，理论研究中已形成了比较完善的国际投资理论。围绕国际投资的动因、区位选择、影响因素、经济效应等问题，不同时期的不同学者对之进行了较为系统的解答。下文将按照时间顺序对国际投资理论的发展进行介绍。

Nurkse（1933）采用了资本流动分析的思想，即国家间的直接利益差异导致资本流动。他着眼于产业资本的流动，将利差扩大到利润率，从而解释了国际直接投资的机制。产业资本跨国流动实际上也是国际直接投资。Mundell（1957）建立了投资与贸易的替代理论。他提出，若经济全球化全面发展，消除了国际货物流通的一切障碍，那么以规避税收和非关税壁垒为目的的国际直接投资将变得多余。在这种情况下，国际直接投资与国内投资一样，主要考虑的是贸易中货物的管理成本和运输成本。

Macdougall（1960）从资本回报率差异的角度，解释了国际直接投资的原因。他提出新的资本存量的流入导致了东道国也就是接受投资的国家的资本存量增大，使得本国的资本存量相应缩减，在这个过程中，假设其他的条件不变，两国的资源配置得到优化，同时增加了两个国家的利益，以总产出增加各国和世界的福利，共同促进了全球经济的发展。

Hymer（1960）提出了垄断优势理论，提出资本流动理论中的完全竞争市场在现实生活中是不存在的，倡导从不完全竞争的视角来诠释对外直接投资。这种理论认为，东道国较高的利润和较低的劳动力成本并不能解释跨国企业对外投资的原因（Kindleberger，1960）。虽然跨国企业在东道国的经营过程中会遇到各种不利因素，但是由于跨国企业在东道国的垄断优势，使其获得的收益大于成本，从而获得比东道国更多的利润。垄断优势理论标志着独立国际直接投资理论的形成（Nocke et al.，2008）。

Vernon（1966）在其所提出的产品周期理论中指出，跨国企业自身的特点和实施对外投资从东道国取得的区位优势，推动着他们对外投资。Vernon（1966）提出，

产品周期可以被划分为三个阶段，企业优势随着产品周期变化而演化。Vernon（1974）通过引入国际寡头垄断行为理论来解释跨国公司的 FDI 行为，对产品周期理论进行了修正。

在 Hymer（1960）垄断优势理论的基础上，许多经济学家对垄断优势理论进行了扩展。Johnson（1970）提出在跨国公司进行对外投资的过程中，知识产权扮演着重要的角色，因为相比其他资产，知识产权拥有独特特征，能使跨国公司取得超额利润。Caves（1971）认为跨国企业可以借助垄断优势生产差异化产品，取得东道国企业产品所不具备的优势，从而满足消费者的不同偏好，控制产品价格与数量。Knickerbock（1973）提出了寡头垄断行为理论，这是对垄断优势理论的重要补充。

Buckley 和 Casson（1976）、Rugman（1981）在批判传统国际直接投资理论的基础上，提出了国际直接投资内部化理论（internalization advantage theory），而中间产品市场的不完全性假说是该理论的核心（Nocke et al., 2008）。据此理论，产品生产的复杂性会导致多个生产阶段的出现，后者又会导致中间产品交易的出现；此时，相比外部交易，企业通过加强内部协作可以降低内部交易成本，使其获得更多回报（Rugman，2005）。内部化是指"建立一个受公司内部配置价格影响的内部市场，使其能够像固定的外部市场一样有效地发挥作用"（王炜瀚，2006）。为了建立这样一个内部组织，国际直接投资已经成为企业海外扩张的自然选择，而不是国际贸易。

Dunning（1977）在前人研究的基础上引入区位理论，形成国际生产折衷理论。国际生产折衷理论的核心包括：①所有权优势（O），即企业掌握其他竞争企业不具备的资产和所有权。②内部化优势（I），即由于内部市场交易的成本低于外部市场，企业为了获得利润最大化，从而选择在内部进行交易。③区位优势（L），是指相比于本国而言，东道国拥有生产要素方面的比较优势。如果企业同时具备上述三大优势，就可以进行跨国投资。但企业如果有两个优势，缺乏区位优势，就不会到国外投资，而是转向出口商品。当一个企业拥有所有权优势，但没有其他两个优势时，它就不会投资和出口商品，而是通过转让技术专利获得收益（Dunning，1977）。Dunning 和 Lundan（1980）对这一理论做了进一步发展和完善，提出投资发展周期论。相比原有的理论，该理论进行了动态分析，指出随着发展阶段的不同，三种优势相互变化，导致了 FDI 流量的变动。

Kojima（1978）通过对日本当时对外投资的实际情况叠加比较成本理论进行研究，提出了边际产业扩张理论。他认为，投资国在进行国际直接投资时，应该向东道国投资在本国具有比较劣势的产业，利用东道国的优势，可以将劣势产业转化为优势产业。同时投资国将更多的资源投入国内比较优势产业的发展中，使得比较优势产业发展得更加壮大，导致两国之间的成本差距进一步扩大，从而使得产品竞争力提升，产业结构优化。这是一项可以改善两国福利的贸易创造性投资。

Lall（1983）提出了可以用技术本土化理论来解释发展中国家的对外投资行为。他认为，在引进技术之后，被投资国（发展中国家）企业会对技术进行创新，使其更适合于本土经济的发展，这些特点发达国家是不具有的，因此发展中国家的企业在竞争中获得了竞争优势。同时发展中国家的企业可利用自身与发达国家的差异，生产出符合本国消费者的产品，从而拥有一定的竞争力。

Wells（1983）提出了小规模技术理论，指出相比发达国家，发展中国家在绝对技术优势上处于劣势，但是仍有一定程度的相对优势。发展中国家的经济发展水平低于发达国家，人均收入较低，因而需求规模相对较小。再加上需求的多样性，即使发达国家实现规模经济，也难以满足发展中国家的需求。经济发展程度低的国家引进技术，并将技术进行本土化后，使得商品能够满足本国市场的需要。需求多样性导致了发展中国家的产品呈现多样化，使得发展中国家具有相比发达国家的相对优势（Wells，1983）。在东道国将技术成功引进到本国之后，生产企业会根据当地特殊要求，将技术与本国消费者需求结合，生产出适应本国的产品。由于发展中国家的市场需求具有规模小和多样化的特征，发展中国家的企业凭借着自身的特性，可以很好地适应这种市场特征。

Cantwell 和 Tolentino（1990）提出了技术创新与产业升级理论，认为技术创新在国家发展的过程中扮演着至关重要的角色。该理论有两个命题：一是，发展中国家由于本身条件匮乏，主要是掌握并且改善现有技术；二是，跨国公司技术的积累会影响发展中国家国际直接投资的增长（Cantwell et al.，1990）。该理论在强调技术创新的重要性的同时，阐述了发展中国家企业对外投资的地理和产业顺序，揭示了对外投资的地理和产业特征（Nocke et al.，2008）。通过对这一理论的深入理解，发展中国家可以充分利用这一理论所揭示的规律，发挥自身优势，提高自身在世界经济中的竞争力。

Porter（1990，1993）提出了竞争优势理论，对跨国公司的发展机制进行研究。Porter（1990）认为生产要素可以分为初级和高级两个层次，而原始资源、劳动力、当地的基础设施等组成了生产要素。初级生产要素就是指一国所拥有的原始要素；高级生产要素则包括技术、知识产权等。这一理论对国际直接投资理论的发展方向产生了重大影响。

总之，传统的国际投资理论围绕投资动机、区位选择、影响因素等问题，形成了较为完整的理论体系。在 21 世纪，新贸易理论模型和内生异质企业贸易的边界模型，基于企业层次的异质性，阐述了出口和外国直接投资的决策、国际生产组织形式的选择，以及跨国公司的对外直接投资选择了国际化的路径（Melitz，2003；Antràs，2003；Helpman et al.，2004）。本书将在第四章详细探讨这一个基于异质性的国际直接投资理论。

还需要指出的是，Dunning（2012）提出了著名的战略性资产获取理论，即将企业资产划分成普通要素资产与战略性资产两类。后者主要指以知识为基础的资产，主要包括企业销售网络、管理经验和品牌价值等。Dunning（2012）指出：战略性资产获取能够在一定程度上解释从发展中国家流向发达国家的国际直接投资（刘乃郗等，2018）。周经和赵晔（2018）运用负二项回归模型从"中国—美国"视角给出了经验证据，即战略性资产对中国在美国对外直接投资（outward foreign divect investment，OFDI）选择并购模式产生了显著的正向促进作用。

随着国际投资理论的逐渐完善和全球价值链的快速发展，近年来，针对国际投资理论的研究相对较少，研究者转而将焦点转向有关国际投资的实证研究，力求探寻国际投资与其他经济行为或指标之间的相对关系，以发挥国际投资对经济发展的促进作用。例如，一些学者通过实证研究发现，国际直接投资可以对东道国经济发展产生积极的溢出效应（Hermes et al.，2003；Li et al.，2005；De Vita et al.，2009；Doucouliagos，2011）。还有一些学者研究了东道国（市场、制度等）特征与吸引外国直接投资的相关性（Globerman et al.，2002；Mudambi et al.，2004；Fang et al.，2010；盛丹 等，2010；Buchanan et al.，2012）。

文献中逐渐形成的共识是，市场规模和市场潜力（寻求市场或横向外国直接投资）对于发达经济体，比对于发展中国家更为重要，因为发展中国家的劳动力成本（寻求效率或纵向外国直接投资）更为重要（Mariotti et al.，2003；Greenaway et al.，2007；Federico et al.，2008）。除了市场规模的重要性之外（Demekas et al.，2007），一些研究尝试剖析贸易开放对国际直接投资的积极影响（Autor et al.，2004；Baggs et al.，2006）。中国学者也通过对中国地区、行业或企业级数据进行研究，构建诠释中国企业国际投资行为的、具有中国特色的国际投资理论（本书将在第十章中做详细介绍）。可以看出，国际投资理论的研究，正在向如何促进经济发展、能够同时合理解释发达国家和发展中国家国际投资行为的方向转变。

本章小结

随着全球经济一体化步伐的加快，国际资本的跨国流动日趋活跃（傅钧文，2012）。国际投资，特别是国际直接投资，在不断自由化和全球化的世界经济中发挥着日趋重要的作用，成为世界经济中极其活跃的组成部分（张幼文 等，2017）。本章作为导论，通过对现有国际投资领域优秀研究成果进行梳理和归纳，从国际投资中涉及的基本概念、国际投资研究对象与方法以及国际投资的发展进程等角度出发，对国际投资研究中的基本问题进行了介绍，希望可以抛砖引玉，为读者后续学习提供基础。

正如本章中所述，相比 20 世纪中后期国际投资的迅猛发展，近年来，国际投资增速明显放缓。其原因众多，主要包括霸权主义、强权政治持续存在，逆全球化挑战与日俱增，2020 年新冠肺炎疫情全球性暴发等一系列情况的出现（崇泉，2020）。但是，世界经济全球化不断深化的总体趋势是不可逆转的（王跃生和马相东，2020）。正如马克思（1894）在《资本论》中所说："市场社会的全球化是不可避免的物质进步过程，经济全球化推动了世界历史发展的进程。"当今世界逆全球化只是一时的现象与逆流，而经济全球化则是不可逆转的历史大势，这是任何力量都难以改变的（张端，2019）。

习近平（2017）同志曾经说过，开放带来进步，封闭必然落后[①]。因此本书编者认为，在世界多极化发展的今天，面对经济全球化的时代潮流，唯有坚持马克思

19

主义，坚持以人民为中心的国际投资理念，世界各国协同发展，推动构建人类命运共同体，才能有效规避国际投资带来的风险，超越资本主义窠臼，走出一条符合中国国情的对外投资道路。

本章习题

名词解释

1. 国际投资
2. 国际直投投资
3. 国际间接投资
4. 国际灵活投资
5. 国际租赁
6. 风险投资

简答题

1. 什么是国际投资？其与国内投资有什么不同？
2. 国际投资的主客体分别有哪些？
3. 国际投资产生的原因是什么？
4. 国际投资的分类有哪些？
5. 国际灵活投资的种类有哪些？
6. 简述国际投资发生的动机。
7. 国际投资学的研究对象有哪些？
8. 国际投资学的研究方法有哪些？
9. 国际投资经历了哪几个发展阶段？
10. 当前国际投资形势呈现出怎样的特点？

本章参考文献

陈继勇，隋晓锋，2011. FDI 垄断优势、知识溢出与发展中国家经济增长 ［J］.世界经济研究（9）：64-70.

陈玲，2004. 现代国际投资 ［M］.厦门：厦门大学出版社.

陈享光，2004. 引进外资与对外投资的均衡分析 ［J］.经济评论（6）：10-14.

程惠芳，2002. 国际直接投资与开放型内生经济增长 ［J］.经济研究（10）：71-78.

崇泉，2020. 新冠疫情对经济全球化与 WTO 的影响及中国的对策建议 ［J］.国际贸易问题（6）：7.

崔凡，赵忠秀，2013. 当前国际投资体制的新特点与中国的战略 ［J］.国际经济评论（2）：108-117，7.

傅钧文，2012. 国际资本流动的新特征及其影响 [J]. 世界经济研究（12）：26-31.

符磊，强永昌，李占国，2013. 发展中国家的开放效率研究：基于随机前沿面技术的面板数据分析 [J]. 国际贸易问题（10）：12-22.

符磊，强永昌，沈树明，2014. 投资和贸易的创新资源引致效应研究 [J]. 经济经纬，31（5）：50-55.

戴相龙，黄达，1998. 中华金融辞库 [M]. 北京：中国金融出版社.

顾永才，1998.MBA 精要全书（下卷）[M]. 北京：中国物价出版社.

郭振林，1992. 发展中国家的外国直接投资与国际直接投资的发展趋势 [J]. 财经论丛（浙江财经大学学报）（6）：52-55.

郭振林，1993. 外国直接投资发展的新动向与我国投资战略的最佳选择 [J]. 国际金融研究（8）：12-15.

何芳，2018. 论 ICSID 仲裁中的投资定义 [J]. 河北法学（36）：99-111.

胡国成，1995. 塑造美国现代经济制度之路：美国国家垄断资本主义制度的形成 [M]. 北京：中国经济出版社.

黄世席，2014. 国际投资条约中投资的确定与东道国发展的考量 [J]. 现代法学，36（5）：136-146.

黄银柱，1985. 石油美元与世界经济 [J]. 中国石油大学学报（社会科学版）（1）：64-69.

景光正，李平，许家云，2017. 金融结构、双向 FDI 与技术进步 [J]. 金融研究（7）：62-77.

李苏骁，杨海珍，2019. 国际证券资金大幅流入识别及其影响因素研究 [J]. 国际金融研究（2）：23-33.

李杨，黄宁，2016. 金砖国家投资合作机制的发展与对策 [J]. 河北学刊，36（5）：125-129.

李优树，2000. 国际石油价格波动分析 [J]. 财经科学（6）：1-6.

李宗明，高兴民，2018. 基于 GWR 模型的国际直接投资对全球价值链分工地位空间分异影响的实证研究 [J]. 上海交通大学学报（哲学社会科学版），26（3）：45-55.

林贤剑，林小芳，2005. 美元霸权与美国对外战争融资 [J]. 国外理论动态（8）：22-24.

刘晓华，2020. 评《国际直接投资的贸易理论研究》 [J]. 统计与决策，36（4）：2.

刘乃郗，韩一军，刘邦凡，2018. 国际直接投资理论前沿进展 [J]. 华南理工大学学报（社会科学版）（1）：40-52.

卢进勇，杜奇华，2006. 国际经济合作 [M]. 北京：对外经济贸易大学出版社.

卢进勇，杜奇华，李锋，2016. 国际经济合作教程（4 版）[M]. 北京：首都经济贸易大学出版社.

莫里森，王宇，2020. 中国吸引外资、对外投资和对外贸易：历史与未来 [J]. 金融发展研究 (2)：43-46.

聂名华，1995. 略谈国际债券的类型和特征 [J]. 国际金融 (6)：12-13.

孟宪扬，1990. 对布雷顿森林体系的评价 [J]. 世界经济 (1)：71.

谈萧，2006. 中国跨国公司培育的法经济学分析及立法政策 [J]. 国际贸易问题 (4)：123-128.

唐宜红，2017. 全球贸易与投资政策研究报告（2016）：国际贸易与投资新规则的重构 [J]. 经济研究，52 (7)：209.

唐正宇，1984. 国际贸易规则的发展 [J]. 环球法律评论 (6)：55-59.

宋浩平，2016. 国际信贷 [M]. 4 版. 北京：首都经济贸易大学出版社.

万解秋，贝政新，2003. 现代投资学原理 [M]. 上海：复旦大学出版社.

王东，2000. 近年来国际直接投资发展形势与国际经济环境 [J]. 世界经济研究 (3)：5-9.

王炜瀚，2006. 内部化理论研究综述 [J]. 经济学动态 (6)：100-104.

王迎新，刘学智，2014. 国际分工下的产业价值链：一个综述 [J]. 商业研究 (7)：16-25.

王跃生，马相东，2020. 经济全球化新趋势与开放型世界经济建设 [J]. 中国特色社会主义研究 (3)：33-39.

徐强，2005. 全球国际直接投资发展的态势、动因与影响 [J]. 国际经贸探索，21 (5)：36-41.

许晓峰，1996. 国际投资经济理论与实践 [M]. 北京：人民交通出版社.

薛亮，1990. 日本渡过两次石油危机对我国当前调整的启示 [J]. 计划经济研究 (5)：67-71.

杨德才，2007. 近代外国在华投资：规模与效应分析 [J]. 经济学（季刊），6 (3)：196-223.

杨汝岱，吴群锋，2019. 企业对外投资与出口产品多元化 [J]. 经济学动态 (7)：50-64.

叶兴平，2002. 外国直接投资最新趋势与变迁中的国际投资规则：宏观考察 [J]. 法学评论 (4)：68-75.

余颀，1997. 战后国际直接投资格局的演变 [J]. 国际观察 (5)：39-43.

袁保生，王林彬，2021. 国际投资规则、投资风险与投资成效 [J]. 统计与决策 (3)：144-149.

张光，2017. 论中国与中亚国家 BIT 中"投资"定义之重构 [J]. 暨南学报（哲学社会科学版）(7)：86-92.

张端，2019. 逆全球化的实质与中国的对策 [J]. 马克思主义研究 (3)：122-129.

张为付，2009. 国际直接投资特点的历史研究 [J]. 国际贸易问题 (5)：120-127.

张谐韵，2011. 浅析跨国公司在国际关系中的作用［J］. 人民论坛（29）：128-129.

张幼文，吴信坤，2017. 国际直接投资中的要素流动与全球化经济的资源配置［J］. 学术月刊，49（12）：78-89.

张宗斌，朱燕，2020. 习近平关于国际投资重要论述的理论逻辑与现实路径［J］. 山东师范大学学报（人文社会科学版），65（6）：70-82.

赵立斌，2013. 从全球生产网络的视角看中国与东盟、美国的不平衡贸易［J］. 首都经济贸易大学学报，15（2）：67-75.

赵艳平，张梦婷，黄友星，2019. 分类资本管制对不同形式资本流动的影响研究：基于动态面板模型［J］. 国际商务（对外经济贸易大学学报）（1）：108-119.

钟阳，2014. 国际金融中心的发展：资本流动与惯性效应的作用［J］. 重庆大学学报（社会科学版），20（1）：31-36.

钟远蕃，1982. 论战后国际投资发展的特点、原因与作用诸问题［J］. 暨南学报（哲学社会科学）（4）：62-70，61.

周茂荣，1987. 试论美国国际投资地位逆转的原因及其经济影响［J］. 世界经济（10）：71-76.

周经，赵晔，2018. 战略性资产如何影响了中国企业对美国 OFDI 模式选择［J］. 国际贸易问题（2）：125-136.

周启元，1995. 关于国际信贷若干理论问题的研究［J］. 世界经济（2）：41-44.

朱琳，2015. 我国国际直接投资与国际贸易间的动态关系［J］. 中央财经大学学报（S1）：88-92.

庄起善，1983. 资本主义国际分工［J］. 现代外国哲学社会科学文摘（8）：57.

AIZENMAN J，KENDALL J，2008. The internationalization of venture capital and private equity［J］. Ssrn electronic journal（5）：488-511.

ANTRÀS P F，2003. Contracts，and trade structure［J］. Quarterly journal of economics，118（4）：1375-1418.

ALI H，AHMAD S，MUHAMAD R，2010. Determinants of foreign direct investment locations in Malaysia［J］. International review of business research paper，6（4）：101-117.

AUTOR D H，DORN D，HANSON G H，et al.，2004. Trade adjustment：Worker-level evidence［J］. Quarterly journal of economics，129（4）.

BAGGS J，BRANDER J A，2006. Trade liberalization，profitability，and financial leverage［J］. Journal of international business studies，37（2）：196-211.

BAUM J A C，SILVERMAN B S，2004. Picking winners or building them? Alliance，intellectual，and human capital as selection criteria in venture financing and performance of biotechnology startups［J］. Journal of business venturing，19（3）：411-436.

BLACK J，HASHIMZADE N，MYLES G，2017. Oxford dictionary of economics

（5ed）［M］. Oxford：Oxford University Press.

BLOMSTRÖM M，1989. Foreign investment and spillovers［M］. Routledge.

BODIE Z，KANE A，MARCUS A J，1993. Essentials of investments［M］. McGraw-Hill/Irwin，2011.

BUCKLEY P J，CASSON M，1976. The Future of the multinational enterprise［J］. Macmillan.

BUCKLEY P J，CASSON M，1981. The optimal timing of a foreign direct investment［J］. The economic journal，91（361）：75-87.

BUCKLEY P J，CLEGG L J，CROSS A R，et al.，2007. The determinants of Chinese outward foreign direct investment［J］. Journal of international business Studies，38：499-518.

BUCHANAN B G，LE Q V，RISHI M，2012. Foreign Direct Investment and Institutional Quality：Some Empirical Evidence［J］. Int Rev Financ Anal（21）：81-89.

BUSENITZ L W，FIET J O，MOESEL D D，2004. Reconsidering the Venture Capitalists' "Value Added" Proposition：An Interorganizational Learning Perspective［J］. Journal of Business Venturing，19（6）：787-807.

CANH N P，BINH N T，THANHS D，et al.，2020. Determinants of Foreign Direct Investment Inflows：the Role of Economic Policy Uncertainty［J］. International Economics（161）：159-172.

CANH N P，GABRIEL S L，2021. Uncertainty，Financial Development，and FDI Inflows：Global Evidence［J］. Economic Modelling，99：1-10.

CANTWELL J P，TOLENTINO E E，1990. Technological Accumulation and Third World Multinationals［J］. Discussion Papers in International Investment and Business Studies（139）：1-58.

CARON D D，SCHREUER C H，2004. The ICSID Convention：A Commentary［J］. The American Journal of International Law，98（1）：219.

CAVES R E，1971. Industrial Corporations：the Industrial Economics of Foreign Investment［J］. Economica，141（38）：1-27.

CAVUSGIL S T，DELIGONUL S，GHAURI P N，et al.，2020. Risk in International Business and Its Mitigation［J］. Journal of World Business，55：1-6.

CHANDLER A D，1971. The Emergence of Multinational Enterprise：American Business Abroad from the Colonial Era to 1914［J］. Business History Review Volume，45（2）：223-224.

CHEN C，2021. Research on the Influence of Internet Finance on Household Financial Asset Allocation Based on Analytic Hierarchy Process［J］. Scientific Journal of Intelligent Systems Research，3（5）.

CHENG L K，KWAN，Y K，2000. What Are the Determinants of the Location of Foreign Direct Investment?［J］. The Chinese experience J Int Econ，51（2）：379-400.

CHURCH J R, WARE R, 2000. Industrial organization: A strategic approach [M]. McGraw-Hill.

CLAESSENS S, HOREN N V, 2014. Foreign banks: Trends and impact [J]. Journal of money, credit and banking, 46 (s1): 295-326.

DAI N J, KASSICIEH H S K, 2012. Cross-border venture capital investments in asia: Selection and performance [J]. Journal of business venturing, 27 (6): 666-684.

DAVID W, ASHOKA M, 1992. International investment location decisions: The case of U S firms [J]. Journal of international economics, 33 (1-2): 57-76.

Davies R B, 2005. Fragmentation of headquarter services and FDI [J]. The North American journal of economics and finance, 16.

DE VITA G, KYAW K, 2009. Growth effects of FDI and portfolio investment flows to developing countries: A disaggregated analysis by income levels [J]. Applied economics letters, 16 (3): 277-283.

DIMOV D P, SHEPHERD D A, 2005. Human capital theory and venture capital firms: Exploring "Home Runs" and "Strike Outs" [J]. Journal of business venturing, 20 (1): 1-21.

DOUCOULIAGOS H C, 2011. How large is large? Preliminary and relative guidelines for interpreting partial correlations in economics [M]. Deakin University.

DOWRIE D W, FULLER D R, 1950. Investment (2nd ed) [M]. New York: John Wiley & Sons.

DOYTCH N, UCTUM M, 2011. Does the worldwide shift of FDI from manufacturing to services accelerate economic growth? A GMM estimation study [J]. Journal of international money and finance, 30 (3): 410-427.

DUNNING J H, 1977. Trade, location of economic activity and the multinational enterprise [J]. The international allocation of economic activity, 395-4180

DUNNING J H, 1980. Toward an eclectic theory of international production: Some empirical tests [J]. Journal of international business studies, 11 (1): 9-31.

DUNNING J H, 1993. Multinational enterprises and the globalization of innovatory capacity [J]. Research policy, 23 (1): 67-88.

DUNNING J H, LUNDAN S M, 2008. Multinational enterprises and the global economy (2th Ed) [M]. Edward Elgar Publishing Inc MA.

EKHOLM K, FORSLID R, MARKUSEN J R, 2007. Export-platform foreign direct investment [J]. Journal of the European economic association, 5 (4): 776-795.

FANG Y, JIANG G L F, MAKINO S, et al., 2010. Multinational firm knowledge, use of expatriates, and foreign subsidiary performance [J]. J Manag Stud 47 (1): 27-54.

FEDERICO S, MINERVA G A, 2008. Outward FDI and local employment growth in Italy [J]. Rev World Econ, 144 (2): 295-324.

FRECKLETON M, WRIGHT A, CRAIGWELL R, 2012. Economic growth, foreign direct investment and corruption in developed and developing countries [J]. Journal of economic studies, 39 (6): 639-652.

GAO S, 2018. International leasing: Strategy and decision [M]. Taylor and Francis.

GHASEMT, 2015. Foreign direct investment and human development: The law and economics of international investment agreements [J]. Journal of human development and capabilities, 16 (2).

GHEMAWAT P, 2003. Semiglobalization and international business strategy [J]. Journal of international business studies, 34 (2): 138-152.

GLOBERMANS, SHAPIRO D, 2002. Global eoreign firect investment flows: The role of governance infrastructure [J]. World Dev 30 (11): 1899-1919.

GREENAWAY D, KNELLER R, 2007. Firm heterogeneity, exporting and foreign direct investment [J]. Econ J 117 (517): 134-161.

GULER I M, GUILLEN F, 2010. Institutions and the internationalization of US venture capital firms [J]. Journal of international business studies, 41 (2): 185-205.

HAN S, 2009. A study on customer equity and store choice using stochastic model [J]. Business history review, 24 (4): 203-224.

HAYNES M, THOMPSON S, WRIGHT M, 2003. The determinants of corporate divestment: Evidence from a panel of UK firms [J]. Journal of economic behavior & organization, 52 (1): 147-166.

HELLMANN T, PURI M, 2002. Venture capital and the professionalization of start-up firms: Empirical evidence [J]. Journal of financial economics, 57 (1): 169-197.

HELPMAN E M, MELITZ J, YEAPLE S R, 2004. Export versus FDI with heterogeneous firms [J]. American economic review, 94 (1): 300-316.

HERMES N, LENSINK R, 2003. Foreign direct investment, financial development and economic growth [J]. Journal of development studies, 40 (1): 142-163.

HENISZ W J, 2000. The institutional environment for multinational investment [J]. Journal of law, economics, and organization, 16: 334-364.

HOLMES R M, MILLER T, HITT M A, et al., 2013. The interrelationships among informal institutions, formal institutions, and inward foreign direct investment [J]. Journal of management (39): 531-566.

HONG E, LEE I, MAKINO S, 2019. Outbound foreign direct investment (FDI): Motivation and domestic employment by multinational enterprises (MNEs) [J]. Journal of international management (25).

HORN H, TANGERÅS T, 2021. Economics of international investment agreements [J]. Journal of international economics.

HUNGURU P, SIBANDA V, TADU R, 2020. Determinants of investment decisions: A study of individual investors on the Zimbabwe stock exchange [J]. Applied economics

现／代／国／际／投／资／学

and finance, 7 (5).

HWANG I, XU S, IN F, 2017. Systemic risk and cross-sectional hedge fund returns [J]. Journal of empirical finance, 42 (3): 109-130.

HYMER S H, 1960. The international operations of national firms: a study of direct foreign investment [M]. The MIT Press.

IBARRA-CATON M, MATALONI JR R J, 2018. Headquarter services in the global integration of production [J]. Journal of international management, 24 (2): 93-107.

JOHNSON H G, 1970. The efficiency and welfare implications of the international corporation, in C P Kindleberger, ed [M]. The international corporation, MIT Press.

JORDI M, WANG X, WU T, 2021. Familiarity and surprises in international financial markets [J]. Bad news travels like wildfire, 115.

JOVANOVIC B G, MACDONALD M, 1994. The life cycle of a competitive industry [J]. Journal of political economy, 102 (2): 322-347.

KANG S J, LEE H S, 2007. The determinants of location choice of south korean FDI in China [J]. World economy, 19 (4): 441-460.

KENNEY M, HAEMMIG M, GOE W R, 2008. The globalization of the venture capital industry [M]. Firms competing in a New World National Academies Press.

KINDLEBERGER C P, 1960. American business abroad: Six lectures on direct investment [J]. The journal of finance, 24 (5): 1020.

KIM J T, KO Y H, 2018. An exploratory study on the success and failure factors of multinational distributors in Northeast Asia: Focused on stages of economic development of country and adaption - standardization strategy [J]. International business review, 22 (1): 245-261.

KIM S, KIM S H, WANG Y, 2007. Saving, investment and international capital mobility in East Asia [J]. Japan & the world economy, 19 (2): 279-291.

KLEPPER S, 1997. Industry life cycles [J]. Industrial and corporate change, 6 (1): 145-182.

KLEPPER S, GRADDY E, 1990. The evolution of new industries and the determinants of market structure [J]. Rand journal of economics, 21 (Spring): 24-44.

KOJIMA K, 1978. Direct foreign investment: A japanese model of multinational business operations [M]. London: Croom Helm.

KOTABE M, 1989. Hollowing-out of U S multinationals and their global competitiveness: An intrafirm perspective [J]. Journal business research, 19 (1): 1-15.

KUEMMERLE W, 1997. Building effective capabilities abroad [J]. Harvard business research, March-April: 61-70.

LALL S, 1983. The new multinationals: The spread of third world enterprises [M]. New York: West Sussex Press.

LEE I, HONG E, MAKINO S, 2020. The effect of non-conventional outbound foreign

27

direct investment (FDI): On the domestic employment of multinational enterprises (MNEs): [J]. International business review.

LI X, LIU X, 2005. Foreign direct investment and economic growth: An increasingly endogenous relationship [J]. World development, 33 (3): 393-407.

LI Y, 2012. Venture capital staging: Domestic VC-versus foreign VC-led investments [M]. Oxford: Oxford University Press.

LI Y, VERTINSKY I B, LI J, 2014. National distances, international experience, and venture capital investment performance [J]. Journal of business venturing, 29 (4): 471-489.

LIN L S, SONG Y, 2004. To invest or not to invest in China [J]. Small business economics, 22 (1): 19-31.

LIPSEY R, 1994. Outward direct investment and the U S economy [M]. Chicago: The Effects of Taxation on Multinational Corporations University of Chicago Press.

LU J, LIU X, WANG H, 2011. Motives for Chinese outward FDI: Firm resources, industry dynamics, and government policies [J]. Management and organization review, 7 (2): 223-248.

MACDOUGALL G D A, 1960. The benefits and costs of private investment from abroad: A theoretical approach [J]. Bulletin of the Oxford University Institute of Economics & Statistics, 22 (3): 189-211.

MARINOV M A, 2002. Internationalization in Central and Eastern Europe [J]. Euromoney, 27 (1): 1-41.

MARIOTTI S, MUTINELLI M, PISCITELLO L, 2003. Home country employment and foreign direct investment: Evidence from the Italian case [J]. Camb J Econ, 27 (3): 419-431.

MAROULA K, PEDRO D A, 2021. The effect of information frictions on FDI persistence [J]. Economic modelling (94): 14-27.

Marx K, 1894. Capital: A critique of political economy [M]. London: Penguin Books, 1991.

Melitz M J, 2003. The impact of trade on intra-industry reallocations and aggregate industry productivity [J]. Econometrica, 71 (6): 1695-1725.

MEYER K E, NGUYEN H V, 2005. Foreign investment strategies and subnational institutions in emerging markets: Evidence from Vietnam [J]. Journal of management Studies, 42 (1): 63-93.

MIRZA H, GIROUD A, 2004. Regional integration and benefits from foreign direct investment in ASEAN economies: The case of VietNam [J]. Asian development review, 21 (1): 66-98.

MUDAMBI R, NAVARRA P, 2004. Is knowledge power? Knowledge flows, subsidiary power and rent-seeking within MNCs [J]. J Int Bus Stud, 35 (5): 385-406.

现代国际投资学

MUNDELL R A, 1957. Transport costs in international trade theory [J]. The Canadian journal of economics and political science / revue canadienne d" Economique et de Science Politique, 23 (3): 331-348.

NECLA A, 2017. Import dependency of sectors and major determinants: An input output analysis [J]. European journal of sustainable development research (1): 1-12.

NOCKE V, YEAPLE S, 2008. An assignment theory of foreign direct investment [J]. The review of economic studies, 75 (2): 529-557.

OSHIONEBO E, 2020. Transnational corporations in developing countries [M]. International encyclopedia of human geography.

PATIBANDLA M, 2020. International trade and investment behaviour of firms [M]. Oxford University Press.

PENG M W, WANG D Y, JIANG Y, 2008. An institution-based view of international business strategy: A focus on emerging economies [J]. Journal of international business studies, 39: 920-936.

PEZESHKAN A, SMITH A, FAINSHMIDT S, 2020. International venture capital attractiveness and performance: A neo- configurational perspective [J]. Academy of management annual meeting proceedings, 2020 (1): 20-56.

PORTER M, 1993. Corporate investment and the time horizons of American industry [M]. Boston: Harvard Business School Press.

PORTER M E, 1990. Competitive advantage [M]. New York: Free Press.

RAUSCHENBACH T M, 1988. Competitiveness and cooperation in a global industry [J]. International journal of technology management, 3 (3): 345-349.

REID C D, 2010. The Palgrave encyclopedia of world economic history since 1750 [M]. Palgrave Macmillan.

RUGMAN A M, 1981. Inside the multinationals: The economics of internal markets [J]. CroomHelm, 8 (3): 395-397.

RUGMAN A M, 2005. The regional multinationals: MNEs and global strategic management [M]. Cambridge University Press.

RUGMAN A M, VERBEKE A, 2004. A final word on edith penrose [J]. Journal of management studies, 41 (1): 205-217.

SAPIENZA H J, 1992. When do venture capitalists add value [J]. Journal of business venturing, 7 (1): 9-27.

SCHREUER C, 1997. Commentary on the ICSID convention [J]. Icsid review, 12 (2): 365-366.

SEBASTIEN M, 2008. The notion of investment: New controversies [J]. The journal of world investment & trade.

SETHI D D S, GUISINGER E S, PHELAN S E S, et al., 2003. Trends in foreign direct investment flows: a theoretical and empirical analysis [J]. Journal of international business studies, 34 (4): 315-326.

SONG Y W, KIM Y J, APIZI, T, 2016. The effect of consumer' perception on their private brand purchase intention at foreign discount stores in China [J]. Journal of international trade commerse, 12 (3): 477-497.

STAVRIANOS S L, 1979. A global history [M]. Peking University Press.

VANDEVELDE K, 2008. International investment rrule-making: stocktaking, challenges and the way forward [J]. Multilateral investment treaties.

VERNON R, 1966. International investment and international trade in the product cycle [J]. The quarterly journal of economics, 80 (2): 190-208.

VERNON R, 1974. The location of economic activity [J]. Economic analysis and the multinational enterprise, 89-114.

WELLS L T JR, 1983. Third world multinationals: The rise of foreign investment from developing countries [M]. Cambridge, MA: MIT Press.

WRIGHT M, PRUTHI S, LOCKETT A, 2005. International venture capital research: From cross-country comparisons to crossing borders [J]. International journal of management reviews, 7 (3): 135-165.

YONG W, LIU C, WANG G, 2020. Geopolitical risk revealed in international investment and world trade [J]. Risk management, 22 (2).

ZAHEER S, 1995. Overcoming the liability of foreignness [J]. Academy of management journal, 38 (2): 341-363.

ZHAO W, LIU L, ZHAO T, 2010. The contribution of outward direct investment to productivity changes within China, 1991—2007 [J]. Journal of international management, 16 (2): 121-130.

ZHENG H B, 2015. The International trade terms selection research in international project contracting [M]. Advanced Materials Research.

第二章
国际投资理论

　　国际投资理论的发展经历了多个阶段的演化。国际直接投资理论的起源可以追溯到重商主义（mercantilism）（高薇，2011）。重商主义在一定程度上歪曲了财富的真实含义以及把全球贸易看作零和博弈的过程，忽略在此过程中产生的外部性。不过，在经济学发展的历史进程中，重商主义起到了举足轻重的作用。随着技术进步和生产力的发展，古典贸易理论逐渐接替了重商主义的对外贸易主张。其中的代表分别是 Smith（1776）的"绝对优势说"、Ricardo（1817）的"比较优势说"和 Mill（1848）的"相互需求说"。总体而言，工业革命之前对国际投资的研究是基于资本流动的一般性研究。

　　近代以来，产品种类和数量不断丰富，以跨国公司对外直接投资为研究对象的国际投资理论逐渐形成（如 Hymer，1960；Kindleberger，1969；Johnson，1970；Caves，1971；Hirsch，1976 等）。这些理论均以发达国家为研究主体，无法较好地解释发展中国家的国际直接投资。随着研究内容和研究范围的扩大，新兴发展中国家的国际投资行为逐步受到重视（如 Lall and Streeten，1977；Wells，1983；Cantwell et al.，1990）。

　　进入 21 世纪后，国际直接投资理论主要围绕着企业开展国际直接投资的动因、区位选择和投资模式三个维度展开研究。针对发展中国家为何会对发达国家进行逆向投资问题，Lucas（1990）通过比较印度和美国的实际情况，提出了"卢卡斯悖论"，即印度的资本边际产出远高于美国，但印度的资本会不断地流向美国。Stone 和 Jeon（1999）在原有研究（如 Isard et al.，1954；Jinbergen，1962；Poyhonen，1963）的基础上将引力模型应用于对亚洲国家对外直接投资的研究中。Melitz（2003）将企业的异质性加入了动态产业模型，解释了国家间进行贸易是如何影响资源在同一产业不同企业之间的划分，生产效率高的企业会进行出口，而生产效率低的企业更多的是为本国市场服务。

　　Helpman 等（2004）通过利用美国出口和关联的销售数据对 Melitz（2003）的结论进行了验证，并提出一条重要假设，即在相同行业内，生产效率最高的企业会进行国际直接投资，生产效率位于中游的企业进行出口，而生产效率最低的企业则主要满足本土市场需要。这一假设在过去十多年间不断被验证，如 Kimura 和 Kiyota（2006）通过利用 1994—2000 年日本企业的面板数据，实证发现同行业生产力最高的企业会进行出口和国际直接投资，而拥有中等生产力的企业会在其中选择其一，拥有最低生产力的企业仅在国内市场发展，反之出口和国际直接投资也有助于企业生产率的提高。Yeaple（2009）通过对美国跨国企业数据进行实证分析验证了 Helpman 等（2004）的观点，并对原始模型提出质疑，认为真实的跨国活动并没有像模型预测的那么多。对于 Helpman 等（2004）观点的验证并没有戛然而止，之后不断有学者利用各个不同国家的数据进行验证，并不断进行补充（如 Chen et al.，2009；Arnold et al.，2010；Hagemejer et al.，2011；Federico et al.，2016）。

在异质性国际直接投资分析框架建立之后，企业以什么样的方式进行国际直接投资就成为重要话题。Nocke 和 Yeaple（2008）认为在同一个行业中，生产效率高的企业倾向于绿地投资，而生产效率低的企业更偏好跨国并购。并且，在国家间生产成本相近的情况下，跨国并购是对外直接投资的主要形式；成本差异较大的情况下，绿地投资则转变为主要投资形式。Kleinert 和 Toubal（2010）通过一般均衡模型推导了引力方程。Stiebale 和 Trax（2011）以英国和法国跨国企业为研究对象，实证研究发现了跨境交易会带动国内市场的就业和投资，在知识密集型产业中的收购将提高国内市场的生产效率，生产效率高的企业会选择绿地投资作为跨国投资的首要方式。

Gourinchas 和 Jeanne（2013）将发展中国家对发达国家逆向投资的现象称为"配置之谜"（allocation puzzle），发达国家的制度健全和政策稳定使得它成为优于发展中国家的投资目的地。Slangen（2013）研究了在东道国政策不确定条件下，企业在绿地投资和跨国并购之间如何选择：随着政策不确定性的增加，企业会更加偏向于绿地投资。Chung 等（2016）通过分析中国企业对外投资数据，发现政府给予的制度压力会显著影响企业的对外投资，其中对政府依赖度相对较小和改制后的国有企业受影响程度更低。Schiffbauer 等（2017）认为，生产效率低的企业更喜欢使用跨国并购的方式进行对外投资，因为跨国并购更有助于本企业技术的提升。

在国内，王方方和赵永亮（2012）通过对 2002—2009 年广东省企业对外投资数据进行实证分析得到与多数先行研究同样的结果，并且也得出企业生产率越高所进行投资的东道国就越多的结论。严兵等（2014）利用江苏省制造业企业数据验证了 Helpman 等（2004）的假设，并提出企业生产率同时影响对外投资额和对外投资决策。周茂等（2015）借助中国企业的对外直接投资数据，发现中国企业生产率越高越偏向使用跨国并购方式，管理能力越强的企业越喜欢使用跨国并购方式。梁琦和吴新生（2016）选取中国、沙特和俄罗斯等 39 个"一带一路"国家作为研究对象，通过引力模型进行实证检验，得出相较于传统的关税壁垒，关税以外的贸易壁垒对国际贸易影响更大的结论。

袁其刚和樊娜娜（2016）通过实证分析发现，企业对外投资会提升企业生产效率，并且东道国为发展中国家时，企业的生产效率提升的程度更大；在进行第二次投资时，若发生东道国的转变，其生产效率提升的程度更大。李俊久和丘俭裕（2017）利用引力模型研究了中国与亚太经合组织成员之间的贸易关系，指出成员之间的地理距离对出口有显著的负向影响，共同的文化等因素对出口有显著的正向影响。冼国明和明秀南（2018）使用 2008—2015 年中国上市公司境外并购的数据进行研究，发现跨国并购提升了企业生产效率，但随着时间的推移，边际提升效应会逐渐减弱。

上文对国际直接投资的发展进行了梳理，历史的车轮不断向前，国际直接投资理论也在不断地发展和深化，虽然国际直接投资分析的框架在不断扩大，但其本质仍然是企业在面临约束时做出最优选择的过程。本章接下来会重点介绍新古典时期的国际直接投资理论。

第一节　早期的国际资本流动理论

一、利率诱因理论

在第二次世界大战之后，美国对外直接投资占全球的比例快速上升[1]。经济学家们逐渐将研究重点从国际贸易转移到了国际投资，但这时的研究还是沿用古典国际贸易理论方法研究国际资本流动，从而分析国际直接投资的动因。例如，Nurkse（1953）通过完全竞争的假设，采用局部均衡的方法说明了产业资本国际流动的现象。在当时，国际直接投资的概念虽还没有被正式提出，但分析对象已经属于国际直接投资范畴，因此属于国际资本流动的早期理论。

利息率是利率诱因理论的核心，利息率的差异导致了产业资本在国家间的流动，而资本供求是利息率产生差异的决定性因素。关系如图 2-1 所示。

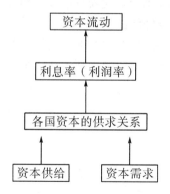

图 2-1　Nurkse 的资本流动示意

数据来源：NURKSE R. Problems of capital formation in underdeveloped countries［M］. New York：Oxford university press，1953.

假设存在两个国家，若 A 国的储蓄量大于 B 国，则可以认为资本的供给 A 国大于 B 国，由于 A 国的资本供给过多，就会导致 A 国利息率较低，最终导致资本流入 B 国（安佳，2005）。另外，若 A 国技术水平提高，导致了生产效率更高，再加上产品需求弹性大，在利润最大化的情况下，企业会扩大自己的生产，资本的需求量也随着增加，从而 A 国的利息率会更高，因此，会导致资本流入 A 国。

---

① 联合国贸发会议跨国公司与投资司. 1994 年世界投资报告：跨国公司、就业与工作环境［M］. 储祥银，译. 北京：对外经济贸易大学出版社，1995：187.

换句话说，企业在满足自身利益动机的同时也促进了资本流动。但同时我们也可以发现，利率诱因理论对于现实世界的交叉投资和相互投资解释能力较弱。

二、MacDougall-Kemp 理论

MacDougall（1960）指出，新的资本流量的流入导致了东道国也就是接受投资的国家资本存量扩大，而使得母国资本存量相应地缩减。在这个过程中，假设其他的条件不变，两国的资源配置得到优化，两国福利增加，最终共同促进了全球经济的发展。在此基础上，Kemp（1962）进行了发展和延伸，资本移动促进国民收入学说因此诞生。

MacDougall-Kemp 模型认为在完全竞争、世界存在资本丰富和劳动力丰富两类国家假设下，资本在国家之间的流动主要是由资本收益率的差别引起的（Kemp，1962）。例如某些国家资本充足，但是边际产出率相对来说较低，而另外一些国家资本不足，但是边际产出率相对较高，资本边际产出率的差异使得资本由边际产出率低的国家向边际产出率高的国家流动。

在满足上述假设条件后，我们假设全球经济体由两种类型的国家组成，即资本输出国和资本输入国，我们简称资本输出国为 A 国，相应的 B 国则为资本输入国。受到资本边际生产力递减的约束，资本相对充足的 A 国的边际生产力就会低于 B 国的边际生产力。

如图 2-2 所示，横轴和纵轴分别代表资本数量和边际生产力。O_A 和 O_B 分别代表 A 国和 B 国的原点，由于全球经济由 A 国和 B 国两个国家组成，A 国和 B 国的资本量加总就是世界的资本量，O_AQ 为 A 国所拥有的资本量，O_BQ 为 B 国所拥有的资本量。A 国和 B 国的资本边际生产力曲线分别由 AA' 和 BB' 表示。

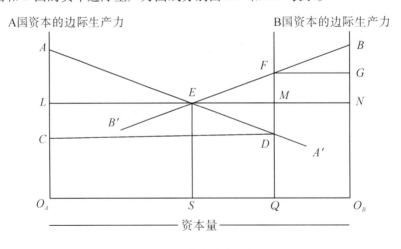

图 2-2 资本流动示意

数据来源：MACDOUGALL G D A. The benefits and costs of private investment from abroad：A theoretical approach［J］. Economic record, 1960（36）：13-35. 和 Kemp M C. The benefits and costs of private investment from abroad：comment［J］. Economic record, 1962（38）：108-110.

在初始状态下，由于 A 国拥有 O_AQ 的资本存量以及 AA' 的资本边际生产力。因此，四边形 O_AADQ 就是 A 国的生产总量。B 国拥有 O_BQ 的资本存量以及 BB' 的资本边际生产力，所以四边形 O_BBFQ 就是 B 国的生产总量。O_AC 和 O_BG 分别代表资本的价格。通过之前的分析我们可以知道，通过比较资本产出率，资本会流向资本产出率相对更高的国家，在这个过程中，之前资本产出率高的国家的资本产出率会降低，而资本产出率相对低的国家的资本产出率会升高，最终达到均衡状态，即 O_AL = O_BN。不难发现，通过上述资本的流动，全球的产出跟之前相比增加了 DEF 的三角形部分。

从单个国家分析，A 国由于资本的流出，导致了总产量由之前的 O_AADQ 减少到了 O_AAES，相比初始状态减少了 $ESQD$。虽然国内总产量减少了，但是由于国内的资本在进行对外投资，国内的资本却获得了 $EMQS$ 的收益。倘若 $EMQS$ 大于减少的部分 $ESQD$，则国民的总收入反而增加了。

B 国作为资本的流入国，需要支付 $EMQS$ 给 A 国，但自己本身可以获得 EFM 部分，因此只要 EFM 为正，则对 B 国来说是有利的。

需要注意的是，资本的流动对世界经济的发展起到了重要的推动作用（崔晓杨，2017）。但 A 国作为资本流出国，从国外获得了资本的收益，劳动报酬总量却反而降低了。这是因为，ACD 为资本流动之前的劳动报酬，AEL 为资本流动之后的劳动报酬，对比起来有所减少，亦即劳动力的收益降低了。同理，可以得到 B 国的劳动者收入在资本流入之后增加了。

虽然该模型在一定程度上解释了国际资本流动的原因，但是仍存在以下缺陷：①假设过于严格，完全竞争市场在现实生活中很难实现；②国际直接投资和间接投资没有很好地分开；③静态分析方法缺乏解释能力；④国家内部产业结构复杂，不同的产业有不同资本收益率，国家并不是单纯的资本输入国和资本输出国，大多数国家既是资本输入国，又是资本输出国。

35

第二节　主流优势理论

一、国际投资的微观理论

学界逐渐认识到，完全竞争的前提假设已经无法满足国际投资理论的发展。因此 Hymer（1960）弥补了前人研究的不足，提出了垄断优势理论，从企业的视角出发来阐述国际直接投资。之后，Kindleberger（1969）、Johnson（1970）和 Caves（1971）等在此基础上不断完善和发展垄断优势理论。虽然 Kindleberger（1969）、Johnson（1970）和 Caves（1971）将寡占反应、知识产权和产品差异等引入理论，但是该理论还是缺乏足够的解释力，如逄增辉（2004）认为垄断优势理论无法解释发展中国家的对外直接投资，尤其是发展中国家对发达国家的投资。Vernon（1966）以垄断优势理论为基础，不断深化垄断优势理论并形成了产品生命周期理论。之后，Buckley 和 Casson（1981）同样以市场不完全竞争的假设为前提，创造了更符合经济现实的内部化理论。

Melitz（2003）将企业的异质性加入了动态产业模型中，解释国家间贸易如何影响资源在同一产业不同企业之间的划分，生产效率高的企业会进行出口，而生产效率低的企业则多只为本国市场服务。Helpman 等（2004）将企业的异质性引入了国际直接投资的研究当中。Chen 和 Mooor（2010）对模型进行了扩展。

之后有一系列实证研究对其进行验证。例如，Arnold 和 Hussinger（2010）利用德国企业的水平数据，对生产率和国际贸易、国际投资之间的关系进行了检验，其实证结果与模型预测基本一致。Federico 和 Tosti（2016）通过对从意大利央行获取的意大利企业数据进行研究，发现企业贸易量的变化与企业规模和生产率呈现正相关的关系，这也验证了 Helpman 等（2004）的结论。在国内，也有许多学者进行了相关研究。田巍和余淼杰（2012）通过采用浙江省企业的对外投资数据，验证了对外投资与企业生产率之间的关系。结果显示，企业生产率越高，其对外投资的概率也会越大。陶攀和荆逢春（2013）利用中国企业的数据进行研究，其结果也证实了上述结论。

（一）垄断优势理论

1. 垄断优势理论的形成

在 Hymer（1960）提出垄断优势理论（monopolistic advantage）之前，国际投资理论主要以完全竞争市场为假设前提，但完全竞争市场在现实生活中是比较少见的。因此，Hymer（1960）推翻了完全竞争市场的假定，从不完全竞争的视角来阐述对外直接投资。企业在东道国进行生产，能够获得比在母国更高的利润，以及可以利用东道国相对低廉的劳动力。然而，这两个因素并不能很好地解释跨国企业进行对外投资的原因。虽然跨国企业会在东道国的经营中遇到各种不利因素，但是由于跨国企业在东道国拥有垄断优势，其获得的利益大于成本，从而获得了比东道国企业更高的企业利润。

Johnson（1970）认为，在跨国企业进行对外投资的过程中，技术专利等知识产权扮演着重要的角色。企业要拥有或者使用这些资产，在生产过程中需要高昂的投入，但是如果跨国企业在东道国设立新企业，凭借母公司与子公司的关系，转移这些资产只需要付出相当低的成本，从而使跨国企业获得高额利润。Caves（1971）认为，跨国企业可以借助垄断优势，取得东道国企业生产产品所不具备的优势，从而满足消费者的不同偏好。如跨国公司凭借其先进的技术或营业能力来改造其产品。

Knickerbocker（1973）在此基础上，对垄断优势理论进行了完善和发展，利用美国跨国企业的数据，重点研究了导致美国跨国企业进行对外投资的原因，研究发现寡占反应是最主要的原因。同时，他把跨国企业的对外投资划分成两种类型，即进攻型投资和防御型投资。顾名思义，前者是寡头公司在东道国建立的第一家子公司；而后者意为寡头公司所在行业的其他公司为了保持其在竞争中的优势地位，从而追随该寡头公司在东道国进行投资。

2. 垄断优势理论的核心

垄断优势理论以不完全竞争为前提，更加贴近现实。所谓的不完全竞争，指的是技术、品牌等原因导致了市场竞争的不完全性，可概括为四点：①其他非市场力量的干预，如政府干预导致了市场的不完全竞争；②税收原因；③要素和产品市场的不完全竞争；④规模经济。

垄断优势包括：管理优势、规模优势、技术优势和资金优势等。

管理优势：跨国企业基本上都是实力较为雄厚的大企业，而且也成立了一定时间，因此，拥有更多高素质的人才。在管理方面，有更多的理论知识和实操经验。但是，东道国的企业，在这方面有一定的弱势。

规模优势：规模经济分为内部与外部。从内部看来，规模优势使得单位成本降低，在单个产品收入不变的情况下，企业可以获得更多的利润。从外部看来，企业上下游行业的集聚也可以降低企业的生产成本。

技术优势：跨国公司通过投入大量研发资金提高产品质量，通过申请专利等方式来保护自己的独特技术，使得新产品和原来产品出现差异，从而获得垄断利润。

资金优势：跨国公司规模较大，拥有更多的货币资金；与此同时，现有的融资体系使得规模较大、信誉较好的企业可以以更低的成本获得更多的融资。

3. 垄断优势理论的局限性

虽然垄断优势理论抛弃了完全竞争的前提，但是由于样本不具备普遍性，缺乏足够的说服力。在现实的经济发展过程中，并非只有美国实力较强的企业进行跨国投资，如亚非等地区的发展中国家的许多企业也会寻求对外投资。但是，垄断优势理论无法很好地解释该现象出现的原因。

（二）产品生命周期理论

产品生命周期理论是由 Vernon（1966）提出的，用于解释企业为什么会进行对外直接投资、什么时候进行对外直接投资和投资在什么地方三个问题。

1. 基本论点

该理论借鉴了垄断优势理论的特点，即分析跨国企业时，会从其具备的垄断优势进行分析。除此以外，分析时还会考虑产品的周期因素，将产品划分为不同的生命周期。在产品不同生命周期阶段，企业为了追求更高的利润，会做出不同的决策。

2. 基本假设

由于收入的不同，消费者的偏好存在差异；距离的增加将会导致企业与企业、市场与企业沟通成本的增加；营销方法和生产技术的变化都是可预见的；地区或国家之家的技术转让也存在摩擦。

3. 产品生命周期的三个阶段

产品创新阶段（new product stage）。早期属于技术创新的阶段，该阶段对企业的资金要求较高，需要的投入较大。因此，只有创新国掌握该项新技术。此时，市场处于萌芽阶段，新开发的产品价格变化小，需求量也变动很小。因为此时消费者多为高收入群体，对价格的敏感性不强。如果其他国家需要消费该产品，创新国会将该产品出口而不是去他国直接投资。此外，商品在研发成功初期会存在一些仍待完善之处，需要密切关注市场对商品的使用反馈，厂商可以借此不断地完善和改进商品。综上所述，企业在本国生产，就会产生高额的垄断利润，区位因素就显得不

37

那么重要了。

产品成长和成熟阶段（mature product stage）。从技术上看，新技术日趋成熟，在此背景下，新技术已经不能为创新国带来高额的利润，寡头垄断的市场结构已经被破坏，在利润驱使下，越来越多的企业进入该市场领域，同时产品的改进空间逐渐变小，价格变化会引起需求的剧烈变动。此时，控制成本就成为企业创造更高利润的首要选择。当国内与国外的成本存在一定差距时，跨国企业前往国外生产，利润会变得更高。

产品标准化阶段（standardized product stage）。在这个阶段，企业之间的产品差别已经较小，并且企业可以通过标准化生产来扩大产量。如何降低成本就成为首要问题。这样，跨国企业就将目光投向了要素成本更低的发展中国家。在将标准化的产品转移之后，企业为了保持竞争优势会继续研发新产品。而由于原有的产品本国已经不生产或者生产很少，本国的国内需求需要通过发展中国家的生产来满足。

4. 产品生命周期理论的发展

Vernon（1974）重新划分了原有产品生产周期的三个阶段：产品创新的寡头垄断、产品成熟的寡头垄断和产品标准化的寡头垄断分别取代了产品创新、产品成长和成熟与产品标准化三个阶段。在三个新阶段中，跨国企业为了使利润最大化，会设置不同的产品进入限制来阻碍竞争对手的进入。在产品创新阶段，寡头垄断企业通过技术的垄断优势享受垄断利润。在产品成长和成熟阶段，垄断技术的优势逐渐消失，由于生产成本等因素，某些国家的低成本优势成为吸引跨国企业的关键，这样低成本优势可以弥补由于垄断技术优势等因素的消失带来的利润损失。在产品标准化阶段，寡头垄断企业通过技术和规模经济获得的垄断利润基本消失，寡头垄断企业通过其他方式，诸如组成卡特尔等，建立起了新的垄断，再加上发展中国家要素价格的优势，寡头垄断企业能够继续保持较高的利润。

Bartlett 和 Ghoshal（1998）通过对产品生命周期理论的发展，提出了产品创新、接近市场和通过竞争降低成本三者相结合的国际直接投资理论。产品创新是指研发新产品或者将技术在不同地区转移等（聂磊，2012）；接近市场是指企业为了迎合不同地区的需求，将原产品改造成更符合当地消费者需求的产品；竞争降低成本则是指企业可以通过将产品流水线化、标准化来降低产品生产成本，使其更具竞争力。该理论将成本因素从区位和技术优势提取出来，弥补了产品生命周期理论的缺陷。

5. 以上理论的局限性

从实际情况来看，并非只有拥有技术垄断的企业才会进行国际投资；并非所有的企业都符合产品生命周期的特征，如原材料采掘业等资源开发型和技术导向型行业就不符合产品生命周期的特征。另外，企业并非只生产一种产品，在现实生活中大多数企业的生产范围并不局限于单一产品。企业研发行为并非只在发达国家中进行，企业也会将研发活动转向发展中国家。

（三）市场内部化理论

Buckley 和 Casson（1981）通过借鉴 Coase（1937）的交易成本理论，以市场不完全的假设为前提，创造了更符合经济现实的内部化理论。该理论很好地阐述了企业资源为什么会在内部进行转移的问题；同时，解释了企业整合上下游和经营多种产品的行为。Rugman（2005）在借鉴内部化理论的基础上，提出了解释国际投资的市场内部化理论。

1. 基本假设与动因

基本假设包括：利润最大化、通过内部化降低成本、内部化形成跨国公司。因此，我们可以总结得出，中间产品市场的不完全性是其核心，这是有别于之前理论的主要特点。与此同时，为了降低成本，获得更高的利润，企业会加强内部协作。

2. 内部化影响因素

产业因素（industry-specific factor），生产的产品不同，导致了其产业具有不同的特征，如技术密集型、资本密集型和劳动密集型，同时也要考虑该产业有没有规模经济。

公司因素（firm-specific factor），如企业内部的管理体系等。

国家因素（country-specific factor），如不同的国家拥有不同的经济制度、社会制度等。

地区因素（region-specific factor），本国与东道国之间存在文化等方面的差异，这些差异会导致交易成本的不同。

在产业、公司、国家和地区四个因素当中，产业因素的作用至关重要。产品的不同特性导致了生产该种产品需要多个生产阶段，多个生产阶段就会出现中间产品的交易，而由于企业内部的交易成本相较于企业外部更低，企业可获得更高的回报。

3. 市场内部化后的可能收益

提升经营效率。相比外部交易，内部化可以使生产环节紧密地联系在一起，减少外部交易对各环节生产衔接的延迟，同时也能够解决外部定价无法控制的问题。

降低税收成本，提升公司利润。由于不同国家之间的税率不同，跨国公司可以根据国家之间不同的税率来设置不同的转移价格，从而使公司的整体收益最大化。

消除国际市场的不完全性。由于国家之间的相互竞争，在国家之间存在着各种限制，诸如资本管制等。内部化不仅可以让企业规避这些限制，而且可以从东道国获得政策优惠。

保护生产技术。在市场内部化的情况下，知识等重要资产在企业内部交易，减缓竞争对手的模仿和学习进程，延长自己的垄断优势时间。

4. 市场内部化的成本

规模经济损失成本。企业规模将会受到内部化的限制，因此规模经济的收益受到影响。

国际风险成本。在市场内部化的背景下，跨国企业可能影响东道国的利益，东道国政府进而会采取一定的限制措施。

管理成本。由于子公司与母公司不在同一地区，而是分散在各个国家和地区，这就意味需要投入更多人力和物力，从而提升了管理成本。

控制成本。由于子公司在不同的国家和地区，语言、社会经济环境等各方面的差异会增加企业内部沟通的成本，再加上为了防止企业内部秘密的泄露，需要建立起完善的信息系统，这两项都会增加内部化的费用。

5. 意义与局限性

市场内部化理论从产品的交换出发，与之前的垄断优势理论相比，更具一般性。因为垄断优势理论解释的是发达国家中具有一定实力的企业进行对外投资的现象，而市场内部化理论可以同时解释发达国家和发展中国家企业进行跨国投资的现象。

同时，内部化理论存在一定局限。首先，内部化理论缺乏对地理和区域分布的解释。其次，非生产要素在跨国投资中扮演着关键作用，但该理论却忽略了这点。最后，资源开发和出口导向型的直接投资不能被内部化理论解释。

二、国际投资的宏观理论

微观理论与宏观理论的区别在于研究的视角不同，微观理论是以企业为视角，而宏观理论是以国家为视角。相较于微观理论的发展，国际投资的宏观理论还有很大的发展空间。国际投资的宏观理论包括厂商成本比较理论（Hirsch，1976）、比较优势投资理论（Kojima，1978）等。厂商成本比较理论从成本角度出发，分析出口和直接投资。Stone 和 Jeon（1999）将引力模型引入了国际直接投资的研究中。Brenton 等（1999）使用引力模型评估了欧盟和中东欧国家一体化对 FDI 的影响。Kleinert 和 Toubal（2010）通过一般均衡模型推导了引力方程。Edwards 和 Romero（2016）将国际直接投资与心理距离联系起来。Romero（2016）认为心理距离可能会对国际直接投资产生影响，并对这些影响因素进行了实证研究。

而在国内，蒋殿春和张庆昌（2011）利用美国企业的数据，借助引力模型，估算了中国在美国企业对外投资中所处的位置，发现产业结构和禀赋因素阻碍了美国对华投资。梁琦和吴新生（2016）选取中国、沙特和俄罗斯等 39 个"一带一路"国家作为研究对象，采用引力模型进行实证检验，得出关税以外的贸易壁垒已经超过了传统的关税壁垒对国际间贸易的影响等重要结论。这里我们简要介绍具有代表性的比较优势投资理论。

比较优势投资理论是由 Kojima（1978）根据日本当时对外投资的实际情况叠加比较成本理论研究得出的。不同于垄断优势等理论的微观视角，比较优势投资理论强调的是宏观视角，即国际分工的原则。在对美国企业的研究过程中，Kojima 发现制造业是美国对外投资的主要阵地，而且这些企业进行对外投资主要是因为具有比较优势，其基础建立在"贸易替代型"结构上。但日本的实际情况与美国有所不同，日本在制造业的投资并非是"贸易替代型"，而是"贸易创造型"，因为日本对外投资不仅没有形成逆差，反而促进了本国的出口。日本将国内处于不利地位的产业转移到东道国，从而使得该产业在东道国形成优势，变成优势产业，从而导致了产业比较优势的延伸。

（一）边际产业扩张理论的核心

该理论认为对东道国进行投资，本国已经处于劣势的产业部门应该是进行投资的首选，利用东道国的要素等方面的优势，将本国的劣势部门转化为优势部门。

（二）导向型投资类型

自然资源导向型投资。本国企业向东道国进行投资，投资的产业主要是资源型企业，生产出的产品主要有两方面的用途。一方面是向投资国出口，促进企业之间的垂直分工；另一方面是提供给东道国的本土企业。

劳动力导向型投资。由于本国产业的发展，劳动力等要素成本的提高已经严重挤压了企业的利润，再加上发展中国家的劳动力等要素成本的低廉和产品已经标准化生产，可以将企业的生产转向发展中国家。

市场导向型投资。在向其他国家销售最终产品时可能会出现限制，企业为了打破这种限制，会选择在东道国进行投资，不直接出口最终产品，而是转向出口中间产品和机器设备等。

交叉投资型投资。不同国家相互对各自拥有比较优势的产业进行投资。

（三）四点推论

在国际贸易中，比较成本的不同使得国家应该生产具有比较优势的产品，进口具有比较劣势的产品。在进行国际直接投资时，投资国将自己具有比较劣势的产业转移到这些产业仍具备比较优势的东道国。投资国将更多的资源投入国内具有比较优势的产业中，使得比较优势产业更加壮大，导致了两国之间的比较成本差距加大，两国间的进出口贸易也同时增加。

日本将自己具有劣势的产业转移到东道国，被转移产业所需的部分生产设备还是需要日本生产。因此日本的出口也会相应增加，叠加东道国廉价的生产要素，使得日本和其他国家可以享受到低价格的产品。此外，由于获得资本，东道国经济会得到快速发展，东道国需求得以增加，进而寻求更多进口，从而促进了日本出口量的增长。

技术差异的程度决定了转移产业的难易程度。在进行国际投资时，厂商会选择将技术差异最小的产业转移到东道国。因为这类企业对东道国的适应性更好，更适宜产业的发展。

以往的相关研究着重于对个体的分析，如一种商品、一家企业或者一类行业等。但 Kojima 认为可以通过相对的比率，如两种或多种商品的成本或利润比率分析产业是否是对外投资的边际产业。

（四）意义与局限性

垄断优势理论从微观的视角对国际投资进行分析，比较优势投资理论突破了这一限制，从宏观的视角进行解读。边际产业的转移是对外直接投资的决定性因素，合理配置生产要素，发挥两国的比较优势，使得产品竞争力提升、产业结构优化。比较优势投资理论在一定程度上解释了东亚国家和地区产业结构变迁的现象。

比较优势投资理论不适用于逆贸易导向型对外直接投资，假定过于严格，Kojima 以投资国为主体，需要所有对外直接投资的企业出发点保持相同。而且比较优势投资理论无法对发展中国家进行对外投资的行为进行解释。

三、国际投资的综合理论

在上文中我们探讨了国际投资的微观理论和国际投资的宏观理论，而国际投资综合理论就是致力于将两者结合起来，创立更为一般性的国际直接投资理论体系。

Dunning（1977）首次将微观与宏观理论相结合，形成国际生产折衷理论，之后Dunning（1981）又对其进行了发展和完善。国际直接投资、出口贸易的选择和技术转让问题都在该理论中得到充分的解释。

（一）国际生产折衷理论的核心

所有权优势，即企业掌握其他竞争企业不具备的资产和所有权。由于生产者拥有其他企业不具备的优势，而这种比较优势使得投资企业所获得收益大于成本，促使企业进行国际投资。但是必须明确的是，并非拥有所有权优势的企业就一定会进行跨国投资。另外，在所有无形资本中知识资产尤为重要。

内部化优势，在上文中我们对内部化问题也有所提及，由于内部市场交易的成本低于外部市场，企业为了获得最大化利润，从而选择在内部进行交易。如果把产品生产的全部过程放在企业内部完成，可以使资源得以合理配置，垄断优势发挥到最大程度。需要强调的是，产品市场分为中间产品市场和最终产品市场，这两个市场都是不完全的。国际生产折衷理论包含结构性市场不完全和知识性市场不完全。

区位优势是指相比于本国而言，东道国拥有生产要素方面的比较优势。资源禀赋和制度政策优势构成了区位优势。资源禀赋优势指的是东道国由于尚未进行大规模的开发，还处于发展的起始阶段，还拥有大量的资源要素，以及廉价的劳动力成本等。制度政策优势指的是稳定的政治制度、良好的经济环境、完善的法律体系和东道国为了促进本国发展吸引外来投资的优惠政策等。

通过上述分析我们不难发现，如果企业同时具备上述三种优势就可能会进行跨国投资。但如果拥有两种优势，而缺乏区位优势，企业可能就不会进行对外投资，而是转向出口商品。当企业具备所有权优势，而不拥有另外两种优势时，企业不会进行对外投资和出口商品，而是通过技术专利的转让获得收益。

（二）意义与局限性

国际生产折衷理论在继承之前观点的基础上对其加以概括和扩展。但国际生产折衷理论仍然具有一定的局限性，如部分企业未具备三种优势也会进行国际直接投资。该理论不具备动态分析的特点，假定也不符合现实，该理论假定国际直接投资、商品出口和专利交易的收入一样，与现实情况的差别较大。

第三节　国际投资理论的新发展

经济全球化已经成为时代特征，虽然目前种种原因导致贸易保护主义有所抬头，但这不会阻碍历史发展的趋势。学界对国际投资理论仍在不断发展和完善。Dunning（1977）首次将微观与宏观理论结合，形成国际生产折衷理论。由于国际生产折衷理论存在一定的局限性，因此 Dunning（1981）之后又发表了"International production and multinational enterprise"一文，投资发展阶段理论由此诞生。Anderson 和 Van（2003）对 Dunning（1977，1981）的国际投资理论提出了质疑，认为这些理论没有合理地解释边境效应。在 Stone 和 Jeon（1999）将引力模型引入国际直接投资之后，这种效应得到了合理的解释。

对于 Dunning（1977，1981）的理论，Lucas（1990）也提出了质疑，通过比较印度和美国的实际情况，提出了"卢卡斯悖论"，即印度的资本边际产出远高于美国，但印度的资本会不断地流向美国，对于这种现象 Duning（1977，1981）无法解释。此后，发展中国家对外直接投资成为一个热门的研究话题。Moon 和 Roehl（2001）以 Dunning（1977）的理论为基础，开创性地将所有权优劣势结合，解释发展中国家对发达国家的对外直接投资。白洁（2009）从资产的角度去考虑，认为发展中国家对外投资会通过逆向技术溢出效应带动本国技术的提升，但由于中国对外投资结构的原因，中国对外投资数据在统计上并不显著。Gourinchas 和 Jeanne（2013）则从制度的角度去思考上述现象，并称其为"allocation puzzle"，发达国家由于制度健全和政策稳定使得它成为相较于发展中国家更好的投资目的地。

在 21 世纪，企业选择何种模型进行国际直接投资也是研究的重点。Nocke 和 Yeaple（2008）认为在同一个行业中，生产效率高的企业倾向于绿地投资，而生产效率低的企业更偏好于跨国并购，并且在国家间生产成本相近的情况下，跨国并购是对外直接投资的主要形式。在成本差异较大的情况下，绿地投资则转变为主要投资形式。Helpman（2014）将企业进行国际直接投资的模式分为水平型、垂直型和复杂型。水平型投资是企业为了提高在东道国的市场份额，垂直型投资是为了内部化资源的收益最大化，复杂型投资则是水平型和垂直型投资的混合体。在本节的以下部分将重点介绍动态比较优势理论、投资诱发要素组合理论和国家竞争优势理论。

43

一、动态比较优势理论

Ozawa（1992）的动态比较优势理论有别于传统的比较优势的静态分析。前者通过将经济增长和开放经济发展理论结合，开创了动态的分析模式。动态比较优势理论认为国家在不同发展阶段应采取不同的对外投资策略，当前世界经济结构的特点是：①世界各国处于不同的发展阶段，因此其经济能力有明显的差别；②企业在进行研发创造知识产权的同时也会将这些资产用于交易；③经济体内部的供求存在差异；④经济的不同发展阶段是依次更替的；⑤开放逐渐成为世界主流；⑥全球各国间经济水平和技术水平的差异为技术转移创造了条件，同时也为发展中国家迎头赶上提供了可能。

动态比较优势理论把发展中国家的引进外资和对外投资分为四个阶段。首先，发展中国家会进行外资的引进。其次，在发达国家对发展中国家进行资源和劳动力导向型的投资时，发展中国家也会向其他国家进行劳动力导向型的投资。再次，发展中国家在第二阶段的发展之后，会从劳动力导向型的对外投资逐步转变为技术导向型的对外投资。最后，进入交叉投资的阶段，即发达国家对发展中国家进行技术密集型投资，发展中国家对其他国家进行技术导向型的投资。要把经济发展、比较优势和对外直接投资三种因素相互结合，发展中国家才能最大限度地发挥比较优势。

二、投资诱发要素组合理论

投资诱发要素组合理论，又称综合动因理论，该理论认为国际直接投资是在直接诱发和间接诱发要素共同作用下产生的。

（一）直接诱发要素

各种生产要素的合集构成了直接诱发要素，即各种自然资源和劳动力资本等。这些因素构成了直接投资的主要因素。不难看出，这些直接诱发要素每个国家都会拥有，但并不是说拥有直接诱发要素就会进行跨国投资，而是使跨国投资成为一种可能。投资国拥有某种要素的优势时，可以充分地利用这种优势进行投资；而东道国拥有这种优势时，可以吸引投资国对本国进行投资。

（二）间接诱发要素

除了各种自然资源及劳动力资本等直接诱发要素以外的非生产性要素构成了间接诱发要素，主要包括：①投资国环境，如政策的稳定性、东道国对跨国企业的优惠政策等；②东道国环境，如健全的基础设施、良好的营商环境和透明的政府规则等；③国际经济环境，如国家对外政策、国家之间的合作等。

直接诱发要素和间接诱发要素两种要素的其中之一并不能合理地解释国际直接投资，国际直接投资是两种要素共同作用下的结果。但应该认识到的是，发达国家在进行对外投资时，首要考虑的是直接诱发要素，而发展中国家在进行对外投资选择时，首要考虑的是间接诱发要素。该理论克服了以往只从内部因素分析的局限性。

三、国家竞争优势理论

Porter（1990）用生产要素驱动、投资驱动、技术创新驱动和财富驱动四个阶段划分了国家经济发展阶段。①生产要素驱动阶段：这里指的生产要素可以是廉价的劳动力或是自然资源。企业在最初的对外投资中，只能依靠这些生产要素获得竞争优势。②投资驱动阶段：在经历生产要素驱动阶段之后，企业通过 FDI 将国外先进的技术引进国内，改善其竞争能力。③技术创新驱动阶段：在前两个阶段后，企业已经具备独立研发新技术的能力，新技术赋予了企业创造产品差异的能力，使得企业在全球竞争中处于优势地位。④财富驱动阶段：在这一阶段中，企业创新的意愿减弱，为了获得最大化利润，金融投资在总投资中所占的比例会逐渐上升。

影响国际竞争力的四种因素具体如下：

生产要素。Porter（1990）认为，生产要素可以分为初级和高级两个层次。初级生产要素是指一国拥有的原始要素，后者则包括技术、知识产权等。国内需求可以从三个维度分析。首先，该国对某产品需求量大。其次，国内需求具有更高层次的要求，促使产品质量改进。最后，企业迫于国内需求的压力不断进行研发创新。

产业因素。完善的产业链支持，可以降低企业成本，提高其利润。

企业战略、结构和竞争状态因素。它们是指一国支配国内企业创建、组织和管理的条件。企业内部因素的优化也会增强国际竞争能力；另外，如果国内市场存在着较强的竞争，企业为了保证实现利润获得竞争优势，会加强技术研发，在增强国内竞争能力的同时也提高了国际竞争能力。

它们之间的关系如图 2-3 所示。

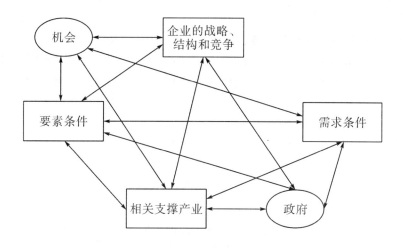

图 2-3　各因素之间的关系

数据来源：PORTER M E. Competitive Advantage ［M］. New York：Free Press，1990.

第四节　国际投资理论与发展中国家普遍经验

一、资本相对过渡积累理论

阿·勃利兹诺伊利将"二元经济结构"（Lewis，1954）与国际直接投资结合，形成了资本相对过渡积累理论。一方面，由于农业的技术水平与工业相比创造相同的价值所需要的要素有差别，以及在农业生产过程中技术未发展到使得农业可以无视自然环境的程度，农业部门的生产效率落后于工业部门；另一方面，农业部门吸收了大量的劳动力，工业部门虽然劳动力欠缺，但大量的劳动力无法快速地转移到工业部门中，大量在农业部门的劳动力的收入无法提高，从而抑制了这部分劳动力的消费需求。消费需求无法与工业部门的供给相匹配，导致了工业部门的供给过剩，企业利润下降，促使了"资本相对过渡积累"，企业就会向海外扩张，寻求利润最大化。

二、小规模技术理论

（一）基本观点

Wells（1983，1998）认为发展中国家与发达国家相比，没有绝对的竞争优势，但是仍有一定程度的相对优势。发展中国家的经济发展水平低于发达国家，人均收入水平也处在较低的位置，因此，需求规模也就相对较小。再加上需求的多样性，就算发达国家实现了规模经济，发展中国家的需求也很难得到满足。经济发展程度低的国家引进技术，并将技术本土化后，使商品能够满足本市场的需要。需求多样性导致了发展中国家的产品品种呈现多样化，使得发展中国家具有相比发达国家的相对优势。

在东道国将技术成功引进到本国之后，生产企业会根据当地特殊要求，将技术与本国消费者需求相结合，生产出适应本国的产品。另外，技术改造使得技术适应当地产业链和生产要素，从而获得当地的成本优势。周围国家拥有相似的文化，投资国在对周围国家进行投资时，可以更快地进入当地市场。如东南亚、东亚等国家在食品等领域的相互投资。

发展中国家拥有物美价廉的优势。一方面是由于劳动力等生产要素价格相对较低；另一方面是发展中国家在进行对外投资时，其产品价格都相对较低。

（二）意义和局限性

由于发展中国家的市场需求具有规模小和多样化的特征，发展中国家的企业凭借着自身的特性，可以很好地适应这种市场特征。但是，该理论的缺陷也十分明显。它并没有对发展中国家中的高科技企业对外投资的行为做出合理解释。

三、技术地方化理论

Lall 等（1983）以印度跨国公司为研究对象，提出了技术地方化理论。理解该理论的前提是要对技术地方化的含义有深刻的理解。顾名思义，技术地方化就是将先进的生产技术引进国内，并对先进的生产技术进行符合本国市场需求特征的改造。这一理论似乎与之前的小规模技术理论有相似之处，但技术地方化理论更加强调的是，在把技术引进之后，被投资国企业会对技术进行创新，体现出主动的特点。技术地方化理论将发展中国家可以具备自己特有的优势归结为五个因素：

①由于发展中国家的要素价格和质量与发达国家有差异，发展中国家在将技术从发达国家引进并对其进行本土化改造和创新之后，发达国家也很难重新将该技术直接应用到本国。

②在引进技术或者产品之后，发展中国家会对其进行改造和创新，使其满足本国或者邻国市场的需求。这些特点发达国家很难具备，因此发展中国家的企业在竞争中获得了竞争优势。

③发展中国家的市场特征等使得小规模的生产技术创新可以获得更高的经济利益，因此这种技术创新主要集中在小规模的生产技术领域。

④从产品特征的视角分析，东道国的消费者与投资国的消费者具有不同的特点，比如历史和地理原因导致的消费风格不同，发展中国家的企业利用这些差异，可以生产出符合本国消费者的产品，使其拥有一定的竞争力。

⑤作为适用技术的载体和有效供应者，发展中国家跨国公司在国际市场的另一端独辟蹊径，成功地避开了发达国家跨国公司的竞争锋芒，形成和发展了自己别具一格的技术优势。

四、技术创新产业升级理论

（一）基本观点

Cantwell 和 Tolentino（1990）提出的"技术创新产业升级理论"认为，技术创新在国家的发展过程中扮演着至关重要的角色。同时，该理论提出了两个命题：一是发展中国家由于本身条件匮乏，主要是掌握并且改善现有技术。二是跨国公司技术的积累会影响发展中国家国际直接投资的增长。

种族和文化等原因导致了周边国家具有相似的市场需求。因此，许多发展中国家的企业在进行对外投资时，首先会选择从周边国家开始。当这些企业积攒了一定的对外投资经验以及企业自身实力增强后，再向其他发展中国家进行延伸。最后，技术成熟后，再对发达国家进行投资，这种现象具备一定的地理特征。

另外，发展中国家在进行对外投资时，往往以自然资源开发为起点；之后，再开始限制进口发展本国工业和促进工业产品出口的横向一体化过程；最后，随着企业不断成熟，开始涉足一些高新技术领域。因此，发展中国家的企业在进行对外投资时也具备产业特征。

（二）意义和局限性

该理论在探讨技术创新重要性的同时，阐述了发展中国家企业进行对外投资的地理顺序和产业顺序，揭示了对外投资的地理特征和产业特征。通过对该理论的深刻理解，发展中国家可以利用该理论所揭示的规律，充分发挥自身的优势，提高本国企业在世界经济中的竞争力。但是该理论也存在一定的局限性，如在现实生活中，发达国家也会接纳大规模发展中国家企业的投资。

五、投资发展阶段理论

由于国际生产折衷理论存在一定的局限性，Dunning（1981）之后又发表了"International production and multinational enterprise"一文。投资发展阶段理论也是在这篇文章中诞生的。该篇文章以1967—1975年67个国家的经济发展水平和资本的流出为基础，根据人均国内生产总值将经济发展阶段划分为四个阶段（Dunning，1981），在这四个阶段中国际直接投资呈现出不同特点。

（一）基本观点

由于经济发展阶段不同，所有权优势、内部化优势和区位优势也会呈现动态变化。所有权优势、内部化优势和区位优势会分别影响对外投资和吸引外资。徐雪和谢玉鹏（2008）利用2005年和2006年的数据建立计量经济模型，对影响我国对外直接投资区位选择的因素进行分析。尹德先和杨志波（2013）选择1982—2010年的时间序列数据，采用二次函数（Dunning，1981；Dunning，1986；Tolentino，1993；Dunning，1994）和五次函数形式（Buckley et al.，1998）进行研究，认为我国内部化优势、所有权优势和外国区位优势都在不断提升，而外国所有权优势正在下降。Dunning（1981）所指的四个阶段分别是：

第一阶段，人均国民生产总值在400美元以下。由于处于该阶段的国家的生产能力低下、经济发展水平较低、基础设施等不完善，吸引外资能力较弱。刘生龙和胡鞍钢（2010）认为完善的基础设施在吸引国际直接投资时起到了至关重要的作用。李平等（2011）也提出了相似的观点，即在该阶段本国企业处于非常劣势的阶段，对外投资的流入量和流出量都处于较低的水平。

第二阶段，人均国民生产总值在 400 到 2 500 美元之间。处于该阶段的国家，由于之前的积累，基础设施和投资环境等都有所改善，本国的区位优势上升，吸引的外资流量逐渐提升。但由于本国企业内部化劣势和专业程度低等，对外投资额还是处于较低水平。高敏雪和李颖俊（2004）研究发现，我国对外投资的总量还处于比较低的水平，但吸引了相对来说金额巨大的国际直接投资。

第三阶段，人均国民生产总值在 2 500 到 4 000 美元之间。随着经济的不断发展，本国区位优势更加明显，吸引的外资大幅增加。本国所有权和外国区位优势上升，对外投资也开始逐渐增加。就增长速度而言，对外直接投资已经超过了国外对本国的投资，但由于之前的积累，对外直接投资的总量仍然没有超过国外对国内的投资。朱华（2012）利用 1991—2010 年的数据进行实证分析，研究发现，我国对外直接投资正在不断增加，对外直接投资和吸引国际直接投资两者之间的差距正在不断缩小。

第四阶段，人均国民生产总值在 4 000 美元以上。由于外国所有权优势下降和本国企业更加专业化，对外投资流入额下降。本国所有权优势上升导致对外投资继续增加，而且净对外直接投资额由负转正。

各阶段情况具体见表 2-1。

表 2-1　各阶段具体内容

经济所处阶段	FDI 流入时 OLI① 优势	FDI 流出时 OLI 优势	FDI 流入量	FDI 流出量
第一阶段：人均国民生产总值在 400 美元以下	外国所有权优势显著 外国内部化优势显著 本国区位劣势	本国所有权劣势 本国内部优势不适应 外国区位优势不适应	低	低
第二阶段：人均国民生产总值在 400~2 500 美元	外国所有权优势显著 外国内部化优势可能下降 本国区位优势上升	本国所有权优势较少 本国内部化劣势、专业化程度低 外国区位优势开始出现	增加	低
第三阶段：人均国民生产总值为 2 500~4 000 美元	外国所有权优势下降和更专业化 外国内部化优势可能上升 本国区位优势下降	本国所有权优势上升 本国内部优势仍受限制 外国区位优势上升	增加	增加
第四阶段：人均国民生产总值在 4 000 美元以上	外国所有权优势下降和本国企业更专业化	本国所有权优势上升	下降	增加

资料来源：DUNNING J H. International production and multinational enterprise［M］. London：George Allen & Unwin, 1981：117.

（二）意义和局限性

该理论实际上就是国际生产折衷理论的延续，但相比原有的理论，该理论进行了动态的分析，随着发展阶段的不同，三种优势相互变化，导致了 FDI 流量的变动。

---

① OLI，O 指所有权优势（ownership），L 指区位优势（location），I 指市场内部化优势（internalization）。

但该理论还存在一定的局限性，如 Verma 和 Brennan（2011）通过利用印度 1991—2006 年的时间序列数据检验发现，投资发展阶段理论并不符合印度的实际情况。陈建勋和翟春晓（2015）打破以往大多数研究采取的以某个或某几个国家作为研究对象的局限性，以 13 个新兴市场国家的数据为样本[①]，发现现实情况与投资发展阶段理论阐述的内容有所不同。

六、战略性资产获取理论

20 世纪 90 年代，传统资产利用型 FDI 的理论框架受到了大量实证研究的挑战，随着 FDI 战略资产获取动机的出现及其重要性不断加强，Dunning 于 1993 年在 *Multinational Enterprises and the Global Economy* 一书中提出了战略性资产获取型 FDI（strategic asset seeking FDI）这一概念。基于上述研究，Dunning 和 Lundany 于 2008 年提出了战略性资产获取理论。之后，Smeets 和 Bosker（2011）等学者对 FDI 战略资产获取动机的原理进行探讨。

（一）基本观点

Dunning 将资产分为两种类型：自然资产和创造性资产，后者也称为战略性资产（strateil assets）。战略性资产是在自然资源基础上，经过后天努力而创造出来的基于知识的资产。Dunning（2012）认为进行 FDI 的企业，一些是由资产利用动机（如开拓市场，分摊管理费用，创造生产的规模经济）驱使，还有一些是由资产获取动机驱使（如创造 R&D 效应）。Dunning（2012）认为战略性资产获取的目的是"创建或获取与企业现有核心竞争力互补的资源和能力"。资产获取者所获取资产的性质逐步转向知识、技术密集型资产和学习经验，这些资产会使得投资企业原有的所有权优势得以加强。

Dunning（2012）指出，随着企业重组资产以实现其目标，战略性和合理化的外国直接投资也日益齐头并进。重要的是，新兴经济体的跨国公司也越来越多地进行战略性资产寻求投资。在某种程度上，这种战略性资产寻求型 FDI 早期的自然资源寻求型 FDI 有相似之处，但它们在区位选择上却有很大的不同。部分原因是可以利用的战略性资产，如技术知识、学习经验、品牌商标、管理专长和组织能力主要集中在发达国家。

（二）意义

传统资产利用型 FDI 理论未能对发展中国家跨国公司的投资行为做出合理解释，而 Dunning（2012）的战略性资产获取理论将 FDI 的战略资产获取动机视为传统资产利用动机的有效补充，在对跨国公司 FDI 行为进行分析时，不再仅仅从跨国公司自身的特定优势出发，更多的是考虑国内市场竞争和对外竞争的情况。其对战略优势和管理管理优势的分析同跨国公司的内部条件和外部环境紧密相连，推动跨国公司 FDI 活动由"优势利用"走向"优势获取"，从而使理论更加接近于现实。

49

---

① 样本国家包括：中国、印度、巴西、墨西哥、埃及、尼日利亚、南非、菲律宾、土耳其、俄罗斯、孟加拉国、伊朗和巴基斯坦。

本章小结

二战之后，伴随着国际投资的快速发展，理论界也越来越重视对该问题的研究。以发达国家为研究对象，理论界将国际直接投资理论从国际贸易和国际资本流动理论中分离出来，形成了国际直接投资理论。对外直接投资的目的和条件是国际直接投资理论主要解释的两个问题。

以 Hymer（1976）为代表的垄断优势理论为之后的国际直接投资理论奠定了坚实的基础。Dunning（1977）通过所有权优势、内部化优势、区位优势来研究国际直接投资。Kojima（1978）在"Direct foreign investment：a japanese model of multinational business operations"等文章中，依据日本的实际情况，开创了比较优势投资理论。Buckley 和 Casson（1981）通过引进 Coase（1937）的理论，以市场不完全性假设为前提，创造了市场内部化理论。不过，基于发达国家情况的国际直接投资理论也存在明显局限性，例如无法很好地解释发展中国家对外直接投资的现象。

此后，考虑到发展中国家情况的国际直接投资理论如雨后春笋般出现。Dunning（1981）提出了投资发展阶段理论。Wells（1983）根据发展中国家的市场规模和市场需求等特点提出了小规模技术理论。Lall（1983）在"The new multinationals：the spread of third world enterprises"一文中，又从技术变动的角度提出了技术地方化理论。Cantwell 和 Tolentino（1990）从技术累积角度出发，开创了技术创新产业升级理论。虽然如今已有许多关于国际直接投资的理论，但其并不能完美解释当前国际直接投资的发展，因此国际直接投资理论还有很长的路要走。在第十章中，本书也将详细介绍关于中国 OFDI 行为的理论，以尝试对现有理论做一定的补充。

事实上，列宁（1895）在《列宁全集（第二卷）》中指出："只要资本主义还是资本主义，过剩的资本就不会用来提高本国民众的生活水平（因为这样会降低资本家的利润），而会输出国外，输出到落后的国家去，以提高利润。"因此，资本的本质是"逐利"（和红，2010）。马克思、列宁虽然没有创立国际直接投资理论，但是为该理论的研究指明了方向（郭飞，2007）。无论是 Hymer（1976）的垄断优势理论，抑或其他的国际直接投资理论，大多只是从某个视角进行研究，鲜有理论深入研究企业对外直接投资的根本动因，因而未能形成一个国际直接投资的一般分析框架（杨国亮，2008）。因此，我们在探究国际直接投资理论的过去和未来时，要坚持马克思主义，深刻把握这些理论的内在逻辑，以推动其不断发展。

随着百年未有之大变局的到来，习近平总书记也号召"提高国家软实力"，"讲好中国故事"。这里的启示是，西方国际投资理论仍然是当前的主流，在国际投资理论方面有所创新有所建树是国家软实力提升的重要表现。国家叙事一直对中国在国际传播中的话语能力和话语控制力有着重要影响（刘瑞生 等，2019），将对外投资和吸收外资的中国经验与既有对外投资理论相结合，糅入中国成功元素，是讲好中国故事的体现。

本章习题

名词解释

1. 绿地投资
2. 跨国并购
3. 贸易替代型
4. 贸易创造型
5. 所有权优势

简答题

1. 垄断优势理论的主要观点是什么？
2. 内部化的影响因素有哪些？
3. 垄断优势理论与市场内部化理论的主要区别是什么？
4. 产品生命周期分为哪几个阶段？
5. 比较优势投资理论的局限性有哪些？
6. 国际生产折衷理论的主要观点是什么？
7. 国际生产折衷理论和投资发展阶段理论的区别是什么？
8. 投资诱发要素组合理论的主要观点是什么？
9. 技术创新产业升级理论的局限性表现在哪里？
10. 国际直接投资理论对中国的启示是什么？

本章参考文献

白洁，2009. 对外直接投资的逆向技术溢出效应：对中国全要素生产率影响的经验检验 [J]. 世界经济研究（8）：65-69.

高敏雪，李颖俊，2004. 对外直接投资发展阶段的实证分析：国际经验与中国现状的探讨 [J]. 管理世界（1）：55-61.

高薇，2011. 国际直接投资理论的演变及其对中国的启示 [M]. 长春：吉林大学出版社.

郭飞，2007. 马克思、列宁的资本输出理论与当代国际投资 [J]. 马克思主义研究（6）：31-37.

和红，2010. 马克思理论体系中的国际资本流动思想解析 [J]. 华南师范大学学报（社会科学版）（1）：118-121.

蒋殿春，张庆昌，2011. 美国在华直接投资的引力模型分析 [J]. 世界经济（5）：26-41.

李俊久，丘俭裕，2017. 中国对 APEC 成员的出口潜力及其影响因素研究：基于贸易引力模型的实证检验［J］．亚太经济（6）：5-13.

李平，王春晖，于国才，2011．基础设施与经济发展的文献综述［J］．世界经济
（5）：93-116.

梁琦，吴新生，2016．"一带一路"沿线国家双边贸易影响因素研究：基于拓
展引力方程的实证检验［J］．经济学家（12）：69-77.

刘瑞生，王井，2019．"讲好中国故事"的国家叙事范式和语境［J］．甘肃社会
科学（2）：151-159.

刘生龙，胡鞍钢，2010．基础设施的外部性在中国的检验：1988—2007［J］．经
济研究（3）：4-15.

陶攀，荆逢春，2013．中国企业对外直接投资的区位选择：基于企业异质性理
论的实证研究［J］．世界经济研究（9）：74-80，89.

列宁，1972．列宁全集：第2卷［M］．中共中央马克思恩格斯列宁斯大林著作
编译局，译．北京：人民出版社．

田巍，余淼杰，2012．企业生产率和企业"走出去"对外直接投资：基于企业
层面数据的实证研究［J］．经济学（季刊）（1）：383-408.

王方方，赵永亮，2012．企业异质性与对外直接投资区位选择：基于广东省企
业层面数据的考察［J］．世界经济研究（2）：64-69.

冼国明，明秀南，2018．海外并购与企业创新［J］．金融研究，8（8）：155-
171.

徐雪，谢玉鹏，2008．我国对外直接投资区位选择影响因素的实证分析［J］．管
理世界（4）：167-168.

严兵，张禹，韩剑，2014．企业异质性与对外直接投资：基于江苏省企业的检
验［J］．南开经济研究（4）：50-63.

杨国亮，2008．国际直接投资：一个马克思主义的经典解释［J］．马克思主义研
究（7）：43-48.

尹德先，杨志波，2013．中国对外直接投资发展阶段研究［J］．商业研究（1）：
61-67.

袁其刚，樊娜娜，2016．企业对外直接投资目的地选择的生产率效应［J］．中南
财经政法大学学报（1）：123-131.

周茂，陆毅，陈丽丽，2015．企业生产率与企业对外直接投资进入模式选择：
来自中国企业的证据［J］．管理世界（11）：70-86.

朱华，2012．投资发展周期理论与中国FDI发展阶段定位研究［J］．经济学动态
（5）：37-42.

ANDERSON J E，VAN W E，2003. Gravity with gravitas：A solution to the border
puzzle［J］. American economic review，93（1）：170-192.

ARNOLD J M，HUSSINGER K，2010. Exports versus FDI in German manufacturing：
Firm performance and participation in international markets［J］. Review of international e-
conomics，18（4）：595-606.

BARTLETT C A, GHOSHAL S, 1998. Managing across borders: The transnational solution [M]. London: Harvard Business School Press.

BRENTON P, DIMAURO F, LUCKE M, 1999. Economic integration and FDI: An empirical analysis of foreign investment in the EU and in Central and Eastern Europe [J]. Econometrica, 26 (2): 95-121.

BUCKLEY P J, 1989. The Multinational enterprise: Theory and applications [M]. London: Macmillan.

BUCKLEY P J, CASSON M, 1981. The optimal timing of a foreign direct investment [J]. The economic journal, 91 (361): 75-87.

CANTWELL J, TOLENTINO P E E, 1990. Technological accumulation and third world multinationals [M]. Berkshire: International Investment and Business Studies.

CAVES R E, 1971. International corporations: The industrial economics of foreign investment [J]. Economica, 38 (149): 1-27.

CHEN M X, MOORE M O, 2009. Location decision of heterogeneous multinational firms [J]. Journal of international economics, 80 (2): 188-199.

CHUNG C C, XIAO S S, LEE J Y, 2016. The Interplay of top-down institutional pressures and bottom-up responses of transition economy firms on FDI entry mode choices [J]. Management international review, 56: 1-34.

COASE R H, 1937. The nature of the firm [J]. Economica, 4 (16): 386-405.

DUNNING J H, 1977. Trade, location of economic activity and the multinational enterprise [J]. The international allocation of economic activity: 395-418.

DUNNING J H, 1981. Toward an eclectic theory of international production: Some empirical tests [J]. Journal of international business studies, 11 (1): 9-31.

DUNNING J H, 1981. International production and multinational enterprise [M]. London: George Allen & Unwin.

DUNNING J H, 1986. The investment development cycle revisited [J]. Weltwirtschaftliches archiv, 122 (4): 667-676.

DUNNING J H, 1994. Multinational enterprises and the globalization of innovatory capacity [J]. Research policy, 23 (1): 67-88.

FEDERICO S, TOSTI E, 2016. Exporters and importers of services: Firm-level evidence on italy [J]. World economy, 40 (10): 2078-2096.

GOURINCHAS P O, JEANNE O, 2013. Capital flows to developing countries: The allocation puzzle [J]. The review of economic studies, 80 (4): 1484-1515.

HAGEMEJER J, KOLASA M, 2011. Internationalisation and economic performance of enterprises: Evidence from polish firm-level data [J]. The world economy, 34 (1): 74-100.

HELPMAN E, 2014. Foreign trade and investment: Firm-level perspectives [J]. Econometrica, 81 (321): 1-14.

HELPMAN E, MELITZ M J, YEAPLE S R, 2004. Export versus FDI with heterogenous Firms [J]. American economic review, 94 (1): 300-316.

HIRSCH S, 1976. An international trade and investment theory of the firm [J]. Oxford economic papers, 28 (2): 258-270.

HYMER S H, 1960. The international operations of national firms: A study of direct foreign investment [M]. Massachusetts Institute of Technology.

HYMER S H, 1976. The international operations of national firms: A study of direct foreign investment [M]. Cambridge: MIT Press.

ISARDW, PECK M J, 1954. Location theory and international and interregional trade theory [J]. Quarterly journal of economics, 68 (1): 97-114.

JOHNSON H G, 1970. The efficiency and welfare implications of the international corporation [J]. The international corporation: 35-39.

KIMURA F, KIYOTA K, 2006. Exports, FDI, and productivity: Dynamic evidence from Japanese firms [J]. Review of world economics, 142 (4): 695-719.

KINDLEBERGER C P, 1969. American business abroad: Six lectures on direct investment [J]. The journal of finance, 24 (5): 1020.

KLEINERT J, TOUBAL F, 2010. Gravity for FDI [J]. Review of international economics, 18 (1): 1-13.

KNICKERBOCKER F T, 1973. Oligopolistic reaction and multinational enterprise [J]. The international executive, 15 (2): 7-9.

KOJIMA K, 1978. Direct foreign investment: A Japanese model of multinational business operation [M]. London: Croom Helm.

LALL S, STREETEN P, 1977. Foreign investment, transnationals and developing countries [J]. Journal of international business studies, 9 (3): 130-131.

LALL S, CHEN E, KATZ J, 1983. The new multinationals: The spread of third world enterprises [M]. New Multinationals Spanish Firms in A Global Context.

LUCAS R E, 1990. Why doesn't capital flow from rich to poor countries? [J]. American economic review, 80 (2): 92-96.

MACDOUGALL G D A, 1960. The benefits and costs of private investment from abroad: A theoretical approach [J]. Bulletin of the oxford university institute of economics & statistics, 22 (3): 189-211.

MELITZ M J, 2003. The impact of trade on intra-ndustry reallocations and aggregate industry productivity [J]. Econometrica, 71 (6): 1695-1725.

NOCKE V, YEAPLE S, 2008. An assignment theory of foreign direct investment [J]. The review of economic studies, 75 (2): 529-557.

NURKSE R, 1953. Problems of capital formation in underdeveloped countries [M]. New York: Oxford University Press.

PORTER M E, 1990. Competitive advantage [M]. New York: Free Press.

RUGMAN A M, 2005. The regional multinationals: MNEs and global strategic management [M]. Cambridge: Cambridge University Press.

SCHIFFBAUERM, SIEDSCHLAG I, RUANE F, 2017. Do foreign mergers and acquisitions boost firm productivity? [J]. International business review, 26 (6): 1124-1140.

SLANGEN A H L, 2013. Greenfield or acquisition entry? The roles of policy uncertainty and MNE legitimacy in host countries [J]. Global strategy journal, 3 (3): 262-280.

STIEBALE J, TRAX M, 2011. The effects of cross-border M&As on the acquirers' domestic performance: Firm-level evidence [J]. Canadian journal of economics, 44 (3): 957-990.

STONES M, JEON B N, 1999. Gravity-model specification for foreign direct investment: A case of the Asia-pacific economies [J]. The journal of business and economic studies, 5 (1): 33.

VERNON R, 1966. International investment and international trade in the product cycle [J]. Quarterly journal of economics, 1996, 80: 190-207.

VERNON R, 1974. The location of economic activity [J]. Economic analysis and the multinational enterprise: 89-114.

VERNON R, 1992. International investment and international trade in the product cycle [M]. Academic Press.

WELLS L T, 1983. Third world multinationals: The rise of foreign direct investment from developing countries [J]. Sloan manag rev: 24-68.

WELLS L T, 1998. Multinationals and the developing countries [J]. Journal of international business studies, 29 (1): 101-114.

YEAPLE S R, 2009. Firm heterogeneity and the structure of US multinational activity [J]. Journal of international economics, 78 (2): 206-215.

第三章
国际投资环境

投资者在进行国际投资时，可能面临各种风险，只有在充分分析投资国投资环境的基础上确保投资的盈利性和安全性，才会做出投资决策。因此，对于国际投资环境的研究和探讨多年来一直是理论界和实务界的重要研究课题。

第一节　国际投资环境概述

一、国际投资环境的概念

国际投资环境是指一定时间内某特定国家或地区吸引国外直接投资的各种因素综合而成的有机整体（Caves，1971；Stephen et al.，1992；綦建红，2016，2021）。国际投资环境是国际投资活动的前提条件，或者说是国际投资活动的外部先决条件。21 世纪初，投资环境（investment environment）的概念才逐渐开始流行，此前更多使用的是商业环境（business environment）或可行环境（enabling environment）替代投资环境的概念。世界银行前首席经济学家 Nicholas（2002）将投资环境定义为"当前和预期的能够影响到投资收益和风险的政策、制度和行为环境"（Stern，2002）。

一般意义上来讲，投资环境主要包含三种因素：①宏观经济或者国别因素；②治理前提或者制度因素；③国外直接投资尤其是生产类投资所需的基础设施条件因素（Mary，2003）。《世界发展报告》（*World Development Report*）（2004）以政府政策与投资环境的互动为视角，将投资环境定义为"与地域有关的、能够形成投资激励的、能够创造投资机会的、能够促进就业和企业发展的一系列因素的有机整体"（World Bank，2004），"利用影响企业的成本、风险和竞争障碍的渠道，政府的政策、制度和行为可以对投资环境产生重要影响"（程漱兰，2005）。

一般而言，东道国的投资环境作为先决条件，在很大程度上决定了国际直接投资项目是亏损还是盈利。资本的本质是趋利，就其本质而言，资本总是更青睐于风险小、增值快的产业。当一国失去能让国际投资者实现最大利润的投资环境时，投资者就会寻找能使其利润最大化的其他国家或地区，将其作为新的国际直接投资目标地区，从而继续获得优势资源、优势市场、优势成本、最大利润（杨大楷，2003）。

因为国际直接投资属于一种跨国投资，不同国家在政治、经济、文化、社会方面都存在着或大或小的差异，所以国际直接投资者在进行投资决策时，需要对各个国家进行多维度的比较分析，力争在安全度最高的基础上获得最大利润。若某东道国在政治、经济、文化、社会方面缺乏国际直接投资所必需的要素，则不可能成为国际直接投资的目标地。即使由于投资者投资决策失误选择其为投资目标地，也会在具体实施时遭遇种种困难，最终投资者将无利可图（卢进勇 等，2005）。换句话说，跨国公司在获取巨大利益的同时，也遭受着可能失败的巨大风险。因此，国际投资者在进行投资之前，对多个潜在投资目标地进行多维度综合对比分析是必不可少的重要环节。

二、国际投资环境的基本特征

国际投资环境的基本特征可概括为：

（一）综合性

国际投资环境不是单一要素，而是由多个不同因素组成的复合体。国际投资环境不仅涉及经济因素，还包括诸如政治、社会、文化、地理、技术等一系列要素，在每一个要素下又囊括若干个次级因素，每一个因素及其下属的每一个次级因素都通过其各自的渠道共同作用于国际直接投资（卢进勇 等，2005）。由于这一复合性特点，投资者在进行投资环境评估时，不仅要考虑有利因素、主要因素和关键因素以及不利因素、次要因素和非关键因素，还要对影响投资的各种因素全面考核，探寻最佳国际投资环境（何曼青，2004）。

（二）系统性

构成国际投资环境的各个因素通过其各自的渠道影响着投资，但与此同时，各个因素之间又相互影响相互作用进而构成国际投资环境系统。因此，国际投资环境不仅取决于各个因素独特的作用机制，在很大程度上更依赖于各个因素之间的联动性、协调性，这就是国际投资环境的系统性（陶立峰，2009）。

（三）差异性

在不同国家或地区，国际投资环境存在差异，并且这些差异是持续存在的。同时，不同行业的国际投资环境的适应性的显著差异也是由这些差异引起的，在同一时间段不同行业的最优投资地也有所不同。再者，不同时间段相同行业之间的最优投资地也会发生变化。有些国家会从投资热门地变为无人问津地，而另一些国家则会从投资冷门地变为投资天堂区（商务部，2004）。

（四）动态性

国际直接投资环境并不是一成不变的，随着时间推移，构成国际投资环境的各种因素及其所属的次级因素都会发生或大或小的变化，从而使得国际投资环境系统发生变化。同时，国际投资活动进行到不同阶段时，投资环境对其产生的作用也会发生变化，这种变化有自然的变化，也有人为因素的变化，抑或是两者共同作用引起的变化。以上种种变化，即体现为国际投资环境的动态性特征（熊俊，2000）。

（五）主观性

每个国家或地区的国际投资环境在一定时期内是客观存在的，不以人的意志为

57

转移。而国际投资者选择投资地时，有自己的评价和选择准则，投资地的投资环境是好是坏、是优是劣，完全取决于国际投资者的主观判断，即是否最符合投资者对投资地的需求。从一定程度上来说，投资地投资环境的设置是为了获得投资者的青睐，进而激发投资者对当地的投资热情，吸引更多的国际直接投资（林汉川，2007）。

第二节　国际投资环境的主要内容

投资环境是多种影响因素构成的矛盾统一的整体，其内容、因素十分繁杂，涉及的范围十分广泛。国际投资环境的主要内容（或影响因素）可概括为：自然环境（natural environment）、政治环境（political environment）、经济环境（economic environment）、法律环境（legal environment）、社会文化环境（social and cultural environment）、基础设施环境（infrastructure environment）（刘华，2017）。

一、国际投资环境的构成因素

国际投资环境为一国投资者进行国际投资活动时所面对的各种外部条件和因素，不仅涉及经济因素，还包括诸如政治、社会、文化、地理、技术等一系列要素（卢进勇 等，2013）。具体来看，投资环境的构成因素可分为：①宏观经济或者国别因素；②治理前提或者制度因素；③国外直接投资尤其是生产类投资所需的基础设施条件因素（Mary，2003）；④财政、金融、保险等微观因素；⑤社会投资意愿因素；⑥市场潜力及规范度因素；⑦自然地理因素；等等（李琛，2004）。

总的来说，国际投资环境是由多个不同因素组成的复合体，在每一个因素下又囊括若干个次级因素，每一个因素及其下属的每一个次级因素都通过其各自的渠道共同作用于国际直接投资（卢进勇 等，2005）。

二、国际投资环境评估方法

投资环境的好坏在很大程度上决定了国际投资项目的盈利与否及利益大小。鉴于国际投资环境的复杂特点，投资者要在综合考虑有利因素、主要因素、关键因素以及不利因素、次要因素和非关键因素的基础上，对影响投资的各种因素进行全方位考核，以此探求最佳国际投资环境（何曼青，2004）。传统的国际投资环境评估办法大多是先对各种影响因素进行指标化，然后采用定量分析或者定性分析的评估方法。评估方法主要包括：投资障碍分析法、国别冷热比较法、抽样评估法、投资环境等级评分法、加权等级评分法和体制评估法等（卢进勇 等，2013）。其中，前三种评估方法主要采用定性分析的方法，而后面三种评估方法以定量分析为主。

①投资障碍分析法是根据阻碍国际投资运用的潜在因素的数量和影响程度来评价投资环境。

②国别冷热比较法又称冷热国对比分析法或冷热法，由美国学者 Litvak 和

Banting 于 20 世纪 60 年代末提出，以"冷""热"因素表示投资环境优劣。热因素多的国家为"热国"，其投资环境优良；反之，冷因素多的国家为"冷国"，其投资环境较差（Litvak et al., 1968）。

③抽样评估法通过对东道国的外商投资企业进行抽样调查，以了解它们对东道国投资环境的一般看法。

④Stobaugh（1969）提出的投资环境等级评分法根据作用的大小将影响国际投资环境的八项关键因素划分为不同的等级，再按各自影响程度进行评级和赋予对应分数，最后通过加总得分，来评价投资环境优劣（Stobaugh, 1969）。得分越高，投资环境越好。

⑤Damzan（1972）提出的加权等级评分法则对环境因素的重要性进行排列，依次赋予其相应的权数，根据作用大小对它们进行评级，然后将各自等级与权数相乘后加总而获得各因素的总得分，以对东道国的综合投资环境进行评价（李尔华，2005）。

⑥体制评估法由香港中文大学闵建蜀教授于 1987 年提出，该方法基于对稳定性、灵活性、经济性、公平性和安全性五项指标的评价，着重分析政治体制、经济体制和法律体制对外国投资的政治风险、商业风险和财务风险可能产生的直接影响（闵建蜀，1987）。

除上述国际投资环境评估方法外，在 21 世纪初，由世界银行启动的"营商环境评估项目"（doing business project）以投资地经营环境的法律法规为着重点进行定量分析，对国际投资环境进行量化评估。由于其评估数据具有较高的真实性和权威性，"营商环境评估项目"逐渐成为目前国际投资环境重要的评判依据。世界银行的《营商环境报告》始于 2003 年，目前已经更新到 2020 年，其主要从开办企业（start a business）、办理许可（licensing）、获取电力（access to electricity）、财产注册（property registration）、获得贷款（access to loans）、保护少数投资者（protecting minority investors）、纳税（pay taxes）、跨境贸易（cross-border trade）、合同履行（performance of contract）和办理破产（go bankrupt）10 个领域应用量化指数分析全球 190 个经济体的营商环境（World Bank, 2021）。不同投资环境评估方法所设定的评估要素和评估方式各有不同，在实际评估中更多的是利用几种评估方法对国际投资环境进行对比分析。此部分将在下一节详细讲述。

三、Hofstede 文化维度理论

1980 年，时任荷兰文化协会研究所所长的 Hofstede，以大量的实际调查为依据撰写了《文化的结局》一书。在《文化的结局》中，Hofstede 指出：文化是在一个特定集体范围内、具有相似教育和相似生活经验的人们共同的心理程序。它具有共性特征，而非个体特征，不会随个体不同而不同。不同的国家、地区、社会具有不同的心理程序，因为在它们中生活的不同群体受过的教育、生活的经历也不尽相同，也就形成了所谓的文化差异。这种文化差异可从四个维度进行说明：权力距离、不确定性避免、个人主义与集体主义以及男性度与女性度（Hofstede, 1980）。

Hofstede 对企业文化也做了相应的定义：企业文化是价值观和实践的复合，其中价值观是核心部分，意识和象征是实践部分。价值观又由三个次级维度构成：对安全的需要、对权威的需要及以工作为中心。实践部分由六个次级维度组成：过程导向—结果导向、员工导向—工作导向、本地化—专业化、开放—封闭、控制松散—控制严格、规范化—实用化（汪小艳 等，2011）。Hofstede 对于企业文化的定义立足其本身的内容和结构，分为价值观和实践两个维度。但 Hofstede 对企业文化的定义并不完整，例如在价值观方面就忽略了创新等基本的价值观念，在实践方面忽略了外部环境对于企业文化的影响，例如社会责任等。

之后，加拿大心理学家 Bond 在其对远东地区研究的基础上又补充了第五个纬度——长期取向与短期取向（long vs short term orientation）（Bond，1988）。

（一）权力距离（power distance）

权力距离即在一个组织当中，权力的集中程度和领导的独裁程度，以及一个社会在多大程度上可以接受组织当中这种权力分配的不平等，在企业当中可以理解为员工和管理者之间的社会距离。一种文化究竟是大的权力距离还是小的权力距离，必然会从该社会权力大小不等的成员的价值观中反映出来。因此，研究社会成员的价值观，就可以判定一个社会对权力差距的接受程度。

（二）不确定性避免（uncertainty avoidance index）

人们面对不确定的情境时，往往会感觉到被威胁。因此，人们会试图采取措施防止这种情况的发生。对于不同的民族、地区或者国家，防止这种情况发生的急迫程度不同。不确定性避免程度较低时，人们往往会有一种新的安全感，一种放松的生活态度和一种勇于面对冒险的积极进取精神。但在不确定性避免程度较高的社会中，人们普遍会表现出一种紧迫感，这就导致人们容易产生努力工作的积极想法并付出行动（汪小艳 等，2011）。在此类社会中，上级领导倾向于对下属人员进行严格的行动控制和发出清晰的执行命令。相反，在不确定性避免程度低的社会中，人们自然会比较容易接受日常生活中一些原本的不确定性，能够主动接受更多的专业意见，上司对部下的管理授权更容易得到执行，员工也更倾向于自主管理和独立完成工作。

举个例子，日本属于一个不确定性避免程度较高的发达国家，全面质量管理会促使全体员工广泛地参与企业管理。故而这样的质量管理活动形式在日本可以取得很大的成功。因此"终身雇佣制制度"可以在日本广泛推行。相反，美国是一个不确定性避免程度低的国家，人本主义政策在美国企业中不适用（李睿奇，2013），日本企业所实行的全面质量管理在美国企业中并没有多大作用。中国也是一个不确定性避免程度较高的国家。在中国企业中，鼓励员工自愿参与企业管理，并不断增加员工职业生涯稳定性的人本主义政策仍然是合适并有效的。

（三）个人主义与集体主义（individualism versus collectivism）

"集体主义"是一种人群结合紧凑的大型社会群体组织结构。其中的每个人甚至可以再细分为"在群体之内的人"和"在群体之外的人"（刘聪，2012）。他们一定会对群体内部的人保持忠诚。相反，"个人主义"泛指一种结合松散的现代社会个体组织制度结构。其中的每个社会个体都更加重视自己的人生价值和社会需要，更加愿意依靠个人的努力去谋取社会利益（Robbins et al.，2017）。

中国和日本都十分提倡员工集体主义，员工对组织有一种感情上的依赖感。这样的工作模式更容易有效构建企业员工和中层管理者之间的和谐发展合作关系。美国提倡个人主义，非常强调个性自由和个人成就，因此会在员工之间不断开展个人化的竞争，奖励工作表现优秀的员工。

（四）男性度与女性度（masculine versus feminality）

男性度与女性度是目前社会上居于统治地位的价值衡量标准（Dundo，2005）。对于男性社会而言，居于统治地位的往往是男性的气势派头，而在女性社会中则是截然相反的（Dundo，2005）。在一个时代中，如果对优秀男子英雄气概的评价越来越高，那么这个社会男子和女子之间的基本价值观差异也就会越来越大。举例来说，美国是一个男性度较强的国家，企业的任何重大管理决策基本是由企业高层领导决定的，员工由于频繁更换岗位和工作，缺乏对企业的组织认同感，员工通常不会积极参与管理。

Hofstede 通过对上述文化四维度调查数据进行综合分析，证实不同民族间存在着巨大的文化差异。这种文化差异始终根植于每个人的头脑中，因此不易被改变。文化差异产生于各个国家的不同历史文化传统和社会经济变迁的进程中，主要表现在社会文化的各个方面。从 Hofstede 的各文化维度指标值中可以得出，东方、西方文化差异十分明显，并且同为东方的中国、日本、新加坡等文化差异也是很明显的（强百发，2010）。就好比中国和日本两国传统文化都是集体主义导向，但是两个国家的集体主义仍然有很大的不同（卢雪艳 等，2015）。另外，除了民族、地域上的文化差异外，还有投资者与合作伙伴的公司文化差异。公司间在文化上的差距越大，产生文化冲突的可能性也越大。

需要强调的是，文化差异的指标不止四个。但即使只考虑这四个文化差异指标，并假定每个指标只有两种情况，也会有 68 种不同的民族文化类型。

（五）长期取向与短期取向（long vs short term orientation）

第五个维度更加注重德行而不是追求真理。加拿大心理学家 Band（1988）通过选择世界各地 23 个国家的学生，采用问卷调查的方式研究发现，长期利益取向的社会价值观注重节约与坚定；相反，短期取向的价值观尊重传统并履行社会责任。管理者需要根据不同情景和不同时间，做出不同的决策，将理论应用在项目中。然而，管理不是一种具体的事物，而是将外界信息进行加工形成的信号，需要在政治、经济、文化、社会背景下进行加工才能获得。对于在全球经营的跨国公司而言，企业的管理更是至关重要的。如果企业管理者没有搜集到员工的文化趋向，仅仅以自己的文化价值体系去制定企业管理政策，这必然会导致文化冲突加剧，从而引发下列问题：

1. 极度保守

文化冲突直接影响了跨国企业经理与当地企业员工的和谐合作关系。经理只按照固定的规章制度来管理企业日常运行，与员工之间的关系会更加疏远；员工在工作中就会不思进取，这又导致经理的管理很难有效实施，结果就是经理和员工双方都不会有所作为。

2. 沟通中断

经理与职工之间的关系非常疏远可能会导致自下而上的信息沟通被直接中断。经理人员无法充分了解真实情况，最终导致经理与职员在沟通上"南辕北辙"。

3. 非理性反应

经理人员或者工作人员如果不能正视这种管理文化冲突，就会感情用事产生非理性的错误工作管理态度。这样容易引起员工非理性的报复心理，结果会导致经理与员工之间的矛盾和误会加剧，对立与冲突问题更加严峻。

4. 怀恨心理

在发生冲突的情况下，冲突中的双方若不能耐心地从彼此不同的文化背景中不断寻求某种文化共识，那么有可能产生普遍的怀恨复仇心理。企业在跨国经营时，会面临不同"文化边际域"产生的文化冲突，若不能及时采取措施，将会直接损失拓展国际市场的机会，并导致组织结构的严重低效（李燕舒，2007）。在企业内部管理上，人们的核心价值观和生活目标不同，会导致内部管理费用提高，管理成本高企（卢雪艳 等，2015）；在外部经营上，语言、习惯、价值方面的文化差异，会直接使得企业经营环境更加复杂，提高市场经营管理的难度。

Hofstede 提道：在过去的 80 年里，企业家和理论家都没有注意到管理与文化之间的联系，这是企业管理的一大缺陷。大部分管理理论源自美国，但美国的管理理论与经验是建立在其本身独特的文化基础之上的，对于其他国家不一定适用。正确的做法应该是，在借鉴美国管理文化时，以当地文化特点为主导，形成一种具有本国或本地区特色的管理文化。因此，管理者尤其是国际投资企业的经理们必须具备"文化敏感性"（Hofstede，1980）。

第三节 国际投资环境的评价方法

一、冷热对比分析法

Litvak 和 Barting（1968）以美国企业为基础，归纳出深层次影响海外投资环境的基本因素，共 7 个因素及 59 个子因素；以此为基础，客观准确地评估了百余个国家的投资环境，有冷环境也有热环境。国际投资环境基本因素涵盖政治稳定性、市场机会、经济发展与成就、文化一元化、法令阻碍、实质性阻碍、地理及文化差异。热环境意味着前面四个因素的成熟度较高，而冷环境意味后面三个因素成熟度较高，若是不大不小，则称为不"冷"不"热"的环境。

（一）政治稳定性

东道国的政府有广泛的群众基础，在广大群众中政府拥有强大的公信力并且能为企业创造良好的营商环境，则称为"热"因素。杨波和朱洪飞（2018）以美国跨国企业并购案例数据为基础，验证了政治稳定性对对外直接投资的正向促进作用。

黄玖立等（2018）认为国家治理能力不仅能促进国际投资的流入，而且外资的进入同样会促进国家治理能力的提升。

（二）市场机会

东道国市场的需求无法由现在的供给满足，则称为"热"因素。金相郁和朴英姬（2006）通过对中国地级市层面数据进行分析，发现市场规模对于外商直接投资有显著的促进作用。阎大颖（2013）认为市场潜力对外资的进入有较大正向影响。

（三）经济发展与成就

东道国的经济呈现高速发展，则称为"热"因素。魏巧琴和杨大楷（2003）认为对外直接投资不仅能通过内部作用和外溢作用促进东道国的经济发展，而且东道国的经济发展也会反过来促进对外直接投资的流入。Boubacar（2016）也认为东道国 GDP 的增长对对外直接投资的流入有显著的促进作用。

（四）文化一元化

东道国的人民有统一的文化传统，则称为"热"因素。阎大颖（2009）通过分析中国企业海外并购绩效，发现文化一体化程度越高，其企业海外并购的绩效越好。陈岩等（2014）发现文化距离会对外商直接投资形成阻碍。

（五）法令阻碍

东道国的法律条款烦琐复杂并且阻碍了企业的发展，则称为"冷"因素。Globerman 和 Shapiro（2002）利用 1995—1997 年 98 个国家的面板数据进行了实证分析，发现一国的法律体系高效和公正会显著地促进对外直接投资的流入。还有部分学者对环境管制水平与对外直接投资之间的关系进行了研究，研究结果显示环境管制水平较为宽松更有利于对外直接投资的流入（Kumar，1990；Markusen，1999；List et al.，2000；Xing et al.，2002）。

（六）实质性阻碍

若东道国的自然地理环境影响企业投资发展，则称为"冷"因素。Bass 和 Chakrabarty（2014）认为东道国的自然资源禀赋会对对外投资的获取产生显著影响。

（七）地理及文化差异

假如东道国与投资国的文化传统存在差异，则称为"冷"因素。Bauer 等（2014）的研究证实，文化差异是影响跨国投资的一个重要因素，并且两者之间呈现出显著的负相关关系。而 Cai 等（2016）对地理距离和跨国投资之间的关系进行了研究，结果显示地理距离与跨国投资之间同样呈现显著的负相关关系。

综合上述多元化因素来评价东道国投资环境属热环境还是冷环境。假如具有更高的热的程度，则表明企业投资该国更容易得到好的发展，因此投资国更希望将资金投到该国。李东阳和鲍洋（2009）运用冷热对比分析法，对上海合作组织成员的投资环境进行了评价。汪晶晶和马惠兰（2015）采取冷热对比分析法，研究中亚五国在农业投资领域的冷热环境，明确其农业投资序列。

二、投资环境等级评分法

Stobauch（1969）在相关论著中，指出在研究投资环境时可采取等级评分法：

根据不同因素影响投资活动的程度予以评分，然后将所得分数相加，分数越高则代表投资环境越好。投资环境等级评分法的使用在一定程度上是便捷的，因为该方法量化了不同因素的作用。但该方法也存在一定的局限性，若企业不同，则各因素影响企业对外投资的权重也不同，在使用该方法时存在一定偏差。投资环境等级评分标准具体见表3-1。

表 3-1　投资环境等级评分标准

投资环境因素	投资环境因素的具体状况	等级评分标准
资本撤回	没有局限	12
	在时间上存在局限	8
	在资本上存在局限	6
	在红利及资本上存在局限	4
	局限及其严苛	2
	资本杜绝抽回	0
外资股权	欢迎且许可所有外资股权	12
	许可且不欢迎	10
	许可外资在股权中占大多数比例	8
	外资最多不可超出 50% 股权	6
	准许外资在股权中占少数比例	4
	外资不可超出 30% 股权	2
	外资不可控制所有股权	0
外资与本国企业	本土及外国企业一样待遇	12
	略微约束外商	10
	少量管制外商	8
	约束外商且存在管制	6
	约束外商且严格管制	4
	严格约束且管制外商	2
	杜绝外商进行投资	0
货币稳定性	全部自由进行兑换	20
	黑市与官方的差距小于 10%	18
	两者差距介于 10% 至 40%	14
	两者差距介于 40% 至 100%	8
	差距超过 100%	4

表3-1(续)

投资环境因素	投资环境因素的具体状况	等级评分标准
政治稳定性	长期处于稳定状态	12
	稳定且由关键人物做决定	10
	政府处于稳定状态且分歧	8
	压力阻碍政府颁布相关政策	4
	有可能发生政变	2
	不稳定且可能政变	0
关税保护意愿	充分保护	8
	主要对新工业进行保护	6
	主要对新工业予以少量保护	4
	极少或根本不保护	2
当地资金的供给能力	资本市场完备且交易所公开	10
	本土资本少，交易存在投机性	8
	本土资本少，但缺少外来资本	6
	短期资本且存在局限性	4
	严格资本管制	2
	资本外流程度高	0
近五年的通货膨胀率	≤1%	14
	>1%~3%	12
	>3%~7%	10
	>7%~10%	8
	>10%~15%	6
	>15%~30%	4
	>30%	2
总计		8~100分

资料来源：STOBAUCH R B. How to analysis foreign investment climates [J]. Harvard business review, 1996 (9).

孙磊（2016）通过等级评分法，对马来西亚的投资环境进行评价，分别对八项投资环境因素进行打分，其中政治稳定性、资本撤回、外资与本国企业、货币稳定性和当地资金的供给能力均为满分。杜建林（2016）运用该方法对印尼的旅游业投资环境进行了分析。

三、投资环境动态分析法

道氏公司以丰富的运作经验为依据，提出投资环境动态分析法。该方法认为，企业在国外进行投资面临竞争和环境两类风险，其中，环境风险包含政治、经济等原因导致企业的生产经营环境发生的改变。值得注意的是，生产经营环境的变化并不一定是往坏的方向发展，也可能是向好的方向发展。

投资环境动态分析法以形成的时间和作用的范围为判断依据，把使投资环境受到影响的因素划分成既有的业务条件、导致上述条件产生变化的原因。首先选取40项因素客观准确地评价上述因素，然后对已有的方案进行对比，最终明确选取的目标国且做好相应的投资工作。

表3-2第一栏即企业现有业务条件，立足于客观实际评价影响投资环境的具体因素；第二栏是引起变化的主要原因，考察政治、社会及经济等将来有可能改变投资环境的因素；第三栏是有利因素和假设汇总，基于前两项评价，探索八至十个投资项目取得成功的因素，持续细致观察且客观地评价；第四栏即预测方案，针对将来七年评估环境改变提出四套预测方案，为企业的运营决策提供借鉴。动态分析将日后的七年当作衡量的时间，其原因是预测项目投资投产后的第七年即最佳盈利期。该方法在日后应用的过程中，需立足于不同的情形明确时间的具体跨度。

表3-2 投资环境动态分析法

企业现有业务条件	引起变化的主要原因	有利因素和假设汇总	预测方案
评估因素： 实质上的经济增长率； 可获取本土资产与否； 控制价格情况； 基础设施建设； 限定汇出利润； 自由再投资与否； 劳动力技能； 劳动力； 在投资方面赋予的优惠； 对待外国人的态度； ……	评估因素： 国际收支发展情况； 外界打击时受损害程度； 增长经济与预计目标两者差距； 舆论领袖改变情况； 领导层明确与否； 和邻国关系； 恐怖主义； 经济及社会两者平衡； 人口构成与改变态势； 针对外国投资与投资者态度； ……	客观准确评价前两项后，在其中选择八至十个在某一个国家针对某一个项目有可能获取成功的核心因素（为持续核实指数或者持续评价投资环境奠定基础）	提出四套预测国家或者项目的具体方案： 将来七年内的关键性因素导致的最具可能性的具体方案； 假如情况好于预计结果，将会比它好的程度是怎样的？ 假如情况坏于预计结果，其坏的程度是怎样的？ 要避免与预防公司的情况变坏，将采取怎样的方案？

资料来源：阎敏. 国际投资学［M］. 武汉：武汉大学出版社，2010.

投资环境动态分析法充分考虑了未来的因素，有助于公司的投资决策，同时，该分析法以形成的时间和作用的范围为判断依据，有效地划分影响投资环境的因素；但是该方法由于较为复杂，在实际工作中操作较为困难。

四、投资障碍分析法

投资障碍分析法的创立可追溯到Black（1974），之后该方法不断发展和规范。

该方法的核心在于将阻碍国际投资的因素罗列出来，然后比较各潜在东道国阻碍国际投资因素的多寡与程度。其中阻碍因素包括以下十类：

第一类是政治障碍，如投资国与东道国之间的制度差异，以及东道国国内政治是否稳定等。王永钦等（2014）研究发现中国企业对外投资时，政治制度会影响企业的对外投资，尤其是政治制度中的行政效率、是否存在严重的贪污腐败等。不仅国内学者关注行政效率和政府腐败等问题，国外学者也进行了深入研究，并且得到了相似的观点，即政府腐败与行政效率低下会阻碍对外直接投资的流入（Wei，2000；Busse et al.，2007；Jing et al.，2007）。而在制度差异方面，制度差异越小，则越有利于东道国吸引对外直接投资（Habib et al.，2002；Aleksynaka et al.，2013；Hernández et al.，2015）。

第二类是经济障碍，如投资国经济状况较差，发展停滞不前，生产要素昂贵和货币不稳定等。Chen 和 Zulkifli（2012）认为在长期内，对外直接投资与经济增长两者之间存在长期的正相关关系。孙攀等（2021）通过采用中国省份间的面板数据，实证检验了经济发展水平与双向 FDI 之间的关系，研究表明经济发展水平高有利于国际直接投资的增长。

第三类是技术人员和熟练工人短缺。

第四类是资金融通障碍：当存在较大的融资约束时，企业无法获得所需的融资。吕朝凤和毛霞（2020）以城市商业银行为切入点进行研究，发现城市商业银行会根据企业的贷款可能性，缓解企业的融资约束，更大的城市商业银行的规模对对外直接投资有明显的正向促进作用。对融资约束与对外直接投资之间的关系的研究不局限于城市商业银行角度，还包括东道国金融机构的发展、银行体系和证券市场等（Kholdy et al.，2008；Agbloyora et al.，2013；Desbordes et al.，2017）。

第五类是实施国有化政策与没收政策。

第六类是跨国投资企业受到不公平待遇，如限制其投资范围、持股比例被限制在一定数额之下和限制本国和外国工作人员的比例等。

第七类是跨国企业无法自由经营，如不能根据企业自身意愿使用生产要素和受到政府多种干预等。营商环境对于跨国企业进行对外直接投资有重要的影响，并且不同类型的企业对于营商环境的偏好存在差异（杨亚平 等，2018）。许多国外学者也对营商环境与对外直接投资之间的关系进行了研究，认为一国便利的营商环境会显著促进 FDI 的流入（Ahlquist et al.，2010；Jayasuriya，2011；Morris et al.，2011；Corcoran et al.，2015）。

第八类是东道国的政府约束进口，如约束进口工业领域的商品与生产生活资料。

第九类是法律、行政体制发展程度低下，如低下的行政效率、无法为外国投资者营造良好的营商环境等。陈国宏和郭燹（2008）认为良好的知识产权保护体系会增强东道国外资引进能力，改善营商环境。

第十类是外汇管制，如企业无法顺利地把在东道国获得的利润转移到母国。

该方法在实行时较为方便，投资企业能够较为迅速地对东道国的投资环境做出判断。该方法的核心在于，先将阻碍国际投资的因素罗列出来，然后比较各潜在东道国阻碍国际投资因素的多寡与程度。但该方法仍有一定的局限性，如在使用过程中仅依据个别关键因素做出判断，因此在某些情况下，企业无法依据该方法对投资环境做出准确的分析。

五、抽样评估法

抽样评估法是以目前已在东道国进行投资的跨国企业对东道国的看法为依据，判断东道国投资环境。主要的步骤与流程是：

第一步：选取或者随机地抽取各类型投资企业且罗列投资环境评估要素。

第二步：通过对已选定企业的高管人员进行问卷调查。

第三步：进行汇总，得出结论。

抽样评估法同样适用于东道国的政府。东道国的政府可以通过采取这种方法，了解自身的优势和劣势，改善营商环境等，进而吸引更多投资者投资本国。

抽样评估法操作方便，可以快速地得出评估结果，且能节约成本。但局限性在于在小样本的情况下，该评估法过于主观。增大样本数量可以有效解决这一问题。

六、利润因素评估法

利润因素评估法指有效地分解利润收入，探究影响利润水平的多元化因素，确定这些因素对利润的影响程度，从而达到评估投资环境的目的。

利润因素评估法的步骤如下：

第一步：客观分析影响利润的各种因素，确定其中的关键因素。

第二步：通过对这些关键因素进行分析，了解各项关键因素对利润的影响程度。

第三步：将对利润影响较大的关键因素选出。

第四步：通过对各项方案进行综合分析，以确定该项投资的可行性。

七、矩阵评估模型

Farmer 和 Richman（1996）提出的矩阵评估模型的核心在于把企业经营过程视为关键因素的组合，而这个组合是由 10 个关键因素组成的，即模型中的 B 因素。然后，再把这些因素扩展为 76 项子因素。国内外各项因素共同作用形成环境因素，其中国内因素涵盖主因素 4 类（C 因素）与子因素 29 项，国际因素涵盖主因素 3 类（I 因素）与子因素 21 项。

上述模型的实质是在企业运营管理的过程中采取矩阵方式，有效地量化主因素并将内外环境因素相关联，同时进行累积及加权，最终企业基于特定环境计算综合性的效率与质量，对投资环境影响企业运营的程度加以深入研究。具体见表 3-3。

表 3-3 矩阵评估模型的因素构成

经营过程因素（B 因素）	B1：计划与革新 B2：控制 B3：组织 B4：人事 B5：指导、领导、激励 B6：市场与营销 B7：生产与采购 B8：研究开发 B9：财务 B10：公共关系
国内环境因素（C 因素）	C1：教育因素 C2：社会因素 C3：政治、法律因素 C4：经济因素
国际环境因素（I 因素）	I1：社会因素 I2：政治、法律因素 I3：经济因素

资料来源：杜奇华. 国际投资［M］. 北京：对外经济贸易大学出版社，2014.

该方法通过构建矩阵评估模型，第一次把计量研究法引入国际投资环境评估领域，此计量模型的计算步骤极其复杂，因此很难得到普遍的运用与推广。

八、三菱投资环境评估方法

该方法将评估因素划分为四类，即经济条件、地理条件、劳动条件和奖励制度，然后再依据四类因素在投资中的作用赋予权重，最后计算出投资国的优劣顺序。

经济条件：以东道国经济水平为依据衡量，其衡量子因素涵盖工业生产成长及产业现代化指数。

地理条件：关联工厂位置选取的要素，衡量子因素涵盖工厂用地条件及运输系统。

劳动条件：密切关联劳动成本的评估，衡量子因素含薪资水平与劳动力保障等。

奖励制度：其子因素为东道国政府对外资的政策和制度运用情况，如税收优惠、行政效率等。

该方法在实际操作中使用简便，但需要注意的是，应根据投资的行业和产品类型的不同，对各因素的权重进行相应调整。

九、闵氏多因素评估法

闵氏多因素评估法由闵建蜀基于 Stobauch 等级评分法创建。该方法将影响投资环境的主因素划分为 11 种类型，各类主因素及系列子因素见表 3-4。

表 3-4　闵氏多因素评估法主因素与子因素的组成

主因素	子因素
政治环境	政治方面的稳定可靠性、国有化的可能性、政府引入外资的政策
经济环境	经济发展与增长情况、物价的具体水平
财务环境	可能外调资本及利润、筹集资金以及借款情况
市场环境	市场拓展的规模情况、分销施行的网点、辅助性营销组织、在地理上所处的位置
基础设施	国际通信设备设施、运输交通情况、外部经济运营情况
技术条件	科技能力、与薪酬相适应的劳动生产率、工业领域的专业化人才资源
辅助工业	辅助工业领域发展能力与配套设备设施
法律制度	商法与专利法等法律机制是否健全、能否有效地施行法律制度
行政机构效率	设定机构情况、办事流程、人员综合素质
文化环境	社会能否接纳外资公司、针对外资的合作及信赖情况与程度
竞争环境	本土竞争者能力的强弱、同种类型产品的进口额度在本土市场中的份额比例

资料来源：孔淑红. 国际投资学 ［M］. 北京：对外经济贸易大学出版社，2019.

以闵氏评估多因素法的施行为依据，综合性地研究各种类型因素中的子因素，判别各因素的具体情况，之后根据下列公式计算投资环境总分。

$$投资环境总分 = \sum_{i=1}^{11} W_i(5a_i + 4b_i + 3c_i + 2d_i + e_i) \qquad (3-1)$$

式中：W_i 代表第 i 类因素占有的权重；a_i，b_i，c_i，d_i，e_i 分别代表第 i 类因素被评价成"优""良""中""可""差"所占的比例；投资环境分数取值的范畴介于 11~55，其分值愈高，表明具备愈好的投资环境。闵氏多因素评估法是从总体角度评估某一个国家投资环境所采取的具体方法。这一方法并不适宜评估某国的投资环境是否适宜于投资某一行业或某一具体产品。

十、熵值法与模糊神经网络

伴随着科学技术的发展，越来越多原本属于自然学科的工具被引入到国际投资环境评价的研究当中。熵属于物理学中的概念，在热力学中被广泛使用。熵值法在投资环境评价中的应用大致分为七个步骤：

第一步：确定样本与指标，假设选择 n 个样本与 m 个指标，则 $X_{ij}(i = 1, 2, \cdots, n; j = 1, 2, \cdots, m)$。

第二步：对指标进行标准化处理，但指标分为正向指标与负向指标，这两种指标的标准化过程有明显差异，正向指标为当指标的数值越大，代表的结果越好，负向指标则相反。标准化方法如下：

正向指标　　　　$$z_{ij} = \frac{x_{ij} - \min(x_j)}{\max(x_j) - \min(x_j)} \qquad (3-2)$$

负向指标
$$z_{ij} = \frac{\max(x_j) - x_{ij}}{\max(x_j) - \min(x_j)} \qquad (3\text{-}3)$$

第三步：计算第 i 个样本的第 j 个指标所占比例。
$$p_{ij} = \frac{z_{ij}}{\sum\limits_{i=1}^{n} z_{ij}} \qquad (3\text{-}4)$$

第四步：计算熵值。
$$e_j = -k \sum_{i=1}^{n} p_{ij} ln(p_{ij}) \qquad (3\text{-}5)$$

其中，$k = \dfrac{1}{\ln(n)} > 0$，满足 $e_j \geqslant 0$。

第五步：计算效用值。
$$d_j = 1 - e_j \qquad (3\text{-}6)$$

第六步：计算各项指标的权重。
$$w_j = \frac{d_j}{\sum\limits_{j=1}^{m} d_j} \qquad (3\text{-}7)$$

第七步：计算最后的样本综合。
$$s_i = \sum_{j=1}^{m} w_j x_{ij} \qquad (3\text{-}8)$$

71

在研究中熵值法被广泛采用。权衡和张鹏飞（2017）通过熵值法确定不同权重，对"一带一路"沿线国家和地区的投资环境进行排序，并为提高投资回报率提供相应的建议。方尹等（2018）利用熵值法对海湾八国的投资环境进行了综合分析，研究认为伊朗投资环境最好，沙特与阿联酋投资环境较好，其他五个国家投资环境则较差。张大海和祝志川（2019）采用法律、经济、社会文化和技术环境四个维度，将其与熵值法相结合，对我国2005—2017年整体营商环境进行了评价。

目前除熵值法外，神经网络也已被引入投资环境评价的研究当中。汪晶晶等（2018）通过构建以 BP 神经网络为基础的投资环境评价模型，对全球的农业投资环境进行了评价，研究认为发达国家的农业投资环境好于发展中国家的农业投资环境。文洋和蔺顺锋（2019）将投资障碍与神经网络结合，评估"一带一路"沿线国家的投资环境，通过反向传播（back propagation）神经网络方法计算障碍指数，用随机森林方法对指数进行排序。

本章小结

本章主要介绍了投资环境的基本概念、特性、构成因素以及投资环境的主要评价方法。国际投资环境相当于国际投资需要面对的东道国环境的总体称谓，取决于东道国的政治、经济、法律及社会等多元因素。国际投资环境的主要特征包括综合性、系统性、差异性、动态性和主观性。

国际投资环境覆盖自然、经济、政治、法律、文化、基础设施设备等层面；评价方式包括专家实证、问卷调查、信息咨询组织三种类型。评估投资环境的方法涵盖对比冷热分析法、等级评分法、动态分析法、构建评估矩阵模型进行研究、评估闵氏多因素法等。投资环境评价虽然引进了计量的方法，但是在实际操作中难以实行，因此在之后的改进过程更要考虑实操的可行程度。

马克思（1894）在《资本论（第三卷）》中指出："资本主义积累规律的存在及其作用，必然会产生'过剩资本'。""过剩资本"的产生导致资本的绝对生产过剩（杨国亮，2008）。为了使得剩余价值最大化，资本流动便产生了（和红，2010）。那么，资本流动到什么地区或国家，才能使得剩余价值最大化，这就给投资环境评价带来了挑战。在当前的全球化大趋势下，国际社会日益成为一个你中有我、我中有你的"命运共同体"（习近平，2015），国际资本流向呈现出多样化、复杂化的趋势（孔淑红，2019）。资本早已不再是少数发达资本主义国家向广大殖民地、半殖民地国家和其他落后国家的单向资本输出，而是呈现发达国家向发展中国家流动、发展中国家向发达国家流动的双向趋势。但这复杂的资本流动方向，始终离不开资本寻找"有利的投资场所"的本质（杨国亮，2008）。而国际投资环境评价恰恰是为了选出更好的"有利的投资场所"。因此，我们需要坚持马克思主义，正确认识西方经济学，以深化我们对国际投资环境理论的学习与研究。

本章习题

名词解释

1. 投资环境
2. 国际投资环境
3. 文化维度
4. 投资环境评估

简答题

1. 简述投资环境的概念。
2. 简述投资环境的特点。
3. 简述影响投资环境的因素。
4. 简述国际投资环境的评价形式。
5. 简述冷热对比分析法的主要内容。
6. 简述投资环境等级评分标准。
7. 简述投资障碍分析法中的阻碍因素。
8. 简述抽样评估法的步骤。
9. 简述三菱投资环境评估方法的具体内容。
10. 简述闵氏多因素评估法的内容及不适用范围。

本章参考文献

陈国宏，郭玹，2008. 我国 FDI、知识产权保护与自主创新能力关系实证研究 [J]. 中国工业经济（4）：25-33.

陈岩，翟瑞瑞，郭牛森，2014. 基于多元距离视角的中国对外直接投资决定因素研究 [J]. 系统工程理论与实践（11）：2760-2771.

程漱兰，2005. 什么样的投资环境使人人受益？：世界银行《2005 年世界发展报告》评介 [J]. 管理世界（6）：167-169.

杜建林，2016. 印度尼西亚旅游业投资环境分析：基于等级评分法 [J]. 时代金融（5）：39.

方尹，陈俊华，代欢欢，2018. "一带一路"背景下海湾国家投资环境综合评价 [J]. 世界地理研究（2）：36-44，94.

何曼青，2004. 我国区域投资环境评估及监测指标体系与模型的构建 [J]. 中国外资（11）：30-33.

和红，2010. 马克思理论体系中的国际资本流动思想解析 [J]. 华南师范大学学报（社会科学版）（1）：118-121.

黄玖立，房帅，冼国明，2018. 外资进入与东道国国家治理能力提升 [J]. 经济社会体制比较（6）：96-108.

金相郁，朴英姬，2006. 中国外商直接投资的区位决定因素分析：城市数据 [J]. 南开经济研究（2）：35-45.

孔淑红，2019. 国际投资学 [M]. 北京：对外经济贸易大学出版社.

李琛，2004. 图书市场营销 [M]. 北京：清华大学出版社.

李东阳，鲍洋，2009. 俄罗斯和中亚四国投资环境评价 [J]. 中央财经大学学报（12）：75-79.

李尔华，2005. 跨国公司经营与管理 [M]. 北京：清华大学出版社.

林汉川，2007. 北京企业国际化经营研究报告 [M]. 北京：同心出版社.

刘华，袁婷，2017. 基于粗糙集的影响大型工程合同状态指标体系构建 [J]. 科技管理研究，37（6）：39-3.

卢进勇，杜奇华，闫实强，2005. 国际投资与跨国公司案例库 [M]. 北京：对外经济贸易大学出版社.

卢进勇，杜奇华，杨立强，2013. 国际经济合作 [M]. 北京：北京大学出版社.

吕朝凤，毛霞，2020. 地方金融发展能够影响 FDI 的区位选择吗？：一个基于城市商业银行设立的准自然实验 [J]. 金融研究（3）：58-76.

闵建蜀，王慧炯，1987. 中国的投资环境 [R]. 京港学术交流中心：3-21.

綦建红，2016. 国际投资学教程 [M]. 4 版. 北京：清华大学出版社.

綦建红，2021. 国际投资学教程 [M]. 5 版. 北京：清华大学出版社.

权衡，张鹏飞，2017. 亚洲地区"一带一路"建设与企业投资环境分析 [J].

上海财经大学学报（1）：88-102.

商务部，2004. 2004 年中国对外经济贸易蓝皮书［M］. 北京：中国商务出版社.

世界银行，［2021-10-20］. 营商环境报告［EB/OL］. https://Chinese. Doing business. org.

孙磊，2016. 基于等级评分法的马来西亚投资环境分析［J］. 对外经贸（10）：51-53.

孙攀，丁伊宁，吴玉鸣，2021. 中国双向 FDI 协调发展与经济增长相互影响吗?：基于"双循环"背景的实证检验［J］. 上海经济研究（2）：98-111.

陶立峰，2009. 药品强制许可对国际直接投资的影响［C］. WTO 法与中国论坛暨中国法学会世界贸易组织法研究会 2009 年年会.

汪晶晶，马惠兰，唐洪松，等，2018. 基于 BP 神经网络的中国对外农业投资环境评价［J］. 华东经济管理（6）：85-90.

汪晶晶，马惠兰，2015. 基于"冷热"国对比法的中亚农业投资环境评价［J］. 商业经济研究（21）：135-137.

王永钦，杜巨澜，王凯，2014. 中国对外直接投资区位选择的决定因素制度、税负和资源禀赋［J］. 经济研究（12）：126-142.

魏巧琴，杨大楷，2003. 对外直接投资与经济增长的关系研究［J］. 数量经济技术经济研究（1）：93-97.

文洋，蔺顺锋，2019. 对"一带一路"沿线国家投资障碍的评估及对策研究［J］. 国际商务（对外经济贸易大学学报）（4）：43-55.

习近平，2019. 携手构建合作共赢新伙伴 同心打造人类命运共同体：在第七十届联合国大会一般性辩论时的讲话［N］. 人民日报 2019-09-29.

熊俊，2000. 析国际投资环境的特点［J］. 江西社会科学（3）：112-114.

阎大颖，2009. 国际经验、文化距离与中国企业海外并购的经验绩效［J］. 经济评论（1）：83-92.

阎大颖，2013. 中国企业对外直接投资的区位选择及其决定因素［J］. 国际贸易问题（7）：128-135.

杨波，朱洪飞，2018. 政治稳定性、经济自由度与跨国并购区位选择：基于美国企业的实证研究［J］. 亚太经济（4）：47-55，150.

杨大楷，2003. 国际投资学［M］. 上海：上海财经出版社.

杨国亮，2008. 国际直接投资：一个马克思主义的经典解释［J］. 马克思主义研究（7）：43-48.

杨亚平，李腾腾，2018. 东道国营商环境如何影响中国企业对外直接投资选址［J］. 产经评论（3）：129-147.

张大海，祝志川，2019. 因子分析与熵值法下我国营商环境评价［J］. 财会月刊（18）：124-130.

AGBLOYORA E K, ABORA J, ADJASIB C K D, et al., 2013. Exploring the causality links between financial markets and foreign direct investment in Africa［J］.

Research in international business and finance (28): 118-134.

AHLQUIST J S, PRAKASH A, 2010. FDI and the costs of contract enforcement in developing countries [J]. Policy sciences, 43 (2): 181-200.

ALEKSYNSKA M, HAVRYLCHYK O, 2013. FDI from the south: The role of institutional distance and natural resources [J]. European journal of poltitical economy, 29 (284): 38-53.

BASS A E, CHAKRABARTY S, 2014. Resource security: Competition for global resource, strategic intent, and governments as owners [J]. Journal of international business studies, 45 (8): 961-979.

BAUER F, MATZLER K, WOLF S, 2014. M&A and innovation: The role of integration and cultural differences: a central European targets perspective [J]. International business review, 25 (1): 76-86.

BLACK F, 1974. International capital market equilibrium with investment barriers [J]. Journal of financial economics, 4 (1): 337-352.

BONDM H, 1988. The Oxford handbook of Chinese psychology [M]. OUP Oxford.

BOUBACAR I, 2016. Spatial determinants of U. S. FDI and exports in OECD countries [J]. Economic systems, 40 (1): 135-144.

BUSSE M, HEFEKER C, 2007. Political risk, institutions and foreign direct investment [J]. European journal of political economy, 23 (2): 397-415.

CAI Y, TIAN X, XIA H, 2016. Location, promixity, and M&A transaction [J]. Journal of economics and management strategy, 25 (3): 688-719.

CHEN J E, ZULKIFLI S, 2012. Malaysian outward FDI and economic growth [J]. Procedia-social and behavioral sciences, 65 (1): 717-722.

CORCORAN A, GILLANDERS R, 2015. Foreign direct investment and the ease of doing business [J]. Review of world economics, 151 (1): 103-126.

DESBORDES R, WEI S J, 2017. The effects of financial development on foreign direct investment [J]. Journal of development economics (127): 153-168.

GLOBERMAN S, SHARPIRO D, 2002. Global foreign direct investment flows: The role of governance infrastructure [J]. World development, 30 (1): 1898-1919.

HABIB M, ZURAWICKI L, 2002. Corruption and foreign direct investment [J]. Journal of international business studies, 33 (2): 291-307.

HERNÁNDEZ V, NIETO M J, 2015. The effect of the magnitude and direction of institutional distance on the choice of international entry modes [J]. Journal of world business, 50 (1): 122-132.

HOFSTEDE G, 1980. Culture's consequences: International difference in work-related value [M]. Hills CA: Sage Publications.

JAYASURIYA D, 2011. Improvements in the world bank's ease of doing business rankings: Do they translate into greater foreign direct investment inflows? [J]. Social science electronic publishing, 24 (3): 430-441.

JING Z, FU X, 2007. Do intra - country pollution havens exist? FDI and environmental regulations in China [J]. Journal of the Asia Pacific economy, 13 (3): 332-353.

KUMAR N, 1990. Multinational enterprises in india: Industrial distribution, characteristics, and performance [M]. London and New York: Routledge.

KHOLDY S, SOHRABIAN A, 2008. Foreign direct investment, financial markets, and political corruption [J]. Journal of economic studies, 35 (6): 486-500.

LIST J A, CO C Y, 2000. The Effects of environmental regulations on foreign direct investment [J]. Journal of environmental economics and management, 40 (1): 1-20.

LITVAK I A, BANTING P M, 1968. A conceptual framework for international business arrangements [J]. Marketing and the new science of planning: 460-467.

MARKUSEN J R, 1999. Foreign direct investment as a catalyst for industrial development [J]. European economic review (42): 335-336.

MARX K, 1894. Capital: A critique of political economy [M]. London: Penguin Books.

HALLWARD-DRIEMEIER M, WALLSTEN S, LI X, et al., 2003. The investment climate and the firm-level evidence from China [M]. Washington D C: The Word Bank.

MORRIS R, AZIZ A, 2011. Ease of doing business and FDI inflow to Sub-Saharan Africa and Asian countries [J]. Cross cultural management an international journal, 18 (4): 400-411.

STERN N, 2002. A strategy for development [M]. Washington D C.

STOBAUGH R B, 1969. How to analyze foreign investment climates [J]. Harvard business review, 47 (5): 100-108.

WEI S J, 2000. How taxing is corruption on international investors? [J]. Review of economics and statistics, 82 (1): 1-11.

WORD BANK, 2004. World development report 2005: A better investment climate for everyone [M]. Washington D C, New York: The Word Bank and Oxford University Press.

XING Y, KOLSTAD C, 2002. Do lax environment regulations attract foreign investment [J]. Environmental and resource economics, 21 (1): 1-22.

第四章
国际直接投资理论

第一节　单一部门的资本流动模型

一、跨国公司理论

随着越来越多的公司实行国际化经营，跨国公司蓬勃发展成为推动国际经济发展的重要力量（Broda et al., 2017；Martina, 2017）。自然，这对公司治理也提出了新要求。跨国公司治理是公司治理的拓展，呈现出与传统公司治理不同的特征。跨国公司理论认为，跨国垄断组织是独立公司，并不代表具体某个大国的利益（Hymer, 1976）；跨国公司理论体系侧重于探讨跨国公司的成立及其作用功能。随着跨国公司扩张，跨国公司理论体系可以为发展中国家的公司治理提供技术指导和公司管理的方式方法等，跨国公司自身则可以为发展中国家创造出全新的就业机会，提高发展中国家的经济发展效率（OECD, 1998）。

跨国公司拥有某种无形资产（例如生产活动中的知识），并且在国外市场上这些无形资产能给它带来经济收益（Lall, 1995）。跨国公司指的是，同时在多个国家从事生产经营活动的企业（Dunning, 1999）。跨国公司对外国的直接投资活动被称为对外直接投资。在生产经营的过程中，跨国公司必须做出相关决策，比如可以选择出口，可以选择在国际市场上设立工厂并售卖产品，也可以选择与外国公司联合组建合资企业或签订其他契约进行生产活动。跨国企业将产品出口到外国市场，或在外国市场上设立工厂生产产品并在当地售卖。

相比通过购买国外企业产品获得的知识，从收购的企业购买产品能获得更具价值的知识（Blonigen, 1997）。例如日本在收购美国企业过程中提高了整体 FDI，有以下两个原因：美元贬值，获取美国企业有价值的知识资产。根据 Blonigen（1997）的研究，一个国家的汇率水平决定了该国 FDI 的流入程度。影响跨国公司做出 FDI 决策的原因，主要包含三个方面：①所有权优势（ownership）；②区位优势（location）；③市场内部化优势（internalization）。这即是跨国公司活动的 OLI 框架（Dunning, 1981）。1985 年以后，美元贬值，外国企业可以在美国购买到更廉价的无形资产（Froot et al., 1991）。事实上，大量涌入美国的 FDI，在对美国公司的收购方面最为积极。

新兴市场跨国公司国际扩张是指，母国作为新兴市场的跨国公司，直接对全球其他国家进行对外投资活动。2017 年联合国贸易和发展会议（United Nations conference on trade and development，UNCTAD）公布的数据显示，2016 年新兴市场 FDI 总额累计达到 3 852.05 亿美元，和 2001 年相比 FDI 总额增长了 640%，其占比超过全球 FDI 总额的四分之一（吴小节 等，2019）。在国际竞争中，后起之秀如中国的联想和华为，逐渐成为世界级企业，并逐步实施全球化战略（Deng，2012；Deng，2013）。这种现象与当时的国际商务理论不同，为学术界的研究提供了新的研究对象和理论创新模式（Joseph，2018）。

跨国公司国际扩张理论主要围绕当前跨国公司扩张理论是否可以解释跨国公司全球扩张这一现象而展开。目前，理论界存在三种观点：第一种观点认为现有理论可以解释跨国公司扩张存在的特殊性（如 Chang，2006）；第二种观点认为当前跨国公司对外直接投资的行为很可能并不是一个国家的理智行为，在跨国公司拥有扩张优势之后再进行对外直接投资才具备合理性（如 Rugman et al.，2007）；第三种观点认为，目前的新兴市场跨国公司理论并不能诠释其国际扩张的特殊性（如 Defever，2006），因此，需要建立全新的理论体系。

针对这种独特的扩张现象，Mathews（2006）建立了 LLL 理论框架（linkage-leverage-learning）进行解释。Luo 等（2007）进一步在整合制度和资源两种要素的基础上，提出"跳板"理论（springboard perspective，SP）。SP 理论主张，跨国公司进行国际扩张的原因是，其不仅有助于跨国公司获取市场上的战略性资源，而且有助于跨国公司逃避母国的制度约束（Luo and Tung，2007）。Hernandez 和 Guillén（2018）认为，现有文献存在忽视跨国公司身特征的"错误"理论创新，忽略了更具价值的新问题，从而促使当前研究仍局限在过去的跨国公司研究框架之内。Hernandez 和 Guillén（2018）提出判断新兴市场跨国公司对现有理论是否具有修正作用的两个标准：①跨国公司理论参照构架是否合理；②理论构建和实证变量的区别是否明确。对跨国公司作用判断标准的修正有助于研究者识别现存理论在解释新兴市场跨国公司上的"真假"挑战（Hernandez et al.，2018）。

Yamakawa 等（2008）以资源和制度基础为出发点，探索新兴经济在发达国家市场上的投资动因。他们指出，只有了解并总结跨国公司国际扩张领域研究成果后，才能对跨国公司扩张提供正确指导。由此，大量文献开始关注不同国家的不同跨国公司扩张现象。例如 Ibeh 和 Wilson（2012）聚焦特定的新兴市场，研究非洲国家企业进行国际扩张时带来的国际化贡献。Deng（2012）则聚焦中国企业国际化和 FDI，通过构建研究框架，尝试进一步厘清该领域的研究逻辑和内在联系。Deng（2013）在研究中国跨国公司的过程中，利用 IPO 框架对 1991—2010 年中国企业国际化的文献进行了梳理。Lebedev 等（2015）以并购为例，对新兴经济国家的并购行为进行了回顾。Luo 等（2016）聚焦新兴经济体的跨国公司，将跨国公司的理论基础和新兴市场跨国公司研究方法相结合进行分析。Xie 等（2017）对新兴市场跨国并购的国家因素进行了考察。Paul 和 Benito（2018）通过构建 ADO（antecedents-decisions-outcomes）研究框架，回顾新兴市场跨国公司对外直接投资的历程。

与上述研究不同，Mathews（2006）认为，跨国企业进行贸易时，东道国贸易政策会对该跨国公司的选址产生影响。企业可以将部分生产工序外包给工资水平比该国低的、具有长期合作关系的国家，例如购买投入品的企业承诺会投入资金，销售企业会承诺提供开发和生产投入品的资源（Buckley，2007）。这种关系对双方而言都存在着较高的投资风险，并且通过签订契约无法抵消这些高风险，即"敲竹杠"风险（Luo et al.，2007）。当这种契约不完全的成本较大时，有意向购买该投入品的相关企业会选择垂直一体化分工的生产模式，主动成为垂直型跨国公司（Peng，2008）。因此，在存在契约不完全且交易成本巨大的前提下，我们可以利用基于不完全契约的一般均衡分析框架，来研究跨国公司的内部决策问题，并揭示上述分工体系的重要意义（Peng，2008）。

虽然企业选择进行垂直一体化分工生产模式的首要原因是存在交易成本，但是交易成本并不是唯一的原因（Stephen，2009）。不同国家的公司相互联合组建合资企业，可以带来每个国家的供应商以及每个国家的分销网络的关键信息（Deng，2013），并且还能增加企业的无形资产。选择合理的生产模式以促进信息流动和缓解信息不完全问题，也是影响跨国公司进行生产模式决策的重要因素（Powell，2014）。为此，Rauchand 和 Trindade（2016）利用国家"配对"思想来研究了上述信息问题。他们在研究中还指出，跨国公司在"配对"中寻找好的合作伙伴的能力，还存在某些内部的不确定性。

二、单一部门国际资本流动模型分析

MacDougall 模型是由 MacDougall（1957）提出的，主要分析国际资本流动连带的生产活动和国际资本流动对国民收入分配的影响。假设资本的流动不被限制，它可以从资本要素充裕的国家自由流向资本要素匮乏的国家。由于流出国的资本价格比流入国低，所以资本会在国家间流动（North，1996）。资本要素从资本禀赋充裕国家向禀赋短缺国家流动时，会产生资本流量（Howenstein et al.，1994）。资本活动会进一步调整国家间的资本价格（Jensen，1998）。最终，资本的国际价格会在资本流动过程中趋于一致（Doms，1998）。资本的跨国流动可以提高其利用效率，增加世界资本总量，并且还会增加世界各国的社会福利（Aitken et al.，1996）。

现在我们假设世界上只存在两个国家，资本输出国 A 国，以及资本输入国 B 国。假设经济条件封闭，A、B 两国充分竞争力，资本价格取决于资本边际生产力。资本边际生产力呈现递减趋势。如图 4-1 所示，模型中横坐标轴为资本数量。纵坐标轴为资本边际生产力。O_A 点是资本输出国 A 国的原点，即资本初始点。对于资本输出国 A 国，拥有的资本量为 O_AQ，曲线 AA' 代表资本输出国 A 国的资本边际生产力曲线。O_B 为资本输入国 B 国原点，即资本输入国 B 国在引入国外资本之前的资本初始点，B 国拥有 O_BQ 资本量，曲线 BB' 为资本输入国 B 国的资本边际生产力曲线。O_AO_B 则为世界上（A 国+B 国）拥有的资本总量。

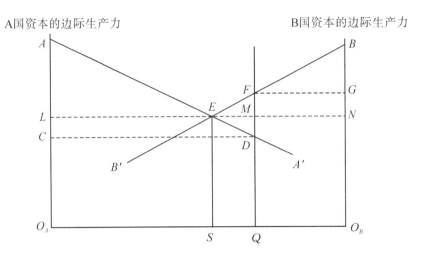

A国资本的边际生产力　　　　　　　　　　B国资本的边际生产力

图 4-1　资本流动示意图

数据来源：MACDOUGALL G D A. The benefits and costs of private investment from a-broad：A theoretical approach［J］. Economic record，1960（36）：13-35. 和 KEMP M C. The benefits and costs of private investment from abroad：comment［J］. Economic record，1962（38）：108-110.

资本进行国际流动前，资本输出国 A 国可以使用的资本量为 O_AQ ，并且资本输出国 A 国资本流动前的生产总量为 O_AADQ 。资本输出国 A 国的资本边际生产力（此处指的是资本的价格）记为 O_AC 。此时，资本输入国 B 国拥有的资本量为 O_BQ ，B 国利用 O_BQ 的资本可以生产出 O_BFQ 的资本产量，B 国资本边际生产力（资本的价格）则为 O_BG 。在现实资本国际流动过程中，资本价格在资本输入国更高，资本价差导致资本流动，以此获取更高的资本收益。

为了获取最大的资本收益，我们假设资本在国家间可以自由流动，资本可以从价格较低的国家流向资本价格高的国家，即从资本输出国 A 国流向资本输入国 B 国。资本流动的过程直到 A、B 两国的资本边际生产力相等时，才会停止流动。此时，两国的资本价格相等，即 $O_AL = O_BN$ 。流入资本输入国 B 国的资本量为 SQ （Feenstra，2013），这部分资本的存在导致 A、B 两国的资本生产力（资本的价格）保持一致。资本国际流动结束后，资本输出国的资本边际生产力和资本输入国相等，此时，在图中世界上资本边际生产力即为 ES 。

资本国际流动后，资本输出国资本生产量变为 O_AAES 部分，资本输入国资本生产量变为 O_BBES 部分。在资本国际流动之前，世界资本总产量（A 国 + B 国）即 $O_AADQ + O_BBFQ$ ，资本国际流动后，世界资本总产量增量为 DEF 部分。由于生产资源会在世界范围内进行优化配置，所以资本的国际流动会增加资本总产量，进一步提升世界的福利水平。

对于资本输出国 A 国来说，对其他国家输出资本即对外投资使得 A 国产量减少了 $ESQD$ 部分，但资本输出国 A 国的国民收入不会由于资本产量的减少而下降。相反，对于资本输入国 B 国而言，资本的输入会导致 B 国国内资本产量增加。在资本进行国际流动时，资本输入国 A 国的资本产量出现下降趋势，但 A 国输出的资本对外投资总收益为 $ESQM$ 。那么，对于资本输出国 A 国来说，对外投资总收益＝对外投资量×资本的边际生产力。虽然由于国内资本减少，生产减少，从而会导致收入损失，但是只要 A 国对外输出的资本投资收入比国内生产量减少损失的收入大，那么国民的收入就并不会因为资本量的减少而减少，反而会增加国外投资收益超出国内生产收入减少的部分。相反，如果进行对外投资收益小于本国国内生产减少损失的本国国民收入，那么 A 国资本收益就会下降。

在图 4-1 中，资本输出国对外投资收入净增加部分为 EMD 。一般情况下，一国对外投资的收益率高于国内投资收益率。如果从收入角度分析资本流动，一个国家的总收入基本上不会因为资本流动而减少。由于 B 国使用了 QS 的国外资本，B国总产量增加 $ESQF$ 部分。其中 $ESQM$ 作为投资收益支付给 A 国，B 国国民收入的净增加值为三角形 EMF 。资本输入国引进国外资本后对投资者支付相应的投资报酬。只要引入资本产生的收益大于向国外支付的投资报酬，净收益就会增加。

资本流动对两者的影响是不同的。A 国，资本边际生产力提高，收入增加。劳动者资本减少，生产、就业的机会减少，收入降低。在图 4-1 中，在资本流动前，资本输出国 A 国资本收入为 O_ACDQ ，流动后为 O_ALMQ 。资本流入后资本 O_ALMQ ＝国内部分 O_ALES ＋国外部分 $SEMQ$ ，资本流动净增加部分记为 $CLMD$ 。资本流动前，劳动者的总收入 ACD ，流动后减少为 ALE 转移给资本所有者 $LCDE$ 。对于 B 国而言，情况相反。

同 MacDougall 的研究方法相同，本部分从最简单的商品经济分析入手。假设生产函数可表示为

$$y = f(L, K) \tag{4-1}$$

其中，生产函数是线性齐次的凹函数。我们将产品价格标准化为 1，资本租金为

$$\gamma = f_k(L, K) \tag{4-2}$$

其中，$f_{KK} < 0$。国内资本存量记为 K_0。外国流入资本量为 K^*。在图 4-2 中不存在外国资金流入时，均衡租金表示为 r_0，存在外国资本流入时，衡租金表示为 r_1。外国资本从本国赚取的数量记为 $r_1 K^*$。资本流入导致 GDP 增长为

$$\Delta y = \int_{K_0}^{K_0+K^*} f_k \mathrm{d}K = A + B \tag{4-3}$$

对外国资本支付的数量 $r_1 K^* = B$，两者相减为本国的净福利区域，记为 A。因此，外国资本流入为本国创造了社会福利。

从图 4-2 可以看出，随着资本进入，租金下降，对外国资本的支付（面积 B）小于需求曲线下方总面积（$A+B$）。资本流入提高本国劳动者的边际产品和工资，$w = f_L(L, K)$。资本流入的工资增量为总面积（$A+C$）。在图 4-2 中，面积 C 为资本到劳动的收入再分配，面积 A 为劳动产生的净福利收益。

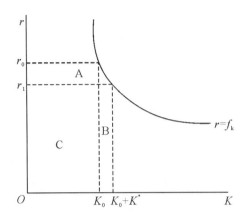

图 4-2　单一部门经济中的资本流动

资料来源：FEENSTRA R C. Advanced international trade：theory and evidence［M］．Princeton：Princeton University Press，2013.

Howenstein 和 Zeile（1994）发现，外国工厂支付的工资比国内高。Blonigen 和 Tomlin（2001）发现，就相同规模的工厂而言，墨西哥的工厂通常比美国工厂增长快；与国内投资相比，进行国外投资对当地工资的影响更大。该结论与 Feenstra（2013）在图 4-2 预测的外国资本所引起的工资增长的结论并不完全一致。因为 Feenstra（2013）在分析的过程中，还要考虑工人的特征，外国企业吸引了大量高素质的工人，那么与国内企业相比，劳动者工资有所提高就很正常了（Sjoholm，1999）。但是，外国企业的员工工资虽高，但福利却不一定会改善。在研究本地企业技术转移过程中的自我选择问题时，Feenstra（2013）表明，本地企业主要是通过合资企业或企业间的其他外溢效应来实现技术转移的。

2016 年，国际货币基金组织（International Monetary Fund，IMF）在发布的《世界经济展望》（*World Economic Outlook*）中，公布了 2015 年第四季度国际资本的相关数据，数据显示国际资本流入呈现下降趋势。有研究认为，作为新兴市场国家代表的中国，也面临着净资本流入呈现出下降趋势的问题（Byren，2016）。管涛（2016）认为，经常项目顺差和经常项目逆差会成为中国国际收支的"新常态"。中国外部经济环境变化较大，货币政策分化（Sun et al.，2017；Demir et al.，2018）。近年来，不确定因素频发，部分地区地缘政治冲突进一步加剧全球经济动荡，而以上这些因素都可能成为影响中国金融的重要因素（李靖，2017）。

经济全球化模型可以揭示国际资本跨境流动的原因，在理论上解释发达国家国际资本流动的影响因素。如以 Markowitz（1952）和 Tobin（1958）为代表的资产组合理论对利率水平决定国际资本流动的观点提出质疑。Branson（1968）认为在分析国际资本流动的过程中还应该考虑国内外风险水平和投资者能力。Kouri 和 Porter（1974）运用工具变量和两阶段最小二乘法解决了 Branson 研究模型中存在的内生性问题。Reinhart 和 Montiel（2001）将国际资本流动的影响因素划分为拉动因素（pulling factors）和推动因素（pushing factors），其中推动因素为资本流入国之外导致资本国际流动的因素。Fratzscher（2012）对全球 50 多个国家进行研究后发现在金融危机时期，国际资本受推动因素影响更大；然而在复苏时期，拉动因素对国际资本的影响更加显著。Byrne 和 Fiess（2016）通过对新兴市场国家进行研究发现，资本在国际流动的过程中表现出同增同减的特征，并且这种特征在股票资本流动中最为显著。

Ahmed 和 Zlate（2014）则通过对全球货币政策与国际资本流动的关系进行研究，发现这种变动对国际资本流动具有显著影响。Nier 等（2014）发现，对新兴市场进行资本管制可以有效减少国际资本流入量。在实行资本管制的过程中，全球金融周期［研究过程中用 VIX 指数（volatility index）代替］很难避免经济波动的冲击，当相对 VIX 指数处于低位时，VIX 变动对国际资本流入量产生的影响较大。宋文兵（1999）、田晓霞（2000）和邢毓静（2001）对我国的国际资本流入量进行了研究，发现中国加入世界贸易组织之后，外部经济改善，双顺差规模上升，人民币升值预期进一步加强，国际资本流入量提高；而在 2008 年国际金融危机之后，中国资本流入量放缓。随着货币全球化的发展，这种趋势还会进一步加强（Nier et al.，2014）。

第二节　两部门的资本流动模型

一、H-O 理论的假设和比较

Herschel-Orin 资源禀赋模型简称 H-O 理论或 H-O 模型。H-O 理论主要有以下几个假定条件：两个国家生产技术相同，劳动生产率不存在差异，规模报酬不变（Maneschi，1998）；市场完全竞争；在生产活动过程中，都充分利用生产要素；拥有相同或类似的偏好；在生产中，生产要素可以在一个国家内部进行流动，但是不能跨国流动（Maneschi，1998）。

假设两个国家在生产活动过程中，只能投入两种生产要素进行生产。按照生产要素禀赋理论，生产同一产品的技术水平相同，此时，成本差别会导致产品价格出现差异（Vanek，1968）。在生产活动中，投入的生产要素往往存在着自身差异，进而导致产品成本差异（Vanek，1968）。在不同国家，生产要素的相对充裕程度不同，导致生产要素的国际价格出现差异。生产要素的国际价格差异会进一步催生国际贸易和国际分工的出现（Leamer，1980）。每个国家都有自己的生产结构，从而使一国在生产过程中投入具有相对禀赋优势的要素进行生产（Maskus，1985）。

赫克歇尔-俄林-萨缪尔逊理论（Heckscher-Ohlin-Samuelson theory，H-O-S 理论）。该理论由瑞典学者 Heckscher（1919）首先提出，其后经 Ohlin（1933）完善，并由 Salmuelson（1948，1949）进一步论证。李嘉图的比较优势理论认为：两国的产品存在劳动生产率差异，那么两国就会各自生产具有比较优势的产品，并且通过国际贸易获得收益。H-O-S 理论在对比较优势理论做进一步解释的基础上，从各国要素禀赋结构差异出发，探讨了各国相对价格差异所引发的国际贸易问题，并且克服了李嘉图模型中假设生产过程只存在一种生产要素的局限（Davis et al.，2001）。

相对要素禀赋是指在同一个国家内部，两种生产要素的相对比例。要素禀赋与要素的绝对数量无关，是相对概念（张矢的 等，2009）。例如，美国的资本存量和劳动数量高于瑞士和墨西哥，但是，在人均资本存量上，美国却比瑞士低，因此，相比瑞士，美国是劳动力充裕的国家；而美国的人均资本存量高于墨西哥，因此，相比墨西哥，美国是资本充裕的国家。

一国的要素禀赋差异决定了一个国家经济发展模式，禀赋不同对汇率变动产生影响的因素也不同（Trefler，1993）。Clague 和 Tanzi（1972）在实际汇率决定因素中加入人力资本，强调要素禀赋差异在决定实际汇率过程中的重要性。Clague 和 Tanzi（1972）发现，当高收入国家的人力资本集中于非贸易品部门时，该国更低的非贸易品价格会阻碍实际汇率的上升。Bhagwati（1984）在 Clague 和 Tanzi（1972）的基础上，提出了相对要素禀赋理论，考察了要素禀赋差异对两国非贸易品相对价格和实际汇率的影响。Bhagwati（1984）发现，即使两国生产率相同，国家间存在的要素禀赋差异也会引起相对价格差异，进而影响实际汇率。在 2008 年国际金融危机后，中国的经济结构面临着转型升级（Ronald，2011；Todd，2011）。在国内生育问题凸显、人口老龄化程度日益加深的背景下，这一趋势更加体现出劳动力技术的要素禀赋对人民币实际汇率的重要程度（Musa Oduola，2021）。

在讨论一个国家属于哪种要素禀赋类型时，需要有可比对象。由于资本输出国A 和输入国 B 在国际贸易之前，存在要素禀赋差异，要素禀赋差异会影响两国的供给水平，进而导致在国际贸易中出现商品价格差异（Perdikis and William，1998）。出口国家会依据比较优势原理，出口密集投入禀赋相对充裕要素的商品，进口密集使用禀赋相对稀缺要素的商品（Weinstein，2001）。

根据 H-O 理论，假设在生产过程中，只存在两种生产要素即劳动和资本。假定生产中只有商品 X 和 Y，即劳动密集型商品和资本密集型商品。根据 X 和 Y 商品在生产活动中的劳资比率，来确定两种商品的要素密集程度。相对于劳动密集型商品，资本密集型商品的资本劳动比率更高。假定生产活动中，只存在资本充裕的 B 国和劳动充裕的 A 国。通过比较两国生产要素的相对价格，或者对比两国生产要素总量的相对比例，可以得出一国的生产要素富裕程度（Feenstra，2013）。

如果 B 国的资本价格和劳动力价格之比小于 A 国，那么 B 国为资本充裕的国家，A 国为劳动力充裕的国家。B 国资本总量和劳动力总量的比值比 A 国大，那么B 国为资本充裕的国家，A 国为劳动力充裕的国家。在该模型中，假设两国具有相同的偏好，所以也具有相同的社会无差异曲线（Feenstra，2013）。根据要素禀赋理论，资本充裕的国家在资本密集型商品上优势更大；反之，劳动力充裕的国家在劳动密集型商品上优势更大（Feenstra，2013）。一国进行国际贸易时，会主动出口密集投入禀赋相对优势要素的产品，而进口密集投入禀赋相对劣势要素的商品。

图 4-3 表示在国际贸易前，两国均处于均衡状态。横轴表示商品 X 的数量，纵轴表示商品 Y 的数量，曲线Ⅰ、Ⅱ是社会无差异曲线。能给一国带来相同效用水平的两种商品的不同数量组合，被称为社会无差异曲线（Song et al.，2011；Mehmet et al.，2017）。社会无差异曲线由无数个人的无差异曲线所组成，和个人无差异曲线

性质相同。在同一平面内有无数条社会无差异曲线，距离原点越远，说明效用满足程度越高。假设两国具有相同的偏好，则只存在一组社会无差异曲线。曲线 PPF_A、PPF_B 分别代表两国的生产可能性边界（production possibility frontier）。A 国为劳动力充裕的国家，B 国为资本充裕的国家，X 为劳动密集型，Y 为资本密集型，X 商品在 A 国产量更高，Y 商品在 B 国产量更高，因此曲线 PPF_A 平缓且较宽，曲线 PPF_B 陡峭且较窄。

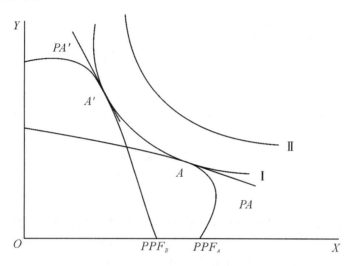

图4-3　贸易前的均衡

资料来源：FEENSTRA R C. Advanced international trade：theory and evidence ［M］. Princeton：Princeton University Press，2013.

图 4-3 中社会无差异曲线 Ⅰ 与 PPF_A 相切于 A 点、与 PPF_B 相切于 A′ 点。国际贸易之前，A 国和 B 国的 X 和 Y 商品产量和消费量的数量组合为点 A 和 A′，即两国的生产点和消费点。A 国商品 X 的相对价格（PX/PY）也可以称为机会成本为 PA，即 PPF_A 切线斜率。B 国为 PB。

图 4-4 说明进出口商品数量和国际贸易收益。对进行国际贸易的两国来说，当 A 国出口商品 X 和进口商品 Y，B 国出口商品 Y、进口商品 X 时，A 国逐步增加商品 X 的生产、减少商品 Y 的生产；B 国逐步增加商品 Y 的生产、减少商品 X 的生产。A 国的生产点沿 PPF_A 从 A 点向 X 轴方向移动，B 国的生产点沿 PPF_B 从 A′ 点向 Y 轴方向移动。A 国的商品 X 的相对价格会呈现上涨趋势，PPF_A 斜率变大；在 B 国中，商品 X 的相对价格随着进出口商品的数量变化出现下降的趋势，因此 PPF_B 斜率变小。直到商品 X 在两国的相对价格相等都变为 PB 时，生产点才会停止移动。PB 与 PPF_A、PPF_B 相切于 B 点和 B′ 点，即两国在国际贸易后的生产点。PB 与社会无差异曲线 Ⅱ 相切于 E 点，即两国的消费量。出口 BC 段的商品 X，进口 CE 段的商品 Y 后，E 点为 A 国的消费点。出口 B′C′ 段的商品 Y、进口 C′E 段的商品 X，E 点为 B 国的消费点。$BC = C′E$、$CE = B′C′$。在国际贸易的过程中，两国的国内消费水平都得到提升，均可从国际贸易中获益。

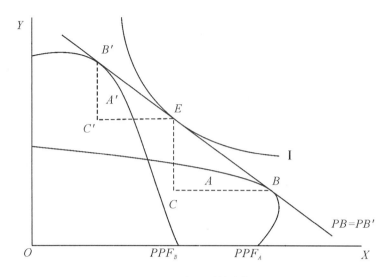

图 4-4 贸易后的均衡

资料来源：FEENSTRA R C. Advanced international trade：theory and Evidence［M］. Princeton：Princeton University Press，2013.

以 Mundell（1957）提出的两部门 H-O 理论中的资本流动著名例子为例，假设存在两个国家进行自由贸易，且两国具有相同技术和偏好。生产两种产品没有出现要素密集度逆转，资本租金仅由商品价格决定，两国的资本租金都记为 $r(p_1, p_2)$。在图 4-5 中，两国的禀赋由 V^i 点表示。假定该点位于要素价格均等化集合内部，因此资本租金在国家相同。在自由贸易中，两国的消费成比例出现在对角线上，如 AD^i 点（其中 D^i 是每个国家的消费向量，乘以技术矩阵 A，就将其变为消费要素）。从 V^i 移至 AD^i，国家 1 劳动丰裕，进口资本密集型商品，即商品 1。由此有：

$$\partial r(p_1, p_2)/\partial p_1 > 0 \tag{4-4}$$

现在，允许资本在国家间流动，进口关税 $t > 0$。商品 1 价格上涨，并且由于该商品是资本密集型商品，那么依据斯托珀-萨缪尔森定理（Stolper - Samuelson theorem，SS 定理），该过程使得资本报酬上升，$r(p_1 + t, p_2) > r(p_1, p_2)$。因此，资本将从国家 2 向国家 1 流动。在图 4-5 中，资本流动使得有效的禀赋点从 V^i 垂直向上移动。资本流动要达到新的均衡点，要求资本报酬在各个国家相等。但是，当关税存在时，就会使两国价格产生差异，租金就不可能相等且 $t > 0$，这意味着：

$$r(p_1 + t, p_2) > r(p_1, p_2) \tag{4-5}$$

因此，该方程式中的某些变量必须发生变化，从而达到新的长期均衡（许斌，2009）。随着各国禀赋点从 V^i 点向上移动，资本向国家 1 流动，这个过程会提高行业 1 的产出，降低行业 2 的产出。随着商品 1 供给的增加，进口随之减少。减少商品 2 的供给，又会使得商品 2 出口下降。因此，随着 V^i 点向上移动，两个国家间的贸易量下降。这个过程将持续到禀赋到达对角线上的 $\bar{V}^i$ 点处。在此处，两个国家的资本/劳动比率相同，贸易动机不复存在，此时，两个经济体都处于封闭状态。

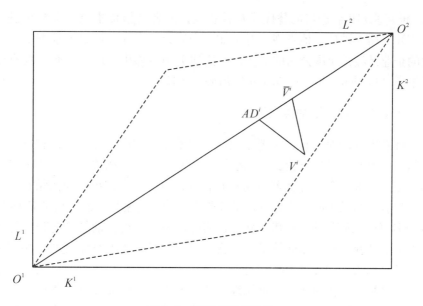

图 4-5　两部门资本流动

资料来源：FEENSTRA R C. Advanced international trade：theory and evidence［M］. Princeton：Princeton University Press，2013.

若两国都处于封闭状态，且具有相同资本/劳动比率和偏好（Harrison，2005），那么两国的均衡价格相同，均衡资本租金也相同（Jayadev，2007）。当不存在进口时，国家 1 再征收关税就是多余的，价格和租金间不会因关税而产生差距。于是，可得如下结论：$\bar{V}^i$ 点是两国资本流动时的新均衡点，资本租金和产品价格将保持征收关税前的初始价值，因为这是 FEP 内禀赋变化的性质（Loo et al.，2006；Mathews，2006）。此外，当国家 1 从 V^i 点到 $\bar{V}^i$ 点的过程中，GDP 的全部增长都将偿还给该国的外国资本。如果我们从 GDP 中减去偿还给外国资本的数量，国家 1 回到起始消费点 AD^i，那么国家 1 的福利与征收关税前是相同的（Decreuse et al.，2007）。

Mundell 的理论（1957）之所以重要，有以下两个原因：一是它表明关税的存在会阻碍国家之间的贸易进而带来损失；二是它表明资本流动抵消了关税带来的损失。以日本在出口汽车上实施的自愿出口限制为例（Guscina，2006），自愿出口限制（voluntary restriction of export，VER）以配额而非关税形式出现时，会导致日本汽车企业大量进入美国市场，并使 1987 年后的 VER 政策变得多余（Matthias et al.，2006；Maurice et al.，2010）。从日本的进口量比 VER 允许的量更少，这意味着进口引致的福利成本也降低了（Guscina，2006）。Mundell（1957）的结论也被总结为"要素贸易是商品贸易的替代"（Neumayer et al.，2005；Loo et al.，2006）。由此，关税存在导致的资本流入具有消除贸易的效应。

这一假设也得到了实证检验。Swenson（2000）对美国的研究，以及 Klein（2000）用拉丁美洲的相关数据的研究也证实了该假设。美国对流入的 FDI 征收反倾销税后发现只有当企业具备跨国经营经验时，在美国投资才现实。Blonigen

（2001）研究了 FDI 和进口的替代或互补程度，前者是指资本流入会减少进口，后者是指 FDI 会增加进口。他发现，对于前一个假设，存在着明显的证据支持。大量同类型的企业已经是跨国公司的事实，说明向美国转移生产的日本企业拥有较高的投资回报率（Corden，2007；Cuervo-Cazurra，2012）。

二、H-O 理论在中国的实证检验

虽然林毅夫（2004）探讨了要素禀赋与技术差异对国际分工模式和贸易结构的影响，但是国内研究仍相对较少。江小涓（2007）把中国相关产业同比出口增长率作为因变量，对 K/L 等六个解释变量进行估计，以考察中国出口商品结构的决定因素和变化趋势。结果表明，产业出口增长受中国劳动力密集度的影响是显著的。

鉴于 H-O-S 理论假设极其严格，在实际研究中，得出的结论与现实经济极可能出现差异。若我们放弃相同技术水平这一假设，那么（H-O 定理的）预测结果可能发生逆转（张矢的 等，2009）。另外，就技术而论，应用 I-O 表（投入产出表）估算贸易产品缺陷同样明显，并可能致使估算的进出口商品要素密集度出现严重偏差（张矢的 等，2009）。中间产品的存在可能导致估算的密集度与投入产出之间出现扭曲。尤其是存在就业不充分的条件下，中间品的存在会导致下游产业（如原材料或半成品产业）密集度偏高（Robert，2009）。

张矢的等（2009）以美国作为第三方国际市场，来考察我国产业资本和劳动力要素密度，并对 H-O 理论进行了实证检验[①]。具体检验设计如下：

1. 模型设计

该文献的自变量选择如下：

（1）行业要素密集程度：以每万元固定资产净值以上的工作人数为代理变量，衡量产业的劳力资本比（L/K）。

（2）产业竞争程度：行业平均利率为行业利润总额比产品销售收入，将该比率作为产业竞争程度的替代变量[②]。在完全竞争市场中，一个行业的经济利润逐渐趋向于零。行业平均利润率越高，产品在市场中所占的市场份额越低（张矢的 等，2009）。此处，我们不考虑行业的经济利润，通过平均会计利润刻画行业竞争程度更加具备客观性。

（3）企业规模经济效益：行业销售收入（单位：万元）比行业内企业总数。该比率是企业的平均规模。由此，将它作为企业规模经济的代理变量。

（4）产业开放程度：选择"三资企业"[③] 所占的比例作为替代变量。该比例越高，那么三资企业市场份额越大，产业也越开放（张矢的 等，2009）。

---

① 实际操作中资产也分别用资产总值、固定资产原值代替，进入模型分析后采用固定资产净值计算的资本劳动比的效果较好，故采用该指标。

② 中国统计年鉴从 2005 年开始收入栏报告科目为主营业务收入，在此之前该栏目为产品销售收入。

③ 三资企业即在中国境内设立的中外合资经营企业、中外合作经营企业、外商独资经营企业三类外商投资企业。三资企业是经中国有关部门批准，遵守中国有关法规规定，从事某种经营活动，由一个或一个以上的国外投资方与中国投资方共同经营或独立经营，实行独立核算、自负盈亏的经济实体。

2. 数据来源：《中国统计年鉴》提供的 40 个工业行业资料

以按照美国协调关税系统（United States harmonize the tariff system，HTS）中一般进口（general imports）的分类计算的行业市场份额，作为模型中的因变量。对照分析美国 HTS 两位数分类层次（HTS-2）行业和《中国统计年鉴》子行业，同时，剔除资源性行业（例如煤炭洗选业、有色金属开采业等行业），以及纺织业、服装业等在美国受到进口配额限制的行业，最终得到 1998—2006 年中国 14 类行业的模型相关变量，总计 126 个时序横截面数据。

3. 总体模型分析

张矢的等（2009）利用时间序列横截面模型（panel date model）来检验自变量与市场份额的对应关系。首先，张矢的等（2009）采用 Hausman 检验方法来检验是否采用固定效应模型，其结果显示 Hausman 值为 14.42。在该模型中，样本数据检测值对应的 p 值≤0.01，因此拒绝原有假设。这说明，其固定效应模型中变量不仅存在横截面差异，时间上还存在一定的变化规律。利用双向固定效应模型（two-way fixed effect model）可以更加客观地剔除时间序列变化差异对模型的影响。其估计结果，可以更加准确地揭示劳动资本的比率对进出口产生的影响。具体表现形式如式（4-6）：

$$y_{it} = \beta' x_{it} + u_{it} ，\text{其中} u_{it} = \alpha_i + \lambda_t + \varepsilon_{it} \qquad (4-6)$$

其中 α_i 表示各横截面差异，λ_t 为各个时期差异。假定各个时期及横截面系数不变，β' 表示系数矩阵，x_{it} 表示自变量矩阵，ε_{it} 表示随机扰动项。根据模型所包含的经济意义，不设普通截距项。估计结果见表 4-1。其中模型的拟合优度为 0.987 0，F 检验值为 68.33，p 值小于 0.001，表明该模型参数整体显著。行业三资企业比例未能进入模型中，三资企业比例对行业出口影响不显著。不同变量对产品在美国市场的市场份额影响不同。

要素密集度：在美国市场上，L/K 与中国产品的市场份额是正向关系。中国密集使用劳动力的产业在美国市场上具备更强的出口能力（张矢的 等，2009）。要素密集度的验证结果与 H-O 定理一致。产业竞争程度：行业利润率的估计参数为 -134.28。该结果表明每增加 1% 的行业平均利润率，所对应的市场份额下降约 1.34%。行业竞争程度实证结果与 H-O 理论一致（张矢的 等，2009）。企业规模经济效益：企业平均规模的估计参数是 -0.51。该结果表明企业平均规模和行业市场份额呈现反向变动的关系。企业规模越大的行业，出口能力反而相对越弱（张矢的 等，2009）。

行业与时间方向的系统差异：表 4-1 为模型中不同行业的差异。分析包括不同行业的数据，那么可以进一步揭示不同行业市场份额的系统性差异。以皮革业和家具制造业为例，皮革业和家具业在市场份额上存在显著差异。相比后者，前者的市场份额要高 4.68%。在时间方向上，所有样本行业在美国进口市场上的份额总体呈现增长的趋势。

表 4-1 1998—2006 年各行业时序横截面回归模型结果

横截面（行业）/时序	估计值	Standard Error	t 值	p 值
15. 饮料制造业	11.70	3.03	3.87	0.000 2
16. 烟草制品业	27.29	4.37	6.25	<0.000 1
19. 皮革、毛皮、羽毛（绒）及其制造品	38.76	5.73	6.76	<0.000 1
20. 木材加工及木、竹、藤、棕、草制造品	9.71	2.59	3.74	0.000 3
21. 家具制造业	34.08	3.51	9.72	<0.000 1
22. 制造及纸制品业	12.75	2.34	5.45	<0.000 1
26. 化学原料及化学制造品制造业	11.92	2.23	5.36	<0.000 1
27. 医药制造业	12.07	3.81	3.17	0.002
29. 橡胶制品业	10.47	2.49	4.20	<0.000 1
30. 塑料制品业	22.12	2.61	8.46	<0.000 1
34. 金属制品业	14.45	2.93	4.92	<0.000 1
37. 交通运输设备制造业	15.53	2.56	6.07	<0.000 1
39. 电气机械及器材制造业	20.49	2.84	7.21	<0.000 1
41. 仪器仪表及文化、办公用机械制造业	7.75	3.35	2.31	0.022 9
1998 年	−18.57	1.65	−11.25	<0.000 1
1999 年	−15.80	1.40	−11.30	<0.000 1
2000 年	−13.29	1.21	−10.95	<0.000 1
2001 年	−11.70	1.15	−10.14	<0.000 1
2002 年	−8.46	1.07	−7.91	<0.000 1
2003 年	−6.05	1.04	−5.79	<0.000 1
2004 年	−4.30	1.02	−4.23	<0.000 1
2005 年	−2.18	1.01	−2.17	0.032 5
劳动力/资本	0.73 ***	0.13	5.63	<0.000 1
行业利润率	−134.28 ***	38.48	−3.49	0.000 7
企业平均销售额	−0.51 **	0.23	−2.28	0.024 5

表4-1(续)

横截面（行业）/时序	估计值	Standard Error	t 值	p 值
R-square	0.987			
F 值	68.33			
p 值	<0.000 1			

资料来源：统计结果源自张矢的，阎娟，王晓雯. 赫克歇尔-俄林定理在中国的实证检验：基于产业要素密集度的时序横截面模型分析［J］. 管理评论，2009（21）：90-97. 其中中国工业相关行业统计资料见1996—2007年《中国统计年鉴》（网址：http://www.stats.gov.cn/tjsj/ndsj/）"工业"栏目，由于对规模以上工业企业的统计口径从1998年开始由此前的全部乡及乡以上独立核算单位调整为之后的全部国有及年产品销售收入500万元以上企业，故模型剔除1996年、1997年两年的数据。中国产品市场份额数据来源于美国国际贸易委员会（USITC）官方网站（网址：http://dataweb.usitc.gov/）"ITCTradeDataWeb"。行业匹配关系具体描述［国家统计局行业分类（GB/T4754—2002）以表1中编号代表，美国贸易统计分类以HTS代表］：15：HTS22；16：HTS24；19：HTS41-43，HTS67；20：HTS44-46；21：HTS94；22：HTS47-48；26：HTS29，HTS38；27：HTS30；28：HTS54-55；29：HTS40；30：HTS39；34：HTS73-83；37：HTS86；39：HTS85；41：HTS90。

事实上，还可以观察行业和时间的系统性差异影响。将1998—2006年各行业数据按照三年移动分组，可以得到7组时序横截面数据。对每一组数据进行Hausman检验，并对进入模型变量进行筛选。与总体模型不同，在实证设计中，反映行业竞争状态、规模经济效益和行业开放程度变量依年份的不同分别进入不同模型。反映行业要素密集度的代理变量，则成为各模型的共同解释变量。

表4-2显示，在所有7个三年移动动态模型中，中国产业的L/K对市场份额均有显著的正向影响。这在时间跨度上再次验证了H-O定理。通过观察各模型中L/K系数的变化可见，1998—2005年，L/K系数由0.29%提高到1.412%，并且相比资本密集型行业，中国劳动力密集型行业的出口能力有所提高；但L/K系数在2004—2006年的模型中呈现回落趋势，表明劳动力密集度对行业出口能力产生的影响较之前有明显的下降趋势。

表4-2 三年移动时序横截面模型分析

时期	模型类别	进入模型变量	系数	标准误	t 值	p 值	R-square
1998—2000年	Rantwo	劳动力资本比	0.290***	0.087	3.36	0.002	0.354
		三资企业比例	9.644***	3.044	3.17	0.003	
1999—2001年	Rantwo	劳动力资本比	0.270***	0.080	3.380	0.002	0.218
2000—2002年	Rantwo	劳动力资本比	0.311**	0.115	2.70	0.010	0.557
		三资企业比例	43.910***	18.834	3.17	0.003	
2001—2003年	Rantwo	劳动力资本比	0.662***	0.164	4.05	0.000 2	0.647
		利润率	-104.320**	45.100	-2.31	0.026	
		三资企业比例	43.924	16.368	2.68	0.011	

表4-2(续)

时期	模型类别	进入模型变量	系数	标准误	t 值	p 值	R-square
2002—2004 年	Rantwo	劳动力资本比	1.225***	0.135	9.08	<0.000 1	0.693
		利润率	-64.410**	31.311	-2.06	0.043	
2003—2005 年	Rantwo	劳动力资本比	1.412***	0.133	10.66	<0.000 1	0.746
		利润率	-93.952***	28.815	-3.26	0.002	
2004—2006 年	Rantwo	劳动力资本比	1.280***	0.144	8.91	<0.000 1	0.664
		企业平均销售额	-0.670 8**	0.321	-2.09	0.043 2	

资料来源：张矢的，阎娟，王晓雯. 赫克歇尔-俄林定理在中国的实证检验：基于产业要素密集度的时序横截面模型分析［J］. 管理评论，2009（4）：90-97，110.

注：设 Panel Data 模型为 $y_{it} = \beta' x_{it} + u_{it}$，表中 Rantwo 表示 Two-way Random Effect Model，即 $u_{it} = \alpha_i + \lambda_t + \varepsilon_{it}$，$\alpha_i$、$\lambda_t$ 以及 ε_{it} 都为随机扰动项。

张矢的等（2009）则以美国进口为对象，假设中国劳动力丰裕，结合中国国家统计局和美国国际贸易委员会提供的1998—2006年的相关统计数据，采用面板回归模型，对中国14个不同行业的出口能力与行业"劳力资本比""规模经济效益""产业竞争状态"和"行业开放程度"之间的关系进行了检验。结果证实 H-O 定理可以有效解释中国的出口贸易（张矢的 等，2009）。

三、国际贸易与经济增长

在古典经济理论中，一国在国际贸易中可以突破本国市场的约束，将市场规模扩展到国外。后者将推动分工发展，从而提升生产率。Mill（1856）指出，国际贸易不仅可以促进经济发展，同时，对一国知识和道德的影响更为深远。随着全球贸易的不断扩张，人类道德和法制水平也不断提升（Mill，1856）。Ohlin 在新古典经济学中加入区域贸易。Ohlin（1933）认为，贸易国可以从国际贸易中以较低的价格获取本国稀缺而昂贵的生产要素，进而带动生产，促进经济增长。Helman 和 Krugman（1985）认为，出口贸易通过专业化生产和技术知识扩散等，加速经济增长。Lucas（1987）在两商品模型中引入贸易开放，发现在国际贸易中，人力资源丰裕国家的专业化生产优势和地位，会被加强，从而促进经济增长。Bhagwati（1988）在新古典贸易理论的基础上，提出以增长为主导的出口假设，即供需双方受到经济增长作用会扩大出口，出口增长的反作用又可以增进经济增长。

（一）国际贸易开放程度与经济增长的关系

根据国家统计局公布的数据，中国1977年的贸易总额为200亿美元；20世纪末，达到4 750亿美元。1978年，中国开始实施改革开放，并于2011年加入世贸组织的多边贸易体系。虽然加入多边贸易体系会牺牲短期利益，但是可以获得长期增长（彭刚，2020）。在加入 WTO 之前，中国减少关税和非关税壁垒，增加外企和本土企业的贸易权利（彭刚，2020）。2018年，中国的贸易总额达到4.623万亿美元，中国已经成为世界上第一大出口国和第二大进口国（张文铖，2020）。Stiglitz

（2007）认为，中国经济能够快速增长，主要得益于贸易扩张。Marelli 和 Signorelli（2011）认为，中国贸易开放对经济增长具有积极影响。

国际贸易是促进本国经济增长的发动机（Stiglitz，2007）。Singh（2010）指出：国际贸易可以促进本国人力资本的积累，随着贸易进程的加速，本国生产率和技术水平会得到进一步提升，后者又会促进该国经济的增长。Tim 和 Helen（2011）认为，国际贸易会促使一国吸引更多 FDI，后者增加会促进发展中国家的经济增长。Benmamoun 等（2016）提出，国际贸易会导致资本的国际流动，进而推动经济发展。Broda 等（2017）指出，国际贸易通过提高一国生产力水平和降低国内创新成本来推动经济增长。

张鹤（2005）认为，国外总需求和总供给也可以拉动一国经济的增长。张兵兵（2013）通过 CF 滤波分析法，发现出口能促进中国经济增长，在国内外环境稳定的条件下，进出口贸易对经济增长具有长期正向效应。陈福中和陈诚（2013）通过对中国省级面板数据的研究，发现国际贸易与经济增长呈现非线性关系。林发勤等（2018）基于中国 26 个省（市）的数据，证实两者呈现倒"U"形关系。张小宇和刘永富（2019）、周锦岚（2019）采用非线性自回归分布滞后模型，识别出中国进出口贸易对经济增长的短期动态影响。

（二）国际贸易开放度对经济增长的影响

梁莉（2006）认为，针对中国的不同地区，贸易开放度和经济增长的因果关系存在差异。这种差异与它们的经济发展水平差异存在着直接关联性。杨丹萍和张冀（2011）以浙江省为研究对象，发现贸易开放度与经济增长存在正向关系，前者通过转变贸易增长方式、支持出口企业自主创新推动经济增长。马章良（2012）对国际贸易和外贸依存度、国际贸易贡献率和经济增长之间的联动关系进行了研究，表明贸易发展可以推动经济增长。

薛佳（2013）在研究贸易增长的动力之后，提出贸易开放度对经济增长具有冲击作用，且该影响具有波动性，这可能与国际贸易的不同影响机制有关。贸易开放使专业化分工从国内扩张到国外，致使分工不断深化，进而发挥技术外溢效应和规模经济效应，最终促进经济增长（付瑞涛，2015）。对于影响机制，胡倩溪（2016）指出，国际贸易主要通过生产要素积累机制、生产技术溢出机制、产业集聚机制以及相关制度变迁机制影响经济增长。孙楚仁等（2019）则认为，外部机制会促进城市制度改善，进而影响经济发展。

（三）利用国际贸易开放度促进我国经济增长的对策分析

在全球化发展中，我国对外贸易取得重大成就（许和连 等，2006）。对外开放并非要过度重视国际市场，忽视本国市场（许和连 等，2006）。进行对外开放时，一国应该是在本国已有的市场需求之上，来进一步开拓国际市场。作为最大发展中国家的中国，拥有巨大的消费潜力和市场规模，如果可以通过对外开放，充分发挥国内市场的消费潜力，那么就会为国内经济发展提供更大的动力（唐东波，2013）。培育国内居民的先进的消费观念，由国外进口消费转向国内消费，逐渐实现贸易开放转型（周茂，2016）。如果我国政府可以进一步完善国内市场经济体制环境，为本国经济发展创造更加有利的经济体制环境，那么就可以抵御国际经济波动，提高我国的综合竞争力（邵宜航，2017）。

第三节　国际直接投资与国际贸易策略选择的模型解释

一、国际直接投资与国际贸易的关系

Mundell（1981）首次提出国际贸易和国际直接投资存在相互替代关系，即当国际贸易受到阻碍时，资本流动会增加；而当国际资本流动增加时，部分国际贸易就会被取代。对外直接投资和国际贸易关系密切，对外直接投资既可以替代贸易发展，也会对贸易发展产生促进作用（Markuson，1983；Svensson，1984）。Markuson（1983）和 Svensson（1984）对要素国际流动和商品贸易之间的关系进行了研究，结果表明两者存在互补关系。Bhagwati 和 Dinopoulos（1998）从政治角度出发，将不为绕过关税壁垒而为化解贸易保护威胁所进行的投资定义为"补偿投资"（compensation investment）。

Mundell（1957）以包含两个国家、两种产品、两种生产要素的标准贸易模型为基础，研究贸易与投资之间的替代关系。他分别以抑制投资对贸易的刺激作用，和抑制贸易对投资的作用这两种极端情况，来考察国际贸易与国际直接投资之间的互相替代关系。Mundell（1957）假设在贸易的过程中不存在壁垒，生产要素只能在国内流动，无法跨国流动。结果表明，具有不同资源禀赋的两个国家进行贸易，其结果会达到世界均衡，实现国际要素均价化。Kemp（1966）、Jones（1967）、Markusen（1983）、Javier（1998）、Antras 和 Caballero（2007）在 Mundell（1957）模型的基础上，放宽假设条件，证实在国际贸易的过程中，商品流动和要素流动存在互补性。

Markuson 和 Svensson（1985）通过考察贸易国之间的生产技术差异、关税、规模经济、垄断和要素市场扭曲等是否会导致对外直接投资，以及对外直接投资与商品贸易之间所存在的互补性，进一步印证了两者的关系。Aizenman 和 Novy（2009）则从政治经济学视角出发，提出国际贸易开放会提高金融抑制的成本，而在高成本压力下，一国最终会实施金融开放，因而进出口贸易的发展最终会促进资本的国际流动。

在实证研究上，Weiss 和 Lipsey（1981）研究了美国跨国子公司销售额对出口的影响。研究发现，美国投资和出口贸易的互补关系在不同的国家和不同行业均成立。Klein 和 Goldberg（1998）通过考察拉美以及东南亚进出口贸易和美国、日本对拉美以及东南亚国家的直接投资之间的关系，发现双边贸易和资本流动也呈现出互补关系。

在国内研究中，龚艳萍（2005）通过对中国国际贸易和 FDI 进行研究，发现国际直接投资和国际贸易存在显著的正相关性。戴志敏和罗希晨（2006）利用格兰杰检验进行研究后，发现 FDI 与我国国际贸易存在互补效应。胡再勇（2006）发现，

FDI 对我国出口贸易会产生较强的促进效应。

二、国际直接投资的贸易替代论与促进论

(一) 理论的提出与发展

Mundell (1975) 以包含两国家、两要素、两商品的标准贸易模型为基础,对国家 A 和国家 B 进行分析。假设两国分别生产棉花和钢。相对国家 B,国家 A 劳动力丰裕,但资金缺乏;国家 B 情况相反。相比钢,棉花属于劳动密集型产品。两国生产条件和要素禀赋相互影响,且呈现出互补关系 (Kenz,2015;Paul et al.,2017)。当两国要素不流动且无贸易壁垒时,两国要素价格会处于均衡状态,国家 A 出口棉花来交换国家 B 的钢。如果假设存在消除跨国资本流动障碍的外部因素,资本发生跨国流动,那么两国资本的边际收益应该是相同的 (邹德玲,2004)。假设国家 A 对钢征收高额关税,国家 A 钢的价格会提高,高资本收益率会吸引大量资本从棉花流向钢。

当两国存在关税产业壁垒等障碍时,资本要素价格则会不同,两国的资本回报率也会不同。由于资本的"逐利性"特征,一国的资本势必会向回报率高的国家流动,资本流入国生产规模扩大 (Manuel,1995)。Mundell (1957) 认为,当不存在贸易壁垒时,国际贸易会被跨国投资取代,二者为替代关系。Mundell (1957) 提出的"替代论"要成立,必须满足一系列假设条件 (Feenstra,2013)。Mundell (1957) 将国际贸易和国际投资看作两种独立的行为,以此为基础进行相关研究,指出目前国际直接投资和国际贸易有共同的载体即跨国公司,因此应该将二者结合进行分析。目前,跨国公司蓬勃发展,继续使用 Mundell 的理论分析可能不是很准确,但不可否认,Mundell 确实在该领域开辟了先河 (Feenstra,2013)。

Kojima (1978) 在比较优势理论的基础上,提出了两国贸易前先进行投资的观点,指出比较优势理论适合用来研究投资问题 (Ruckley,2000)。目前的国际化分工现象属于贸易前的投资机制 (Terutomo,2000)。贸易前的投资为"进口—国内加工生产—出口—海外直接投资—进口"完整循环的补充,贸易和投资在整个循环中表现出相互促进的关系 (Rodrik,2000)。Kojima (1978) 所提出的边际产业扩张理论认为,对劣势产业进行直接投资是对自由贸易的补充,即一国应该根据比较成本的顺序对已处于或即将处于比较劣势的产业进行直接投资 (Manuel,2001)。

Kojima (1978) 以国际直接投资和贸易的关系为基础,提出了互补理论 (Salvatore,2004),然后对互补理论进行实证研究 (Dominick,2004)。他把国际直接投资分为日本型和美国型两种类型。二者的投资特点不同,导致直接投资和贸易的关系也不相同 (Maskus,2005)。美国型 FDI 是贸易阻碍型的,即 FDI 对国际贸易具有替代作用;而日本型 FDI 属于贸易促进型,即 FDI 对贸易具有互补作用,也就是日本型 FDI 可以促进国际贸易的发展 (Hymer,1995)。

Kojima (1978) 指出,Mundell (1957) 的研究中没有说明当国际资本流动达到新的资本均衡时,关税是否存在。他认为,Mundell 理论在证明贸易和资本流动之间的关系时,假设条件太多,二者并不是实际意义上的替代或者不相关关系

（Feenstra，2004）。Kojima（1978）认为，资本国际流动并非单纯的货币流动，其中包含着资本、技术、经营管理等技能转移。Kojima 假定国家 A 为投资国且资本丰裕，生产资本密集型商品 Y；国家 B 为受资国且劳动丰裕，生产劳动密集型商品 X。当两国技术差异较小时，A 国的先进生产技术转移到 B 国，投资国 A 和受资国 B 通过 X 和 Y 商品的生产、贸易和消费的互补，可以同时达到均衡，表明国际直接投资和国际贸易存在互补性（邹德玲 等，2004）。Kojima 以比较成本原则为基础，将国际贸易与对外直接投资相结合提出"边际产业扩张论"，被称为互补关系论（邹德玲 等，2004）。

（二）国际直接投资贸易效应理论的新发展

随着跨国公司的蓬勃发展，以国家为基本分析单位的传统理论已经无法满足国际直接投资的新发展。从 20 世纪 80 年代后期开始，国际直接投资与国际贸易理论都开始寻找微观基础，在此基础上，证实二者呈现出替代关系的同时，也存在着互补与促进的关系（Rugman，2007；McKinnon et al.，2012）。这种复合混杂的关系为贸易学家的研究提供了天然选题。

Markuson 和 Svensson（1994）利用要素比例模型进行研究，发现二者之间的关系取决于非贸易与贸易要素之间的关系，即合作性的还是非合作性的（Francisco，1999）。若为前者，则生产要素流动与国际贸易之间将呈现出相互促进的关系，若为后者，则生产要素流动与国际贸易之间将呈现出相互替代的特征（Edwards，1998）。Pfaffermayr（1994）、Jun 和 Singh（1996）则利用 Granger 因果关系模型，对东道国的 FDI 流入量与贸易量之间的关系进行了检验，发现二者之间的确存在着相关性。因此，国际贸易与 FDI 之间的确存在着某种联系。

虽然 Pfaffermayr（1994）、Jun 和 Singh（1996）等已经提供比较充分的证据，证实 FDI 与国际贸易之间存在着联系，但是对这种联系背后的理论逻辑仍然缺乏深刻的探讨。与上述学者不同，Neary（1999）利用 3×2 特定要素模型（specific factors model），研究发现上面的不确定关系，主要取决于模型中引入的变量和相关理论假设（Bond，1998）。针对 FDI 生产模式，Neary（1999）还提出：大多数 FDI 是水平型的，而不是垂直型的（Javier，2008）。经典的跨国公司直接投资文献表明，水平型 FDI 会随国际贸易自由化而不断减少（Lieshch，1999），暗示 FDI 与贸易应该是相互替代的（Carry，1999）。

然而，经典文献的上述推论受到了 20 世纪 90 年代国际经济呈现出的特征事实的挑战（Eris，2013）。在这个年代，全球贸易自由化不断深化，推动着全球贸易量的不断增长；科学技术飞速进步，推动着 FDI 的不断增加。国际贸易与 FDI 呈现出相互促进的特征（Islam，1995）。Lipsey 和 Weiss（2001）以美国为样本进行的研究，为这种相互促进的观点提供了证据。他们发现美国公司的 FDI 与国际贸易呈现出正相关的关系。显然，这种正相关的关系与替代论相矛盾。梁琦和施晓苏（2004）利用 1980—2001 年的中国数据，研究发现二者互补作用要超过替代作用。然而，这种互补和替代作用之间的强弱关系并非一直不变，因为也有证据表明二者的替代作用更强（如 Carry，1999；Neary，1999）。

综合 Markuson 和 Svensson（1994）、Lipsey 和 Weiss（2001）、梁琦和施晓苏（2004）等的研究，可以得出：贸易与资本流动的关系在不同国家表现不同。Francisco（1999）指出，其主要原因可能是：现实经济中往往存在着众多影响国际直接投资和国际贸易关系的因素，并且因国家或地区而异。归纳起来，可以分为两类：一是内在因素，如投资时间、动机和行业等；二是其他的外在因素（Scott，1998），如国家政策、人口特征等（Francisco，1999）。如果控制不同的内在因素，那么二者就会呈现出不同的替代或促进关系（Halit，2003）。

随着国际投资理论的不断发展，对于国际投资与贸易关系的研究也在不断地被完善和发展（David，2019）。任何一种理论的提出，其实都是某一个时代需求的反映。在 Mundell 时代，跨国公司中刚刚兴起开拓海外市场的潮流，其动机相对单一，即规避贸易壁垒。因此，在理论和现实上，都反映出贸易投资的相互替代特征（Frankel，2006）。20 世纪 70 年代末以后，逐渐兴起全球贸易自由化浪潮，前面的动机慢慢地发生着改变。跨国公司不断蓬勃发展，国际分工不断深化，不仅直接改变了跨国公司的传统经营理念如动机和发展战略等，而且改变了东道国国内特征（Jarolim，2000）。最终，使得二者更多地体现出相互促进和补充的关系（Jarolim，2000），迫切需要开展新的研究。

Kojima（1978）以日本企业样本为研究对象，观察发现其跨国直接投资与国际贸易彼此相互促进（符大海，2013）。Kojima 将国际贸易与国际直接投资放在同一框架内（Singh，1996），还对 Mundell 的研究工作做了重要补充（John，1994）。Markusen（1983）、Antràs 和 Caballero（2007）同样通过放宽 Mundel（1957）模型的假设，证明了商品贸易流动和要素流动间存在互补关系。Aizenman 和 Novy（2009）则从政治经济学的视角，研究发现一个国家或地区的贸易开放会增加金融抑制成本，致使其金融开放。因此，贸易扩大与资本国际流动之间存在互补的关系。

在实证上，20 世纪末，计量模型在经济学家的实证研究中被广泛应用。一些国际经济学家尝试利用其来量化国际贸易与 FDI 规模的替代或互补程度（Caves，1992），以准确厘清二者在数量上的关系（Weiss，2001）。然而，正如 Alena（2000）在研究中指出的，二者之间的关系往往不容易观测。例如 FDI 对贸易的影响，不仅有量上的效应，还会有质上的作用（Qodelier，1992）。虽然前者可能被一些计量模型测量（Zemplinero，2000），但是后者（包括对东道国贸易结构、国际竞争力等的影响）只有通过长期观察才能得到（Romain，2008）。甚至，即使后者被观察到，也很难准确判断 FDI 的重要作用（Wacziarg，2008）。因此合理而严谨的理论分析方法，应该被鼓励用来破解 FDI 对国际贸易在质上的影响。

第四节　垂直型和水平型跨国投资理论

一、垂直型跨国投资理论

垂直型对外直接投资是指在生产的不同阶段，一国投资者为了实行专业化生产通过在另一国设厂或者建立企业将生产资本直接输出进行投资活动，与出口主要体现为互补关系。

垂直型跨国公司根据其业务内容可以分为两类。一类是母公司和子公司在不同的行业中生产和管理彼此相关的产品。这些公司属于跨行业公司，主要涉及原材料和初级产品的生产加工（Braconier，2008）。另一类是生产和经营同一行业内不同加工程度或加工阶段的产品，主要涉及汽车、电子等专业化程度较高的行业（Stiglitz，2009）。

Helpman（1984）发现，假设不存在贸易成本，在两要素垄断竞争的框架下，跨国公司会根据自身的比较优势在不同国家建立工厂。由于国家间存在要素价格差异，它们在建立工厂时，会将总部设立在一个国家，并在另一个国家组织生产（Simmons，2000；Ramamurti，2012）。它们拥有跨国分配生产设备的能力，此能力有助于缩小这些要素的价格差异，并进一步扩大要素价格均等化的范围（Song et al.，2011；Wang et al.，2017）。

我们假设部门1生产同质商品，而部门2生产差异商品，后者具有CES效用函数。不同的差异商品在其固定成本中需要 α 单位的熟练劳动 H，在其可变成本中需要 β 单位非熟练劳动 L。将不同差异品种的产出记为 y_{2i}，则生产成本记为

$$C_{2i}(w,\ q,\ y_i) = q\alpha + w\beta\, y_{2i} \tag{4-7}$$

其中，q 和 w 分别为熟练和非熟练劳动的工资。在CES效用函数下，有唯一的零利润产出：

$$y_{2i} = \bar{y} \tag{4-8}$$

那么，此时自由进入的条件也决定了部门2中的商品品种数量 N_2。因此，生产每个商品所需的熟练劳动记为 α，所需的非熟练劳动记为 βy。如果假设国家间的技术水平是相同的，那么，此时要素价格均等化（factor price equalization，FPE）成立。部门1生产同质商品，生产1单位的产出所需要的非熟练和熟练劳动，分别表示为 $\alpha_1 L$ 和 $\alpha_1 H$。在部门2中，生产差异化产品的投入需求记为 $\alpha_2 L = \beta y$ 和 $\alpha_2 H = \alpha$。接下来，我们可以用：

$$A = \begin{pmatrix} a_{1L} & a_{2L} \\ a_{1H} & a_{2H} \end{pmatrix} \tag{4-9}$$

其中，式（4-9）是每个产业的劳动需求矩阵，后者对FPE下的每个国家都适用。令 $Y^j = (y_1^j,\ N_2^j)'$ 表示一个向量，第一个元素为本国部门1的产出，第二个元素为本国部门2生产的差异化产品种类数量。在各国资源充分利用的条件下，$A\, y^j = V^j$，其中 V^j 是国家 $j(j=1,\ 2)$ 的禀赋向量。假设同一国家差异产品的固定成本记为 α，可变成本记为 βy，那么，世界一体化均衡（integrative equilibrium）就能以与两要素H-O模型非常相似的方式来表达，用PPE集合如平行四边形 $O^1 Q\, O^2 Q'$ 所示（见图4-6）。在商品自由贸易的条件下，从该平行四边形中的任意赋点如 V^j 处开始，经济可以在 D^j 点进行消费，D^j 点在国家之间成比例。因此，消费 AD 所需要的要素，位于盒状图内部的对角线上。V^j 和 $A D^j$ 连线的斜率（的绝对值）为均衡的要素价格比率 w/q。同时，假设部门1生产同质产品，该产品为非熟练劳动密集型，故而可得：

$$a_{1L} / a_{1H} > a_{2L} / a_{2H} = \beta \bar{y} / \alpha \qquad (4-10)$$

因此，从禀赋和消费点可以很容易计算出每个产业存在的贸易均衡。生产中，国家 1 在部门 1 中使用了 O^1B 单位的劳动，并且在部门 2 中使用了 O^1B' 单位的劳动，总计使用了禀赋点 V^j 单位的劳动。同样的，消费过程中，国家 1 在部门 1 上使用 O^1C 单位的劳动，在部门 2 上使用 O^1C' 单位的劳动，总计使用了 AD^j 点单位的劳动。由此可得，国家 1 是商品 1 的进口者（$OB < OC$），并且也是差异化商品的净出口者（$OB' > OC'$）。此外，在差异化商品部门之间还存在产业内贸易。

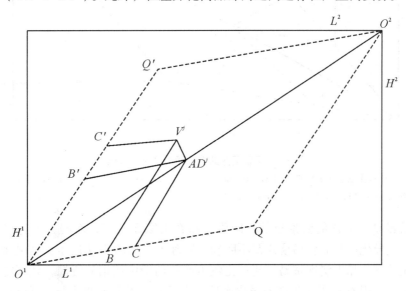

图 4-6　两要素垄断竞争框架下资本流动

资料来源：FEENSTRA R C. Advanced international trade：theory and evidence ［M］. Princeton：Princeton University Press，2013.

为了进一步理解 FPE，我们假设在图 4-6 中两国的禀赋 V^j 是给定的。V^j 点位于最初的 FPE 集之外。因此，在选择总部的区位时，部门 1 中的任何企业均会选择熟练劳动工资水平最低的国家。因为国家 1 的熟练劳动是充裕的，所以可以推断该国熟练劳动相对工资水平较低，并且来自任何一个国家的企业都期望在熟练劳动工资水平较低的国家设立总部。此过程将提高国家 1 对熟练劳动的需求，即需求会上升至一点，在该点处，全部禀赋 V^j 均能在国外相同的要素价格水平下得到使用。这就是使得 FPE 集合扩展的主要原因。

因为存在三种生产活动和两种要素。实际上，在生产过程中，国家间会存在许多种组合。这些组合遵循充分就业和 FPE 条件。Helpman（1984）重点关注导致最小贸易量的这些组合。在图 4-7 中，要素禀赋由 V^j 给定，国家 1 能使用 $O^1 C'$ 所示的资源来生产差异化产品，然后将该国剩余的熟练劳动力禀赋用于总部服务，记为 $C'V^j$，后者将与国家 2 的 $V^j V^m$ 非熟练劳动组合。国家 2 中有额外数量 $V^m Q'$ 的资源被用于生产各种差异化产品，剩余 $Q'O^2$ 的资源被部门 1 用于生产同质产品。通过将国家 1 用于总部服务的熟练劳动和国家 2 用于生产的非熟练劳动进行组合，从而达到要素价格均等化。

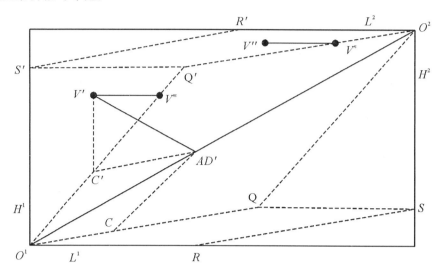

图 4-7 两要素垄断竞争框架下资本流动

资料来源：FEENSTRA R C. Advanced international trade: theory and evidence [M].
Princeton: Princeton University Press, 2013.

在区域 $O^1S'Q'$ 内的要素禀赋，同质产品在国家 2 生产，而国家 1 进口该种商品，对于差异化产品的贸易模式并不明确。实际上，如图 4-7 所示，结果将是：两个国家在差异产品上实现贸易均衡。比较生产和消费中使用的资源，就可得出此结论。国家 1 使用 O^1C 资源生产差异化产品。为了决定国家 1 的消费，可以从其赋点 V' 到其要素消费 AD' 引一条直线（直线的斜率记为 w/q）将 AD 点分解为部门 1 要素消费 O^1C 和部门 2 的要素消费 O^1C'，后者与国家 1 在生产差异化产品过程中所使用的要素数量相等。因此，该部门贸易平衡。并且，同样的结论对于国家 2 也是成立的：国家 2 在差异化商品上，达到产业内贸易平衡。

国家 1 进口无差异产品的同时，如何在差异化商品上实现贸易均衡呢？该国将从其跨国公司参与海外的生产中获益，具体为经常账户中的投资收入项。由于进口同质产品，国际 1 的贸易平衡赤字被其海外子公司的收入抵消，因此国家 1 可达到总体的经常账户平衡。从国家 2 获取的收益数量与其跨国公司在当地雇用的非熟练劳动是成比例的，用 $L^* = V'V^m$ 来度量。每个品种需要 β 单位非熟练劳动，那么，跨国公司在国家 2 生产的品种数量为

$$N^* = L^*/\beta\bar{y} \tag{4-11}$$

其中，由跨国公司通过雇用国家 1 的熟练劳动来提供总部服务的价值记为

$$\alpha N^* = \alpha L^*/\beta\bar{y} \tag{4-12}$$

这些服务是国家 1 的"无形出口"，用来抵消（或支付）同质商品的进口。

当转向 FPE 集中的其他区域时，贸易模式就会发生相应变化，例如考虑 $O^2RS'Q'$ 内的禀赋如 V''。总部设在国家 1 的跨国公司会再次使用国家 2 的一部分非熟练劳动，从而达到 FPE。在此情形下，跨国公司在国家 2 所雇用的非熟练劳动数

现代国际投资学

量为 VV''。向量 O^1V''' 是总部在国家 1 的公司所使用的资源，该资源不同于禀赋向量 O^1V''。

当不存在跨国公司时，资源的使用必须等于一国的禀赋。接下来，我们在区域 $O^2R'S'Q$ 内构建贸易模式。此区域内，国家 1 既可进口同质产品，又可出口同质产品，并且也可以出口差异化产品和总部服务。若抛开贸易模式的其他细节问题，从图 4-7 中可以发现，垂直型跨国公司会扩展 FPE 集合（Feenstra，2013）。Helpman（1984）通过对中间品贸易和工资的探讨，对此进行了深入分析。他指出，分割生产过程以及从另一国购买非熟练劳动中间投入品，均可以导致两国熟练劳动的相对需求及其工资上升（Feenstra，2013）。这个结论和之前讨论的跨国公司外包会导致 FPE 集扩大，国家间要素价格趋于均等的结论并不矛盾。

通过本国向外国转移"边界"活动，可以实现外包的增长：转移的生产活动的技术密集度要低于本国的任何其他活动，但高于国外的任何其他活动（Davies，2002）。因此，在两个国家对熟练劳动的相对需求均上升，相对工资水平也会上升（Hart-Landsberg，2013）。相反，在 Helpman（1984）模型中，差异化产品在生产过程中仅使用非熟练劳动，总部服务中仅使用熟练劳动。因此，该生产活动中的技术密集度将低于在任一国家内部生产同质产品的密集度（Swanson，2017）。跨国公司将生产活动从国家 1 转移到国家 2，转移过程提高了国家 1 对熟练劳动的相对需求，但却降低了国家 2 对熟练劳动的相对需求。同时，这个过程会提高国家 1 的熟练劳动相对工资水平，但会降低国家 2 的熟练劳动的相对工资水平，使相对工资向均等化水平移动，最终达到 FPE。要素密集度假设和我们用于描述 Helpman（1984）模型的假设不同。要素密集度的其他假设和关于固定成本和贸易壁垒的替代性假设，都可以被纳入 Helpman 模型。

二、水平型跨国投资理论

水平型跨国公司从事单一产品的生产经营活动，母公司和子公司几乎没有专业化分工，公司在内部转移其生产技术、销售技能和商标专利等无形资产的数额较大。

假设存在一些贸易壁垒，例如"冰山"（iceberg）的运输成本，假设每个工厂都会存在某些特定的固定成本。此固定成本在同一国家必须作为生产成本来承担。如果一个企业选择在多个国家进行生产，每个工厂向当地市场销售，我们就认为，水平 FDI 要求通过当地销售获益，这样节省的运输成本可以超过建厂的特定固定成本。Markusen 和 Keith（2002）在 Markusen（1984）基础上的研究已经达到顶峰（Cloodt，2006）。这些研究使用变动比例的非熟练劳动和熟练劳动，已经涵盖了全部范围的水平型和垂直型跨国公司。

三、估计知识资本模型

由于两国在规模和相关要素禀赋方面存在差异，Markusen（1997，2002）将水平型和垂直型结合，建立了水平型和垂直型跨国公司内生增加而产生的知识资本模型（knowledge capital modol，KCM）。该模型是跨国公司海外机构真实销售（true sale）的决定因素模型。这一知识资本模型在当地水平型和垂直型 FDI 研究中被学术界广泛应用（Cristina，2015）。

Markusen 和 Keith（2002）将垂直型和水平型跨国公司统一的框架结构称为知识资本模型。总部创造的知识会被多个国家的工厂同时利用；在企业内部，这些知识具有公共品特性，其对任何跨国公司都是不可或缺的。Carr 等（2001）估计了知识资本模型。Markusen 和 Maskus（2001）、Blonigen 等（2003）则采取假设性检验来区别水平型和垂直型跨国公司。对于水平型跨国公司而言，当地本土销售额是最重要的；对于垂直型跨国公司来说，出口销售额（主要是出口回母公司）是最重要的。

Markusen（1996，1997）建立了知识资本模型的理论分析框架；同时，为 KCM 在跨国公司经营和对外投资决策中的广泛应用提供了可实证检验的相关理论预测。KCM 将横向和纵向 FDI 的影响因素都纳入模型。横向是指跨国公司在多个国家投资和生产相同类型的产品和服务（孙玉红，2018）。纵向是指跨国公司将产品生产划分为不同的过程或部分（孙玉红，2018）。跨境生产的投资活动应该根据资源优势进行。KCM 的优点是模型中建立的基础是行业层面的，实证评价可以使用母国国家层面的数据（Carrtal，2001）。

KCM 主要包括以下假设：①两个国家，国家 A 和国家 B。②两种产品，技能型劳动密集型服务产品 S 和非技能型劳动密集型终端产品 G。③两种生产要素，熟练劳动力和非熟练劳动力。④生产具有可分性。基于知识的 HQ 服务生产，可以从最终产品的生产中被分离出来。HQ 是低成本的，并作为投入因素提供给多个最终产品供应商，而回报是按比例递增的。

基于以上假设，根据跨国公司的生产经营布局，可以将跨国公司分为三种类型，即横向跨国公司、垂直跨国公司和国产化跨国公司。横向跨国公司总部设在本国，在本国和其他国家设立工厂生产最终产品。垂直跨国公司将其总部服务设在技术劳动力相对丰富的国家，其最终产品在非技术劳动力相对丰富的国家生产。Carrtal（2001）首次通过美国跨国公司的海外生产对模型进行了检验，并取得成功。

Carretal（2001）用于实证检验的知识资本模型为：

$$RSALES_{ij}^t = \alpha_0 + \beta_1(GDP_i^t + GDP_j^t) + \beta_2(GDP_i^t - GDP_j^t)^2 + \beta_3(SK_i^t - SK_j^t) + \beta_4[(SK_i^t - SK_j^t) \times (GDP_i^t - GDP_j^t)] + \beta_5(IC_j^t) + \beta_6(TC_j^t) + \beta_7(TC_j^t) \times (SK_i^t - SK_j^t)^2 + \beta_8(TC_i^t) + \beta_9\ln(Dist_{ij}) + \varepsilon_{ij}^t \tag{4-13}$$

由于在现实中存在限制因素，Carretal（2001）用美国海外公司实际销售额代替生产活动规模。公司在海外的生产活动主要受到两个国家 GDP、贸易成本和国家间的距离等因素的影响。Carretal（2001）的实证结果表明如果东道国家为发展中国家，那么厂商的海外生产会随着母国双边贸易成本的增加而减少；相反，如果东道国为高收入国家，那么厂商的海外生产会随着母国双边贸易的增加而增加。在进行垂直直接投资（vertical foreign direct investment，VFDI）时，国际贸易和 FDI 互补。此时，当一个国家的国际贸易减少时，那么对应的 FDI 也会减少。当直接投资减少时，一国就会降低产量。企业会随着其他的高收入国家与美国市场规模、贸易成本的增加而实施水平直接投资（horizonatal foreign direct investment，HFDI），相应地生产也会进一步增加。因此，可以通过 KCM 来分析双边 FDI。

四、企业组织

上述的垂直型和水平型跨国公司模型，均会涉及企业是否在外国市场开设工厂。但是，这两个模型都未提出外国工厂是否必须被跨国公司内部化或者所有（Rennie，1993）。Caves（1982）认为，本土企业会选择拥有一家外国工厂，而非加入合资企业，或者与外国企业达成其他契约安排（contractual arrangements）。Perry（1989）指出，企业采用垂直一体化分工的生产模式，主要有四个原因：第一，技术外部性；第二，交易成本；第三，市场势力；第四，国家间企业的匹配，其可能是市场势力运用或者不完全信息导致的。接下来，将依次讨论每个原因。

（一）技术外部性

规模报酬递增是企业选择垂直一体化分工的一个重要原因：如果资源一定的两个企业联合，那么能够生产出更多产品。Perry（1989）以钢铁厂的一体化为例对此模式做了详细论证。如果在生产金属板时，该类企业对制成钢无须再加热，进而节约了资源，那么以原有的资源就可以生产出更多的产品。水平型跨国公司就具有这样的技术外部性：只需要在一个国家支付总部服务的固定成本，就可以在多个国家进行生产（Ray et al.，1998；Andrew，2009）。在框架中，可以推导出内生的所有权结构，其中企业可能在跨国公司内部实行垂直一体化分工，也可能外包给其他公司（Paola，2012）。假设这些总部服务仅仅在企业内部转移，故而可以排除企业间的其他合约关系（Douglas et al.，2013；Chaisse et al.，2015）。

（二）交易成本

Coase（1937）提出：企业存在的一般原因是企业在进行市场交易时存在交易成本。当这些成本过高时，企业为了降低交易成本，会将交易活动转移到企业内部进行（Williamson，1985）。Hymer（1986）将"资产专用性"和"敲竹杠问题"结合，假设 A 企业需要投入某种新品，要求 B 企业对该产品进行生产。然而，设计和测试费用对于 B 企业来说十分昂贵。如果 B 企业成功生产，并将产品出售给 A 企业，那么 B 企业得到的保障和支付能否弥补设计成本和生产成本都无法确定。如果在开始时，A 企业和 B 企业能够签订合约，双方明确研发和生产的投入成本，那么，这个问题就得以解决。然而，对于 A 企业和 B 企业而言，要在一开始就预见到这些成本是十分困难的（Jarolim，2000）。

在不完全契约的情形下，对 B 企业以外的购买者而言，B 企业生产的投入品具有不确定性，这种不确定性被称为资产专用性（Mehta，1999）。投入品对 A 企业的需求契合程度越高，对其他购买者的价值可能越低。B 企业拒绝向 A 企业出售该投入品，那么 B 企业具备的讨价还价能力是极其低下的。这个问题就是著名的"敲竹杠（hold-up）问题"（Klien，1978）。由于敲竹杠问题的存在，B 企业会提前考虑自身的生产风险，进而生产并不是特别适合 A 企业的投入品，那么当其和 A 企业的交易出现问题时，B 企业可以将该投入品出售给其他购买者（Yeyati，2003）。对于 A

企业而言，不完全契约的存在导致生产过程无效。如果效率极其低下，那么 A 企业很可能决定将生产转移到公司内部，即 A 企业对该投入品的生产采用垂直一体化分工的生产模式。此时，A 企业将成为更大的企业（Clint，2012）。

（三）市场势力

企业选择垂直一体化分工的另一个原因是抵消市场势力的影响（Gereff，1994）。Stigler（1975）以 19 世纪的煤炭卡特尔为例，提出通过开办煤矿钢铁公司来避免支付卡特尔组织的定价。Smith（1775）认为，随着市场的扩张，企业会趋于专业化而非一体化。钢铁公司的逆向一体化是由价格体系失灵引起的，而非市场规模引起的。供给者将市场势力和市场规模相结合，对生产活动产生巨大影响，钢铁企业则通过一体化生产，以部分抵消这种影响。

一些国家可能存在着商业集团（Baltagi，2008），例如韩国的财阀（Baltagi，2008）。由于资本市场不完全，企业会成立商业集团，向成员企业提供服务（Sohn，2016）。这部分商业集团的出现，通常是由于资本市场不完全，通过成立这些集团来向其成员企业提供服务。Feenstra 等（2003）以中国台湾和韩国的商业集团为例，分析发现，商业集团内部以边际成本投入生产，然而企业在对外部销售时，会选择最优的高额加成。商业集团可以自由进入市场不受任何限制。这就意味着，在商业集团结构中会存在着多重均衡：一个经济体中存在的大商业集团可能较少，它们可以以高价向其他集团销售投入品；或者一个经济体中可能存在很多规模较小的商业集团，它们会以较低的价格销售中间投入品。所以，在判断一个国家（或地区）发生何种均衡时，必须同时考虑国家内部商业集团的存在情况。

（四）国家间企业的匹配

两个生产者必须相互配合组建合资企业（Hopkins，1977）。这部分生产者可以位于同一个国家内部（例如封闭均衡的状态），也可以来自不同的国家（合资企业达到贸易均衡）（Hopkins，1977）。重点来看封闭均衡时的情形。两个国家的生产者获得的产出数量取决于两国生产者之间的互补性（Enrique et al.，2009；Filippodi et al.，2014）。生产者之间相距越远，获得的产出越高。

假设在合资企业中，生产者可以在两个国家雇用劳动力。若外国工资水平较低，企业会选择在当地建立合资企业（Porter，1985）。这个过程使劳动力的需求从劳动力稀缺的本国市场向劳动力丰裕的外国市场转移，同时会减小两国工资水平的差距（胡强，1992）。在之前单一部门的模型中，可以通过资本流动，实现本国和外国工资的完全均等化（Terence，1996）。国家间租金率均等化和国家间技术水平均等化，意味着国家间的工资水平也是相当的（Terence，1996）。"配对模型"的目标是，查清楚在寻找合作者的过程中，是否存在信息不对称导致的摩擦。

在生产过程中往往包含着信息摩擦，其不局限在单一部门、两种要素的假设中，同样可以应用于两个部门的 H-O 模型。在 H-O 模型中所讨论的"要素价格不敏感性"问题主要取决于一个国家是否能够自由出口密集使用生产要素相对充裕生产的商品（Geneva，2013）。在国际贸易中，如果配对的买卖双方合作中存在信息摩擦，那么，要素价格不敏感性问题将不再成立。例如，劳动力增加使得劳动密集型商品出口增加，但是，如果很难找到适合的买方市场，那么，这些产品的贸易条件会恶化，并且工资水平会下降。

Rauch（1999）认为，不论是价格不公开的差异化产品，还是具有"参考价格"的中间产品，贸易流量的显著性主要取决于存在贸易公开价格的同质产品。这一结论支持了如下观点：评估差异化商品存在的信息问题使其比评估同质商品更为困难（Marcel，2015）。从某种程度上说，拥有相同文化背景的交易者可以克服这一困难。香港利丰集团（Hong Kong Li & Fung）[①] 的做法包括将作为产品买方的企业或者消费者，同中国或亚洲地区的最适合的产品生产者进行配对（Gereff，2018）。对于这个过程中所涉及的买方和卖方来说，以上行为的价值将取决于如下几个方面的因素：是同质的商品还是差异化的商品，商品的价格和质量的不确定性，交易市场的"厚度"，以及购买者的收入。以香港为渠道，再出口的商品在定价加成方面是显著的（James，2018），进而说明了在国际贸易中信息配对的重要性。

第五节　新新贸易理论框架下的国际直接投资理论

一、理论起源

进入 21 世纪，Melitz（2003）在垄断竞争动态产业均衡模型的基础上，建立了一套全新的贸易模型，首次将企业异质性概念引入理论框架，极大地推动了 Krugman 等学者所创建的新贸易模型。Antràs（2003）、Antràs 和 Helpman（2004）基于企业异质性假说，构建了企业内生边界模型（enterprise endogenous boundary model），利用不完全契约理论来解释国际贸易的发生，开辟了一个全新的研究领域。Baldwin 和 Nicoud（2004）、Baldwin（2005）为了将新的研究和以往的研究区别开来，突出最新研究对企业异质性和内生边界模型的贡献，将异质性企业贸易模型和企业内生边界模型的研究成果统称为"新新贸易理论"（new-new trade theory）。新新贸易理论以产品差异化和垄断竞争模型为基础，从微观角度解释了产业内贸易现象。

二、异质性企业的 FDI 决策模型

Antràs（2003）在不完全竞争和产品差异化标准模型中加入不完全契约和产权，进一步分析了跨国公司边界和国际生产区位问题，对企业内贸易模式做出预测。不同的生产企业会选择不同的贸易模式，生产资本密集型产品的企业更倾向于企业内贸易，实施垂直一体化分工的生产模式；生产劳动密集型产品的企业更倾向于企业间贸易，采取外包模式（Mclaren，2000）。根据 Antràs（2003）的研究，可以发现在产业数据中，出口产业的资本密集度越高，那么，在美国总进口中，产业内进口

105

---

① 香港利丰集团创立于 1906 年，是香港历史最悠久的出口贸易商号之一，是当时中国家华资的对外贸易出口商。截至 2012 年，集团旗下有利亚（零售）有限公司、利和集团、利邦时装有限公司、利越时装有限公司、利丰贸易有限公司。http://www.guanfang123.com/website/lifengjituan.html。

占比就越高。例如，对于化工品这类资本密集型产品，美国更倾向于从产业内进口（intra-industry import）；而对于纺织品这类劳动密集型产品，美国则倾向于从他国进口。在国家数据中，资本劳动比率越高，产业内进口在国家总进口中所占比例越高。例如，瑞士属于资本充裕的国家，更倾向于企业内进口；而埃及属于资本贫乏的国家，则进口更倾向于外包的形式（Antràs，2003）。

Antràs 和 Helpman（2004）以 Melitz（2003）的异质性模型为基础，提出了一个南北国际贸易模型。虽然南方（发展中国家）的可变成本（工资成本）较低，但是南方的固定成本较高，因此企业会选择在北方开发差异化产品。企业组织形式的选择会受到企业异质性以及总部服务（它代表契约不完全程度）密集程度的影响。例如，在零部件密集型企业中总部服务的密集程度较低，企业会选择外包，而非垂直一体化分工的生产模式（Helpman et al.，2005）。生产率最高的企业会选择在南方外包生产，生产率次之的企业在北方外包生产，生产率最低的企业则会退出市场。在契约不完全程度较高的产业部门，生产率最高的企业会选择在南方进行垂直一体化生产，生产率次高的企业会选择在南方外包生产，生产率再次之的企业会选择在北方垂直一体化生产，生产率更低的企业会选择在北方外包生产，生产率最低的企业则会退出市场。

Antràs（2005）利用动态李嘉图一般均衡模型来分析南北国际贸易①。契约不完全会导致产品生命周期的出现。南方存在契约不完全（Feenstra et al.，2005），并且南方的产品成熟，因此高科技投入就会减少（Giancarlo et al.，2005；Gourinchas et al.，2013）。产品最初在北方进行生产。由于南方的工资较低，随着经济的发展低技术的部件会转移到南方进行生产。最初这种产品转移主要通过 FDI 在企业内部进行，后来发展为南方外包。根据 Antràs（2005）的研究，南方国家的契约不完全导致达到均衡时南方的工资比北方的工资低。

Antràs（2003）依据产权理论，指出：外包和通过 FDI 一体化都是企业的内生组织决策，高生产率企业从南方获取中间品而低生产率企业从北方获取中间品；高生产率企业选择一体化，而低生产率企业选择外包，其中生产率相对较高的企业选择国际外包而相对较低的企业选择国内外包。生产商无法在已经产生沉没成本后拒绝交易。在 Grossman 和 Hart（1986）的研究中，所有权被定义为对某些资产的剩余控制权。如果解雇制造厂经理没有成本，那么生产后就没有可以讨价还价的剩余。假设解雇制造厂经理会导致一个负的生产效率冲击，那么解雇制造厂经理会对最终产品产量造成损失。在这一假设前提下，即使两国进行垂直一体化生产，两国创造的盈余仍然为正。

为了说明这一点，考虑这样一个案例：在产品开发方面，北方的生产力优势有限，并且由于存在高昂的运输成本或通信成本等限制因素，不能跨国界分散生产过程。在这种情况下，整个生产过程将从北方转移到南方。

参考 Antràs（2003）的研究，Antràs 和 Helpman（2004）假设研究中心有两种

---

① 南北国际贸易中南北两国差异见表4-3。

可能的组织模式：ⓐ北方的独立工厂制造；ⓑ南方的独立工厂制造。而垂直一体化却带来了另外两种选择：ⓐ在北方的垂直一体化工厂制造；ⓑ在南方的垂直一体化工厂制造。在交易过程中，会涉及一个国家的两个公司（此处由于公司所有权并不重要，则不考虑所有权问题）。

南北国际贸易中南北两国差异见表4-3。

表4-3 南北国际贸易中南北两国差异

	南国	北国
工资	W^S	W^N（W^S）
产品多样性	不能生产	可以生产
可投入生产要素	m	m, h
进入市场的固定成本	$f_E W^S$	$f_E W^N$

资料来源：ANTRÀS P. Incomplete contracts and the product cycle［J］. The American economic review, 2005, 95（4）：1054-1073.

消费者偏好表示如下：

$$U = x_0 + \frac{1}{\mu} \sum_{i=1}^{J} X_j^{\mu}, \ 0 < \mu < 1 \tag{4-14}$$

$$X_j = \left[\int x_j(i)^{\partial} \, di \right]^{\frac{1}{\alpha}}, \ 0 < \alpha < 1 \tag{4-15}$$

$$p_j(i) = X_j^{\mu-\alpha} x_j(i)^{\alpha-1} \tag{4-16}$$

其中，X_0 为对同类产品的消费量，X_j 为部门 j 的总消费指数，μ 为参数。而产出的柯布-道格拉斯函数可以表示为：

$$x_j(i) = \theta \left[\frac{h_j(i)}{\eta_j} \right]^{\eta_j} \left[\frac{m_j(i)}{1-\eta_j} \right]^{1-\eta_j}, \ 0 < \eta_j < 1 \tag{4-17}$$

其中，h，m 为生产要素，η 为部门生产弹性参数，θ 为公司生产率参数。在生产过程中，存在两个代理商：最终产品制造商 H，负责提供总部服务，且只在北国存在；中间品供应商 M，负责提供中间投入品，在南北国均存在。两国固定组织成本为 W^N f_K^f。所有权结构分为一体化和外包 $K \in \{V, O\}$，中间品 M 生产的选址在南国和北国 $I \in \{N, S\}$，且 $f_V^S > f_O^S > f_V^N > f_O^N$。不考虑所有权结构时，把 M 设在南国的固定组成成本高于北国，给的 M 的地点，外包生产的固定组织成本大于一体化。

利润函数表示为

$$\beta_V^N = (\delta^N)^{\alpha} + \beta[1 - (\delta^N)^{\alpha}] \geqslant \beta_V^S = (\delta^S)^{\alpha} + \beta[1 - (\delta^S)^{\alpha}] > \beta_O^N = \beta_O^S = \beta$$

$$\tag{4-18}$$

这就意味着制造商 H 在一体化下的利润大于外包，且在北方的利润大于南方，即 δ^N 大于等于 δ^S。

三、实证结果

考虑到低工资国家的工业会出现滞后现象，Antràs（2014）的模型预测：在最初阶段，南方工厂中来自富裕国家的外国直接投资是构成该工厂的重要组成部分。最终，富裕国家的生产商将获得南方市场的大部分份额。上述预测结果与韩国电子工业从 20 世纪 60 年代初到 80 年代末的演变是一致的（Antràs，2014）。

在 20 世纪 60 年代早期，韩国的电子公司主要为国内市场生产低质量的消费电子产品。20 世纪 60 年代末，美国建立了几家大型装配厂，电子行业开始腾飞，几乎所有的装配厂都是独资的。20 世纪 70 年代初，日本对韩国电子工业进行了大量投资（Antràs，2014）。这些外国子公司倾向于使用进口部件用于专门组装出口的部件。在初期阶段，外国子公司负责 71% 的电子产品出口，其中集成电路和晶体管的出口比例达到 97%，存储平面和磁头的出口比例为 100%（Antràs，2014）。在 20 世纪 70 年代和 80 年代，韩国国内公司逐步获得更大的市场份额，但国内电子公司的发展同时扩大了外国公司的技术许可范围。事实上，直到 1988 年，韩国电子产品出口的百分比记录为原始设备制造商（original equipment manufacturer，OEM）交易的一部分（McLare，1990），计算机终端和电信设备的出口比例接近 100%。韩国的巨头，如 Samsung 和 Glodstar，甚至到 1985 年年末都严重依赖外国许可证和 OEM 协议。

Mansfield 和 Romeo（1980）通过对美国涉及各个行业 65 项技术转移的公司的研究发现，平均而言，美国和中国的人均收入都低于总部设的公司，并且这些公司倾向于在其引进美国后的六年内，将技术内部转移给其子公司。相反，通过许可证或合资企业转让的技术，平均滞后 13 年。类似地，在调查了 30 家美国跨国公司的研发主管后，Mansfield 等于 1979 年得出结论，对于年轻的技术（少于 5 年），内部技术转移倾向于授权，而对于更成熟的技术（5~10 年），许可证成了在生产的交叉领域更有吸引力的选择（Girma，2005）。

Davidson 和 McFetridge（1984，1985）对 1 376 个接受国的劳动力成本样本进行长期研究。上述预测与 Davidson 和 McFetridge 对高科技产品的研究发现是一致的（Mora，2000）。在 1 376 个转移的样本中，他们发现在 1945 年之前转移的跨国企业将在 1975 年获得更高的人均国民生产总值（Theodore，2000）。

这个模型的另一个暗示涉及标准化的速度（Theodore，2000）。Wilson（1977）以 350 家美国公司为分析对象，研究证实，如果假设允许交易，那么交易许可也更具吸引力，并且生产涉及的跨国转移并不复杂。无论何时跨国公司承担的研发费用在模型中都是正常流动的（Wagner，2006）。Kogut（1993）研究了跨国公司对东道国企业产品的生产技术的影响。如果一项技术很难被内部化（internalization），那么此项技术就会更具可编码性、可传授性，而且复杂程度也会被降低（Antràs，2005）。Davidson 和 McFetridge（1985）使用包含接受技术转移的国家特征的 1 376个数据样本，研究发现接受国的人均 GDP 越高，内部化的概率就越低，表明内部化的概率会随着接受国劳动成本的升高而降低。

McFetridge（1985）以韩国电子工业为研究对象，指出：有一些证据表明，以内生产品周期（endogenous product cycle）为特征的"北方"企业，没有将其领先技术许可给其东道国韩国的企业或组织。例如，1986 年 Hitichi 授权给 Glodstar 生产 1

兆字节动态的技术访问内存芯片的技术，同时转而使用 4 兆字节的 DRAM 芯片（Guillén et al.，2010）。这意味着 Phillips 授权 CD 播放器的生产具有典型的韩国特性（Gustavo Adler，2007），这个特性可以用于解释一般均衡分析中所涉及的生产者问题（Oliver，1996）。

相比之前的多元理论，不同国家的公司、不同公司边界的划定，不是基于技术考虑，例如 Antràs（2003）提出的规模经济或运输费用解释了当交易成本最小化时，一个有组织的产权多元模型国家要求某些商品在公司范围内比在正常范围内可以更有效地交易，跨国公司就出现了均衡。相对于一个只有公平交易的世界，外国直接投资可能有助于减轻全球生产的合同摩擦，从而将某些生产阶段转移到低工资国家（Dalia，2007）。

四、对中国企业"走出去"的重要启示

随着"一带一路"倡议的实施，走出去投身全球化经济，不仅是世界关注的热点问题，同时也是中国企业关注的焦点（Elhanan，2004）。中国企业的生产经营活动、进出口、企业技术创新等异质性因素，对于中国企业走出去进行国际直接投资所产生的影响较大（Elhanan，2004）。如果一个企业经营情况良好，具备丰富的出口经验、丰富的创新经验和较强的创新能力，那么该企业进行对外直接投资的可能性就较大。在当前投资环境下，企业拥有非常丰富的融资途径，因此公司的上市情况对于企业走出去实施对外直接投资的影响并不显著（李坤望，2009）。

当前，中国地区间具有典型的不均衡性特征（Ferrero，2010；Aisbett et al.，2018）。在东部地区，进行对外直接投资的企业通常具备更高的生产效率，经营状况较为良好，企业自身特质相关性较强；但是西部地区，企业想要走出去进行对外直接投资，对国家政策和政府支持的依赖性更强（余画洋，2009；Joseph et al.，2014；Jun-HyungKo et al.，2015）。东部地区投资带有发达国家的投资特色，中西部企业在走出去的过程中更多的是带有中国特色（Ekholm，2007）。传统制造业企业所具备的经营规模和以往的出口经验对企业走出去的影响较大；批发和零售业企业则受企业生产率水平的影响更大（Karolina，2007）。

在"一带一路"倡议下，企业对外直接投资受到企业异质性的影响程度较大（Loren，2012；Falvey，2013）。因此，企业要结合经营状况、创新能力以及出口情况，制定更加适合自身发展的出口策略（Melitz，2016）。政府应根据不同的行业制定不同的引导措施，因地制宜，结合企业异质性出台企业走出去的实施措施（Duanmu，2016），合理引导企业进行对外直接投资。

管理者在决策时，要考虑企业所处的区位来制定相应的政策。对于处在东部地区的企业，可以通过提高市场化程度来促进企业直接对外投资（Yeaple，2017）。针对中西部地区企业，通过对国有企业和重点大中型企业加强领导，来增加对外投资总规模（李荣林，2018）。

本章小结

本章回顾了经典的对外直接投资模型。早期 Mundell（1957）和 MacDougall（1960）对资本的跨国流动进行了研究。在不涉及资本国际流动的情况下，FDI 可以给企业带来所有权和区位的变动。Helpman（1984）和 Markusen（1984）对垂直型和水平型跨国投资决策进行了研究，指出：母公司对总部服务已经进行的投资提供了可向子公司进行转移的资产。Helpman 和 Markusen 关于"资产为企业内部所控制"的这一假设与现实情况未必一致：大量的国际贸易，往往发生在那些没有隶属关系的企业之间。这对企业内和企业间交易的解释提出了实证和理论上的挑战。在理论上，只有当企业间的交易成本高于预期时，交易才只会在企业内部进行。这也是理解企业组织交易成本的关键。

Kojimaj 在 H-O 理论的基础上，引入宏观经济因素进行对外直接投资分析。Kojima（1978）在比较成本的基础上，提出贸易与投资相互促进的观点。国际直接投资并非单纯的资本流动，在流动的过程中还包括资本、技术、经营管理经验的转移。Helpman（1984）证明了在无贸易成本的垄断竞争的两要素结构下，跨国公司会依据自身的比较优势在不同国家建立工厂，进一步衍生出垂直型跨国公司贸易理论模型。Markusen（1997，2002）依据两国在规模和相关要素禀赋方面的差异，将水平型和垂直型投资动机相结合，建立了二者内生增加进而产生的知识资本模型。

当前，国际直接投资快速发展，传统 FDI 理论已经无法很好地解释跨国公司在国际直接投资领域出现的新现象和新趋势。新新贸易理论框架下的国际直接投资理论，从微观企业的视角出发，对跨国公司国际投资战略和行为提供全新的理论和实证研究。Antràs（2003）、Antràst 和 Helpman（2004）提出的企业内生边界模型，利用不完全契约理论来解释国际贸易的发生，为国际直接投资开辟了一个全新的研究领域。

新新贸易理论中的异质性企业 FDI 决策模型对中国企业走出去有着重要启示。我国政府应该提高对外开放水平，引导中国企业积极参与国际竞争，从而提升企业的生产率水平。同时我国也要避免贸易过度自由化带来的垄断使市场效率降低，这不利于处于成长期的企业发展和产业结构优化。因此在发展自由贸易的同时也要防止拉大地区差异，应根据我国经济发展情况，酌情采用相应政策。

本章习题

名词解释

1. 垂直型跨国投资理论
2. 水平型跨国投资理论
3. 跨国公司理论

4. 国际贸易

5. 估计知识资本模型

简答题

1. 请简述两部门资本流动，并画图分析。

2. 请简述国际贸易与经济增长的关系。

3. 简述对外直接投资产生的贸易效应。

4. 简述知识资本模型。

5. 举例水平型跨国公司和垂直型跨国公司，并简述其组织形式。

6. 简述企业垂直一体化的原因。

7. 简述国际直接投资贸易效应理论的新发展。

8. 简述国际直接投资中贸易的替代论与促进论。

9. 简述国际直接投资与国际间接投资的区别。

10. 简要分析资本国际流动的经济动机。

本章参考文献

陈福中，陈诚，2013. 贸易开放水平、区位差异与中国经济增长：基于 1994—2011 年中国省级数据的实证考察 [J]. 国际贸易问题（10）：82-93.

林发勤，冯帆，符大海，2018. 国际贸易与经济增长一定是线性关系吗：基于中国省级面板数据的因果效应再估计 [J]. 国际贸易问题（8）：11-23.

马章良，2012. 中国进出口贸易对经济增长方式转变的影响分析 [J]. 国际贸易问题（4）：30-38.

宋文兵，1999. 中国的资本外逃问题研究：1987—1997 [J]. 经济研究（5）：39-48.

吴小节，谭晓霞，汪秀琼，等，2019. 新兴市场跨国公司国际扩张. 知识框架与研究综述 [J]. 南开管理评论（6）：99-113，199.

邢毓静，2001. 对中国资本外逃规模测算的比较和评论 [J]. 世界经济（2）：75-80.

许和连，亓朋，祝树金，2006. 贸易开放度、人力资本与全要素生产率：基于中国省际面板数据的经验分析 [J]. 世界经济（12）：3-10.

杨丹萍，张冀，2011. 经济开放度对经济增长的影响分析：基于浙江省 1992—2009 年数据的实证检验 [J]. 国际贸易问题（6）.

张兵兵，2013. 进出口贸易与经济增长的协动性关系研究：基于 1952—2011 年中国数据的经验分析 [J]. 国际贸易问题（4）：51-61.

张矢的，阎娟，王晓雯，2009. 赫克歇尔-俄林定理在中国的实证检验：基于产业要素密集度的时序横截面模型分析 [J]. 管理评论（21）：90-97.

张小宇，刘永富，2019. 70 年中国对外贸易与经济增长的动态关系研究 [J].

世界经济研究 (10)：124-134.

AHMED S, ZLATE A C, 2014. Capital flows to emerging market economies：A brave new world? [J]. Journal of international money and finance, 48 (B)：221-248.

ANDREA M, 1998. Comparative advantage in international trade：A historical perspective [M]. Edward Elgar Publishing Limited.

ANDREA F, 2010. A structural decomposition of the U. S. trade balance：Productivity [J]. Demographics and fiscal policy. journal of monetary economics, 57 (4)：478-490.

ANTRÀS P, 2003. Firms, contracts, and trade structure [J]. The quarterly journal of economics, 118 (4)：1375-1418.

ANTRÀS P, 2005. Incomplete contracts and the product cycle [J]. American economic review, 95 (4)：1054-1073.

BALCILAR M, DEMIRER R, GUPTA R, et al., 2017. The impact of US policy uncertainty on the monetary effectiveness in the Euroarea [J]. Journal of policy modeling, 39 (6)：1052-1064.

BARRELL R, PAIN N, 1998. Trade restraints and Japanese direct investment flows [J]. European economic review, 43 (1)：29-45.

BENMAMOUN M, LEHNERT K, KIM S H, 2016. The spillover effect of international trade and investment flows：Spotlight on Arab unrest [J]. The journal of developing areas, 50 (2)：59-76.

BETH A S, 2000. International law and state behavior：Commitment and compliance in international monetary affairs [J]. American political science review, 94 (4)：819-835.

BRANSON W H, 1968. Financial capital flows in the U. S. balance of payment [M]. New York：Elsevier Science Publishing Co.

BRODA C M, GREENFIELD J, WEINSTEIN D E, 2017. From groundnuts to globalization：A structural estimate of trade and growth [J]. Research in economics, 71 (4)：759-783.

BUSSE M, HEFEKER C, 2006. Political risk, institutions and foreign direct investment [J]. European journal of political economy.

BÜTHE T, HELEN V M, 2011. The politics of foreign direct investment into developing countries：Increasing FDI through international trade agreements? [J]. American journal of political science, 52 (4)：741-762.

BYRNE J P, FIESS N, 2016. International capital flows to emerging markets national and global determinants [J]. Journal of international money and finance, 61 (5)：82-100.

CARR D L, MARKUSEN J R, MASKUS K E, 2001. Estimating the knowledge-capital model of the multinational enterprise [J]. The American economic review, 9 (3)：

现
代
国
际
投
资
学

693-708.

CORDEN W M, 2007. Those current account imbalances: A sceptical view [J]. World economy, 30 (3): 363-382.

CUERVO-CAZURRA A, 2012. A extending theory by analyzing developing country multinational companies: Solving the goldilocks debate global strategy journal [J]. Journal of international money and finance, 2 (3): 153-167.

DENG P, 2012. The Internationalization of Chinese firms: A critical review and future research [J]. International journal of management reviews, 14 (4): 408-427.

DENG P, 2013. Chinese outward direct investment research: The oretical integration and recommendations [J]. Management & organization review, 9 (3): 513-539.

DONALD R D, WEINSTEIN D E, 2001. An account of global factor trade [J]. The american economic review, 1423-1453.

ELHANAN H, 1984. A simple theory of trade with multinational corporations [J]. Journal of political economy (92): 451- 471.

EMMA A, MATTHIAS B, KAMP P N, 2018. Bilateral investment treaties as deterrents of host-country discretion: The impact of investor-state disputes on foreign direct investment in developing countries [J]. Review of world economics, 54 (1): 119-155.

ENDER D, OGUZ E, 2018. The impact of economic policy uncertainty on stock returns of Turkish tourism companies [J]. Current issues in tourism, 21 (8): 1-9.

ENRIQUE G, QUADRINI M V, JOSE'-VI'CTORRI'OS-RULL, 2009. Financial integration, financial development, and global imbalances [J]. Journal of political economy, 117 (3): 371-416.

ERIC N, LAURA S, 2005. Do bilateral investment treaties increase foreign direct investment to developing countries? [J]. World development, 3 (10): 1567-1585.

FRATZSCHER M, 2012. Capital flows, push versus pull factors and the global financial crisis [J]. Journal of international economics, 88 (2): 341-356.

GIANCARLO C, PESENTI P, 2005. International dimensions of optimal monetary policy [J]. Journal of monetary economics.

GOURINCHAS PIERRE-OLIVIER, JEANNE OLIVIER, 2013. Capital flows to developing countries: The allocation puzzle [J]. The review of economic studies, 80 (4): 1484-1515.

GUILLÉN M F, GARCÍA-CANAL E, 2010. The american model of the multinational firm and the new multinationals from emerging economies [J]. Academy of management perspectives, 23 (2): 23-35.

IBEH K, CHIZEMA W J, 2012. The internationalization of African firms 1995-2011: Review and implications [J]. Thunderbird international business review, 54 (4): 411-427.

JOSEPH P, RUHR D M, 2014. Transportation costs and us manufacturing FDI [J].

Review of international economics, 22 (2): 299-309.

JULIEN C, CHRISTIAN B, 2015. Navigating the expanding universe of international treaties on foreign investment [J]. Journal of international economic law, 18 (1): 79-115.

JUN-HYUNGKO, CHANG-MIN LEE, 2015. International economic policy uncertainty and stock prices: Wavelet approach [J]. Economics letters, 134: 118-122.

KERNER A, 2009. Why should i believe you? The costs and consequences of bilateral investment treaties [J]. International studies quarterly, 53 (1): 73-102.

KOURI P J K, PORTER M G, 1974. International capital flows and portfolio equilibrium [J]. Journal of political economy, 82 (3): 443-467.

LALL. 1995. Industrial strategy and policies on foreign direct investment in East Asia [J]. Transnational corporations, 2 (2).

LAXTON D, PESENTI P, 2003. Monetary rules for small open emerging economies [J]. Journal of Monetary Economics, 50 (5): 1109-1146.

LEAMER E E, 1980. The Leontief Paradox: Reconsidered [J]. The journal of political economy, 88 (3): 495-503.

LUO Y, TUNG R L, 2007. International expansion of emerging market enterprises: A springboard perspective [J]. Journal of international business studies, 38 (4): 481-498.

MARKUSE J R, KEITH E M, 2002. Discriminating among alternative theories of the multinational enterprise [J]. Review of international economics, 10 (4): 694-707.

MARKUSEN J R, 1996. The boundaries of multinational firms and the theory of international trade [J]. Journal of economic perspectives, 9: 169-189.

MASKUS K E, 1985. A test of the Heckscher-Ohlin-Vanek Theorem: the Leontief Commonplace [J]. Journal of international economics (19): 201-212.

MATHEWS J A, 2006. Dragon multinationals: New playersin 21st century globalization [J]. Asia pacific journal of management, 23 (2): 5-27.

MAURO F, PAPPADÀ J F, 2014. Euro area external imbalances and the burden of adjustment [J]. Journal of international money and finance, 48 (8): 336-356.

NICHOLAS P, KERR W, 1998. Trade theories and empirical evidence [M]. Manchester University Press.

NIER E, SEDIK S T, TOMAS M, 2014. Gross private capital flows to emerging markets: Can the global financial cycle be tamed? [R]. IMF Working Paper (14): 196.

NOVY DENNIS, 2006. The iceberg melting less quickly? International trade costs after world war II [M]. Warwick economic research papers.

OBSTFELD M, JAY C S, ALAN T M, 2010. Financial stability, the trilemma, and international reserves [J]. American economic journal: Macroeconomics, 2 (2): 57-94.

OHLIN B，1933. Interregional and international trade. Cambridge ［M］. MA. Harvard University Press.

PAUL J，BENITO G，2017. A review of research on outward foreign direct investment from emerging countries. including China：What do we know. how do we know and where should we be heading? ［J］. Journal of international money and finance，24（1）：90-115.

RAMAMURTI R，2012. What is really different about emerging market multinationals? ［J］. Global strategy journal，2（1）：41-47.

REINHART C，MONTIEL P，2001. The dynamics of capital movements to emerging economies during the 1990s ［M］. MPRA PAPER.

ROBERT F C，2004. Advanced international trade：Theory and evidence ［M］. Princeton University Press.

RONALD M，GUNTHER S，2012. China and its dollar exchange rate：A worldwide stabilising influence? ［J］. The world economy，35（6）：67-693.

RUGMAN A M，LI JING，2007. Will China's multinationals succeed globally or regionally? ［J］. European management journal，25（5）：333-343.

SALMUELSON P A，1948. International trade and the equalisation of factor prices ［J］. Economic journal，58（230）：163-84.

SINGH T，2010. Does international trade cause economic growth? A survey ［J］. World economy，33（11）：1517-1564.

STIGLITZ J E，2002. Capital market liberalization and exchange rate Regimes：Risk without reward ［J］. The annals of the american academy of political and social science，579（1）：219-248.

THERESA L，GARY D，2006. Branding China：The ultimate challenge in reputation management? ［J］. Corporate reputation review，9（3）：198-210.

TOBIN J，1958. Liquidity preference as behavior towards risk ［J］. The review of economic studies，25（2）：65-86.

VANEK J，1968. The factor proportions theory：The N-factor case ［J］. Kyklos：749-54.

ZHENG S，KJETIL S，ZILIBOTTI FABRIZIO，2011. Growing like China ［M］. The american economic review.

第五章
国际直接投资的主体：跨国公司

在全球化浪潮席卷全球的今天，跨国公司毫无疑问在世界经济中的作用已经不可或缺，并且成了最重要的国际投资主体（Aguilar-Stoen，2016）。从 20 世纪至今，跨国公司已然成了国际经济活动、投资活动尤其是直接投资活动的主要承担者，由其主导的国际直接投资活动对世界经济的发展产生了深远的影响（方敏，1997），其自身的全球性经营战略也深刻影响了世界经济格局。

21 世纪后，跨国公司的空前发展，从微观层面的要素流动为经济全球化创造了更为坚实的企业制度基础。为了实现资本扩张，各国基于各自的技术优势和要素禀赋，开展了大量的国际贸易活动，希望从国际贸易顺差中进行资本积累。这促使着越来越多跨国公司的创立和跨国直接投资的产生，推动了构建人类命运共同体的进程。

企业在全球范围内的分工，打破了传统上以商品贸易为主的经济交往格局（Giles，2021）。跨国公司通过其自身内部分工及生产活动，为全球经济架起了一座桥梁，为各国经济的有效互动牵了一根无形的线。无论是在发达国家抑或是发展中国家，跨国公司在经济发展中都具有举足轻重的地位，用经济增长的引擎来形容跨国公司发挥的作用也不为过（林华，2003）。本章将详细阐述跨国公司的内涵、形成与发展、组织结构的变化、投资战略的演变、管理创新的最新进展以及跨国公司国际投资对世界经济的影响。

第一节　跨国公司的内涵及产生与发展

一、跨国公司的内涵

1974 年，联合国对跨国公司的内涵进行了统一规定。跨国公司本身与其概念并不出现于同一时间，19 世纪中期已经有了跨国公司的雏形，但彼时，跨国公司概念并未出现。1960 年 4 月，时任美国田纳西河管理局局长的 Lilienthal 最早使用了多国公司（multinational corporation）概念。此后不久，美国《商业周刊》（*Business Weekly*）针对跨国公司出版了一本专刊，促进了跨国公司概念的传播（陈晓曼，2010）。学术界和实务界对跨国公司概念的使用各不相同（Kirillova，2021），类似的概念有：跨国公司（transnational corporation）、多国公司（multinational corporation）、国际公司（international corporation）、国际企业（international enter-prise）、多国企业（multinational enterprise）、全球公司（global corporation）、宇宙公司（cosmocorp）和超国家公司（supernational corporation）等。

关于跨国公司概念的争论持续了十多年（Alexandra et al.，2019），直到联合国跨国公司中心（1983）在《世界发展中的跨国公司》一文指出，世界各国对跨国公司的定义达成了基本一致的意见，主要包括以下三个要素：

一是跨国公司是指在两个或两个以上国家进行生产经营的工商企业，与企业的法律形式、经营业务范围、所属经济部门无关（刘永泽，2009）。二是这种企业是在中央决策体制下进行经营决策的，所以有共同的政策，该政策反映了企业的全球战略目标。三是通过参股或者其他方式形成关联关系，一个或者几个主体可以与其他主体进行交易，对该实体可实施重大影响，并与其他实体共享资源、信息和责任。

联合国于 1986 年编写的《跨国公司行为守则》（*United Nations Code of Conduction Transnational Corporations*，UNCCTC）中将跨国公司定义为："在两个及以上国家进行生产经营的私有制、公有制及混合所有制企业，与企业法律形式及经营领域无关；企业在一个决策系统里运行。保证企业可以实现内部协同策略和共同战略；企业中各个个体的生产经营活动能够相互影响，并且相互之间能够共享技术、资源、知识，共担责任。"

1986 年的定义进一步规范了联合国于 1983 年编写的《世界发展中的跨国公司》对跨国公司的定义。

跨国公司研究领域著名学者 Dunning、Buckley、Casson 等在基本认同跨国公司三要素的基础上又提出一种新的看法：跨国公司的范畴可以适当延展，某些没有海外控股权的国际化劳务公司，即只涉及对外贸易，虽不符合传统跨国公司定义，但通过租赁和合同管理的形式，仍可被纳入跨国公司的范畴（杨小川，2000）。

联合国经济及社会理事会的有关文件对跨国公司的定义是："跨国公司是指那些在两个或更多的国家进行直接投资，拥有和控制工厂、矿山、销售机构及其他资产的公司制企业。"

联合国经济及社会理事会的定义是广义的，既适用于发达国家的跨国公司，也适用于发展中国家的跨国公司；既指那些实力雄厚、规模庞大的跨国公司，又指那些实力相对较弱的中小型跨国公司。

关于跨国公司的定义，由于标准不同而众说纷纭，根据不同的划分标准大致可以分为以下不同种类：

（一）结构性标准定义

即通过研究一个公司的跨国范围及对子公司的股权安排和控制程度，来判断是否属于跨国公司。结构性标准包括地区分布、所有权、股权比例以及生产或服务设施等划分标准。

①地区分布标准以跨国公司在国外进行投资或经营的国家数目作为划分标准。

②所有权标准在西方文献中既指资产的所有权形式，又指企业的拥有者和公司高层主管的国籍。此外，经济合作与发展组织（Organization for Economic Cooperation

117

and Development, OECD）的文件认为，跨国公司的所有权形式可以是私有、国有或混合所有；也有一些人认为跨国公司的所有权形式必定是国际垄断组织，是垄断资本主义所有制。

③股权比例标准以一个企业拥有国外企业的股份多少来划分该企业是否为跨国公司。

④1973 年欧共体委员会公布的"准则"和 1976 年欧洲会议通过的"守则"都明确指出：凡在两个或两个以上国家拥有生产或服务设施的企业即为跨国公司。

⑤英国雷丁大学（University of Reading）著名的跨国公司研究专家、前《联合国跨国公司文库》（*UN Library of TNC*）主编约翰·邓宁（John H. Dunning）在 1971 年从企业跨越国家界限从事直接生产经营活动的角度来给跨国公司下了一个定义，即"国际的或者多国的生产企业的概念……简单地说，就是在一个以上的国家拥有或者控制生产设施（例如工厂、矿山、炼油厂、销售机构、办事处等）的一个企业"。

（二）经营业绩标准

经营业绩标准包括传统的经营业绩标准和国际化经营业绩指标体系。

①传统的经营业绩标准按跨国公司在全球经营业绩状况来界定跨国公司，主要是指企业的国外活动占整个公司的业务份额，即销售收入、资产总额、盈利额或公司雇员人数等达到一定标准才算是跨国公司。

②国际化经营业绩指标体系常用的有三个：比例指标体系，相对、绝对指标体系和跨国指数体系。

（三）战略取向标准

战略取向标准又称行为特性标准，该标准以企业的经营战略和动机是否具有全球性来区分其是否为跨国公司。该标准认为，企业经营决策时的战略取向以全球为目标，实行全球中心战略的公司，才算是跨国公司。

进入 21 世纪，跨国公司利用其资金、技术、管理和组织机构等方面的内部优势，以及科技日新月异、国际分工逐渐细化等外部优势，通过 FDI 或者是在不同国家和地区设立分支机构的手段，逐渐形成全球性的研发、生产、销售和经营一体化的现代国际企业形式（Hamid，2019）。

2013 年的《财富》杂志将世界五百强企业按年营业收入排序，前十强企业见表 5-1。

表 5-1　2013 年《财富》公布的前十强企业　　　　单位：亿美元

排名	公司名称	营业收入	利润
1	皇家壳牌石油公司（荷兰）	4 817.00	265.92
2	沃尔玛公司（美国）	4 691.62	169.99
3	埃克森—美孚公司（美国）	4 498.86	448.80
4	中国石油化工集团（中国）	4 281.674	822.11
5	中国石油天然气集团（中国）	4 086.30	181.95

表5-1（续）

排名	公司名称	营业收入	利润
6	英国石油公司（英国）	3 882.85	115.82
7	中国国家电网公司（中国）	2 984.488	123.179
8	丰田汽车公司（日本）	2 657.018	115.866
9	大众汽车公司（德国）	2 476.133	279.091
10	道达尔公司（法国）	2 342.775	137.432

数据来源：2013 年《财富》500 强。

二、跨国公司的产生与发展

（一）早期跨国公司的形成与发展

17、18 世纪，生产经营活动随着新航线和新大陆的发现逐步在全球范围内铺开，随着经济活动范围的不断扩展，特权贸易公司（privileged trading company）作为一种适应经济活动全球化的新组织形式随之产生（Cheney et al.，2019）。起初，特权贸易公司主要为王室服务，在殖民地进行垄断性生产、经营和贸易。特权贸易公司的出现意味着现代企业雏形产生了，同时意味着传统个人冒险家事业的逐渐消弭（林康，1989）。比较著名的特权贸易公司主要有东印度公司（British East India Company）、英国皇家非洲公司（British Royal African Company）、英国哈德逊湾公司（British Hardison's Bay Company）、荷兰东印度公司（Dutch East India Company）和英资汇丰银行（Hong Kong and Shanghai Banking Corporation），这些公司以贸易和航运业企业居多，逐渐涉及银行和金融业。

当时特殊的政治经济环境导致了特权贸易公司的出现（Michael，2019）。为王室服务的特征决定了其不仅具有经济职能，同时还具有现代企业不具备的政治职能。不可否认，特权贸易公司已经具有了跨国公司的雏形，但并不是真正意义上的现代跨国公司。同时，特权贸易公司从事大量掠夺性活动，对世界经济的发展造成了诸多不良影响，世界各国对其持强烈反对意见。1856 年，《股份公司条例》的颁布使得股份公司如雨后春笋般涌现，股份公司的建立也标志着现代资本主义企业的建立。

工业革命后，机器生产的大范围推广刺激了股份制企业对廉价工业原料的需求。生产性投资需求的激增吸引了跨国公司从非生产性投资领域的转移。其海外投资策略也转向了大规模生产性投资：矿产资源勘探开采、土地开发、土地利用等，促进了铁路建设、港口建设、加工装配业的加速发展。从第一次工业革命到第一次世界大战，间接投资是跨国企业资本输出的主力军（Casandra，2016），占总投资的 90%。

（二）二战后跨国公司的发展与壮大

二战后，跨国公司进入了一个快速增长的时期。生产的集中和资本的积累，使得各大垄断企业无法满足于国内狭小的市场。同时，通过对外投资、生产和销售，企业可以获得垄断竞争优势。对外直接投资形式的出现，使得资本被转移到资源丰

119

富、市场广阔、资金短缺的国家和地区，垄断资本的潜力最大限度地被激发出来。这些都使得二战后跨国公司对外直接投资迅速发展。跨国公司已然成为私人对外直接投资的物质载体（山东大学，1986）。对外直接投资尤其是私人直接投资取代间接投资成为工业发达国家对外投资的主要方式，占总投资的70%以上。

1. 发达国家的跨国公司

这一轮跨国公司繁荣的背景是美国霸权的逐步确立。在工业发达国家中，由于大多数欧洲国家遭受到战争的破坏，急需外国投资，此时美国在海外投资方面"一超多强"。1948年的马歇尔计划是美国为控制西欧而以援助欧洲为由的一次尝试。美国要求接受援助的国家只购买美国商品；取消或放宽对美国商品或服务进口限制；为美国投资者开绿灯。1950年，美国对外直接投资总额的年增长率是70%，达到118亿美元。至1971年，美国对外直接投资在过去20年中增长了629%，达到860亿美元（《美国跨国公司对外投资政策报告》，1972；《世界发展跨国公司报告》，1973）。据美国商务部统计，在汽车、炼钢、铝电机、化工、烟草等行业中，美国四大跨国公司控制着行业总产值的75%~100%。可见，其规模已达到惊人水平。

二战前，英国凭借着购买外国的股票和债券（证券投资）等投资方式，成了世界上最大的资本输出国。二战后，美国采取了与英国不同的投资方式，主要是对外直接投资，即在国外进行建厂、生产、经营销售等一系列业务活动。二战结束后的十多年里，美国对外直接投资发展迅猛，到了20世纪50年代末，美国对外投资已经占了全球对外投资资产总额的1/2，与二战前的英国旗鼓相当（胡强，1992）。二战结束到20世纪70年代的二三十年间，美国贡献了全球2/3~3/4的外国直接投资（Alfred et al.，2005）。

尽管如此，当时跨国公司的发展仍旧不那么引人注目。1965年，哈佛大学设立跨国公司项目（TNC Projects），Vernon执掌该项目研究工作12年，他一直致力于告知世人，跨国公司不仅对世界经济有着举足轻重的影响，同时也已经成为一种不容小觑的政治力量（Gary，2018）。20世纪七八十年代，受资本主义内在发展规律缺陷的影响，同时美国自身经济发展也出现了难以调和的矛盾，美国公司开始由鼎盛走向衰退，美国公司同西欧和日本的公司的地位出现此降彼升的现象（山东大学，1986），美国公司在国际企业中的影响力也不复以往，但美国投资的绝对数仍保持领先地位。

1990—1998年，美国失业率和通货膨胀率保持在历史最低水平，经济也持续增长。这一阶段美国经济复苏的一个重要推动力是劳动生产率的提高（邱晓东 等，2015）。20世纪70~90年代的30年间，非农部门的劳动生产率平均增长率为1%。1995年以后，平均增长率达到2%。1999年第一季度平均增长率达到4%。

从20世纪末到21世纪初，在世界500强跨国公司中：就总数量而言，美国公司占三分之一；就最赚钱的前10%公司而言，美国公司占三分之一；就营业额而言，美国公司仍旧占三分之一。美国企业的这种特殊地位，可以归结为美国对外直接投资的主导地位。美国高新技术的快速发展、日益庞大的国内市场以及政府的积极推动，都是美国企业增强国际市场竞争力的推动力。

　　由于美国企业施加了竞争压力，欧洲企业加快复苏和加速成长。20 世纪 70 年代，欧洲大公司并购后，在世界资本市场和大宗商品市场的竞争中，对美国公司提出了挑战。这一阶段，在世界 500 强跨国公司中，法、德、英的公司数量位列前十，瑞士、瑞典、荷兰、比利时等国的跨国公司也被列入这些国家的重点发展名单。日本对外直接投资起步较晚，但发展迅速。日本综合商务厅是一颗冉冉升起的新星。1997 年，在世界 500 强跨国公司中，有 126 家日本公司，数量仅次于美国，在世界十大跨国公司中，日本占据了六席。在日本退出世界第二大经济体后，日本综合性商业企业在世界 500 强的排名不断下降，被中国企业超越。

　　综上，美国、欧盟和日本的跨国公司在拥有跨国公司基本共性的基础上，又具有各自的特性：美国的跨国公司在对外投资、生产、销售中处于主导地位，欧盟跨国公司在商品出口和对外生产方面都比较发达，而日本跨国公司则擅长商品出口。

　　2. 发展中国家和地区的新兴跨国公司

　　二战后，跨国公司在全球范围内进行结构调整，掀起了一股全球性的并购浪潮（谢柳芳，2008）。此次调整虽然由发达国家主导，但发展中国家和地区吸收外资水平提高，促进了当地企业的发展壮大，在国际直接投资中的地位也在一定程度上得到提升。发展中国家企业以出口为导向，参与国际竞争，形成了自己的跨国公司。发展中国家和地区的跨国公司和企业被称为新兴跨国公司和跨国企业（Ramamurti et al.，2004）。

　　新兴跨国公司区别于西方发达国家传统意义上的跨国公司（潘益兴，2010）。新兴跨国公司数量少、规模小，但有着极高的增长率（郑水丽，2009）。《关于世界跨国公司发展的报告》将发展中国家和地区的新兴跨国公司称为发达国家跨国公司的"新竞争者"（联合国跨国公司中心，1978）。进入 21 世纪，中国、中国台湾、中国香港、韩国、巴西、印度、马来西亚、土耳其、墨西哥、委内瑞拉等国家和地区的跨国公司数量持续攀升，并成为全球跨国公司价值链中的一个重要环节。

　　发展中国家和地区的新兴跨国公司在性质和经营方式上与发达国家不同，其特点是：

　　（1）合资性。

　　新兴跨国公司一般采取与本土企业合资、共同投资、共同经营的方式。合资企业占据了发展中国家海外子公司的 90%（熊志根，2004）。因此，它们有效地克服了当地人民的排他性。

　　（2）地区性。

　　新兴跨国公司的子公司大多位于周边国家和地区（Eva，2009）。例如，总部设在东南亚的跨国公司，其海外子公司有接近 90% 设在东南亚；总部设在拉丁美洲的跨国公司，其海外子公司有 3/4 设在拉丁美洲。而它们的对外直接投资大多是一种"自下而上"的运动，即投资于生产水平低于自己的国家和地区。先加强帮扶再加强集团共同拓展，开创了"南南合作新模式"。

　　（3）适用性。

　　除了借鉴传统的 FDI 以外，发展中国家和地区还积极探索开发适合"第三世界"

当地经济、社会、技术水平、管理水平的适用技术（Sina et al., 2021）。这种适用技术可以带来以下优势：更好地满足当地需求，以需求带动供给；减少无效生产的浪费，节约能源资源；因地制宜，减少污染，促进环境保护；提高当地居民就业率，带动经济发展；促进产业结构性改革，提高工业化水平，拉近与发达国家的距离。

（4）灵活性。

与发达国家不同，新兴跨国公司往往不采用大型化、专业化、标准化的技术装备，而采用更适合它们的小型、灵活、多功能的技术装备（Karl et al., 2020）。这些装备具有灵活转换、一机多用或主机配件的特点，从而以最少的技术装备生产出更多的产品，非常适合当地市场的需求。投资的项目资金少、周转快、收益大，有利于发展中国家的经济发展。

以我国的跨国企业为例，2000 年我国确立了实施"走出去"战略后，国内许多企业开始走出国门，寻找发展机遇。中国企业联合会、中国企业家协会发布了"2020 中国 100 大跨国公司榜单"，榜单以各大企业海外资产金额为依据，经专家审定评选出 100 强跨国公司。其中中国石油天然气集团有限公司以 9 296.91 亿元的海外资产蝉联榜首，中国中信集团有限公司和中国石油化工集团有限公司位居榜单第二、三名，详见表 5-2。

表 5-2　2020 中国跨国公司 100 强名单前 15 名

序号	公司名称	海外资产/万元	海外收入/万元	海外员工/人	跨国指数/%
1	中国石油天然气集团有限公司	92 969 179	125 010 049	133 734	26.54
2	中国中信集团有限公司	58 694 083	9 719 332	34 573	12.64
3	中国石油化工集团有限公司	57 703 188	5 239 223	38 765	22.2
4	中国远洋海运集团有限公司	56 639 768	5 644 443	5 790	29.26
5	腾讯控股有限公司	54 131 126	24 534 598	4 679	43.07
6	中国海洋石油集团有限公司	52 177 456	45 804 164	4 819	35.58
7	中国中化集团有限公司	39 956 186	7 689 865	22 623	41.44
8	中国化工集团有限公司	37 734 266	6 001 625	30 172	26.22
9	华为投资控股有限公司	37 142 684	33 301 800	3 282	32.87
10	国家电网有限公司	31 671 314	9 791 915	15 367	4.3
11	联想控股股份有限公司	27 640 402	28 807 811	27 267	49.87
12	中国交通建设集团有限公司	26 732 455	14 883 914	36 710	19.27
13	中国铝业集团有限公司	21 895 304	3 213 853	2 125	14.6
14	广州越秀集团股份有限公司	19 924 411	366 681	1 748	14.99
15	中国建筑股份有限公司	19 620 621	10 403 073	26 914	8.33

可以发现，排名前 15 的跨国公司以国企为主，而且主要为央企，由中央直接管

理。其中，腾讯、华为、联想是我国优秀的民营企业。

跨国公司总部所在国家的排名情况见表5-3。

表5-3　跨国公司总部数量排名前十的国家

排名	总部所在国家	数量/家	占比/%
1	美国	719	33
2	日本	264	12
3	中国	219	10
4	英国	118	5
5	印度	81	4
6	法国	70	3
7	澳大利亚	66	3
8	加拿大	60	3
9	德国	58	3
10	瑞士	48	2
	其他国家	487	22

数据来源：Monitor Network。

由表5-3可以看出，总部设在中国的跨国公司有219家，占所有公司的十分之一，中国是第三大最受欢迎的跨国公司总部所在地，仅次于美国和日本。在中国的跨国公司中，金融服务是领先的行业（22.8%），其次是技术、通信和电子（14.2%）以及建筑业（10.5%），见图5-1。

图5-1　中国跨国公司所在行业排名

数据来源：Monitor Network。

总的来说，世界经济一体化的迅速发展，世界经济贸易新格局的逐步形成，拉近了发展中国家与发达国家的贸易距离，对贸易双方都有着不可忽视的影响（Sefer et al.，2019）。发达国家的跨国公司在二战后，迅速发展并占据了世界经济的主体位置，同时，发展中国家和地区开始兴起新兴跨国公司浪潮。就发展中国家和地区而言，新兴跨国公司的形成有着以下优势：①有利于充分发挥资源、劳动力等优势；②有利于促使发展中国家之间的合作伙伴关系更加紧密；③有利于打破西方发达国家的垄断，提高发展中国家在全球中的地位；④有利于推动世界经济一体化、多样化发展，改变世界经济贸易在少数发达国家进行的不平衡垄断格局，实现经济效益的共同提高。

（三）21 世纪跨国公司发展的新趋势

进入 21 世纪，全球经济逐步形成了以信息为先导、以金融为中心、以知识为基础、以跨国公司为依托的新世纪特征。以此为基础，身为全球化载体的跨国公司进入了一个新的发展阶段（杨春英，2006）。

1. 向"无边界"的全球公司发展

为了更好地适应经济全球化新形势，跨国公司逐渐衍生出一种新的公司形态——全球公司（global corporation，GC）抑或是"无边界"的组织（boundaryless organization，BO）。这种新型"跨国公司"不再拘束于母国，而是在全球范围内进行无边界开放式经营；在全球范围内追求资源配置的最优化、利益最大化；在世界范围内进行研究、开发、管理、生产、销售，建立全球范围内的价值链关系。全球公司成为跨国经营的最高形态，国家属性逐渐被世界属性替代，开放的无边界性成为主导，越来越多的跨国公司已经不具有明确的"国籍"（Ambaras，2021）。

全球公司这一新的组织形式，被称为"全球整合企业"（globally integrated enterprise，GIE）。如全球著名的美国国际商业机器公司（IBM），该公司有三大原则：开放、专业知识和经济。在以往的跨国公司模式中，跨国公司会对关键市场中的市场体系进行组织管理，并以全球性作为依托进而履行其他职能。这种做法是为了应对别国保护主义和维护本国国家利益，一般是先在本国建立完善的生产体系，并在国外设厂，却把产品核心技术的研究和开发工作留在母国，如美国的 GM、Ford 和 IBM 等公司。进入全球公司阶段后，它们全面地改变了原来的理念和运作。全球公司将生产体系分布于全球，在全球范围内安排战略管理和运作，并把价值带给全球顾客。

全球信息网络和通信基础设施的逐步完善，使企业得以实施技术共享和实施共同业务标准的战略。全球公司无边界的全球开放运作，能将各种信息准确地传递到组织的每一个地方，将不同国家的经济活力与分工有机结合起来，形成"无边界"的高度依赖关系，这使得其战略从本地转向全球。

2. 全球公司以全球性创新为天职

世界上唯一不变的东西就是"改变"，不断变化的世界需要观念的改变。面对经济全球化以不可阻挡之势席卷全球和 21 世纪以来日趋激烈的国际竞争，全球企业的产品创新、服务创新和管理创新等一系列全球创新（global innovation），都应该紧跟全球化浪潮，适应复杂多变的世界（Tammy，2020）。全球消费的差异化彻底改变了企业的经营流程和整合模式，企业管理模式，企业与社会、消费者之间的盈利模式等，全球经营成为全球企业经营的出发点和归宿。

全球公司的创新活动对公司领导人提出了两大挑战：第一，提高信任。虽然全球公司的产品生产和经营在不同的国家和组织中以不同的方式进行，但在管理、质量安全、保密等方面实行统一的原则和标准。公司需要在不同的国家和组织之间建立共同的价值观，并在此基础上发展统一的信任方式，建立新的大伙伴关系。第二，应对竞争的技能。世界市场竞争白热化，竞争无处不在。在最重要的竞争领域，企业决策者需要具备高质量的竞争技能。他们应该继续接受教育和培训，以满足竞争的需要。

跨国公司有三种途径进行研发创新：①多角度考虑选择最佳区域建立自主研发中心；②在不同地区总公司内部设立研究部门；③与各国著名大学和研究机构合作，设立专门的研发中心，充分利用多家公司的优势，集中力量攻关技术难题。

3. 全球公司采用跨国并购扩大经营规模

全球公司在全球范围内整合业务，及时改革经营战略、管理和业务运营，更新技术，创新商业模式。全球公司评估各种功能性业务，以确定哪些是核心竞争力，哪些需要自己做，哪些可以交由合作伙伴完成，从而最大限度地提高效率；充分发挥公司的核心竞争力，将时间、精力和资源集中在对公司战略至关重要的活动上，将不涉及核心内容的其他业务外包出去。为了满足世界市场对全球一体化企业的需求，跨国公司不能简单地剥离非核心业务，更不能进行劳动力套利（将劳动密集型岗位转移到工资较低的国家或地区）。经济全球化的不断发展及世界市场的开放性要求跨国企业扩大产品和服务的供给规模，实现规模经济（Andrew，2020）。由于公司将在全球范围内竞争，原有的市场结构和垄断格局将会被打破并在全球范围内重组。在这样的外部压力和内部战略要求下，跨国公司为了生存和发展，必须采取诸如战略性并购、强强联合等措施，在竞争激烈的全球市场中抢占先机。

战略并购不是简单的资本流动（Xie et al.，2017），而是企业资源的整体流动和优化配置，以形成一体化的全球性大型跨国公司，使其成为全球化的主体和行业巨头。为了保持和发展自己的生存空间，跨国企业应该联合起来，形成跨国战略联盟。联盟形式为合作开发联盟，可以替代单一企业的产品开发；软虚拟联盟取代了硬实体联盟；强强合作的竞争性联盟取代了强弱联合的互补性联盟。上述新型战略联盟有利于全球企业相互学习，鼓励新技术、新工艺、新产品的出现；有利于突破各国贸易壁垒，进入世界市场；有利于避免同行业间的激烈竞争造成双方的损失。

20世纪90年代以来，恰逢全球贸易高速增长与跨国公司的蓬勃发展时期，新兴经济国家跨国公司如雨后春笋般出现。1993年，全球有37 000家跨国公司。到2002年，大约有63 000家（Alfred et al.，2005）。根据UNCTAD（2013）的估算，2010年，跨国公司在全球范围内创造的增加值约为16万亿美元，占全球GDP的25.6%。另据OECD（2018）的研究，在全球范围内，跨国公司及其国外分支机构贡献了全球产出的33%、全球GDP的28%、全球就业的23%以及超过50%的全球出口贸易。目前，全球有超过 10 万家跨国公司，约为 30 年前的 3 倍。

第二节　跨国公司的类型：水平型和垂直型跨国公司

Mundell 在 H-O 模型的基础上提出用要素贸易替代商品贸易（Mundell，1957）。1984 年，跨国公司被证实有着水平型和垂直型的区别（Yokota et al.，2007）。1998 年的《世界投资报告》（*World Investment Report*）以投资者动机为出发点，将外国直接投资分为简单寻求（simple search）、资源寻求（resource seeking）和效率寻求（efficiency seeking）三类。简单地说，跨国公司可以分为水平型和垂直型（UNCTAD，1998）。水平型即以接近当地市场为第一要义而将最终产品生产线在东道国复制，产品在东道国销售，又可称为市场导向型；垂直型即依据各地生产要素价格最低化原则将生产环节分布于不同国家，对特定东道国来说产品用于出口，又可称为出口导向型。相应地，从事两类型业务的跨国公司可以分为水平型和垂直型跨国公司。

一、水平型跨国公司

Markusen（1984）创建了第一个水平型跨国公司模型，并在 Markusen 的研究中达到顶峰（Markusen et al.，2002）。该模型假定公司在单一条件下运行，即要素、劳动、结构都是单一的，并据此估计了贸易成本及固定成本。在要素、劳动等非单一的一般均衡条件下，世界范围内比较认可的水平型跨国公司模型是 Markusen 和 Venables（1998）提出的贸易理论模型。该模型指出如果两国具有相似的禀赋和规模，可能会导致两国之间国际贸易的增加，贸易的增加进一步引起跨国公司数量的增加。

Helpman（1984）指出，在自由贸易的条件下，跨国公司不会选择在两个国家或地区同时进行生产，因为这么做不会实现利润最大化。但是，假设存在发生如"冰山"运输成本等贸易壁垒，且给定每个工厂都存在某些特定的固定成本，其在同一国家必须作为生产成本来承担；此时，如果一个企业选择在多个国家进行生产，工厂与市场在同一地区，产品当地产当地销，那么就产生了水平 FDI。水平 FDI 要求节省的运输成本超过建厂成本，只有这样，当地产销才能比异地产销获取更大的利益。

二、垂直型跨国公司

1984 年，垂直型跨国公司理论被首次提出（Helpman，1984）。Helpman 指出，在不存在贸易成本、垄断市场且是两要素结构的条件下，跨国公司将会选择在不同国家建厂同时进行生产。因为这么做可以最大化地利用各个国家的要素价格优势，要素价格差异是跨国公司在不同国家建厂的原动力。

从经营内容的角度看，垂直型跨国公司可分为两种：①母子公司在不同行业生产经营相关联的产品，经营范围主要包括诸如开采、种植、提炼、初级加工和销售原材料、初级产品的生产加工。②母子公司在相同行业生产经营不同加工程度、阶段的产品，主要涉及电子芯片、人工智能、汽车等专业化分工较强的行业。

第一类垂直型跨国公司——美国的埃克森美孚公司（Mobil），总部位于美国得克萨斯州，在全球范围内从事石油和天然气的勘探、开采，以管道、油槽和车船运输石油和天然气；经营大型炼油厂，从原油中精炼出最终产品；批发和零售几百种石油衍生产品，是世界领先的石油和石化公司。埃克森美孚公司通过其关联公司，在全球大约 200 个国家和地区开展业务，拥有 8.6 万名员工，其中包括大约 1.4 万名工程技术人才和科学家。埃克森美孚公司是世界最大的非政府油气生产商和是世界最大的非政府天然气销售商；同时也是世界最大的炼油商之一，分布在 25 个国家的 45 个炼油厂每天的炼油能力达 640 万桶；在全球拥有 3.7 万多座加油站及 100 万个工业和批发客户；每年在 150 多个国家销售大约 2 800 万吨石化产品。在《财富》杂志 2006 年度美国最大上市公司排名名单中，暴涨的能源价格把埃克森美孚公司推到了财富 500 强的首位。

第二类垂直型跨国公司——法国的珀若-雪铁龙汽车公司（Perot Citroen），公司内部实行专业化分工，它在国外的 84 个子公司和销售机构分别从事铸模、铸造、发动机、齿轮、减速器、机械加工、组装和销售等各工序的业务，实现了垂直型的生产经营一体化。1978 年，该公司控制了美国克莱斯勒公司在法国、英国和西班牙的三家子公司，成为西欧汽车工业中最大的私人垄断企业。国外子公司主要分布在比利时、西班牙、爱尔兰、葡萄牙、希腊、南斯拉夫以及非洲、东南亚、拉美和大洋洲的 20 多个国家和地区。20 世纪 80 年代初，国外销售占销售总额的 55%。1998 年该公司拥有资产 402.76 亿美元，销售额 375.4 亿美元，获利 5.39 亿美元；按当年销售额排列，在美国《财富》杂志公布的世界最大 500 家企业中居第 59 位。

需要注意的是，以上针对垂直型跨国公司的分析指出：不同国家和地区存在要素价格差异，而这种要素价格差异，恰恰成为跨国公司在不同国家建厂进行生产经营的动机。但是，我们应该还可以看到，跨国公司的跨国建厂又反过来平滑了要素价格差异，进而要素价格均等化的范围不断扩大。

第三节 跨国公司的组织结构：外包和纵向一体化

20 世纪 60 年代，关于跨国公司组织结构的研究开始兴起。美国学者 Chandler（1962）就战略与组织结构之间的关系展开了研究。Chandler 在《战略与结构：美国工商企业成长的若干篇章》（*Strategy and Structure：Chapters in the History of the American Industrial Enterprise*）一书中，对数十家公司的历史沿革进行了研究，指出战略对组织结构起着主导性作用。换句话说，组织结构会随着公司战略的改变而变化，无论多么复杂的组织结构也是由一系列基本战略组合而成的。Chandler 的结论被 Gilbraille 和 Kazanjian（1981）的研究证实。Gilbraille 和 Kazanjian（1981）认为，合适的组织结构可以提高跨国公司在世界市场中的竞争力。图 5-2 为跨国公司组织结构演化路径。

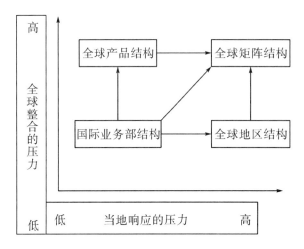

图 5-2 跨国公司组织结构演化路径示意
资料来源：韩福荣. 国际企业管理 ［M］. 北京：北京工业大学出版社，2001.

一、外包

（一）外包概念

业务外包概念第一次正式出现，是在美国学者 Prahalad 和 Hamel（1990）发表的《企业核心能力》一文中。具体来说，业务外包是指企业充分利用外部资源，将不涉及企业核心内容的业务外包给外部相对优秀的企业或专业机构去做，而企业本身只专注于主要的核心业务，从而提高企业效率，降低企业成本，塑造企业核心竞争力，是一种让企业尽快适应纷繁复杂的市场的一种管理模式。

从另一个角度讲，业务外包又是战略联盟在形式上的创新（Aubert，2015），在跨国公司领域表现为国际层面的战略联盟。具体来说，跨国企业进行业务外包的目的是充分发挥核心竞争力进而提升国际竞争力，跨国企业以较低的成本将部分业务或服务外包给其他专业供应商或其他国家的企业，以提高效率和竞争力的战略思维和管理模式，获取更大的利益（康荣平，2001）。因此，在外包过程中存在着是否需要外包、外包业务的选择和第三方供应商的选择等决策和选择问题。

（二）跨国公司外包的实质

外包的本质是一种战略方法和管理模式（Bilan et al.，2017），目的是利用有限的资源在市场中最大限度地提升自身竞争力。细化来说，就是通过留高（高附加值）散低（低附加值），充分利用公司内部有限资源、整合外部优秀资源，达到提升公司核心竞争力的目的。

1. 外包是一种经营战略

新的竞争形势和信息技术革命使得国际市场环境不断变化（Valeria et al.，2019），迫使企业提高其对于复杂环境的适应力。基于此，跨国公司对于核心竞争力的构建、决定组织结构的基础策略的适应性及外部关系的建立较之前更为关注。从本质上讲，外包是企业在新环境下的一种新的经营策略。跨国公司通过外包只保留最具竞争优势的业务，同时利用优秀的外部资源，整合非核心业务，提高公司内部有效资源利用效率。

2. 外包是一种经营理念

这一理念改变了以往的"纵向一体化"和"大而全"的模式，强调要从战略高度为公司内部的每一项业务活动制定一致的战略，从而提升核心竞争力，获得市场竞争优势，提高市场竞争地位（Rose et al.，2019）。在这种经营理念的指导下，当市场环境的不确定性对企业造成冲击时，企业的组织结构可以更好更快地应对这种冲击，同时，还可以将这种外包理念视为公司战略的一种革新，用新的思维方式促进公司组织结构的革新和升级。

3. 外包是一种新的管理模式和方法

外包是企业为了更好地利用外部资源而对外部资源进行整合的一种管理模式和方法。为了应对复杂多变的国际市场环境以及日益繁杂的不确定因素，建立一种新的管理模式和方法成为必然选择。外包泛化了企业内外部概念，利用相对优秀的外部资源，提高企业效率，降低企业成本，塑造企业核心竞争力，成为新模式新方法的极佳选择。

总的来说，外包可以被概括为一种新的经营战略、经营理念、管理模式和方法（陈欣，2017）。而其主要目的在于引导跨国公司回归核心业务的经营，提升真正有价值的核心竞争力。

（三）现有外包决策模型

外包决策是外包战略目标实现及其实现程度的决定性因素（Raeissi et al.，2018）。因此，研究外包首先要研究的是外包决策，反过来讲，一个好的外包决策又能促进外包战略目标的有效实现。

1. 国外外包决策模型

Jiang 和 Venkatesen（1992）构建了一个一维判断模型。在该模型中，外包决策仅取决于一个因素——"核心业务"。具体来说，如果一个业务被认定为核心业务，则由本公司从事这项活动，否则实行外包交由外部公司从事。这个模型的关键就在于"核心业务"的认定，要求必须对"核心业务"有一个准确的度量，例如相比于其他企业具有优势的业务、对提升企业核心竞争力具有不可替代作用的业务等。

Quinn 和 Hilmer（1994）将模型延展至二维，指出外包决策取决于两个方面：①给公司带来竞争力的潜力大小，即某项业务能够提升企业核心竞争力的潜力大小；②外包战略的容错率高低，即外包决策失误给企业带来的损失大小。模型中这两个方面被作为横纵坐标，将企业活动囊括在九大类别中，并确定了其中三类活动的外包策略：①潜力小容错率低，此类业务应当进行成品买卖；②潜力大容错率高，此类业务应由企业自身承包；③潜力与容错率都处于中等，此类业务应当交由外部企业从事，即外包出去（Quinn et al.，1994）。

另一种外包二维模型由 Insinga 和 Werle（2000）提出。该模型的第一个维度与上一个模型相同，不同的是该模型将"企业与其竞争对手执行某项业务的能力和效率"作为第二个维度。此外，该模型将业务活动按其潜力大小分为四种类别：①关键活动，即确定能提高企业竞争优势的业务活动；②新星活动，即将成为关键活动的业务活动；③基础活动，即不能显著提高企业竞争力但又不可或缺的业务活动；④商品活动，即不能提高企业竞争力且市场中普遍存在的业务活动（Insinga et al.，2000）。

2. 国内外包决策模型

郭永辉和钱省三（2005）以核心竞争力为主线建立了外包决策模型，以资产专用性和技术水平为辅助线，分为战略层、战术层和一般层。根据业务活动对企业竞争力的贡献度，将业务活动分为四类：①核心业务；②潜在核心业务；③重要业务；④支持业务。业务分类的原则与 Insinga 和 Werle（2000）的外包决策模型中的业务分类原则具有相似性，可参考上文。

张达凯和黄志明（2005）进一步将外包决策模型由二维延展至三维，以外包的市场成熟度、生产稳定性和技术通用性为出发点，以"垂直一体化"模式为基础，通过分析其优缺点并与各类外包模式进行比较，提出了非核心业务外包模型。该模型对政策、实际情况、市场、技术、生产水平进行了综合考量，并考虑了外包行为的影响因素。

孙大鹏和苏敬勤（2006）通过对专利指标的处理，同时引入非专利指标，构建了由技术、市场和组织三种能力指标组成的企业能力衡量指标体系，从而对企业能力大小进行全方位多角度的衡量，使得衡量出的企业能力更加可靠。

此外，一些学者还专门针对如何选择外包商的问题建立了相应的外包决策模型。例如，李进和崔南芳（2005）将核心度、技术度和损失度作为主要决策因素，分析制造企业可能会面临的各种问题，在三维外包决策模型下给出了相应的外包决策；将外包决策与供应商关系处理结合，给出了外包商选择的建议，同时，指出了企业与外包企业之间关系与信息共享应根据实际情况确定相应的程度。宰玉东和刘思峰（2006）结合以往外包理论，通过分析对比及定量分析的方法，构建了一套外包企业选择体系。本书试图通过一个比较全面、简单的决策模型，为决策者提供外包决策工具和参考依据。

二、纵向一体化

（一）纵向一体化概念与原因

纵向一体化（vertical integration），一般指在产品的生产和分销过程中，一个厂商参与了其中两个以上的相继阶段，又叫作垂直一体化，可分为后向一体化和前向一体化，分别表示与上游企业一体化和与下游企业一体化。产业组织理论认为，企业实施纵向一体化的战略，主要基于以下三方面原因：

第一，产业生命周期，Stigler（1961）从斯密的定理即劳动分工受到市场范围大小限制的解释推断出纵向一体化同产业的生命周期有关。

第二，垄断动机，即纵向一体化企业可以依靠前后向的一体化优势，产生双边垄断，构成进入壁垒和价格歧视，从而增强企业的市场势力。

第三，不确定性因素，Arrow（1963）强调了上游产品供给的不确定性和下游企业未来需求信息的不确定性对纵向一体化的激励。

（二）纵向一体化相关理论研究和代表性模型的回顾与分析

1. 科斯-威廉森（Coase-Williamson）的交易费用节约理论

西方国际投资专家认为，之所以会出现一种新的国际经济合作模式，即排除传统国际货物贸易活动的直接投资，是由于传统的国际市场因价格机制的不完善而存在内在成本（Lucio，2016），也就是科斯定理中强调的交易成本。若能在企业内部将产生交易成本的交易消除掉，使得交易成本内部化，则可以提前节约交易成本，如寻找相对价格均衡点和市场交易的实际需求；安排、调整和协调交易合同的交易成本，以及延续买卖合同的双边或多边权利和责任的后续交易成本。因此，跨国企业实施纵向一体化的对外直接投资，通过跨国生产进行大范围扩张，进而稳定内部投入产出，达到跨国长久垄断的目的（Williamson，1998）。那么，根据这一理论，如何才能使交易成本降到最低便是问题根本所在。

多数经济学家认为可通过三个途径来降低交易成本：①统一的交易规则（交易保障机制）；②一体化直接投资市场的内部化削弱甚至消除了原有交易主体的投机倾向，尽管它可能不会随着垂直整合程度的降低而降低，但它至少被限制在一个合理的限度内；③纵向一体化的进一步加深、投入产出交易的进一步内部化，在一定程度上节约了市场定价成本，从而交易成本也随之降低（张纪康，1998）。

2. 理查德森（Richardson）的综合成因模型理论

Richardson 认为，根据投资收益构成的不同，国际直接投资可分为两大类：纵向一体化直接投资和横向直接投资（Richardson，2006）。其中，纵向一体化直接投资的收益由以下部分构成：①横向直接投资的收益增量（张纪康，1993）；②由纵向一体化所带来的内部化微市场的堆交易收益，即科斯-威廉森交易（Coase-Williamson deal）。基于这一特有收益构成，Richardson 以其直接投资综合动因模型为基础，提出了一个相对简化的动因模型——纵向一体化直接投资综合成因模型：

$$u = \left[(P_{\min} - \mathrm{AC}_F) Q_1 \right]^{V_1} - \left[(\mathrm{AC}_0 - \mathrm{AC}_F) Q_2 \right]^{V_2} \qquad (5-1)$$

其中，V_1、V_2：设在东道国的投资目标企业和跨国公司母国或投资公司的空间偏好参数；

Q_1：东道国被投资企业向跨国公司集团以外厂商销售的该投入品资源数量；

Q_2：东道国投资目标企业返销给母公司集团的该投入品数量，一般情况下也就是母公司集团对该投入品资源的实际需求总额；

$P_{\min}$：投入品资源向内或向外的最低投资收益保证售价或转移价格；

AC_F：投入品在东道国投资目标企业的单位平均生产成本；

AC_0：在跨国公司母国国内生产或购买此投入品资源的单位平均成本或单价。

图 5-3 展示了该模型的几何形式，其中：

U^*：投资企业对投资目标企业在单位时间内的投资目标收益；

$U = U^*$：纵向一体化直接投资边界的轨迹曲线。

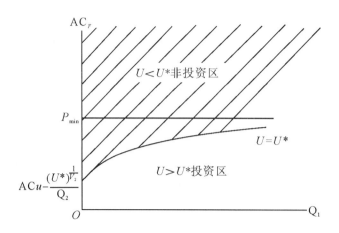

图 5-3　动因模型

资料来源：黄丹. 纵向一体化：动因与绩效 ［M］. 合肥：
合肥工业大学出版社，2011.

在曲线 $U = U^*$ 之上，因为整体收益预期小于目标收益，将不会进行投资活动；相反，当处于曲线下方时，整体收益预期超过目标收益，投资活动将会开展。需要注意的是，即使投资项目单个收益由于转移价格或利润转移的存在而变得很低甚至为负，但基于整体收益最大化考虑投资活动仍将继续实施。

Richardson 对该简化模型的经济解释是：①在纵向一体化直接投资条件下，投资目标企业向投资公司以外的公司销售产品，不再直接影响投资企业的投资意向；②在投资目标企业所产产品全部用于投资公司内部消耗的情况下，即 $Q_1 = 0$，也仍能保证投资公司获得影子性质投资收益：

$$U^* = \left[(AC_0 - AC_F) \, Q_2 \right]^{1/2} \qquad (\text{一般 } AC_0 > AC_F) \qquad (5\text{-}2)$$

进一步来看，投资目标企业所产产品若能够在保证投资公司内部全部消耗之外还有剩余的话，则剩余产品可在外部市场进行交易，剩余产品越多，则预期投资收益就越高，收益越高，投资企业纵向一体化对外直接投资规模就越大，这是由资本逐利的本质所决定的。当然，剩余产品的产生绝不能动摇企业核心竞争力及其在国际市场中的垄断地位。

3. 埃德尔曼-斯班格勒（Edelman-Spengler）的生产费用节约理论

纵向一体化投资理论是传统理论（Brickley et al., 2012），但也是被广泛接受的。Edelman-Spengler 指出，生产各阶段紧密的技术经济联系所带来的成本节约，是投资企业实施纵向一体化直接投资的动机所在，可以概括为以下四个方面：

一是生产技术的相似性，即不同的生产环节虽有不同的生产技术、工艺，但因学科相近，故具有相同的生产基础。

二是经济效益的综合性，即生产规模的扩大带来的规模经济促进了成本的降低及资源利用效率的提高。

三是工艺技术的联合运行效益，即纵向一体化提高了工艺收敛程度，减少了上下两级之间的一些重复性操作和工艺流程。这一效益的实现，是建立在投资标的企

业与跨国公司及其子公司在技术、工艺、经营流通等方面的互补关系基础上的。

四是企业生产、管理等诸要素的协调性。在实施纵向一体化直接投资的条件下，不同生产经营设备和零部件、不同生产环节之间"硬件"的匹配和协调有效性大大增强。

通过对上述三种理论的比较，总的来说，每一种理论都以各自独特的角度分析和总结了跨国公司纵向一体化直接投资的成因，虽然基于不同的视角，但都对跨国公司直接投资决策和相应的政策调控措施制定具有一定的实用价值。

第四节　跨国公司行为的政治经济影响

跨国公司在当前全球经济中已然不可或缺，并且是驱动世界经济增长的重要力量（Csomós，2017）。截至 2013 年年底，世界国外直接投资的存量超过了 25.4 万亿美元，跨国公司的分、子公司的资产总量超过 96 万亿美元，总产出超过 7.4 万亿美元，总出口额超过 7.7 万亿美元，占世界出口额的 33%。这些数字表明跨国公司的国际生产深刻影响着全球经济运行，但其通过国际投资尤其是国际直接投资行为对全球经济产生的影响远比这些直观数字所显示的结果深刻得多。

跨国公司根据其价值链的增值方向，选择全球定位，构建一体化的国际生产体系，突破传统的国际贸易框架，加强世界经济联系，促进各种资源的合理配置。此外，国际投资促使科技等生产要素在全球范围内的流动更加顺畅（Radzhabova et al.，2019），使整个世界在走向进步与繁荣的道路上联系日益密切。

跨国公司行为对政治经济的影响可以主要从两个方面来看：一是对东道国的影响，二是对投资国的影响。

对东道国的影响有利也有弊。一方面，跨国企业加快了东道国经济的发展进程，创造了更多的就业机会，增加了国民收入，促进了东道国技术的进步和管理水平的提高。尤其是发展中国家缺乏大量的资金来开办企业、开发资源、提升技术水平，跨国公司的加入，带来了大量的资金和先进技术，加速了东道国的经济发展。中国通过改革开放，积极吸收跨国公司的资金、技术，大大加快了经济的发展；新加坡、韩国、泰国、马来西亚的发展也充分显示了跨国公司的重要性。另一方面，跨国公司的加入阻碍了东道国本国的企业发展。尤其是对发展中国家的东道国，在投资不断增加的情况下，跨国企业并没有给这些国家带来应有的收益；没有完全兑现"以市场换技术"的承诺，对东道国企业技术进步的负面效应开始显现。跨国公司利用优势市场地位对某些行业进行垄断和限制竞争，也压抑了东道国这些行业企业的发展，这些企业受到跨国公司的冲击，面临极大的生存挑战。

对投资国的影响也是有利有弊。一方面，跨国公司扩大了投资国国际收支的盈余，为投资国创造了新的就业机会，也增强了投资国政府的国际影响力。随着跨国公司在科技、交通、通信等行业的迅猛发展，这些新兴产业为投资国提供了更多的就业机会。跨国公司对外扩展对投资国政府来说是有利的。正如美国对跨国公司对外扩展十分支持并加以保护，因为美国把跨国公司看作全球经济发展的工具和传播美国自由企业制度思想的途径，甚至是外交工具。当然，另一方面，跨国公司也会损害投资国对其的经济控制力，影响投资国政府的外交。跨国公司根据自身利益无视国内的失业、货币危机等现状而继续在国外寻求投资场所。跨国公司的经营活动是投资国政府无法控制的，因此，它可能把投资国被动地拖入与东道国的对抗之中。这是因为跨国公司在海外寻求发展往往是受到本国政府保护的，当跨国公司与东道国产生矛盾就有可能发展成两国之间的矛盾。

在主权的经典理论中，主权被认为具有不可分割、不可转让、不可分享的特质。《社会契约论》对主权特征有着明确定义："人民的主权有两个特征，即不可转让性和不可分割性。"（Rousseau，1762）就现实社会而言：一方面，近现代以来，关于国家主权的经典理论一直被民族国家所重视；另一方面，当代国际社会的核心构架，仍旧是主权国家体系，国家最根本的属性仍是国家主权。

然而，近年来，跨国公司的发展，以及主权国家间相互依存关系的加强，客观上对国家主权提出了挑战。主权由绝对转向相对，主权转移已成为一种必然且普遍的现象。举一个举世瞩目的例子：新冠肺炎的出现。这种疾病的致死人数几乎是严重流感的 20 倍，而且这种疾病已经扩散，几乎没有任何地方能逃脱它的威胁（Doriane et al.，2020）。

新冠肺炎所造成的危害，清楚地表明了一个国家或整个世界建立体系的必要性（Marc，2021）。它使全人类团结起来，组织一场更有效的斗争，以对付这个共同的敌人。全球是一个社区，如果与这种病毒的斗争持续下去，全人类需要无限期地团结，并达成一项人人都将加入并与之斗争的协议。这些将是研究未来世界经济体系的重要课题。

本章小结

进入 21 世纪后，全球化带来的种种问题日益突出（Young et al.，2020）。在跨国公司和跨国技术的冲击下，人们逐渐意识到政府部门无力独自承担起管理复杂社会的任务，需要各种公共部门和私人组织协助。如今，政府倡导"治理"理念正是这种认识的反映。全球治理主体的出现和发展，不仅意味着需要正式的制度和有序的组织，而且意味着非政府组织（NGOS）、非国家行为体（nonstateactors）、无主权行为体（policynetworks）、议题网络（issuenetworks）等其他组织和团体都想在跨国规则中具有话语权。

跨国公司在全球经济中的组织作用、纽带作用、拉动作用和协调作用已经无可替代，是驱动国际交易、贸易的发动机（王振江，2016）。除了在经济上具有举足轻重的作用，许多国家和地区经济政治文化紧密相关、相互影响，也使得跨国公司对政治、文化的影响日益凸显。李策划和李臻（2020）指出，以提高全球协作水平和社会生产力水平为目的的全球化逐渐替代以资本积累为目的的全球化。全球化在经济维度上的性质转变，催生了全球化在其他维度上的性质转变。在促进人类社会进步上，全球化促进了各国人民间的政治、经济、文化交流；在人类文明发展上，全球化也有利于文明社会的发展以及科学技术的应用和普及。

毛泽东（1937）指出：任何事物都具有两面性。"全球化也不例外"（欧定余和彭思倩，2019）。在看到经济全球化积极作用的同时，我们也应该关注经济全球化可能会带来的一些经济社会问题（Sklair，2016；薛新国 等，2021）。本质上，经济全球化的内在矛盾根源于资本逻辑的本质（郝立新，2000）。马克思（1885）在《劳动资本》中详细阐述了这些问题产生的原因，其根源确实是资本主义固有的（Marx et al.，1975）。虽然距马克思（1885）的论断已经超过130年，当今世界人类文明和社会发展的综合水平（如政治、文化和精神）已今非昔比，但是资本逻辑的内在本质并没有发生根本变化（蔡玲，2021）。因此，我们要坚持马克思主义，全面深刻认识经济全球化，顺应时代要求，制定合理的经济战略，推动中国经济高质量开放，为世界和平与发展贡献中国力量。

本章习题

名词解释

1. 跨国公司
2. 价值链
3. 职能一体化战略
4. 跨国经营指数
5. 网络分布指数
6. 世界经济一体化

简答题

1. 简述跨国公司的内涵。
2. 简述跨国公司的发展历程。
3. 简述二战后发达国家跨国公司与发展中国家跨国公司的特点、区别与联系。
4. 简述水平型跨国公司与垂直型跨国公司的区别与联系。
5. 简述20世纪90年代以来跨国公司发展的主要特点。
6. 简述21世纪跨国公司发展的新趋势。
7. 简述跨国公司经营战略的演变。
8. 简述跨国公司组织结构的变化。
9. 简述外包与纵向一体化的概念与区别。它们之间有无联系？为什么？
10. 从促进和阻碍全球化发展两方面论述跨国公司在当今国际社会中的地位与作用。

本章参考文献

蔡玲，2021. 资本积累与资本主义所有制的内在逻辑：基于《资本论》的理论考察 [J]. 江汉论坛（1）：27-33.

陈晓曼，2010. 跨国公司的竞争优势：基于价值链角度的探讨 [J]. 内蒙古科技与经济（19）：26-27.

陈欣，2017. 离岸外包风险防范与管理研究 [J]. 对外经贸（6）：40-42.

方敏，1997. 大型跨国公司对华投资策略剖析 [J]. 投资研究（7）：38-45.

郭永辉，钱省三，2005. 企业外包战略的决策模型研究 [J]. 北京工商大学学报（社会科学版）（20）：93-107.

郝立新，2000. 经济全球化的内在矛盾及价值冲突 [J]. 江苏社会科学（1）：66-71.

胡强，1992. 全球化的结局如何 [J]. 国际经济评论（9）：2-10.

康荣平，2001. 大型跨国公司战略新趋势 [M]. 北京：经济科学出版社.

李策划，李臻，2020. 美国金融垄断资本全球积累逻辑下贸易战的本质：兼论经济全球化转向 [J]. 当代经济研究（5）：66-76.

林华，2003. 西班牙企业在拉美的投资和发展战略 [J]. 拉丁美洲研究（3）：53-56.

林康，1989. 跨国公司经营与管理讲座：第三讲 企业向跨国化发展 [J]. 国际贸易问题（9）：29-34.

刘永泽，2009. 会计学 [M]. 大连：东北财经大学出版社.

毛泽东，1991. 毛泽东选集：第 1 卷 [M]. 北京：人民出版社.

潘益兴，2010. 企业海外直接投资的国际经验比较研究：兼论对中国企业海外直接投资的启示 [J]. 经济问题探索（11）：80-84.

欧定余，彭思倩，2019. 逆全球化背景下东亚区域经济共生发展研究 [J]. 东北亚论坛，28（4）：59-70.

邱晓东，吴福象，邓若冰，2015. 生产性服务业集聚与耦合测度及动态效应分析：基于长三角 16 个核心城市动态面板数据的广义矩法估计 [J]. 云南财经大学学报（6）：114-123.

山东大学等，1986. 空想社会主义学说史 [M]. 济南：山东大学出版社.

孙大鹏，苏敬勤，2006. 资源外包战略决策模型研究 [J]. 科学学研究（24）：222-226.

王振江，2016. 全球治理：跨国公司的作用探析 [J]. 新西部（理论版）（6）：69-70.

谢柳芳，2008.BSC 在财务整合效应评价中的运用 [J]. 当代经济（下半月）（12）：142-143.

熊志根，2004. 我国发展中小型跨国企业的战略思路 [J]. 东北财经大学学报

（2）：15-19.

　　薛新国，张力，2021. 欧洲社会党全球治理观评析［J］. 党政研究（2）：36-41.

　　杨春英，2006. 青海发展特色经济刍议［J］. 青海社会科学（4）：60-63.

　　杨小川，2000. 关于跨国战略联盟研究的几个问题［J］. 亚太经济（1）：74-77.

　　叶险明，2016. 马克思历史认识模式的复杂性及实践解读［J］. 中国社会科学（4）：4-24.

　　YOKOTA KAZUHIKO，秦利静，林季红，2007. 水平型跨国公司与垂直型跨国公司［J］. 经济资料译丛（2）：23-41.

　　宰予东，刘思峰，2006. 基于群决策方法的外包服务商选择研究［J］. 河南科学（24）：92-96.

　　张达凯，黄志明，2005. 业务外包战略决策模型及其在机械制造过程的运用［J］. 工业工程与管理（6）：104-108.

　　张纪康，1993. 跨国公司纵向一体化直接投资理论述评［J］. 世界经济研究（2）：35-39.

　　张纪康，1998. 国际直接投资［M］. 太原：山西经济出版社.

　　郑水丽，2009. 跨国经营中的文化风险管理［J］. 中国商界（下半月）（7）：259-260.

　　余祁相，刘诚东，1994. 跨国公司对世界政治经济的影响［J］. 社会科学研究（4）：27-31.

　　AGUILAR-STOEN M，2016. Beyond transnational corporations, food and biofuels: the role of extractivism and agribusiness in land grabbing in central America［J］. Forum for development studies, 43（1）：155-175.

　　ALEXANDRA P，LIVIA D P，2019. Transnational corporations as subjects of international law in the globalization context［J］. Revista de stiinte politice（64）.

　　ALFRED D，CHANDLER J R，BRUCE M，2005. Leviathans: multinational corporations and the new global history［M］. New York: Cambridge University Press.

　　AMBARAS D R，2021. In search of our frontier: Japanese America and settler colonialism in the construction of Japan's borderless empire by Eiichiro Azuma［J］. The journal of japanese studies, 47（1）：224-228.

　　CHEON A，2020. Developing global champions: Why national oil companies expand abroad［J］. Economics & politics, 31（3）：403-427.

　　ARROW K J，1963. Social choice and individual value［M］. New Haven: Yale University Press.

　　AUBERT B A，2015. Exploring and managing the innovation through outsourcing paradox［J］. Journal of strategic information systems, 24（4）：255-269.

　　BILAN Y，NITSENKO V，USHKARENKO I，et al.，2017. Outsourcing in international economic relations［J］. Montenegrin journal of economics, 13（3）：175-185.

　　BRICKLEY J A，LINCK J S，SMITH C W，2012. Vertical integration to avoid contracting with potential competitors: Evidence from bankers´ banks [J]. Journal of financial economics, 105 (1): 113-130.

SERBAN C, 2016. The historical approaches regarding the direct and indirect costs of the participation of Romania in the First World War [J]. Studium-revista studenţilor. masteranzilor si doctoranzilor în istorie, 9 (9): 205-220.

CSOMÓS GYÖRGY, 2017. Cities as command and control centres of the world economy: An empirical analysis. 2006-2015 [J]. Bulletin of geography-socio-economic series. 38 (38): 7-26.

DORIANE L C, PHILIP M R, 2020. The enhanced danger of physicians´ off-label prescribing during a public health emergency [J]. Journal of law and the biosciences, 7 (1): 1-31.

STAL E, 2009. The effect of public polices on the attractiveness of emerging countries for the development of innovation activities by multinational firms [J]. Internex t: revista eletrônica de negócios internacionais da ESPM, 3 (2): 217-234.

GEREFFI G, 2018. Global value chains and development: Redefining the contours of 21st century capitalism [M]. New York: Cambridge University Press.

SMITH G S, 2021. Some notes on mobility [J]. Diplomatic history, 45 (3): 604-610.

ETEMAD H, 2019. Actions actors strategies and growth trajectories in international entrepreneurship [J]. Journal of international entrepreneurship, 17 (2): 127-143.

INSINGA R C, WERLE M J, 2000. Linking outsourcing to business strategy [J]. Academy of management executive, 14 (4): 58-70.

JIANG Z J, VENKATESAN R, 1992. Theory and design of two-rail totally self-checking basic building blocks [J]. Proceedings of the international conference on computer design on VLSI in computer & processors: 486-489.

KARL A, DANI R, 2020. Rebirth of industrial policy and an agenda for the twenty-first century [J]. Journal of industry competition and trade, 20 (2): 189-207.

KIRILLOVA L K, 2021. The concept of cooperation in the activities of transnational corporations [J]. Lecture notes in networks and systems (160): 596-602.

MUÑOZ L, 2016. Beyond both red socialism and traditional market thinking: What is the structure of the perfect red market? [J]. International journal of advanced engineering and management research, 1 (5): 2456-3676.

PALEN M W, 2021. Pandemic protectionism: Revisiting the 1918 spanish flu in the era of COVID-19 [J]. Diplomatic history, 45 (3): 571-579.

MARKUSEN J R, 1984. Multinationals multi-plant economies and the gains from trade [J]. Journal of international economics, 16 (3-4): 205-226.

MARKUSEN J R, KEITH E M, 2002. Discriminating among alternative theories of the multinational enterprises [J]. Review of international economics, 10 (4): 694-707.

现／代／国／际／投／资／学

MARKUSEN J R, VENABLES A J, 1998. Multinational firms and the new trade theory [J]. Journal of international economics, 46 (2): 283-203.

MARX K, ENGELS F, 1975. Capital: 3 vols [M]. Hamburg: Otto Meiner Press.

KWASS M, 2019. Capitalism, political economy, and inequality in eighteenth - century france: Writing history after the great recession [J]. French history, 33 (4): 606-632.

OECD, 2018. MNEs in the global economy: Heavily debated but hardly measured [R].

PRAHALAD C K, HAMEL G, 1990. The core competence of the corporation [J]. Harvard business review, 68 (3): 79-91.

QUINN J B, HILMER F G, 1994. Strategy outsourcing [J]. Sloan management review, 35 (4): 43-55.

RADZHABOVA Z K, RADZHABOV O R, OSMANOV M M, 2019. Globalization of supply chain management and international relations in world economic [J]. International journal of supply chain management, 8 (3): 363-368.

RAEISSI P, SOKHANVAR M, KAKEMAM E, 2018. Outsourcing in iranian hospitals: Findings from a qualitative study [J]. International journal of health planning & management, 33 (4): 1250-1261.

RAMAMURTI R, DOH J P, 2004. Rethinking foreign infrastructure investment in developing countries [J]. Journal of world business, 39 (2): 151-167.

SCOTT R, 2006. Over-investment of free cash flow [J]. Review of accounting studies, 11 (2): 159-189.

ROSE D P, MICHAEL B, 2019. Outsourcing contact centers: Internal branding challenges and consequences [J]. Journal of business and industrial marketing, 34 (5): 921-930.

SEFER S, DENIZ D, 2019. The causal relationship between innovation, competitiveness and foreign trade in developed and developing countries [J]. Procedia computer science (158): 533-540.

SINA T, SAEED S, 2021. Technological development of e&p companies in developing countries: An integrative approach to define and prioritize customized elements of technological capability in EOR [J]. Resources policy (72): 51-102.

SKLAIR L, 2016. The transnational capitalist class, social movements, and alternatives to capitalist globalization [J]. International critical thought, 6 (3): 329-341.

JOSEPH S G, 1961. The economics of information [J]. Journal of political economy, 69 (3): 213-225.

MCCAUSLAND T, 2020. News and analysis of the global innovation scene [J]. Research-technology management, 63 (3): 2-9.

UNCTAD, 2013. World investment report 2011 [R]. Geneva.

VALERIA C, JOSÉ M Z, 2019. Digitalizing industry? Labor, technology and work organization: An introduction to the forum [J]. Journal of industrial and business economics, 46 (3): 313-321.

WILLIAMSON O, 1998. The economic institutions of capitalism [M]. New York: Free Press.

XIE E, REDDY K S, LIANG J, 2017. Country - specific determinants of cross - border mergers and acquisitions: A comprehensive review and future research directions [J]. Journal of world business, 52 (2): 127-183.

YOUNG O R, YANG J, GUTTMAN D, 2020. Meeting cyber age needs for governance in a changing global order [J]. Sustainabilit, 12 (14): 55-57.

现/代/国/际/投/资/学

第六章
国际间接投资

　　国际间接投资是国际投资学的重点研究领域之一，在国际上进行间接投资一般以证券作为媒介。例如，时雨田（2010）认为，国际间接投资以国际证券投资为主，它不追求对所投资的公司或投资所形成的资产的经营和管理控制权，其投资的主要目的是寻求资本收益。裴长洪和樊瑛（2010）通过文献研究发现，1990—2000年国际直接投资呈现出较快的增长，峰值出现在 2000 年，此后三年呈现出逐渐下降的趋势，2004 年下降的情况得到改变，在 2007 年又出现了新的增长趋势。全球化背景之下，国际投资品种日渐增多，投资理论发展也较为活跃，如裴长洪和郑文（2011）根据原籍国特殊优势（special advantages of the country of origin），更新解释了相关国际投资理论。

　　在国际直接投资出现新趋势的同时，以金融证券化的方式进行投资也成为一股热潮（Bénassy-Quéré et al.，2010），国际间接投资的主导方式也在改变，二者共同构成了国际投资活动的主要内容。本章将在介绍国际间接投资的相关基本内容及发展情况的基础之上，对国际间接投资的主要形式及投资理论予以重点介绍，并介绍各种间接投资形式的研究发展与现状。

141

第一节　国际间接投资概述

一、国际间接投资的基本内容

　　国际间接投资涉及的主体大致包含两类：一是银行，它参与国际间接投资活动的方式是中长期贷款；二是个人或机构，其以本币或外币资金直接获得某些国际投资品种来提高资本收益（马全军，1996）。于永达（2000）就列出了几种增长较快的国际间接投资品种，规模较大的当属外汇交易，增长较快的包括国际股票和债券交易以及一些衍生品种交易。

　　在国际间接投资发展的过程中，风险特征首先被研究者关注。与国际直接投资相比，国际证券投资风险相对较小（聂名华，1996）。此外，聂名华（1996）还指出，国际证券投资风险大于国内证券投资。对于股票投资，樊秀峰（2013）指出，由于资本证券可以进行转让、抵质押，这意味着它们可以随时在国际股票市场上出售，买卖活动的跨度和范围都较广，具有较高的流动性。在国际信贷投资中，涉及主权政府性质的贷款和出于援助目的的贷款，这两类贷款的偿还一般有较宽松的期限，其他类型贷款的偿还期限具有较强的刚性特点（卢进勇 等，2016），因而，国际间接投资有较强的流通性。

随着国际间接投资在金融资本领域的进一步发展，其相关性的特点也愈发显现出来。利率和汇率的变动会导致国际间接资本频繁在各国之间流动，故而，联动性的特点在各国证券市场之间表现较突出（陈梦根 等，2007）。以金融衍生品市场为例，2008年国际金融危机爆发后，由于金融衍生品市场的联动性等特点，国际资本对欧洲的金融衍生品市场的投资产生了较大的影响（姚小义 等，2016）。相关性的驱动因素也越来越受到经济学家们的关注，杨海珍等（2020）对促使国家和地区间国际证券资金流动的相关联动性的驱动因素探究后发现，贸易、金融关联度以及一些经济基本面的因素是主要的驱动因素。

从理论角度，一般用经济基础假说（economic fundamental hypothesis）和市场传染假说（market contagion hypothesis）来解释全球股票市场出现的联动特征及其作用机制（如 Adler et al., 1983；King et al., 1990；Contessi et al., 2010）。前者认为宏观经济基本面因素，诸如经济结构、宏观指标等，这些因素之间所反映出来的信息，导致了相关证券资产价格发生联动（Adler et al., 1983；Contessi et al., 2010）。后者则以行为特征为研究重点，从投资者行为或金融市场上找原因，例如 King 和 Wadhwani（1990）揭示了除基本面以外的因素对不同股市相关性的影响；Connolly 和 Wang（2002）的研究进一步揭示这些因素包括某些未观察到的全球信息。国内学者陈梦根和毛小元（2007）以沪深股市的944只股票为样本，测出公司基本面信息中的52%反映公司的股价波动现象，另外，还有一些非基本面因素，也对股市之间的联动价格产生影响。此外，投资者情绪对跨境证券投资资本的流动也会产生影响，并且这种情绪作用的逐渐加强，凸显了危机后国际金融市场联动性加强的隐患（张广婷，2016）。

关于国际间接投资与国际直接投资的差异，赵艳平等（2019）指出，两种投资方式的投资目的不同，国际直接投资的投资目的是期望获得被投资企业的经营管理控制权，而国际间接投资期望短期获得股息或利息，导致两者在投资经营管理控制权方面存在显著不同。从国际货币使用视角，王孝松等（2021）研究发现贸易和国际间接投资对国际货币的直接使用有更显著的作用，而国际直接投资则对国际货币的间接使用产生的影响更大。

二、国际间接投资的主要形式

（一）国际股票投资

国际股票投资是典型的国际间接投资形式的一种，投向往往是实力和信誉都较强的跨国公司按照有关规定发行的股票。由于股票投资可能会形成不同的所有权占比，杨德才（2007）指出，如果所有权占比很高，高到可以控制所投资企业的经营活动，拥有较强的参与权，此时的股票投资也可被划分为直接投资。该种形式的投资目的主要有三个：从股份公司取得股息收入，通过股票价格上涨获取资本利得，通过全球化资产配置分散投资风险。

（二）国际债券投资

国际债券投资典型的投资品种即为国际债券（Steiner et al., 2010）。它也是目前较为常见的国际间接投资形式。对于一个国际债券的发行国而言，要满足资金范围广、资金量多的需求，必须合理评估其全球范围内的发行成本与收益；此外，由于债券是一类被广泛应用的证券融资方式，还要同时考虑其自身偿还债款的能力。李言赋（1988）早就对这种证券融资方式的风险成本进行了衡量。

（三）国际信贷投资

国际信贷投资即跨国界的资金借贷活动，是通过资金进行间接投资的一种形式，表现为资本输出者对债务者的一种资本借出和借入（白远，1999），主权政府国家各类性质的贷款、银行的贷款都属于此类信贷投资。李扬等（2012）指出在国际信贷投资之前要对贷款做好风险评估，这样才能做好国际信贷决策。

三、影响国际间接投资的影响因素

在国际投资学中，投资的一个重要方向就是国际间接投资，而诸多因素对间接投资的方式、方向、投资量等产生影响。关于国际间接投资的影响因素，国内外学者对国际间接投资资本流动的研究，主要从利率、汇率、偿债能力、风险性和开放性等角度展开（杨德才，2007）。

关于利率差异这一因素，利率首先会对股价产生影响，股价又会影响国民对证券的选择，从而影响国际间接投资的投资方式、方向及投资量（王国松 等，2012）。资产选择理论对此做出了很好的解释：它将利率对股价的影响分成了两个效应来解释。首先是替代效应，Markowitz 认为如果利率下降，那么相对的收益就会减少，如果此时出现一只相对收益较高的股票，公民就会抢先去买，根据供给与需求的差异，股价上涨。其次是积累效应，Markowitz 认为利率下降使得投资者为满足财富收益目标可能会冒风险选择更多风险资产，由此导致股价上升。

从经验角度来看，高志勇和刘赟（2010）在研究国际资本流动时，就表明利率差异作为一种投机因素，通过影响国际证券投资方式来影响国际资本的流向。张向凤等（2018）认为，正常情况下，资本会自发地从低利率的国家向高利率的国家流动。对于国际债券投资和国际商业银行贷款而言，获得利息收入是其主要目的，因此，一般情况下资金由低利率国家向高利率国家流动。对于国际股票投资而言，利率下跌一般会吸引国际股票投资的流入。Dooley 等（1996）研究了世界上十几个国家的跨国证券投资情况，并发现当时全球利率的下降可以较充分地解释这些国家发生的大量证券投资资本流入现象。梁琪等（2015）在对 17 个国家或地区的股票市场的联动分析中也有同样发现。

汇率差异的影响与利率差异的影响基于同一原理。Dornbusch 和 Fisher 在 1980年提出的汇率波动"流量导向模型"，就可以进一步佐证这一点。杜运苏和赵勇（2008）也认为，股票市场的某些变化可能是由汇率的变化导致的。资本流动的方向会受到汇率变化的影响，依据由资本流动带来的国际收支状况的不同，多数主体

143

国家制定了限制或刺激资本流入和流出的政策。一般用外汇管制的政策来应对一国国际收支恶化的情况（Lewis et al.，2013）。

对于外汇管制的作用，曹凤岐和林敏仪（2004）提出如果大额资本要流出，那么外汇管制政策就可以发挥作用。它禁止兑换外汇，由此可以防止本国资本流出大于流入的恶化状况。何德旭等（2006）根据统计结果发现，1992年后我国经济对外开放程度的增加和外汇管制的放松，加大了资本的外逃概率。汇率的稳定对一国资本流入有较大的吸引力，外汇管制正好有助于维持本币汇率的稳定，刺激外国资本的流入（Acharyya，2010）。

偿债能力和风险性则基于安全角度考虑。偿债能力一般与资本流入的数量成正比，偿债能力强、风险性小的投资，安全性就高（人民银行上海分行课题组，1992）。发达国家外汇储备和偿债能力，毋庸置疑，使其在吸引国际资本方面具有很大优势。以国际贷款为例，白远（1999）指出经济回报率较高、信誉良好的投资项目会受到国际复兴开发银行的青睐，而有资格向其借款的国家人均国民生产总值一般在786~9 160美元。

除了上述四种因素以外，随着国家投资的进一步开放，开放度也逐渐成为影响国际间接投资的重要因素之一。关于中国证券市场开放问题的研究，主要集中于对开放的必要性（唐利民 等，2000）、开放的风险性（李扬，2000），以及采用什么策略来开放中国证券市场的讨论（鄂志寰，2001；田素华，2001）。就策略本身而言，鄂志寰（2001）认为全面开放能够达到促进证券市场发展的效果；田素华（2001）在认可该策略可行性的基础上，提出要考虑中国具体的风险收益率水平。如果直接采取该策略，较高的非系统风险会使得国内资本外流；另外，收益率高的特性会增加国外投机资本的流入，由此体现出了渐进式开放策略的可行性。此外，李巍和张志超（2009）也认为，不同开放度的经济体的开放策略不一致，这种不一致主要是时间上的差异，开放度不同，由开放所导致的金融稳定性就不同，要合理地确定不同开放度水平经济体的开放时间。经过研究，李巍和张志超（2009）提出，2010—2020年是中国股票市场的最优开放时间。

四、国际间接投资的发展情况及趋势

国际间接投资出现于自由资本主义时期，恽晓方（2015）在《国际投资理论与实务》中论述到，少数资本主义国家垄断的深化，在19世纪末到20世纪初这段时间表现得尤为突出。垄断所带来的巨额的"过剩资本"并没有被闲置，为了将这种资本的收益最大化，生成更多的高额利润，出现了国际间接投资这种投资形式。一战之后，无论从规模还是从投资比重来看，国际直接投资都显著大于国际间接投资。同时，随着时间的推移，国际间接投资的形式也发生了变化。由于投资环境差，金融市场并未形成，20世纪70年代的国际间接投资中商业性质的银行贷款占比较多，但1990年之后，随着金融投资的自由化和投资制度的标准化，证券投资的国际化日益兴起（刘志勇，1995）。

根据《英格兰银行季报》（*Bank of England Quarterly Bulletin*）和WTO统计数

据，国际证券发行量 1990—1994 年从 2 348 亿美元增长到了 6 189 亿美元，增长了 164%。改革开放以来，从我国以间接投资方式利用外资的情况来看，改革开放使得我国国际债券和股票发行量大幅增加，由筹资为主变成了筹资和投资并重（聂名华，1996）。从世界范围来看，20 世纪 90 年代是国际股票投资发展的一个分界点（解之春 等，1997）。1990 年之前，世界范围内最大的投资来源地为欧洲；1990 年之后，欧洲股票销售额虽然位列第一，但地位已经大大下降，日本的地位有明显的提升，最突出的变化是新兴市场的地位不但没有降低，反而有了明显的提升，跃居第二位。

就我国 20 世纪 90 年代的国际间接投资的具体情况而言，与拥有我国同等收入的其他国家相比较，这一阶段我国利用间接投资形式筹资和投资的净资本数量，在利用各种形式融入的净资本中所占的比例较低。但是，这也是我国此后利用此种方式吸引外资、进行投资的重点（国家计委中国宏观经济学会课题组，1999）。

目前，国际证券投资发行呈国际化发展趋势，衡量这种发展的量化指标即为本国去海外上市的公司总数与该国全部上市公司总数之比。例如：除美国本土证券外，60% 的国外证券在伦敦证券交易所挂牌交易。证券发行国际化，还得益于新兴市场国家的崛起，尤其是工业国家（解之春 等，1997）。解之春和高占军在研究证券市场国际化时发现，新兴市场国家的崛起促进了全球证券资本的流动，使得国际投资发展上了一个新台阶，各国经济渗透融合的程度进一步加深。

二战后，各国政府采取了一系列措施维护本国证券市场的发展。1970 年以后，由于证券市场的迅速规模，这些措施已不再有意义，故而各国的管制渐渐放松，证券市场的开放度逐渐提高。例如，我国交通运输业的管制的放松便吸引了外资的进入，张平（1995）发现，1992 年以来我国交通运输业发展资金中有一部分就来源于国际证券资金，管制的放松为各行业广泛利用世界范围内的证券资金提供了可能。根据《人民币国际化报告 2019》，近十年来国际证券市场发展得越来越成熟，市场开放度也越来越高。

此外，证券交易市场的创新化和国际化也在逐渐显现。"创新化"体现为各种证券交易工具的创新。20 世纪 70 年代的金融风险促成了 1990 年后各种新型交易方式的出现，如期权期货交易、交易型开放式指数基金交易（exchange traded funded）等（杨峰，2002；汤弦，2005；郑振龙 等，2019），加之大量无纸交易的产生，这些都对证券交易的创新推波助澜。"国际化"体现全球多个国际性交易所的建立，如纳斯达克（national association of securities dealers automated wuotations，NASDAQ）。

五、国际间接投资理论

（一）现代的国际间接投资理论——证券组合理论

20 世纪 80 年代以来，随着国际证券投资活动的迅速扩展，现代国际间接投资理论也得到了发展（肖海泉，1993）。在各种金融资产中，投资者如何进行选择，是马科维茨（Markowitz）的证券组合理论研究的重要问题（李善民 等，2000）。在现有证券组合投资中，由于投资存在较大的风险，投资者需要解决风险下的投资决策问题（李学涛，2010）。对此，马科维茨在 1952 年提出，投资者在证券数量和种类上做出决策，调整自己的投资组合，以达到风险免疫或减少风险的目标。

马科维茨的证券投资决策过程分为以下三个部分：

1. 证券分析

证券分析的内容包括分析某一证券的风险与收益的匹配关系以及多种证券之间的关系。交易证券的收益包括两部分：第一是证券买卖的价差，第二是债券的利息或股票红利。用公式（6-1）表示某一证券的预期收益。

$$EX = \sum_{i=1}^{n} X_i \cdot P_i \tag{6-1}$$

式中，EX 代表预期收益；

X_i 表示第 i 种可能状态下的收益；

P_i 表示与第 i 种可能相对应的概率。

可以采用收益的期望值来量化证券预期收益，对于持有证券的风险的衡量，马科维茨使用统计方法将不确定的收益率作为随机变量处理，并根据离散趋势——标准差 σ 来衡量持有证券的风险大小，用公式表示如下：

$$\sigma = \sqrt{\sum_{i=1}^{n} (X_i - EX)^i \times P_i} \tag{6-2}$$

例如，投资者预计 A 证券在不同市场情况下的收益率如表 6-1 所示。

表 6-1　一个假设的证券收益与概率

市场情况	行情上涨	行情基本不变	行情下跌
概率	0.40	0.50	0.10
收益率/%	11	8	−4
预测收益率	\multicolumn{3}{c}{EX = 11%×0.4+8%×0.5−4%×0.1 = 8%}		
标准差 σ	\multicolumn{3}{c}{$\sigma = \sqrt{(11\% - 8\%)^2 \times 0.4 + (8\% - 8\%)^2 \times 0.5 + (-4\% - 8\%)^2 \times 0.1}$ = 4.24%}		

在把握投资组合的风险和预期收益时，需要考虑不同证券之间的关联性（马永开 等，1995）。理论上，相关程度常用 ρ_{ij} 来表现，公式如下：

$$\rho_{ij} = \frac{\mathrm{cov}_{ij}}{\sigma_i \times \sigma_j} \tag{6-3}$$

式中，ρ_{ij} 表示两种证券 i 和 j 的相关系数；

cov_{ij} 代表两种证券之间预期收益的协方差；

σ_i，σ_j 分别代表两种证券 i 和 j 各自的标准差。

其相关系数如表 6-2 所示。

表 6-2　两种证券的相关系数

ρ_{ij}	相关性
1	两种证券完全正相关
0	两种证券之间毫不相关
-1	两种证券完全负相关

2. 证券组合分析

证券组合分析用以分析证券组合的预期收益和标准差，预期收益计算公式如下：

$$\bar{r}_p = \sum_{i=1}^{n} x_i \times \bar{r}_i = x_1 \bar{r}_1 + x_2 \bar{r}_2 + \cdots + \bar{x}_n r_n \tag{6-4}$$

式中，$\bar{r}_p$ 表示证券组合的预期收益；

x_i 表示证券 i 在该证券组合中所占的比重；

$\bar{r}_i$ 表示证券 i 的预期收益；

n 代表证券的种类数。

一个证券组合的标准差的计算公式如下：

$$\sigma_p{}^2 = \sum_{i=1}^{n} \sum_{j=1}^{n} \mathrm{COV}_{ij} \, x_i \, x_j \tag{6-5}$$

式中，$\sigma_p{}^2$ 表示证券组合的方差（平方根即为标准差）；

COV_{ij} 表示证券与证券预期收益的协方差；

x_i，x_j 表示证券 i 和证券 j 的权数。

可以看出，与收益紧密相关的是组合里各证券的占比和各自预期收益；相对应的风险，即方差的大小与两种证券之间的相关度和权数有关。也就是说，在其他因素确定的前提下，通过调整各种证券的购买比例可以降低证券组合的风险。

3. 证券组合选择

通过上述的证券组合分析，可以得到不同投资组合的预期收益和风险的大小。选择投资于不同的证券种类，进而确定每种种类的权重和份额，就可得到由这些组合组成的可行集。可行集的形状如图 6-1 所示。

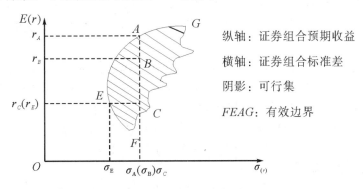

图 6-1　可行集与有效边界

资料来源：樊秀峰. 国际投资与跨国公司［M］. 西安：西安交通大学出版社，2013.

阴影部分代表投资者的可行集，可以在这个范围内选择证券种类予以组合投资。而对于多种不同的证券组合，同等情况下收益高或风险小的组合才是最有效的。如图 6-1 中，A、B 所对应的两点拥有同样的风险，但投资者选择投资于 A 点的证券组合才是最有效的；同理，E、C 所对应的两点拥有相同的收益水平，但要想获得一样的收益，投资者当然愿意承担较小的风险，选择投资于 E 点。有效边界 $FEAG$ 上的点是有效的投资区域，而对于有效边界以外的点，均被认为是"无效证券组合"。

　　由于存在投资偏好，结合无差异曲线考虑投资者偏好后，可以在切点 O 找到最佳的证券组合点。无差异曲线、可行集、有效边界如图 6-2 所示，图中 I_2 与 $A\,O_2\,O\,O_1$ 切于 O 点。根据偏好分析得知 I_3 优于 I_2 和 I_1，I_3 与有效边界没有交点，但 I_2 与有效边界存在切点 O，在这一点上可得到有效可行的最优证券组合。投资者不会选择 O_1、O_2 点的证券组合，因为这两点所满足的偏好水平明显低于 I_2。由此可见，有效边界是投资者选择投资的重要边界，投资者不会在边界内部选择投资组合，在有效边界上的点进行投资可以确保在单位风险下预期获得最大的收益。

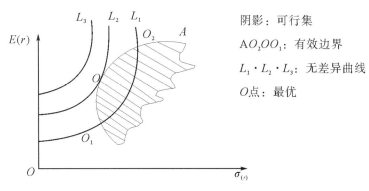

图 6-2　最优证券组合

资料来源：樊秀峰. 国际投资与跨国公司 ［M］. 西安：西安交通大学出版社，2013.

（二）现代的国际间接投资理论——资本资产定价理论

　　资本资产定价理论（CAPM）是由 William Sharp 等人在 Markowitz 的组合理论基础上提出并发展起来的。它是研究资产，尤其是证券资产的估值方法的理论（陈彦斌和徐绪松，2003）。

　　该理论假定：投资者能够不受限制地有一个无风险借贷利率，以这种假定为前提条件，存在一个市场组合。新的投资组合由此诞生，包含无风险资产和风险资产。用 (r_p) 表示期望回报，R_f 表示无风险利率，W_f 表示投资于无风险资产的比例，则投资于风险资产的比例为 $(1-W_f)$，新投资组合的期望报酬率为

$$E(r_p) = R_f W_f + E(r_m)(1 - W_f) \tag{6-6}$$

报酬率的方差为

$$\sigma_p^{\,2} = \sigma_f^{\,2} W_f^{\,2} + 2\,\mathrm{COV}_{f,\,m}(1 - W_f) + \sigma_m^{\,2}(1 - W_f)^2 \tag{6-7}$$

上述公式中，$E(r_p)$、$\sigma_p^{\,2}$ 分别表示新投资组合的期望报酬率和方差；$E(r_p)$、$\sigma_m^{\,2}$ 分别为风险资产组合的收益率和方差；$\sigma_f^{\,2}$ 为无风险资产的方差；$\mathrm{COV}_{f,\,m}$ 为无风险资产

与风险资产组合收益间的协方差。投资证券的报酬存在变动的风险，这种风险以证券投资报酬的标准差来衡量，显然无风险资产报酬之方差为 0。因此有：

$$\sigma_p{}^2 = \sigma_m{}^2 (1 - W_f)^2, \quad \sigma_p = \sigma_m (1 - W_f) \tag{6-8}$$

这说明，新投资组合的方差完全取决于投资于风险资产的比例，或者说取决于投资于无风险资产之比例。

（三）多因素定价理论——APT

Sharp 的 CAPM 模型有其进步的地方，如阐明哪一部分的风险与资产的定价相关，但 Ross 在 1976 年指出，不可否认的是在理论发展过程中，假设条件刚性使其运用受到限制，同时，对市场组合这一概念的界定具有模糊性。针对这一缺点，Ross 进一步提出了套利定价理论（APT），它与 CAPM 的不同点在于 APT 成立所要求的条件较低，APT 理论的基础在于任何套利都是有风险的，而 CAPM 以均衡条件为发展前提（东朝晖，2003）。套利定价模型的表达式为

$$R_j = A_j + \beta_{1j} \cdot F_1 + \beta_{2j} \cdot F_2 + \cdots + \beta_{mj} \cdot F_n + \varepsilon_j \tag{6-9}$$

式中，R_j 代表资产 j 的收益率；F 代表对各种资产都产生影响的因素；A_j 表示各个影响因素都为零时的收益率；β 表示影响因素的反映系数；ε_j 代表误差。

实证研究方面，为了探讨出宏观经济指标中影响资产价格的风险因素，Chen 等（1986）用可观测的指标对 APT 理论进行了实证检验，发现存在四项基本因素如意外通胀率变化幅度、长短期国债收益差额等影响资产价格的风险因素。此外，对 APT 理论进行严格意义上的监测也是非常有难度的（Shanken et al.，1985）。APT 模型揭示了影响资产价格的诸多因素，但最大的缺陷在于 APT 理论不能指明相关风险因素及其风险溢价（东朝晖，2003）。

（四）行为资产组合理论

针对现代资产组合理论的局限，例如现代资产组合理论认为投资者是理性人且对风险保持厌恶的态度，对于风险的度量不符合实际投资的情况，Shefrin 和 Statman 在 2000 年提出了行为资产组合理论（behavior portfolio theory，BPT）。BPT 克服了以证券组合理论为基础的投资决策行为分析理论的缺陷，从投资人的最优决策实际上是不确定条件下的心理选择的事实出发，确定了投资者的最优投资决策行为。Markowitz 理论的投资决策分析以均值——方差为基础，而 BPT 确定了以预期财富和财富低于可以维持的概率来进行投资组合决策分析的方法（熊长江，2001）。

BPT 的理论基础主要有安全第一组合理论（safety-first protfolio theory）与安全、潜力和期望理论（security potential/aapiration，SP/A）。前者由 Roy 在 1952 年首先提出。该理论提出，资产的组合配置会以"安全"为第一要素，投资者的期望是使其"破产"的概率最小化，即使其预期财富低于其生存水平的概率最小化。但 Telser 在 1955 年放松了这个前提假设，进一步发展了该理论。他认为破产有一个预先给定的 α 概率水平，低于 α 概率水平的资产配置组合就有较强的安全性，在此前提之下的资产组合配置的目标是使预期财富最大化。

Arzac 和 Bawa 在 Telser 的基础之上又提出了当 α 变动时，资产组合配置目标即预期财富最大化的函数模型。得益于前述理论的发展演化，SP/A 理论于 1987 年由

Lopes 提出。与第一个理论不同的是 Lopes 加入了潜力这一要素。在保障安全和预期收益的前提下，潜力指的是投资者实际想要满足这种最大化预期财富的愿望。SP/A 理论考虑了"安全"和"潜力"影响下的期望收益，提供了比资产组合选择更为普遍的选择框架。

BPT 有两种分析模型：

（1）单一账户资产组合理论（BPT-SA）。

在证券组合选择方面，BPT-SA 与均值方差模型类似，不同之处在于 BPT-SA 加入了心理因素（psychological factor）。心理因素会极大地对证券组合的选择产生影响。在不确定的情况下，如何做出选择正是该模型研究的重点（张峥 等，2006）。

在该模型中，投资者关心投资组合中各项资产的相关系数，并把所有资产放到同一心理账户中。单一账户下的资产组合模型如下：

$$\begin{cases} \max E_h(W) = \sum r_i w_i \\ s.\ t.\ prob\{W \le A\} \le \alpha \\ \quad \sum r_i w_i \le w_0 \end{cases} \tag{6-10}$$

对于该模型，Lopes（1987）用 0 和 1 表示两个阶段，对于阶段 1 的 n 种状态，$p_i = prob\{W_i\}(i = 1, 2, \cdots, n)$，并且财富 W_i 之间的大小关系依次增大。$E_h(W)$ 为受到感情因素影响与支配的期望财富，$D(A) = prob\{W \le A\}$，A 代表投资期望值，$D(A)$ 用来度量安全度。

分析该模型，BPT-SA 组合收益可能有三种结果：0，投资期望值 A，高于 A 的 W_n。

（2）多重账户行为组合理论（BPT-MA）。

BPT-MA 关注多个心理账户的状况。该理论旨在研究投资者在满足两个高、低期望收益值的情况下如何分配现有的资金，使得投资整体的效益最大化（韩梅，2012）。

首先假设低期望账户的效用函数为 Cobb-Douglas 函数，即

$$U_s = P_s^{1-\gamma} E_h(W_s)^{\gamma} \tag{6-11}$$

其中，P_s 是未达到低期望水平 A_s 的概率，W_s 表示财富，γ 则为非负的权重参数。

高期望账户效用函数如下：

$$U_r = P_r^{1-\beta} E_h(W_r)^{\beta} \tag{6-12}$$

组合效用函数如下：

$$U = [1 + K_{dr} P_r^{1-\beta} E_h(W_r)^{\beta}] K_{dr}[P_s^{1-\gamma} E_h(W_s)^{\gamma}] \tag{6-13}$$

分析该组合效用函数，当 $U_s = 0$ 时，整体的 U 也为 0，但 $U_r = 0$ 时，U 不为 0。故而整体的财富分配一般会优先满足低期望账户，虽然整体收益不大，但安全性较高。

（五）行为资产定价模型

20 世纪 80 年代以来，行为金融学的影响比较大，在行为资产组合理论（behavioral asset pricing model，BAPM）的基础之上，Shefrin 和 Statman 还对 CAPM 模型进行了扩展，于 1994 年进一步提出了 BAPM 模型。BAPM 模型认为除了 CAPM 模型所

刻画出来的理性交易者之外,还有一种投资者,称为噪声交易者,这两类投资者在
BAPM 模型中共同决定了资产的价格(陈彦斌和周业安,2004)。BAPM 模型认为,
投资者的投资组合会考量多种因素,除了风险与收益,还会受到个体自身行为的限
制,由于市场上两类投资者并存,故而市场在有效率和无效率之间变化。

在 BAPM 模型中,证券的预期收益率是由其"行为 β"决定的,但这个系数的
估算是一个难点,Shefrin 和 Statman 对行为 β 的定义如下:

$$\beta(Z) = \frac{\text{cov}[\rho(z), \rho_{MV}]}{\text{var}(\rho_{MV})} \tag{6-14}$$

故而 BAPM 可以表示为

$$E_m\rho(Z) - 1 = i_1 + \beta(Z)(E_N\rho_{MV} - 1 - i_1) \tag{6-15}$$

式中,$E_m\rho(Z)$ 是任意证券 Z 的预期总收益率;$E_N\rho_{MV}$ 是均值方差有效资产组合的预
期总收益率;i_1 表示无风险利率。

BAPM 对噪声交易者存在的条件下,市场组合回报的分布、风险溢价、期限结
构、期权定价等问题进行了全面研究,对金融研究的未来发展有着深刻的启示(汪
昌云 等,2007)。

第二节 国际信贷投资

一、国际信贷的概念、分类

国际信贷即跨国界的资金借贷活动,是通过资金进行间接投资的一种形式,表
现为资本输出者对债务者的一种资本借出和借入。周启元(1995)认为这种资金借
贷活动在其周转的过程中一直是以货币资本的形态存在的,双方的交换以货币的方
式进行,不涉及商品等实物资本。此外,周启元(1995)还认为,这种资金借贷活
动只是国际资本流动的方式之一,事实上,多种直接或间接的投资方式共同构成了
国际资本流动(Hagen et al.,2014)。

国际信贷与国际储备之间关系密切,Aizenman 和 Marion(2002)认为如果一国
的国际储备发生恶化,如数量不足或风险增加,那么该国在国际资本市场上向其他
国家或企业的国际借款量就会显著增加。

关于国际信贷的分类,目前有多种划分方法,较为常见的是按期限划分为长、
中、短三类(宋浩平,2006)。但是,周启元(1995)还认为,资金来源主体不同,
国际信贷资金的种类就不同。有来自国际金融组织的援助贷款,也有外国主权国家
提供的贷款,以及主体为银行机构所提供的贷款和为拉动本国出口贸易而提供的出
口信贷等。

二、国际信贷的产生与发展

回顾国际信贷的产生与发展,周启元(1995)认为,国际信贷产生的历史条件
有两个:一是,国际贸易的形成,从原料、生产到销售的全过程都有不同的主权国

家参与；二是，跨国银行的建立为跨国资本借贷提供了条件。国际贸易的形成，得益于机器大工业时代创造出来的多余生产力（Krugman，1979）。机器解放了人力，同时也提高了商品生产的效率。在这种时代背景之下，全球范围内的商品生产经济空前繁荣。由于全球市场的竞争，商品生产商更倾向于在全球范围内寻找价格低廉的原料，同时也倾向于在全球寻找更高价格的销售市场。由此形成的国际贸易为国际信贷的产生提供了一个很好的物质条件（周启元，1995）。

国际资本流动在帝国主义时期，不仅仅表现为国际经济贸易关系。这时期，各国不仅想要通过借贷促进本国贸易出口，还希望进行进一步的产业扩张。而建立一个跨国界的分支银行的重要性就凸显出来。跨国银行的建立为本国商品的出口和产业的扩张提供了更多的可能性（Darling et al.，1999）。

国际信贷的大发展是在第三次科技革命之后开始的，其原因主要是科技革命的力量和国际贸易程度的加深。在此阶段，国际信贷的范围、数量、方式及种类较其产生时都有了很大程度的发展，极大地丰富了间接投资的国际化发展（Boyd et al.，2004）。目前，人民币国际化是中国人民大学国际货币研究所（International Monetary Institute，IMI）的一项重要研究课题。该研究已成为连接不同国家金融市场和国际贷款发展的主要动因。根据《2020 年人民币国际化报告》，当前人民币支付货币的功能在不断增强，特别是在"一带一路"沿线国家。另外，数据显示，截至 2019 年年末，境外主体持有境内人民币股票、债券、贷款以及存款等金融资产金额合计 6.41 万亿元，同比增长 30.3%。其中，存款余额为 1.21 万亿元（包括同业往来账户存款），贷款余额 8 332 亿元。对于人民币境外贷款，近几年我国人民币境外贷款满足了我国企业"走出去"的融资需求，也支持了"一带一路"建设。据图 6-3 所示，2019 年我国境内金融机构人民币境外贷款余额达 5 237.8 亿元，同比增长 3.2%（IMI，2020）。人民币境外贷款占金融机构贷款总额的比重为 0.351%，较 2018 年下降 0.02 个百分点，下降比重不大，总体发展呈稳健状态（IMI，2020）。

图 6-3　中国金融机构人民币境外贷款余额及占比

资料来源：中国人民银行。

三、国际信贷的定价

国际信贷定价就是银行要确定其信贷产品的价格，定价要有一个合理的区间，不能偏低也不能偏高（钱婵娟，2014）。高价意味着高盈利和低市场份额，低价意味着低盈利和高市场份额。由于不同主体之间的激烈竞争，银行常常被动接受信贷定价（宋浩平，2006）。另外，银行的收益随存贷款之间的利差减小而减少。因此，如何确定合理的信贷价格，是国际信贷定价问题研究的重点。

（一）成本、利润相加定价法

这种定价方法将贷款利率视为各项成本率和利润率之和，其公式表示如下：

贷款利率=筹集资金的边际成本+非资金性银行经营成本+

预计贷款违约风险补偿边际成本+单位资金利润率

这种方法的前提条件是银行能精确地计算出每一笔贷款的成本（钱婵娟，2014）。在满足这一前提条件时，该种方法的优势在于它能对银行的各项边际成本及经营成本予以补偿，并且也能保证一定的利润率水平。尽管违约风险补偿成本定价难度较大，但实际操作中，对于不同筹款人的信誉状况，银行参照以往的借款经验都有相对应的分类，在不同等级水平下可以确定相对应的风险补偿成本，据此进行合理定价。

（二）基准利率风险加成法

这种定价方法以基准利率为基础，同时考虑风险溢价水平，由此确定贷款利率。计算公式如下：

贷款利率=基准利率+违约风险溢价+长期贷款的期限风险溢价

其中，基准利率是在竞争日益激烈的条件下，为了争取更多优质客户，对信誉状况最好的客户使用的一个低标准的利率。使用的这个低利率则被称为基准利率（温彬，2004）。每个国家制定的基准利率或许不同。基准利率包括银行资金经营管理成本和预期利润。之所以被称为基准利率，是因为在20世纪30年代的大萧条中，它是由银行同业按一定规则统一制定出，且被大多数银行采纳的最低贷款价格标准。1970年以后，信贷资金进行国际化交易时，不采用原来制定的基准利率，而采用伦敦同业拆借利率（London inter bank offered rate，LIBOR）。

风险溢价中的违约风险溢价与不同类型的风险和风险概率相联系。该风险溢价的衡量思路与第一种定价方法相同。对于不同筹款人的信誉状况，银行参照以往的借款经验，都有相对应的分类，在不同等级水平下可以确定相对应的风险溢价水平，以此进行评估定价。

长期贷款期限风险溢价水平的衡量要参考贷款期限的长短。贷款在长期内更容易发生坏账，所以对于长期贷款，在基准利率采用浮动方式的基础上，再加上期限风险溢价。

（三）低于基准利率定价法

这种定价法的计算公式如下：

贷款利率=货币市场借贷利率+风险+利润+费用加成

这种定价方式的显著特点是加成比例很小，结果是短期贷款利率要比基准利率低。这种定价法一般是在对信誉优良的大公司的几天或几个星期的贷款中使用的。

（四）限定贷款利率上限的定价法

这种定价法是在第二种定价方法之上所做的一种修正（钱婵娟，2014）。该种方法将第二种方法所制定的基准利率直接作为初始利率，以该基准利率为起点，再考虑协商的百分点，由此确定贷款利率上限。计算公式如下：

$$贷款利率上限 = 初始利率 + 协商的百分点$$

这种定价法制定出来的贷款利率的最突出特点是不考虑基准利率上浮的程度。借款人只支付上限利率作为报酬。借款人要支付一笔保险费，保证当利率真的上浮时，借款人实际支付的贷款的执行价格要比没有支付保险费时的价格低（宋浩平，2006）。

（五）成本—收益贷款定价

这种定价方法不再简单根据贷款的实际成本进行定价。它是通过分析借款人与银行的综合关系来进行定价的一种方法。它分析了银行为提供该笔贷款所获得的收入，分析了为此所支付的成本，比较收入与成本，合理确定信贷价格。此种方法可归纳为三步：

第一，估算银行为该客户提供的全部服务所支出的成本；

第二，估算银行从为该客户提供的全部服务中所获得的收入；

第三，当银行对客户综合支出成本小于综合收入时，可采用第二种或第三种方法计算贷款利率。

四、国际信贷的风险及评估

针对国际信贷风险问题，有大量的学者进行过相关研究。例如钱婵娟（2014）在《国际信贷》中将国际信贷风险分为广义和狭义两种。广义信贷风险即指不同国家或地区的当事人在国际信贷各种方式中，受到不确定性或无法预测事项的影响，使得当事人未来资产或负债的实际状况可能无法达到预期（张鸣，2006）。狭义的信贷风险指的是这种损失的概率，即可能发生多大损失，损失的程度有多大。其中国家风险最为典型。白远（1999）在分析世界银行贷款项目时提出，虽然有些贷款不用于国家组织实施的项目，但是只要是以国家作为借贷主体的贷款风险最后都会追溯到政府头上，因此要对国家风险予以合理评估（宋浩平，2006）。

（一）国际信贷风险分类

有学者认为，信贷风险可以通过一些方式进行规避和消除。因此，按照此类特点，信贷风险具体可分为以下三类：完全可以规避的，需要借助担保等方式进行风险转移的，以及无法通过任何手段减少和转移的系统性风险。钱婵娟（2014）在《国际信贷》中又进一步对这三种信贷风险进行了细致的分类。大致可分为以下几类：

1. 利率风险

对于利率风险，关注得最多的是利率期限结构问题（Jaffee，2003）。期限长的贷款利率风险相应提高。长短期限的贷款如何进行期限匹配才能减少利率风险，这也是研究的重点（Sweeney et al., 2012）。

2. 汇率风险

汇率风险直接导致的结果是由于利率变动投资者蒙受损失，使得获得预期收益的机会丢失。Herrero 和 Berganza（2004）以 27 个新兴经济体为样本，发现实际汇率贬值有增加一国风险溢价的趋势。

3. 商业风险

目前，国际信贷业务中涉及的商业风险主要是双方交易时，一方无力偿债或涉及的经济和法律条款发生变化，由此给另一方造成的经济损失的风险。

4. 国家风险

国家风险既难以预见又复杂，也是最危险的一种风险（Heffernan，1985）。国家风险也称主权风险，包括一国的政策、法律、政治趋势的稳定性（白远，1999）。除上述国家风险之外，东道国发生战争、没收财产实行国有化等同样构成了东道国的国家风险。

（二）国际信贷风险评估

国际信贷决策的难点和重点就是做好国际信贷风险评估。对信贷风险的评估贯穿贷款的全过程。信贷前的风险评估，旨在做好信贷决策。信贷中的风险评估，旨在做好风险的管理工作，减少贷款的损失（张颖，1998）。信贷后也可对风险进行评估，用以总结此次贷款的风险并为此后信贷等级分类提供参考。前文述及，国家风险最为典型（白远，1999），非常具有评估的必要性；此外，在贷款项目中，如果只有经济效益而缺乏社会效益，那么世界银行不会介入。故而，注重社会效益而缺乏经济效益的特性，会使得世界银行更加注重国家风险的风险管理。同时，杨学进（2000）也承认了国家风险的基本性特征，认为国家风险的评估意义非凡，评估方法的选用是国际信贷风险评估环节的重中之重（Chijoriga et al., 2011）。故而，在此主要讨论国家风险的评估。

1. 以定性的方法评估国家风险

第一种方法是完全定性分析。这种分析方法依据的格式不固定，非固定格式不仅包括内容，也包括分析的方式（钱婵娟，2014）。内容可能涉及国家风险的多个维度，而且主体国家不同，分析的内容也有所变化，分析的方式也会随着国家的不同而变化。完全定性分析最终出具的是一份国家分析报告。该种方法以简单、好理解、易于操作实施而被多国采用，但它的可变性太大，分析的框架也具有不一致性。如果要进行两个国家之间的风险比较，完全定性分析法的适用性可能不大。此外，完全定性分析法只能根据当前及以往的经济、法律、政治状况进行追溯分析，据此准确判断风险的大小。它不适用于对国家风险进行预测。

第二种方法是结构定性分析。和完全定性分析不同，结构定性分析出具的是一份标准格式的国家报告（宋浩平，2006）。它不涉及一国风险的多个维度，重点放在经济和政治两个方面。政治风险重点关注的因素，包括政局的稳定性、贸易伙伴及它们之间的关系等。经济风险主要借助相关指标变量来考察借款国未来的经济状况。经济风险的衡量主要包含以下六大方面的内容，如表 6-3 所示。

表 6-3　国家信贷经济风险评估内容

评估内容	指标变量	指标含义
内部经济指标	经济规模	人口、人口增长、GDP、人均 GDP
	增长指标	GDP 增长率、失业率
	通胀指标	CPI、货币供给增长率、财政赤字/ GDP
国际收支平衡状况	贸易差额	用以表明一国对外贸易的收支状况
	经常项目差额	国际收支中贸易、劳务、转移收支三个收支的总计差额
	资本账户及其构成	资本账户即增减变动及其结存情况的账户
	外汇储备	国际储备资产中的外汇部分
对外资产	国际储备	一国官方所持可用于国际支付并能维持本国货币汇价的货币资产
	未使用的 IMF 信贷	未使用的国际货币基金组织的信贷
	其他对外资产	
债务结构	公共债务	政府公债
	私人债务	政府私债
	各自的到期日结构	公共债务和私人债务的结构
新债总额	公共新债总额	
	私人新债总额	
债务指标	债务清偿率	债务国还本付息总额占出口收入的比重
	债务/GDP	债务占 GDP 的比重
	债务/出口	债务占出口额的比重
	对外资产/外债	对外资产额占外债的总额

资料来源：杨学进. 出口信用保险中国家风险评估的基本方法［J］. 保险研究，2000（9）：11-12.

　　与完全定性分析方法相比，该种分析方法使得国家之间的风险比较有了可能。

　　第三种方法是清单分析法。顾名思义，该种分析方法采用一张清单表，来回答所要评估的国家风险内容。清单表内设置各种问题，范围涉及一国国家风险的多个维度和多项指标。加权指标和非加权指标同时并存，在加权指标内部有不同的权重，而非加权指标内各指标所占的权重相同。多项量化指标的加总得分值即为一国的国家风险。

　　在定性分析的基础上，清单分析方法与前两者不同的是它对风险的分析指标进行了量化。量化后的结果不但便于进行风险比较，而且有助于增加整体风险评估的客观性。但是，它仍无法避免主观赋值和赋予权重的风险。

　　2. 以定量的方法评估国家风险

　　第一种方法是判别分析法。判别分析法判别的是在发生债务问题时借款国是否会履约进行债务清偿，由此可将其划分为两类：一类拒绝履约，划分为重新安排类；

另一类即履约，划分为非重新安排类。判别类别需要借助判别函数，而这就需要构建一个同时包含两类总体的国家样本，并且范围要足够大。下列函数表示判别函数：

$$Z = f(x_i) \ (i = 1, \ 2, \ \cdots, \ n) \tag{6-16}$$

或

$$Z = \sum W_i X_i (i = 1, \ 2, \ \cdots, \ n) \tag{6-17}$$

式中，X_i 表示解释变量，数量为 n 个；W_i 表示第 i 个解释变量所占的权重。

借款国 Z 值可以根据公式 6-16 计算得出，Z 值代表债务是否需要重新安排。对样本里的所有国家的 Z 值都进行计算；然后，根据所有 Z 值的概率分布表，可观察到是否要进行重分类的临界值（杨学进，2000）。我们要确定这个临界值，即 Z_ε。若一借款国的 Z 值小于临界值，该国即可被划分为第一类；若 Z 值大于临界值，则该国被归类为第二类。但判别分析法也可能会出现误差，如划分为第一类的国家却进行了借款履约，或划分为第二类的国家却没有履约。解决此误差的方法，是根据以往的经验数据建立起一个函数。这个函数可以根据以往的误差预测未来发生损失的大小和可能性，由此可以更精确地确定 Z_ε 的大小。

第二种方法是 LOGIT 分析法。该种方法分析的内容是要不要进行国家债务的重新安排。债务在多大程度上需要重新安排取决于以下几个经济变量，即

$$Y_i = \sum b_j X_{ij} (i = 1, \ 2, \ \cdots, \ n; \ j = 1, \ 2, \ \cdots, \ m) \tag{6-18}$$

式中，Y_i 表示债务重新安排出现的变量即因变量；m、n 分别表示解释变量和观测值的数目。

该模型需要将因变量 Y_i 按照用统计方法估计出来的方程进行转换，转换之后可以得到一个债务重新安排的概率指标，如下列公式所示：

$$PR = PR(Y_i = 1) = \frac{1}{(1 + e^{-y})} \tag{6-19}$$

式中，PR 代表这个概率的指标值，取值范围 $[0, 1]$。一般而言，Y_i 的值在国家解释变量值条件下，与其所需要重新安排的概率值成正比。与判别分析法类似，LOGIT 分析法也需要一个临界的概率值 P_ε。若计算出来的一国的重新安排债务的概率值超过 P_ε，则将其归于判别分析法中的第一类；否则，归为第二类，不认为借款国会发生债务重新安排的事件。LOGIT 分析法中较随意的一点在于临界概率值 P_ε 不需要利用相关函数进行确定，它的选择具有较大的随意性。一般哪种概率下的误差总损失量越小，这种概率就被选作为临界值 P_ε。

五、国际信贷的决策

在借款人符合借款国法律规定，并且信用分析基本上都无问题的条件下，贷款人就可对这笔信贷请求进行具体的决策分析。它包括以下几个方面：

（一）风险分析

风险分析主要分析这笔信贷的风险类型、要承担的风险程度、最大风险程度、违约风险的可能性、预防及补救风险的措施等。这些都可结合风险评估进行。国家风险一般可参照专业评估机构的评估资料，再结合贷款人本身情况做进一步分析。

信贷风险由贷款人自行评估分析，评估借款人信用时也涉及一些风险分析问题，要综合评估可能涉及的风险。在此阶段也应同时进行贷款自身风险的评估。

（二）预期收益分析

预期收益分析要在贷款定价的基础上进行，包括接受和拒绝这笔贷款两个层面的分析。如果接受，这笔信贷能使贷款人获得多少收益？在不同的利息期，利息差额是多少？这笔贷款可向借款人收取哪些费用等。除了这些预期收益外，还要分析是否存在派生收入；借款人与贷款人可能会有哪些其他业务往来，如开立账户、存放资金、买卖外汇、委托办理其他业务等。如果拒绝这笔贷款，会如何影响其他业务往来，从而减少可预期收益。如派生收益大，可以相应降低贷款本身的收益水平。

（三）信贷条件分析

如果上述分析结果认为风险可以承受，那么预期收益分析的结论是在收益率约等于平均水平时，原则上可以同意贷款。于是，贷款人就应做出决定，向借款人提出信贷条件，内容涵盖以何种利率贷款、贷款额度和期限是多少以及以何种方式还款等。应根据贷款人的信贷政策，结合借款人的要求和借款人的信用条件对这笔信贷的条件做出明确的报价，并以此为基础与借款人进行谈判。

第三节　国际证券投资

一、国际证券投资的概念和特征

国际证券投资在很早以前就已存在。相较于前文述及的国际信贷投资而言，它以证券为媒介（钱婵娟，2014）。在债券的发行数据方面，据 OECD 的统计，自1980 年后 10 年，全球资本市场新发行债券额每年平均增速为 23%。1990—1993 年新发行国际债券额每年平均增速为 27.9%，增速逐年提高并成为间接投资的重中之重。这一数据也在左柏云（1997）的《国际证券投资概论》中得以佐证。此外，根据 IMF 在 2016 年 3 月和 2020 年 10 月发表的跨国资本流动数据，发达经济体的证券投资额增长较为明显，2016 年为近几年最高水平，高达 5 280 亿美元（见表 6-4），国际证券投资在往国际化的趋势发展，经济体量越来越大（Xing et al.，2015）。

表 6-4　发达经济体金融账户投资数据　　　　单位：亿美元

年份	金融账户差额	直接投资（净值）	证券投资（净值）	金融衍生产品（净值）	其他投资（净值）
2010	−828	3 448	−7 378	−1 182	667
2011	−1 856	3 709	−8 985	7	−355
2012	−775	1 494	−2 099	−785	−2 139
2013	2 373	−156	−3 099	225	3 887
2014	4 568	3 629	−1 539	−528	1 654

表6-4（续）

年份	金融账户差额	直接投资（净值）	证券投资（净值）	金融衍生产品（净值）	其他投资（净值）
2015	3 476	−22	1 941	−823	118
2016	4 413	−3 023	5 280	327	46
2017	4 565	3 168	387	214	−1 645
2018	3 291	−787	4 134	565	−1 897
2019	2 982	−1 147	2 330	215	843

资料来源：WTO，《世界经济展望》（2016年4月）、《世界经济展望》（2020年3月）。

　　世界各国经济体量的增加，带动了诸如股票、债券市场的国际化。资本的运作与流通和收益的实现，主要依靠"证券"这种形式，并且全球范围内的这种非货币形式的资本流通更加规范和标准化。这也正是刘志勇（1995）所认为的证券市场国际化的表现。对于国际投资证券化的原因，左柏云（1997）在《国际证券投资概论》中谈到主要有以下几种：①摆脱国际债务危机。1970—1980年，发展中国家对外债务余额增长明显，国际证券的安全性、收益性及流动性的特点使得证券这种投资方式成了它们获得更高收益的新途径。②证券投资灵活方便、风险较小。对于各类投资和筹资主体而言，证券投资的这种优势把国际资金供求双方吸引到了国际证券市场上来，使得国际证券投资成了一种国际潮流（马爱华，1997）。③各国金融市场自由化。在西方工业大国金融自由化的推动下，金融市场进一步开放，各国采取的金融自由化政策共同促进了国际投资证券化的发展。④金融工具创新。浮动利率债券、双重货币债券、存托凭证等为国际证券投资提供了更多的选择，满足了不同的投资需求（Pulecki，2016）。⑤发展中国家经济体量和增速的显著增长。发展中国家的经济发展，拉动了对资金的需求。全国范围内的资金筹集由此带动了国际投资证券化的发展。

　　随着证券投资的新趋势显现，证券投资的概念界定也越来越清晰。吴祖尧（1995）认为，此概念中涉及的证券，主要是指股权和债务类的金融证券；同时，他也发现世界经济发展不平衡、投资机构化的发展、交易技术现代化、金融创新以及发展中国家证券市场的发展与完善共同促进了国际证券投资的兴起。解之春和高占军（1997）在研究证券市场国际化的趋势时，将债券和股票等同于证券。

　　20世纪90年代发展起来的国际证券投资的特点，在吴祖尧（1995）的研究中，也有所体现。他归纳为：国际证券投资的特点，对于投资国而言，主要是投资简便易行、流动性强；对筹资国而言，国际证券投资具有主动性，筹资国可自主确定投资主体和投资行业，从而引导投资方向。此外，它还具有高效性、长期性等特点，有助于企业低成本、长期性发展。除了以上的优势外，左柏云（1997）指出，虽然自动化的国际投资运作，具有简便性的特点，但无纸化的交易也使得风险无法控制和难以衡量，尤其是监管部门对银行风险的把控，证券投资国际化发展的优势与不确定性同时并存。

二、国际证券投资的方式

(一) 国际股票投资

关于国际股票投资的产生，王燕然（1994）在研究股票市场的国际化时指出，1600 年开始出现最早意义上的国际股票投资，参与者在远洋航程的起始时投入资金，结束时结算本次所能获得的股票本金和利润。那时的投资，并不是在一个明确的股票市场上进行交易投资（曾思礼 等，1995）。准确地说，虽然资本输出活跃，但是，由于市场交易不发达，在一战之前国际股票市场还处于初级阶段。然而，到了二战以后，尤其是 20 世纪 80 年代后，开始出现将资本以证券化的方式输出到国外的新趋势；加上当时管制的放松和经济形势好转，国际股票市场的流动性越发显现了出来。筹资的便捷性和较好的投资机会，使得股票市场逐渐向国际化的方向发展。

1. 投资特征及风险

国际股票投资的特点在不同阶段是不同的：在 20 世纪 80 年代，全球股票市场规模扩展迅速，股票投资市场交易的主要是发达国家的股票，交易的主体也以发达国家居多（王燕然，1994）。在此期间，发展中国家金融管制放松与对外开放，也同时促进了股票市场国际化程度的加深与发展，资本输出的方向趋向于多元化，同时跨国界流动性的增强也是此阶段股票投资国际化的特点。

1990 年后，国际资本市场股票发行量增长迅猛，尤其是部分新兴市场国家，4 年时间内股本发行量涨幅达 13 倍之多（解之春 等，1997）。此阶段的特点，在于国际股票投资来源和流向发生了结构性的变化，新兴市场国家在国际证券市场上的地位愈发重要。进入 21 世纪以来，国际股票投资决策的难度越来越大，市场环境变化也越来越复杂（武佳薇 等，2020）。对于投资者而言，投资风险也随之加大，运用理论模型和非理论知识规避风险是投资者研究的重点，因此 21 世纪的国际股票投资风险性特点更为突出。

国际股票投资注重收益和风险的度量，利用投资组合来应对和分散各种非系统性风险。Frans 等（2003）认为国际证券投资组合的组合表现需要通过动态外汇对冲来提升，静态对冲达不到分散风险、提升组合表现的作用，同时，以利差为基础的动态外汇对冲的效果最好。John 等（2010）认为可以用一个国际证券投资组合来对冲外汇风险，并且对冲之后的收益与股市之间的相关性程度较大。

2. 股票投资收益

一般来说，可以考虑用以下指标来衡量国际股票投资的收益性高低。

（1）每股资产价值。

它表示每份已发行股票所占有的公司净资产的价值，计算公式为

$$每股资产价值 = \frac{公司资产总额 - 公司债务总额}{已发行股份数额}$$

如果股份公司同时拥有普通股和优先股，计算每股资产价值时还需要用公司净资产的价值减去优先股的总面额价值。计算公式如下：

$$每股资产价值 = \frac{公司资产总额 - 公司债务总额 - 优先股总面额}{普通股股数}$$

上式分析结果如下：

如果该指标值大于股票面值，则表明该公司未来获利能力强，预期盈利可观；反之，表明股票已丧失部分价值，预期获利不乐观。同时，该指标值较大，表明股票投资本金的安全有充分的资产保护，投资者承担的风险小。

（2）每股盈利比例。

该指标直接表示每股盈利的多少，既反映公司获利能力，也衡量公司的分红派息能力，计算公式如下：

$$每股盈利比例 = \frac{公司税后利润}{已发行股份数额}$$

如果股份公司同时拥有普通股和优先股，计算公司每股盈利比例时要考虑税后利润减去优先股股息后的价值，计算公式如下：

$$每股盈利比例 = \frac{公司税后利润 - 优先股股息总额}{普通股股数}$$

对该指标的分析可从横向和纵向两个方面来考虑，横向是比较同一时期同类可比公司的每股盈利；纵向是比较同一公司不同时期的每股盈利。

（3）股息收益率。

股息收益率是按现行的市场价格计算投资于股票的收益，它是衡量股息与股价关系的指标，计算公式为

$$股息收益率 = \frac{预期现金股息}{本期股票价格} \times 100\%$$

对该指标的分析一方面可以看出股票投资收益；另一方面可以根据股票价格与股息收益率的反向关系衡量现行股票相对价格。

（4）持有期收益率。

持有期收益率将收益范围指定在持有期间，计算公式为

$$持有期收益率 = \frac{出售价 - 买入价 + 持有期股息}{股票买入价} \times 100\%$$

为便于考查各年股票收益率的变化，还可以按年计算，计算公式为

$$持有期收益率 = \frac{年末价格 - 年初价格 + 当年股息}{年初价格} \times 100\%$$

通过分析该指标，若年末考核该股票持有期收益率时股票的年末价格和支付的股息越多，该指标值就越大，这同时也意味着投资者的收益就越大。另外，在准确计算股票持有期收益率时，也要减去手续费和印花税等税费。

3. 国际股票投资策略

国际经济、政治等一体化的发展，给国际股票投资市场带来了极大的不确定性。本章第一节提到了国际间接投资相关性的特点是，如果一国发生风险，联动性的特点会波及一众国家，股票投资的难度和不确定性也因此加大（陈梦根 等，2007）。但是，也有有利的一面，如 Karim 和 Majid（2010）表明一体化的股市会使资本成本

下降，风险分散成本也就会随之降低，资本配置的合理性也会相应提高。Vithessonthi 和 Kumarasingh（2016）表明股票市场一体化的主要作用是，有利于国际证券投资组合多样化和国家金融风险的分散；参考中国国内证券市场，目前，有学者证明我国股票市场的一体化程度在加入世贸组织之后开始显著提升。在我国股票市场一体化水平提升的今天，获得高的收益水平对投资者的投资能力和投资素质的要求都较高，简单来说，投资者可以参考以下策略用以分析：

进行有效的组合投资。即通过对冲策略来提高整体国际证券投资组合的收益表现。李科等（2014）构建了四种对冲投资组合策略，研究发现，短期的对冲交易策略在卖空股票交易时的重要性比较突出。在国际股票分散风险的投资组合中，有以 Markowitz 为代表的理论、随后发展的 CAPM 模型和针对市场组合模糊性特点而改进的 APT 理论。此外，国外学者 Babaei 等（2015）基于投资组合的风险预测角度，运用 Copula 函数建立了一种衡量投资组合风险的预测模型。

多市场分散投资策略。将所有的证券全部投资于一国，不但无法避免一些单纯由国家层面因素带来的风险，而且难以避免国际风险，因为当前国际间接投资大都呈现出联动性的特点（Adler et al., 1983；Connolly et al., 2002；Contessi et al., 2010）。国内学者王燕然（1993）在对国际性融资工具美国存托凭证（American depository receipts，ADRs）进行研究时，运用西方证券理论来解释多市场分散投资的必要性。根据上述西方国际间接投资理论，投资组合风险的分散主要依靠的是投资组合内各单项资产间的相关程度。佘笑荷等（2017）基于极值理论和藤式 Copula 模型研究了不同市场金融资产之间的相依性，对多市场类型资产组合做出了贡献。

注重价值取向投资。股票投资可以根据价值进行投资分析，国内学者许健和魏训平（2004）对此进行了研究，他们以中国股市为研究对象，指出采用价值投资策略可以获得高于其他股票投资策略的收益率，而价格和售价之比是衡量这种价值的一项指标，并且该指标区分国际证券投资组合业绩的作用比较显著。另较典型的还有喻平和李晶（2021）基于估值指标和基本面指标的价值投资策略研究。此外，国外大量文献都证明价值取向投资策略比较有效。

（二）国际债券投资

国际债券投资作为一种虚拟的经济投资活动，指在国际债券市场上买卖各种国际债券的活动（聂名华，1995）。国际债券投资对经济增长的贡献值较大，刘骏民和王千（2005）以 2000 年的两项间接投资形式（其中包括债券投资）作为虚拟经济投资活动的指标，对比 1990 年实体经济的发展指标值发现，包括国际债券投资在内的虚拟经济投资活动，要优先于实体的经济发展指标值。目前，关于国际债券投资的研究较多关注运用 DCC-GARCH 模型（dynamic conditional corelational autoregressive conditional heteroscedasticity model）分析债券市场间的联动性（Pham, 2016）。Reboredo（2018）在研究绿色债券时指出，固定收益市场可以影响绿色债券的发展。具体来说，前者市场价格的上涨会影响到后者的价格变化，这种变化被解释为是一种溢出效应（spillover effect）。此外，在人民币国际化进程中，如何发展和完善人民币国际债券市场也是一个重要的研究议题。

1．投资特征及风险

随着国际融资证券化趋势不断增强，国际债券筹资占据着越来越重要的地位。从国际债券发展的历程来看，在发展过程中国际债券主要表现出了以下特征：

（1）国际债券资金来源广。资金来源广的主要原因集中在两方面：一是经济学家 Shaw（萧）于 1973 年对国际金融市场开放性的倡导，他倡导资金流通应着眼于国际金融市场，不能仅限于在一国之内进行流通；二是发展中国家呈现出巨大的融资需求。此现象导致资本更倾向于流向这些国家，从而推动发展中国家的国际债券市场的发展。

（2）发行规模较大。20 世纪 80 年代末至 90 年代初，全球债券发行额上升，1989 年世界银行首次发行了 15 亿美元的全球债券，仅仅 5 年之后，由各国各类机构发行的全球债券的数额已经高达 1 007.4 亿美元（马勇 等，1997）。国际债券市场利用资金较多，发行规模增速也在逐年提高。

（3）全球范围内的债券交易使得投资的汇率风险显著。

（4）利差影响大。Noulas 和 Genimakis（2014）指出，影响较大的是国际债券的币种选择。

分散风险的方法包括进行投资组合（Hunter et al.，2004），也可根据模型定量预测风险的大小，以避开质量差的债券，合理匹配所持有债券的收益期限（王善造，1998；王辉 等，2004）。就国际债券投资风险而言，费兆奇和刘康（2020）以中国债券市场为例发现，全球因素对中国债券市场的影响性是较大的，其中发达国家如美国方面的影响又要强于欧元区。由此，他们在金融开放的前提下进行了风险的影响度量。

2．国际债券的投资收益

（1）名义收益率。

名义收益率是在票面利率下计算出来的每年收益率，计算公式如下：

$$名义收益率 = \frac{债券年利息}{债券面额} \times 100\%$$

（2）本期收益率。

本期收益率与名义收益率不同的是它采用本期市场价格来计算收益率的大小，该指标的计算结果可用以分析本期债券哪个更值得投资，计算公式如下：

$$本期收益率 = \frac{债券年利息}{本期市场价格} \times 100\%$$

（3）持有期收益率。

持有期收益率将收益期间限制在整个持有期间，计算公式如下：

$$持有期收益率 = \frac{卖出价 - 买入价}{买入价} \times \frac{360}{持有期限} \times 100\%$$

（4）到期收益率。

与持有期收益率的期限不同，到期收益率计算收益率的期限截止到债券的真正到期时间，计算公式如下：

$$到期收益率 = \frac{债券到期后的本金和利息总额 - 买入价}{买入价 \times 待偿还的期限} \times 100\%$$

（三）国际投资基金

1. 国际投资基金的概念及特点

国际投资基金是在股票和债券投资发展的中后期阶段出现的。由于股票、债券的投资风险较大，而且价值股的投资成本都太高，公民的剩余财富达不到投资的门槛，所以出现了专业化投资的投资需求。作为一种新的金融投资方式，国际投资基金由此诞生。关于投资基金，《中华人民共和国证券投资基金法》指出，国际投资基金的管理与托管可以分别交予同一主体或不同主体来进行，基金份额持有人享有持有期间的利益，投资以组合的方式进行。

共同基金也是国际上各个国家筹资和投资的一种重要方式（刘志勇，1994）。在 20 世纪 80 年代后的 10 年间，美国基金资产增加较快，这得益于丰富的基金数量和基金品种（余庆瑜 等，2002）。国际投资基金满足了证券投资者的另类需求，是证券投资的一种新方式，20 世纪 80 年代的证券化趋势中就包含国际基金投资，它对各国的生产发展活动引入资金具有重大的意义。

20 世纪 90 年代，学术界对国际投资基金的研究主要集中在基金筹资和基金化趋势两个方面。当前的整体研究趋势在向基金形式多样化方向发展，例如，Albornoz（2016）对国际文化多样性基金的研究，Seifman 和 Katz（2016）对于农业发展国际基金的研究。此外，有关国际基金发展的法律研究也是当前的研究热点。

国际投资基金的可选择投资领域较广，它是国际金融市场上一种新型证券信托投资工具，是以国际金融资产保值增值为目的的新型投资工具。不同于股票和债券投资，其特点如表 6-5 所示。

表 6-5　国际间接投资方式对比

不同点	投资方式		
	国际股票	国际债券	国际投资基金
票据性质	产权关系	债权债务关系	信托关系
经营方式	自身判断独立操作	自身判断独立操作	专业人员操作管理
是否专家理财	否	否	是
风险性	最大	最小	介于两者之间
发行主体	上市公司	国家企业或地方公共团体	基金公司

资料来源：夏英祝，闵树琴. 国际经济合作［M］. 合肥：安徽大学出版社，2015.

2. 国际投资基金相关分类与研究

国际投资基金的种类繁多，可从不同的角度对此进行分类，并且投资基金的品种与其他金融工具一样，在不断地创新与发展。本章主要介绍以下两种分类：

一是开放式基金。参考刘志勇（1994），这种基金可在投资过程中继续追加，也可以根据需要进行赎回。二是封闭式基金，它的交易价格的表现形式也类似于股票，表现为固定数量。根据中国证券投资基金业协会（asset management association of China）公布的官方数据，截至 2020 年 5 月底已发展到 6 120 只开放式基金，资产规模共计约 16 万亿元，949 只封闭式基金，资产规模共计 1.8 万亿元，基金管理人143 家。由此可见，开放式基金因其优势更受市场投资者的青睐。

目前，关于开放式和封闭式基金文献方面的研究，集中在绩效评价研究及实证分析和投资风格识别方面。在绩效评价和实证研究方面，Treynor（1965）首先提出了评估基金绩效的方法，并且该方法严格包含了投资所可能涉及的风险。此后，Treynor 指标被广泛应用于绩效评价中（晏艳阳 等，2003）。王聪（2001）对比了截至 2001 年常用的几个类别的评估基金绩效的模型，提出即使投资的基金样本相同，采用不同的评估模型也会呈现出不同的绩效。赵坚毅等（2005）以 2003 年之前的三年数据为样本，从投资风格供需两方的角度对我国证券投资基金的投资风格进行了研究。

（四）国际证券投资基金组合

证券投资基金募集后，就要在股票、债券等金融资产之间进行投资组合。对于不同的国际证券投资基金，其投资组合也会有非常大的差异。分散风险的投资就是将基金资产分散于国内外各种股票、债券或是一些不动产等。同时，也有证据表明，投资组合的这种分散能力水平较低（李红权 等，2004）。通过与投资于其他种类证券资产相比，基金投资的风险较小，但其本质上还是存在风险，这种风险或是来自宏观层面，或是来自微观层面如自身经营管理不当。而且，虽然它的收益稳定，但收益整体价值不高。故而，一个投资运营的管理者如何通过投资组合来实现投资目标是一个核心的管理问题（周新辉 等，2007）。

一般有多种投资组合用来进行管理和分散风险，具体见表 6-6。在诸多投资组合中，投资者往往会选取风险大但收益高的股票和安全程度高但风险小的债券资产（卢进勇 等，2016）。

165

表 6-6　投资组合类别

类别名称	股票债券比例
收入型投资组合	1∶9~1∶4
成长型投资组合	9∶1~4∶1
两者结合型投资组合	5∶5

资料来源：卢进勇，杜奇华，李锋. 国际经济合作教程［M］. 4 版. 北京：首都经济贸易大学出版社，2016.

另外，除了通过各种证券投资的比例来分散风险外，还可通过以下几种手段来进行风险的分散：第一，在不同国家之间进行证券投资；第二，在期限结构不同的证券之间选择投资；第三，在高风险行业和低风险稳定收益的行业之间选择证券予以投资，在行业层面分散风险；第四，在时间范围内分散风险，等待期内可将资金先投入银行或投资于能抵御通胀的资产类别，而后选择恰当时间将这部分资金用于投资目标证券；第五，根据公司的规模、实力、前景和发展战略进行分散化投资。

三、国际证券投资风险分散理论与实证研究

（一）国际证券投资风险分散理论

建立证券组合以分散风险的方法有两种。

第一是传统的证券组合。左柏云（1997）在《国际证券投资概论》中指出，传统证券组合的第一步是确定投资者的证券组合目标。第二步是根据目标选择证券种类。一般来讲，证券预期收益的最大化和 β 值的最小化是证券投资组合的目标（郭存芝 等，2001）。第三步是监督与调整。证券组合中存在若干种证券，因而需要对每种证券进行监督调整。将证券组合及其内部每一证券的收益与证券市场的平均收益水平相比较，在比较的基础上进行调整，或调整目标，或调整证券的种类。

第二是现代的证券组合。现代证券组合理论从证券的预期收益和风险相联系的方面研究在一定风险的程度下如何使收益达到最大化。现代的证券组合理论主要包括前面章节中提到的 Markowitz 证券组合理论及资本资产定价模型等。在各种金融资产中，投资者如何进行选择是 Markowitz 的证券组合理论所研究的问题（戴玉林，1991）。CAPM 模型以有效市场为前提，假设条件刚性程度较大，是研究资产，尤其是证券资产的估值方法的理论。对于其中的风险与收益问题，Campbell（2000）进行过文献综述。国际分散投资组合理论（international division investment portfllio theory）最早开始于 20 世纪 60 年代（Grubble，1968）；在 20 世纪 70 年代，则以 Markowitz 的资产组合模型为研究框架（田振明，2005），其中 Levy 和 Sarnat（1970）探讨了不同组合的收益问题。

与此同时，高海红（2003）在对投资组合业绩评价文献的梳理中指出，不同风险和收益水平下的投资绩效难以评价，但 Treynor 提出了一种衡量办法，即依靠资本市场线（capital market line，CML）和证券市场线（securities market line，SML）来判断绩效状况。这也是一种单一的比率衡量方法，对应的比率为 treynor ratio。此外，以 Sharp 和 Jensen 命名的比率与指数也是非常经典的度量组合收益的方法。田素华（2001）将 Markowitz 组合理论运用到中国的实际开放策略方面来，通过实证研究发现可以采取开放策略吸引外资，但考虑到中国具体的风险收益率水平，如果直接采取该策略，那么较高的非系统风险会使得国内投资资本外流；另外，收益率高的特性还会增加国外投机资本的流入，由此，体现出了渐进式开放策略的可行性（田素华，2001）。此外，还有很多基于 BEYR 的动态资产配置策略的可行性的实证分析（如于瑾 等，2017），在此不一一赘述。

（二）实证研究

国际分散投资组合理论最早始于 20 世纪 60 年代（Grubble，1968）。但结合中国证券市场的开放策略问题，田素华（2001）首次采用了计量分析方法，研究对象为 28 个全球范围内的证券市场，考量的内容既包括各主体市场的风险与收益水平，也包括衡量各市场主体的相对开放度。计量分析的结果揭示了与其他 27 个国家相比我国证券市场存在的优势和不足。以计量分析的结果为依据，研究整体沿着资产组合理论的思路而进行，得出了渐进式开放策略的可行性。主要研究过程如下：

前提假设：开放度越大，投资风险越小，一国资本流入越多。

第一步：测算数据。以 2000 年为时间基点，计算前九年所选样本各市场主体的普通年度收益率数据，根据此数据即可得到 28 个国家彼此之间的相关系数，如表 6-7 及表 6-8 所示。

第二步：计算数值。首先确定一个值；其次通过比较各样本的相关系数值与该值的大小，得到全部样本的开放度水平；最后通过换算得到平均市场开放度的大小。

第三步：比较分析。比较样本国家的开放度和平均水平的大小，得到样本国家的证券市场相对开放度，如表 6-9 所示。

分析表 6-9 的内容，可以看出中国的数值最低，只有 0.097，并列为第二低的国家为美国，数值为 0.483，这一数据明显高于中国，但也同时说明了中国开放证券市场后的潜力。从区域结果分析，开放度从大到小依次为亚洲、欧洲、北美。

第四步：得出结论，亚洲不是投资组合的投资者优先选择的投资地区。

但仅从收益率角度分析问题可能过于片面，故而田素华（2001）又讨论了国际投资者的资产组合决策，分析了中国证券市场全面开放时国际资本的流动情况。

投资组合方程如下：

$$\min \sigma_p{}^2 = \alpha_{ZD}{}^2 \sigma_{ZD}{}^2 + \alpha_{WQT}{}^2 \sigma_{WQT}{}^2 + 2\alpha_{ZD}\alpha_{WQT}\mathrm{cov}(ZD,\ WQT) \qquad (6\text{-}20)$$

$$s.\ t.\ R_P = \alpha_{ZD}R_{ZD} + \alpha_{WQT}R_{WQT} \qquad (6\text{-}21)$$

$$\alpha_{ZD} + \alpha_{WQT} = 1,\ \alpha_{ZD} \geq 0,\ \alpha_{WQT} \geq 0 \qquad (6\text{-}22)$$

式中，σ 表示方差，R 表示收益率，α 表示投资比例，ZD 代表中国证券市场，WQT 代表除中国证券市场外世界上其他 27 个证券市场，cov 表示二者之间的协方差。

最终作者得出结论，中国投资者按照 98.25% 的比例分散投资于世界上除中国证券市场外的其他 27 个证券市场，1.75% 的比例投资中国证券市场时风险最小。作者也分析了渐进式开放中国证券市场策略的可行性。

表 6-7　主要国家和地区 1991—1999 年普通股市场相关系数表

国别（地区）	中国	中国香港	中国台湾	澳大利亚	日本	马来西亚	新西兰	新加坡	韩国	奥地利	比利时	丹麦	芬兰
中国	1												
中国香港	0.174	1											
中国台湾	-0.055	0.688											
澳大利亚	-0.078	0.656	0.315	1									
日本	-0.402	0.475	0.414	0	1								
马来西亚	0.183	0.919	0.599	0.49	0.456	1							
新西兰	0.308	0.792	0.358	0.874	0.044	0.708	1						
新加坡	0.263	0.753	362	0.294	0.581	0.824	0.613	1					
韩国	-0.285	0.426	0.335	-0.024	0.912	0.49	0.113	0.66	1				
奥地利	-0.471	-0.624	-0.103	-0.775	0.18	-0.491	-0.883	-0.502	0.134	1			
比利时	-0.2	-0.099	0.334	0.501	-0.547	-0.116	0.208	-0.443	-0.53	-0.281	1		
丹麦	-0.146	0.532	0.647	0.424	0.173	0.282	0.214	-0.016	-0.06	-0.253	0.143	1	
芬兰	-0.313	0.322	0.382	0.017	0.699	0.279	0.012	0.309	0.814	0.157	-0.238	0.237	1
法国	0.103	0.585	0.281	0.401	0.449	0.452	0.472	0.473	0.583	-0.423	0.003	0.324	0.791

表6-7(续)

国别 (地区)	中国	中国 香港	中国 台湾	澳大 利亚	日本	马来 西亚	新西兰	新加坡	韩国	奥地利	比利时	丹麦	芬兰
德国	-0.093	0.688	0.549	0.6	0.352	0.477	6 501	0.362	0.33	-0.518	0.137	0.768	0.601
希腊	-0.413	0.025	0.052	0.107	0.412	-0.112	-0.06	-0.011	0.527	0.079	0.065	0.2	0.853
爱尔兰	-0.225	0.384	0.5	0.775	-0.22	0.179	0.505	-0.141	-0.292	-0.462	0.523	0.689	-0.001
意大利	-0.26	-0.262	0.128	0.058	-0.15	-0.452	-0.182	-0.517	-0.058	0.166	0.229	0.287	0.463
荷兰	-0.002	0.648	0.395	0.543	0.151	0.507	0.429	0.24	0.088	-0.512	0.378	0.798	0.372
挪威	-0.092	0.61	0.753	0.107	0.47	0.547	0.1	0.37	0.33	-0.083	-0.258	0.785	0.43
葡萄牙	-0.149	0.033	0.396	0.294	-0.3	-0.16	0.04	-0.421	-0.287	-0.105	0.388	0.655	0.25
西班牙	-0.118	0.382	0.313	0.478	0.011	0.182	0.255	-0.17	-0.022	-0.265	0.525	0.739	0.456
瑞典	0.115	0.439	0.352	-0.134	0.549	0.364	-0.045	0.302	0.52	0.037	-0.275	0.483	0.717
英国	0.143	0.79	0.42	0.866	0.085	0.646	0.867	0.543	0.105	-0.884	0.289	0.532	0.168
加拿大	0.206	0.644	0.6	0.226	0.364	0.4	0.24	0.26	0.194	-0.29	-0.18	0.837	0.414
墨西哥	0.353	0.508	0.467	0.336	0.203	0.283	0.522	0.511	0.206	-0.485	-0.556	0.213	0.041
美国	0.018	0.263	-0.18	0.322	0.288	-0.03	0.229	0.091	0.057	-0.43	0.127	0.382	0.201
南非	-0.091	0.26	0.532	0.056	0.881	0.592	0.231	0.765	0.775	-0.054	-0.721	0.189	0.405

资料来源：田素华. 中国证券市场国际比较的实证研究与开放策略［J］. 经济研究，2001（9）：39-49.

表6-8 主要国家和地区 1991—1999 年普通股市场相关系数表（续上表）

国别 (地区)	法国	德国	希腊	爱尔兰	意大利	荷兰	挪威	葡萄牙	西班牙	瑞典	英国	加拿大	墨西哥	美国	南非
中国															
中国香港															
中国台湾															
澳大利亚															
日本															
马来西亚															
新西兰															
新加坡															
韩国															
奥地利															
比利时															
丹麦															
芬兰															
法国	1														
德国	0.791	1													
希腊	0.734	0.589	1												
爱尔兰	0.176	0.614	0.146	1											
意大利	0.35	0.377	0.72	0.443	1										
荷兰	0.63	0.884	0.344	0.563	0.17	1									
挪威	0.335	0.68	0.15	0.313	0.003	0.695	1								
葡萄牙	0.263	0.585	0.431	0.771	0.819	0.522	0.361	1							
西班牙	0.633	0.768	0.539	0.62	0.565	0.836	0.425	-0.726	1						
瑞典	0.702	0.587	0.485	-0.141	0.146	0.604	0.658	0.156	0.551	1					
英国	0.583	0.805	0.171	0.674	0.011	0.75	0.419	0.339	0.5	0.16	1				
加拿大	0.579	0.749	0.25	0.302	0.15	0.746	0.774	0.383	0.65	0.802	0.464	1			
墨西哥	0.264	0.3	-0.05	0.162	-0.071	-0.005	0.172	-0.056	-0.132	0.049	0.415	0.401	1		
美国	0.555	0.5	0.401	0.083	0.121	0.48	0.071	0.055	0.409	0.448	0.368	0.562	0.311	1	
南非	0.29	0.287	0.052	-0.197	-0.145	0.093	0.524	-0.408	-0.202	0.41	0.21	0.415	0.587	0.14	1

资料来源：田素华. 中国证券市场国际比较的实证研究与开放策略［J］. 经济研究，2001（9）：39-49.

表6-9　主要国家和地区证券市场相对开放度

国别 （地区）	证券市场 相对开放度	国别 （地区）	证券市场 相对开放度
中国	0.097	希腊	0.483
中国香港	1.545	爱尔兰	0.956
中国台湾	0.869	意大利	0.483
澳大利亚	0.966	荷兰	1.159
日本	0.869	挪威	0.772
马来西亚	1.448	葡萄牙	0.193
新西兰	0.996	西班牙	0.772
新加坡	1.062	瑞典	0.193
韩国	0.869	英国	0.772
亚洲、太平洋 地区平均	0.966	欧洲地区平均	0.847
奥地利	1.062	加拿大	1.062
比利时	0.676	墨西哥	0.676
丹麦	1.062	美国	0.483
芬兰	0.772	北美地区平均	0.74
法国	1.352	南非	0.772
德国	1.738		

资料来源：田素华. 中国证券市场国际比较的实证研究与开放策略［J］. 经济研究，2001（9）：39-49.

本章小结

　　国际间接投资是国际投资学的重点研究领域之一。本章从国际间接投资的形式出发，介绍了国际信贷投资、国际证券投资、国际投资基金以及衍生证券投资。本章的创新点如下：第一，通过文献综述的方式对各种国际间接投资方式的产生与发展进行了梳理；第二，关于国际信贷投资，本章运用定性和定量两种方法，对国际信贷投资的国家风险进行了评估；第三，作为典型的国际间接投资方式，本章对国际证券投资领域中的研究重点进行了介绍，并结合国际证券投资的风险分散理论进行了实证研究。不足之处在于，本章缺少对国际信贷定价构成及依据的介绍。

　　事实上，"马克思和列宁所考察的资本输出也主要是以借贷资本和证券投资为主要形态的资本输出"（郭飞，2007）。19世纪末到20世纪初，少数资本主义国家垄断带来的"过剩资本"主要以间接投资的方式向外输出（恽晓方，2015）。后者在这种背景下发展与演化，形成了资本证券化。同时，马克思（1975）也认为"资本在本国获利的空间微乎其微，在这种情形下，资本必然会走到本国之外，去挖掘更大的价值"。这种国际资本输出最终形成了资本国际化的趋势，使得国际证券投资获得迅速发展（张向凤 等，2018）。马克思主义政治经济学对资本输出的理解，形象地刻画了国际资本投资的形式，并解释了商品经济及资本输出的国际化发展趋势（张幼文，1987）。由此，编者认为，在理解国际间接投资发展演化时，需要坚持马克思主义，整体辩证地把握国际间接投资的发展情况及趋势。

本章习题

名词解释

1. 国际间接投资
2. 存托凭证
3. 欧洲股票
4. 欧洲债券
5. 国际信贷投资
6. 国际股票投资

简答题

1. 国际间接投资的特点是什么？
2. 影响国际间接投资的主要因素有哪些？
3. 国际股票和债券的种类及性质有哪些？
4. 证券市场包括哪些类型？如何通过证券市场进行交易？
5. 什么是国际信贷？国际信贷的作用有哪些？
6. 国际间接投资理论有哪些？
7. 试论述证券投资国际化的原因。
8. 试述国际证券投资的特点，说明其与国际直接投资的区别和联系。
9. 查阅相关资料，对中国证券市场的发展状况以及最新发展趋势做出分析。
10. 国际信贷定价的方法有哪几种？

本章参考文献

白远，1999. 世界银行贷款项目还贷风险分析 [J]. 国际贸易问题（5）：43-46.

曹凤岐，林敏仪，2004. 论人民币资本和金融项目可兑换 [J]. 管理世界（2）：5-17，155.

曾思礼，雷纯雄，1995. 世界股票市场的新发展 [J]. 世界经济（4）：36-39，53.

陈梦根，毛小元，2007. 股价信息含量与市场交易活跃程度 [J]. 金融研究

现代国际投资学

（3）：125-139.

陈彦斌，徐绪松，2003. 基于风险基金的资本资产定价模型 [J]. 经济研究（12）：34-42，91.

陈彦斌，周业安，2004. 行为资产定价理论综述 [J]. 经济研究（6）：117-127.

戴玉林，1991. 马科维兹模型的分析与评价 [J]. 金融研究（9）：57-63.

东朝晖，2003. 对套利定价理论及应用的认识 [J]. 数量经济技术经济研究（5）：144-148.

杜运苏，赵勇，2008. 汇率变动的价格传递效应：基于中国的实证研究 [J]. 经济科学（5）：48-57.

鄂志寰，2001. 加入 WTO 后我国金融市场的国际化及风险表现 [J]. 中国金融（3）：39-40.

费兆奇，刘康，2020. 金融开放条件下国债市场的波动溢出和风险定价研究 [J]. 经济研究，55（9）：25-41.

高海红，2003. 投资组合业绩评价理论综述 [J]. 世界经济（3）：71-77.

高志勇，刘赟，2010. 转型经济国家资本流动与银行稳定关系的实证研究：基于中东欧 8 国面板数据的分析 [J]. 国际贸易问题（7）：48-54.

郭存芝，郑垂勇，2001. 一种证券组合投资的模糊多目标规划方法 [J]. 系统工程理论与实践（1）：21-24，30.

郭飞，2007. 马克思、列宁的资本输出理论与当代国际投资 [J]. 马克思主义研究，4（6）：31-37.

国家计委中国宏观经济学会课题组，1999. 我国跨世纪经济发展进程中的国际投融资战略问题研究 [J]. 管理世界（1）：65-79.

韩梅，2012. 行为资产组合理论发展研究综述 [J]. 商业时代（13）：74-77.

何德旭，姚战琪，余升国，2006. 资本流动性：基于中国及其他亚洲新兴国家的比较分析 [J]. 经济研究（9）：4-16.

解之春，高占军，1997. 证券市场国际化的趋势 [J]. 世界经济（10）：23-26，51.

李红权，马超群，2004. 中国证券投资基金绩效评价的理论与实证研究 [J]. 财经研究（7）：56-65.

李科，徐龙炳，朱伟骅，2014. 卖空限制与股票错误定价：融资融券制度的证据 [J]. 经济研究（10）：165-178.

李善民，徐沛，2000. Markowitz 投资组合理论模型应用研究 [J]. 经济科学（1）：42-51.

李苏骁，杨海珍，2019. 国际证券资金大幅流入识别及其影响因素研究 [J]. 国际金融研究（2）：23-33.

李巍，张志超，2009. 不同类型资本账户开放的最优时点选择：基于金融稳定的视角 [J]. 金融研究（11）：19-31.

李学涛, 2010. 一种均衡风险条件下的证券投资组合模型 [J]. 统计与决策 (2)：58-59.

李言赋, 1988. 我国国际债券筹资的汇率风险成本分析 [J]. 经济研究 (3)：67-71.

李扬, 2000. 经济全球化与金融全球化 [J]. 宏观经济研究 (3)：54-58.

李扬, 张晓晶, 常欣, 等, 2012. 中国主权资产负债表及其风险评估 (上) [J]. 经济研究, 47 (6)：4-19.

梁琪, 李政, 郝项超, 2015. 中国股票市场国际化研究：基于信息溢出的视角 [J]. 经济研究, 50 (4)：150-164.

刘骏民, 王千, 2005. 从虚拟经济的角度重构国际经济理论：当代国际经济关系的新发展对中国的启示 [J]. 中国工业经济 (11)：18-25.

刘志勇, 1994. 我国国际证券融资的策略初探 [J]. 国际贸易问题 (6)：27-33.

刘志勇, 1995. 中国证券市场国际化探索 [J]. 国际贸易问题 (3)：36-42.

马爱华, 1997. 国际证券投资与我国对外筹资选择 [J]. 经济问题探索 (4)：24-26.

马全军, 1996. 国际间接投资：对东道国的影响 [J]. 国际贸易 (7)：31-32.

马永开, 杨桂元, 1995. 组合证券投资的风险分析 [J]. 财贸研究 (5)：63-66.

马勇, 马全军, 1997. 国际债券市场新趋势和我国的国际债券融资 [J]. 国际经贸探索 (1)：50-53.

聂名华, 1995. 国际债券投资的盈利性分析 [J]. 国际贸易问题 (2)：28-31.

聂名华, 1996. 国际证券投资策略 [J]. 国际贸易问题 (2)：58-61.

裴长洪, 郑文, 2011. 国家特定优势：国际投资理论的补充解释 [J]. 经济研究, 46 (11)：21-35.

人民银行上海分行课题组, 1992. 怎样渡过偿债高峰 [J]. 金融研究 (7)：44-46, 41.

佘笑荷, 王晓芳, 杨来科, 2017. 基于极值理论与藤式 Copula 模型的多市场投资组合选择 [J]. 统计与决策 (20)：49-51.

汤弦, 2005. 交易型开放式指数基金 (ETF) 产品设计问题研究 [J]. 金融研究 (2)：94-105.

唐利民, 袁国良, 2000. 证券业如何面对 WTO 的挑战 [J]. 金融研究 (1)：75-79.

田素华, 2001. 中国证券市场国际比较的实证研究与开放策略 [J]. 经济研究 (9)：39-49.

田振明, 2005. 奇异方差矩阵的 Markowitz's 证券组合投资决策模型的最优化解法 [J]. 数量经济技术经济研究 (10)：135-141.

汪昌云, 汪勇祥, 2007. 资产定价理论：一个探索股权溢价之谜的视角 [J]. 管理世界（7）：136-151.

王聪，2001. 证券投资基金绩效评估模型分析 [J]. 经济研究（9）：31-38.

王国松，刘塑，2012. 我国国际资本流动：直接投资与非直接投资影响因素的比较研究 [J]. 经济理论与经济管理（10）：53-62.

王辉，陈立文，杨艳芳，2004. 投资组合风险的分散化研究 [J]. 数理统计与管理（1）：53-57.

王善造，1998. 国债收益率期限结构特征与投资技巧 [J]. 证券市场导报（1）：54-55.

王孝松，刘韬，胡永泰，2021. 人民币国际使用的影响因素：基于全球视角的理论及经验研究 [J]. 经济研究，56（4）：126-142.

王燕然，1993. ADRs 进入美国资本市场的途径 [J]. 世界经济（9）：19-23.

王燕然，1994. 股票市场的国际化与中国企业在海外上市 [J]. 世界经济（2）：40-46.

温彬，2004. 我国利率市场化后基准利率选择的实证研究 [J]. 国际金融研究（11）：54-60.

吴祖尧，1995. 国际证券投资与中国企业利用外资 [J]. 国际贸易问题（1）：44-47，59.

武佳薇，汪昌云，陈紫琳，等，2020. 中国个人投资者处置效应研究：一个非理性信念的视角 [J]. 金融研究（2）：147-166.

肖海泉，1993. 国际证券投资业的新发展 [J]. 国际贸易（5）：29-30.

熊长江，2001. 风险、最优投资决策行为与金融理论变迁 [J]. 证券市场导报（6）：44-49.

许健，魏训平，2004. 价值取向投资模型及其实证研究：对中国沪深股市 A 股的实证分析 [J]. 金融研究（5）：89-98.

晏艳阳，席红辉，2003. 我国封闭型基金与开放型基金业绩比较研究 [J]. 财贸经济（12）：41-45.

杨德才，2007. 近代外国在华投资规模与效应分析 [J]. 经济学（季刊）（3）：917-944.

杨海珍，李昌萌，李苏骁，2020. 国际证券资金流动相关性网络特征与其影响因素：20 世纪 90 年代以来的数据分析 [J]. 国际金融研究（10）：44-54.

杨峰，2002. 海外股指期货市场比较研究 [J]. 金融研究（7）：36-43.

杨学进，2000. 出口信用保险中国家风险评估的基本方法 [J]. 保险研究（9）：11-12.

于瑾，丁春霞，刘翔，2017. 基于 BEYR 的动态资产配置策略实证分析：中美两国市场比较的视角 [J]. 国际贸易问题（3）：143-153.

姚小义，陈幸妮，2016. 后危机时代发达经济体国际资本流动特征研究 [J]. 商业经济研究（15）：183-185.

于永达，2000. 国际间接投资超前发展论析 [J]. 世界经济（6）：57-61.

余庆瑜，蔡明超，2002. 90 年代美国共同基金的发展动因分析 [J]. 科学学与科学技术管理（1）：35-38.

喻平，李晶，2021. 估值指标与基本面指标的市场价值投资策略研究 [J]. 财会通讯（9）：102-106.

张广婷，2016. 新兴市场国家跨境资本流动的驱动因素研究：基于因子分析法的实证分析 [J]. 世界经济研究（10）：42-61，135-136.

张平，1995. 中国交通运输业放松管制与引进外资 [J]. 管理世界（4）：96-100.

张颖，1998. 新技术在信贷风险管理中的应用 [J]. 国际金融研究（2）：39-42.

张幼文，1987. 国际金融的发展和国际金融学的研究对象 [J]. 世界经济，4（6）：7-13.

张峥，徐信忠，2006. 行为金融学研究综述 [J]. 管理世界（9）：155-167.

赵坚毅，于泽，李颖俊，2005. 投资者参与和证券投资基金风格业绩的评估 [J]. 经济研究（7）：45-55.

郑振龙，黄珊珊，郭博洋，2019. 外汇期权信息含量与在岸离岸市场效率 [J]. 金融研究（10）：21-39.

周启元，1995. 关于国际信贷若干理论问题的研究 [J]. 世界经济（2）：41-44.

周新辉，李明亮，2007. 中国证券投资基金资产配置效率实证研究 [J]. 财经研究（3）：57-64.

赵艳平，张梦婷，黄友星，2019. 资本管制能够抑制国际资本流动吗：基于短期和长期效应的对比分析 [J]. 国际经贸探索，35（7）：65-80.

樊秀峰，2013. 国际投资与跨国公司 [M]. 2 版. 西安：西安交通大学出版社.

黄志勇，2014. 国际投资学 [M]. 北京：清华大学出版社.

康鑫，陈伟，冯志军，2015. 国际经济合作 [M]. 哈尔滨：哈尔滨工程大学出版社.

李小北，2005. 国际经济学 [M]. 石家庄：河北人民出版社.

卢进勇，杜奇华，李锋，2016. 国际经济合作教程 [M]. 4 版. 北京：首都经济贸易大学出版社.

钱婵娟，2014. 国际信贷 [M]. 上海：上海财经大学出版社.

时雨田，2010. 世界经济概论 [M]. 大连：东北财经大学出版社.

宋浩平，2006. 国际信贷 [M]. 北京：首都经济贸易大学出版社.

夏英祝，闵树琴，2015. 国际经济合作 [M]. 合肥：安徽大学出版社.

杨晔，杨大楷，2015. 国际投资学 [M]. 上海：上海财经大学出版社.

恽晓方，2015. 国际投资理论与实务 [M]. 沈阳：东北大学出版社.

马克思，1975. 资本论：第 3 卷 [M]. 北京：人民出版社.

张鸣，2006. 投资管理 [M]. 2 版. 大连：东北财经大学出版社.

左柏云, 1997. 国际证券投资概论 [M]. 广州: 暨南大学出版社.

张向凤, 周经, 贾新宇, 2018. 国际金融学 [M]. 南京: 南京大学出版社.

ACHARYYA R, 2010. Exchange control black market for foreign exchange and employment in a model with a nontraded good [J]. Review of development economics, 2 (3): 305-317.

ADLER M, DUMAS B, 1983. The International portfolio choice and corporate finance [J]. Journal of finance (38): 925-984.

AIZENMAN J, MARION N, 2002. Reserve uncertainty and the supply of international credit [J]. Journal of money credit and banking, 34 (8): 631-649.

ALBORNOZ L A, 2016. The international fund for cultural diversity: A new tool for cooperation in the audiovisual field [J]. International journal of cultural policy, 22 (4): 553-573.

BABAEI S, SEPEHRI M M, BABAEI E, 2015. Multi-objective portfolio optimization considering the dependence structure of asset returns [J]. European journal of operational research, 244 (2): 525-539.

BÉNASSY-QUÉRÉ A, COUPET M, MAYER T, 2010. Institutional determinants of foreign direct investment [J]. World economy, 30 (5): 764-782.

BOYD J H, SMITH B D, 2004. Capital market imperfections, international credit markets and nonconvergence [J]. Journal of economic theory, 73 (2): 335-364.

CAMPBELL J Y, 2000. Asset pricing at the millennium [J]. Journal of finance (55): 1515-1567.

CHEN N F, ROLL R, STEPHEN A R, 1986. Economic forces and the stock market: Testing the apt and alternative asset pricing theories [J]. Journal of bussiness (59): 892-910.

CHIJORIGA M, MARCELLINA, 2011. Application of multiple discriminant analysis (MDA) as a credit scoring and risk assessment model [J]. International journal of emerging markets, 6 (2): 132-147.

CONNOLLY R A, WANG F A, 2002. On stock market return co-movements: Macroeconomic news [J]. Dispersion of Beliefs and Contagion Social Science Electronic Publishing.

CONTESSI S, PACE D P, FRANCIS J, 2010. The cyclical properties of disaggregated capital flows [J]. Journal of international money and finance (32): 528-555.

DARLING J R, FOGLIASSO C E, 1999. Conflict management across cultural boundaries: A case analysis from a multinational bank [J]. European business review, 99 (6): 383-392.

DOOLEY M, FERNANDEZ-ARIAS E, KLETZER K, 1996. Is the debt crisis history? Recent private capital inflows to developing countries [J]. World bank economic review, 10 (1): 27-50.

FRANS A, ROON D, NIJMAN J M, 2003. Currency hedging for international stock portfolios: The usefulness of mean-variance analysis [J]. Journal of banking and finance, 27 (2): 327-349.

GRUBBLE H H, 1968. International diversified portfolios: Welfare gains and capital flows [J]. The American economic review, 58 (5): 1299-1314.

HAGEN J V, ZHANG H, 2014. Financial development, international capital flows and aggregate output [J]. Journal of development economics (106): 66-77.

HEFFERNAN S A, 1985. Country risk analysis: The demand and supply of sovereign loans [J]. Journal of international money & finance, 4 (3): 389-413.

HERRERO A G, BERGANZA J C, 2004. What makes balance sheet effects detrimental for the country risk premium? [J]. Documentos de trabajo del banco de españa (23): 1-33.

HUNTER D M, SIMON D P, 2004. Benefits of international bond diversification [J]. Journal of fixed income, 3 (4): 57-72.

JAFFEE D, 2003. The interest rate risk of fannie mae and freddie mac [J]. Journal of financial services research, 24 (1): 5-29.

JOHN Y, CAMPBELL K S, LUISM V, 2010. Global currency hedging [J]. The journal of finance, 65 (1): 87-121.

KARIM B A, MAJID M S A, 2010. Does trade matter for stock market integration? [J]. Studies in economics and finance, 27 (1): 47-66.

KING M, WADHWANIM S, 1990. Transmission of volatility between stock markets [J]. Review of financial studies (3): 5-33.

KRUGMAN P R, 1979. Increasing returns monopolistic competition, and international trade [J]. Journal of international economics, 9 (4): 469-479.

LEVY H, SARNAT M, 1970. International diversification of investment portfolios [J]. The American economic review, 60 (4): 668-675.

LEWIS M M, KULKARNI R, 2013. Prospects of biosimilars marketing within Latin-American countries under foreign exchange control policies [J]. Regulatory rapporteur, 10 (10): 21-23.

NOULAS A G, GENIMAKIS G, 2014. How do CFOs make capital structure decisions? a survey of greek listed companies [J]. Studies in economics and finance, 31 (1): 72-87.

PHAM L, 2016. Is it risky to go green? A volatility analysis of the green bond market [J]. Journal of sustainable finance & investment, 6 (4): 263-291.

PULECKI Z W, 2016. The financial instrument of the innovation Union-Horizon 2020 [J]. Rocznik europeistyczny (2): 25-38.

REBOREDO J C, 2018. Green bond and financial markets: Co-movement, diversification and price spillover effects [J]. Energy economics (74): 38-50.

现代国际投资学

SEIFMAN R, KATZ R, 2016. One health and the international fund for agriculture development [J]. One health (2): 150-151.

JAY S, 1985. Multi-beta CAPM or equilibrium APT? A reply? [J]. Journal of finance (46): 1189-1196.

STEINER M, HEINKE V G, 2010. Event study concerning international bond price effects of credit rating actions [J]. International journal of finance & economics, 6 (2): 139-157.

SWEENEY R J, WARGA A D, 2012. The pricing of interest-rate risk: Evidence from the stock market [J]. Journal of finance, 41 (2): 393-410.

TREYNOR J, 1965. How to rate management investment funds [J]. Harvard business review (43).

VITHESSONTHI C, KUMARASINGH S, 2016. Financial development international trade integration and stock market integration: Evidence from Asia [J]. Journal of multinational financial management (35): 79-92.

XING, HAIBAO, 2015. The system of securities issuance: From examination and approval to registration [J]. Kyugpook national university law journal (50): 113-127.

第七章
国际灵活投资

- -

第一节　国际灵活投资概述

一、国际灵活投资的概念

国际灵活投资可以说是国际资本流动的一种投资方式。虽然很早就有人研究有关国际灵活投资方面的内容，但是纵观国内外研究文献，相关的研究尚未形成一个系统的体系。

关于国际灵活投资，杨勤活（1994）认为国际灵活投资的对象是商品的生产或流通，抑或是商业服务。他认为，这种投资方式一般是指用直接投资、间接投资以外的其他方式进行投资。周杰普（1997）将国际灵活投资称为"与贸易有关的投资"；我国在对外经济贸易的实践中习惯称为外商其他投资。陈玲（2004）认为，国际灵活投资的形态是综合复杂的，不仅包括资金形态，还包括实物形态、智力技术形态。

简单来说，国际灵活投资是随着世界经济一体化不断进行创新和发展的新的投资形式。它通过资金、实物、技术与贸易行为紧密结合的方式，促进了贸易的发展，丰富和发展了国际经济内容；同时，对国际经济交流产生了积极的作用。在经济活动中，国际灵活投资扮演着越来越重要的角色（张幼文，2016）。

二、国际灵活投资的方式

值得注意的是，在国际投资领域，许多业务活动不是纯粹的投资活动，而是与贸易活动以密不可分的形式联系在一起的。其投资行为和目的并不是显而易见的，而是隐含在真实的交易活动当中的（卢进勇 等，2016）。通常情况下，我们将其划分到国际灵活投资的范畴。也正因为如此，国际灵活投资的方式才更多样化。

国际灵活投资方式十分丰富，并且每种方式都有各自的特点。例如，"三来"业务是我国最早使用外资的方式之一（慕亚平，1999），即通常所说的对外加工装配。补偿贸易十分特殊，它没有资金的参与，交易一方提供设备、技术等，另一方在规定期限内以非资金产品或商议好的方式偿还。项目贷款一般适用于资本密集和产品市场销售较为稳定的工业项目（崔援民，1991）。贸易信贷可以弥补资金不足，增强进出口能力，并且其隐蔽性很强（文明，1995）。它是通过减少贸易成本的方法来提高企业的出口能力的（陈继勇 等，2015），对于成长机会好的行业以及地区的金融环境好的企业，贸易信贷更利于中间品的出口（武力超 等，2020）。

国际发展援助是指，经济相对发达的国家向经济相对落后的发展中国家施以资金、技术等方面的支持（卢进勇 等，2016）。如今，发展援助已经成为中美两国战略竞争行为，并且有日趋激烈的苗头（马雪，2020）。技术引进是将他国的技术或者经验等引进到本国以发展经济。虽然大多数学者认为技术引进可以促进经济的增长和生产率的提高，但对此并未形成统一的意见（林青宁 等，2020）。

可见，国际灵活投资方式具有复杂性，这也说明了灵活投资具有融合性。虽然国际灵活投资的方式有很多，但对于国际租赁、国际工程承包、国际信托投资的研究更多一些。本章将重点介绍这三种灵活投资方式。

三、国际灵活投资产生的原因

世界经济和技术的发展使得各国不满足于国内交易，积极寻求在他国的市场拓展机会。与此同时，在利益规则的驱使下，各国在贸易、金融、技术等领域中的竞争也越来越激烈。在这种大环境下，国际灵活投资应运而生。顾永才（1998）认为国际灵活投资的产生源于两个原因：一是为了解决国际贸易过程中物资基础以及技术短缺，二是为了拓展金融业务空间。

众所周知，国际灵活投资是与国际贸易紧密结合的（陈玲，2004）。在国际灵活投资产生之前，国际贸易业经过了长期的发展，变得相当发达，规模也十分巨大（王哲，2010）。世界经济对国际贸易的依存度也越来越高，以至于在全世界范围内，贸易对于人类的经济和社会生活起到越来越重要的作用。尽管国际贸易的发展得力于生产力的提高、各经济组织与实体的巨大努力和高度重视，但仍会因为各种原因而受到阻碍。资金短缺有时候就会成为一项十分不利的金融因素（Hamada，2010）。

例如，大型设备的进出口以及大型工程承包建设中，所需要的资金通常比较庞大，进出口商或承包商力量有限，无法拿出项目的全部资金，就需要金融机构采取灵活的方式来协助完成。为适应这种要求，金融机构采用买方信贷、卖方信贷、福费廷、信用安排限额等金融手段，积极、有效地参与世界贸易，推动国际贸易的发展。在类似的情况下，国际贸易也可能因为接纳贸易商品的物资基础不具备或技术不成熟而搁浅（顾永才，1998）。于是，以实物和技术投资协助发展贸易的新方式就应运而生，为贸易的发展提供了更为畅通的渠道。

金融的发展史与贸易的发展史一样久远。虽然两者分属于不同的经济范畴，有各自的内容、运行方式和发展规律，但是，两者一直是相互促进、协同发展的。然而，金融最初通过流通资本借贷而收取利息的单一参与贸易的方式，已经不能适应经济的发展（王建喜，1995）。世界经济一体化和国际经济交流的日益深化都对金融业务提出了更高的要求。因此，金融业作为服务业，必须紧密跟随世界经济发展趋势，不断寻找新的发展空间，积极开展新的金融业务，才能适应变化发展的国际

179

经济格局。

而此时，灵活投资作为一种便捷、有效的投资方式，同时被贸易进出口商广泛认同，发挥着推动金融业变革的作用。另外，灵活融资所参与的贸易项目一般都是政府支持或政策倾斜的大型项目，该类项目具有可行性高、收益性好的特点，可以保证金融资本的安全和收益。如今，金融业参与贸易的方式已经发展到了出口信贷、补偿贸易等高级形式（李诒，2012）。

综上，可以看出，国际灵活投资是伴随着其他的经济内容产生的，同时，它也是在不断发展的。目前看来，国际贸易在今后长时期内仍将是国际经济的主导内容，各国经济对贸易的依存度也在日益增加，国际金融业务也会更多地与国际贸易一起，共同谋求新的合作方式。因此，对国际贸易和金融起推动和协作作用的灵活投资，必然会随之增加。其表现方式也会更加成熟，并且会根据各国的实际情况以及发展状况进行调整以满足需求。

第二节　国际租赁

一、国际租赁概述

国际租赁，与我们通常所说的租赁大同小异。其与国内租赁，是以交易中的主要当事人的国别来划分的（Holmes，2012）。当双方不是一国企业时，就通常被称为国际租赁。这也是与国内租赁相比最大的区别。陈玲（2004）指出，国际租赁被广泛运用的主要原因是，它可以通过承租的方式获得国际商业性的贷款。另外，由于国际租赁租金较高，为避免产生资金压力，承租人在使用租赁物时会格外小心。通常情况下，国际租赁业务并非简单可辨析的，而是有其内在的复杂性（Holmes，2012）。比如，一些大的租赁公司在进行海外业务拓展时，会在东道国设立子公司，采用这种间接的方式来实现跨国经营；另外，一项租赁交易除了包含我们前面提到的出租人和承租人外，还可能包含另一当事人——供货商。这些都给准确界定国际租赁的概念带来了一些困难。

国际租赁不是单纯地提供设备租赁服务。它是将贷款、融资、设备购买和租赁等融为一体的经济活动，既提供外贸，又提供先进设备租赁（宋浩平，2016）。在国际租赁的市场上，出租物品已经不局限于机械及建筑设备、车辆、船舶和飞机，还包括各种计算机、商业和科技设备等。

二、国际租赁的主要方式

国际上的租赁公司为了满足客户的各种要求，提升自身的核心竞争力，创立了很多满足市场需求的租赁方式，包括但不限于融资租赁、经营租赁和综合租赁这类被广泛使用的租赁方式（卢进勇 等，2016）。租赁方式虽多，但不是任意选择的。到底选取何种租赁方式，取决于承租人的资金状况、服务内容等因素。为满足承租人的不同要求，也可将不同的租赁方式结合使用，以达到经济活动目的。

本节将简单介绍在国际市场上被广泛使用的融资租赁和经营租赁这两种方式。

（一）融资租赁

融资租赁是 20 世纪中期世界金融业发展过程中出现的一个小分支，融资租赁行业在西方国家率先发展并逐步走向国际化（Weston et al.，1960）。最早的案例可以追溯于 Clerk（1984）的研究，利用 20 世纪 30 年代出现在英国的租购（hire pur-chase）案例，Clerk（1984）指出国际融资租赁是现代租赁发展国际化的必然结果。阿曼波（2007）在基本同意 Clerk（1984）的观点的基础上提出融资租赁出现于美国二战期间，并以资金薄弱的厂家租赁政府的机械设备为标志。近年来，实务界多次强调，要壮大融资租赁产业，发挥其在服务实体经济、推动制造业转型升级、促进设备出口等方面的作用（李虹含 等，2021）。徐同远（2017）认为，我国融资租赁产业做大做强面临着不可错过的重要机遇。而要抓住这个机遇，最重要的是重构融资租赁交易规则，完善融资租赁税收政策，统一融资租赁。

融资租赁是国际上运用最广泛的一种方式，是指出租人出资购买承租人选定的租赁物，然后出租给承租人（徐立平，2016）。融资租赁产生的出发点即是用少量的现金拥有高价值的设备。所以，租赁物一般是价值高和技术先进的大型设备。

与其他租赁方式相比，融资租赁有其独特之处。比如，融资租赁是集融资与融物、贸易与技术更新于一体的产业，可以使企业获得财务会计上的便利（Schallheim，1994）；融资租赁的期限比较长，一般是租赁物的整个寿命周期，而且租赁期满，出租方未必会收回租赁物（奚君羊，2014）。租赁物是由承租人选定的，所以出租人对于承租物的状况（如性能差、设备维修保养等）不负有责任（卢进勇 等，2016）。另外，出于保障出租方和承租方的利益以及交易的稳定性，融资租赁是不可以中途解约的。在这场交易中出租方是处于劣势的。当承租人存在根本违约时，当前的执行取回权、加速到期等救济方式是不利于出租人的（李芷君，2021）。

目前，国内外对融资租赁产生原因的研究有很多。国外学者对此的研究结论已达成一致。融资租赁产生的主要原因，是税负差异所形成的税收优惠共享（Rouse，1994）。但对于"税负差别理论"是否适用于我国，目前还未形成统一的意见（崔佳宁 等，2014）。例如路妍（2002）认为由于我国缺乏与融资租赁业有关的税收优惠，该行业的发展相对滞缓。胡春静（2009）则认为，尽管我国不存在推动融资租赁发展的政策，但是企业间的税率差别诱发了税收传递效应，进而推动融资租赁交易的发生。崔佳宁和史燕平（2014）认为近年来我国融资租赁发展的真正动因是类信贷。对于小微企业而言，具有融资约束的企业倾向于采用融资租赁，该融资约束产生的影响条件是企业所处发展阶段以及法治环境（杨文涛 等，2021）。找出融资租赁发展的真正动因，可以在一定程度上帮助促进融资租赁行业发展。

（二）经营租赁

经营租赁是一种短期融资。其租赁物一般是通用设备或者更新速度较快的设备（罗熹，2015）。由于在交易过程中，出租人要承担设备过时的风险，所以它的租金要比其他的租赁方式高一些。与融资租赁不同，经营租赁是可以中途解约的，但需要预先通知出租人（卢进勇 等，2016）。目前，对于经营租赁方面的研究较少，尤其是针对其产生根源的研究。不过，目前国外主要从经营财务理论中的税收角度和非税收角度来解释经营租赁的产生原因。

从税收的角度来看，当出租人和承租人存在边际税率差时，双方可以共享经营租赁带来的节税收益，那么当事人就会倾向于选择经营租赁（李刚 等，2009）。Miller 和 Upton（1976）基于从出租方角度计算的长期租赁合同净现值公式，研究发现，相对于债务融资，若出租人的边际税率大于承租人的边际税率，在租赁市场完全竞争的情况下，出于节税的目的，租赁融资将优于债务融资；若两者的边际税率相同，承租方现金流出量与出租方现金流入量相等，租赁市场均衡，此时，选取哪种融资方式并无差别。

而从非税收角度看，Smith 和 Wakeman（1985）提出，股权结构越集中的公司，租赁资产的可能性越高；相比无抵押的长期借款，经营租赁可以在一定程度上解决投资不足的问题。在这个理论基础上，Eisfeldt 和 Rampini（2005）又提出，财务限制条件多的公司更愿意选择租赁资产而非购买。另外，Ketz（2003）指出，理性的经济人会利用会计准则不完善这一特点，把实质性的融资租赁转变为形式上的经营租赁来蒙蔽利益相关者，以此提高公司资信评级。

三、国际租赁的基本程序

在国际租赁业务中，租赁形式不同，程序也会不一样，有时不同的租赁公司的程序也会因公司内部监管等有略微的差别。但一般情况下，国际租赁的基本程序是相同的，我们以广泛使用的融资租赁为例，介绍一下租赁程序。具体如图 7-1 所示。

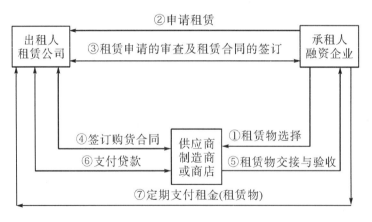

图 7-1　融资租赁基本程序

资料来源：刘立平. 国际金融理论与实务 ［M］. 安徽：中国科学技术大学出版社，2018.

首先由承租人确定租赁物，可以是承租人自己挑选的，也可以委托租赁公司代为选择，由出租人代为购买。承租人就租赁物与供应商谈妥后，向租赁公司提出租赁申请。租赁公司接收到申请后，对申请人进行审查，衡量出租的风险程度，若同意办理租赁业务，租赁公司会开出租金估价单和相关条件。承租人如果同意租赁公司开出的上述内容，双方达成一致意见后签订租赁合同。租赁合同签订后，出租人和制造商根据拟定的贸易条件签订购货合同。之后，制造商按期直接交货给承租人，并及时通知出租人。承租人收到租赁物后，要立即进行安装调试。若各方面达标，承租人办理验收手续并通知出租人，租赁期从验收日起算。出租人在收到验收合格通知后，应该立即向制造商付清货款。之后承租人按照租赁合同按期向出租人支付租金。而关于之后租赁物的保险和维修以及租赁合同期满时租赁物的处理，会随着租赁方式的不同而有所不同。

四、国际租赁准则变化

在国际租赁业务中，国际会计准则对于国际租赁业务中一些财务方面的管理和指导有很大的影响。随着国际租赁业务的扩大，各国之间的经贸往来日益密切，国际租赁会计准则也在持续地更新。以前的企业是采用双重租赁会计模式，也就是说，融资租赁和经营租赁不能统一核算而要分开核算。但是，这种核算方法因为不能真实反映租赁的交易，无法满足财务报表使用者的需求而被批评（Masoud，2016）。特别是，它不要求承租人确认经营租赁中的资产和负债。甚至在新准则颁布前，航运企业采用经营租赁以美化其资产负债表，进而影响相关利益者对企业价值的判断（谭小芳 等，2019）。

因此，国际会计准则理事会（international accounting standards board，IASB）和美国财务会计准则委员会（financial accounting standards board，FASB）联合发起了一个项目来研究新的租赁会计准则，明确指出承租人也要确认对于租赁的资产和负债的权利与义务。新准则即国际财务报告准则（international financial reporting standards，IFRS）已于2016年1月发布，自2019年1月生效。该准则同时提到采用IF-RS15的企业可提前采用新准则。

新的租赁准则取消了之前被人诟病的双重租赁会计模式，采取的是一种单一列示资产负债表的模式。这种改变的本质，就是要求企业将交易活动中的大部分内容计入表内，与准则变化前的融资租赁会计处理模式相似（Stancheva-Todorova et al.，2019）。这种方法可以更加真实地反映承租人的资产和负债，强化信息披露，清晰地展现承租人的财务杠杆和资金使用情况。新准则对于租赁方面的其他部分也进行了一定的调整，但出租人的会计核算与新准则颁布前基本一致，仍然采用双重会计模式。但是，IASB在该项新准则完成阶段也承认，这种缺乏一致性的情况可能会导致企业在更复杂的协议安排中有结构化机会。

不管怎么说，这次租赁准则的改变对于企业的财务方面有重大的影响。我国的租赁会计准则正处在与国际接轨的进程中，其征求意见稿已于2018年公布。在准则修订前，要注意做好我国企业使用准则的调研工作，企业也要提早防范，尽量减少修订后可能产生的消极影响（杨丹，2019）。同时，企业的相关人员要尽快了解这次准则变动，做好适应性调整。另外，企业还需通过预测未来租赁业务的需要，对租赁业务进行合理的规划，来降低经营租赁的比重，调整过度负债的高度杠杆经营模式（黄维娜，2017）。对于其他利益相关者而言，要注意未来租赁企业可能存在的新风险。

五、国际租赁案例

中航国际租赁项目落地海口江东新区[1]

2021年4月，海口江东新区管理局与中航国际租赁有限公司签署协议。根据协议，中航国际租赁有限公司将结合自身优势，盯紧海南自贸港建设需求，围绕飞机、船舶、高端装备制造、城市基础设施等产业开展融资租赁业务，计划至2024年年底完成不低于百亿元的融资租赁业务。

海口作为国际性综合交通枢纽城市，航空运输等临空经济发展是江东新区重点产业方向。中航国际租赁项目落地将有助于海口融资租赁产业集聚，培育具有国际竞争力的融资租赁产业，同时，也将进一步推动海口航空航运业的高质量发展，为海南自贸港建设贡献一份力量。

中航国际租赁有限公司由中国航空工业集团有限公司控股44%，是中国唯一具有飞机制造背景的租赁公司。中航国际租赁有限公司在央企融资租赁行业中融资租赁资产规模列首位，在国内全行业中融资租赁资产规模列第9位。截至2020年年底，设备和基础设施租赁占中航国际租赁有限公司总租赁组合的57%，其次是飞机租赁（30%）和船舶租赁（13%）。

截至2021年3月底，海口江东新区引进的融资租赁公司累计开展飞机船舶等租赁业务超8亿元，同时落地三大"首单"：首单通航飞机租赁业务、首单国产大飞机租赁项目、首单船舶租赁业务。未来，海口江东新区将继续创造好的营商环境，为国内外融资租赁企业落户海南并享受自贸港政策红利做好保障。

第三节　国际工程承包

一、国际工程承包概述

国际工程承包是在第二次世界大战时期发展起来的。当时，欧洲战场需要的大量军事工程均由美国的大工程公司营造。二战后，科学技术和生产力大发展，生产技术结构变得复杂，普通机器贸易发展成为工程技术投资。战后许多殖民地国家和地区获得解放并取得独立主权，开始着手改变其落后的经济面貌。但他们由于缺乏技术、设备和专业人员，只有通过技术贸易，特别是承包工程和劳务合作解决发展问题（高文书，2018）。国际工程承包进一步发展。

关于国际工程承包，与前面提到的国际租赁相同，是发生在两个不同国家的。简单来说，国际工程承包就是指一国承包商按照其他国家的发包商的要求，同意承包某项工程项目并签订合同，项目完成后由发包商验收，验收合格，发包商支付相

---

[1] 资料来源：《海南日报》，原标题是《中航国际租赁项目落地海口江东新区2024年底完成百亿元融资租赁业务》。

应的报酬（恽晓方，2015）。有时，在国际工程合同中还存在一个第三方——工程师。这与我们国内工程中的监理人类似，其主要区别在于：在国际工程当中，工程师在工程的管理和技术方面有着很大的话语权（张建新，2018）。需要注意的是，有些国际工程承包可能包含某种政治意义，完成的工程在他国可能会成为一种纪念物，是两国（或多国）友好关系的见证（Xiang，2021），例如，孟加拉国帕德玛大桥铁路连接线等"一带一路"项目。

国外学者对国际工程承包做了很多研究。比如，Fridman（1956）研究了国际工程承包的竞标，同时介绍了在工程项目中如何应用新的承包方式。Casson（1987）通过研究，将内部化理论运用到建筑业承包当中。Wang（2010）通过对工程总承包（engineering procurement construction，EPC）在国际市场的应用方式的分析，指出为扩大竞争优势，EPC 模式要如何改进和创新。可以看出，关于对外工程承包的问题研究开始得很早。如今国内的工程承包也比较成熟。但我们仍需要注意的是，国际工程承包的具体程序不同于国内。国际工程承包所面临的国际环境较为复杂，因而，在很多方面都不能沿用到国内工程承包（Tan，2008）。应当根据需要，通过各种复杂的合同，对工程承包中的各项事宜做出具体安排。

二、国际工程承包的模式

（一）工程总承包模式（EPC）

如今的国内外工程项目对业主方的人员素质、技术能力、管理能力等提出了更高的要求。更多的业主倾向于由一家承包商负责全部的工作内容。而且，各地政府也十分鼓励房屋建筑领域使用 EPC 模式（彭桂平 等，2021）。可以看出工程总承包当前的重要性。

EPC 模式中存在两层委托代理关系（Halac，2014）。具体是指业主与总承包商之间的委托代理关系、总承包商与各分包商之间的委托代理关系。存在委托代理关系，就可能产生信息不对称进而导致成本提高。刘仁辉（2011）就此提出两个办法：其一是，建立完善的总承包商自由竞争市场，同时确保行业协会发挥其规范作用；其二是，建立严格的奖惩机制，调动总承包商的积极性。相信如果可以有效降低交易成本，会有更多的发包商选择 EPC 模式（Guo et al.，2010）。

另外，关于 EPC 模式的计价问题，有学者提出，我国现行的工程量清单招标模式计价、固定单价模式计价不适用 EPC 模式，在 EPC 模式下选择计价方式需要考虑项目的特点（彭桂平 等，2021）。而且，有效识别 EPC 模式当中的隐性风险，有助于造价管理（孙凌志 等，2021）。

（二）项目管理承包模式（PMC）

项目管理承包模式是业主聘请一家专业的项目管理承包商（或者公司），但承包商不直接参与具体工作。但这种模式存在着较高风险。因为选择项目管理公司成功与否，很大程度上决定着呈现结果的好坏。对此，易金翠和杨军武（2020）提出可以从两个方面入手：一是建立合同管理机制并明确参与者的责任；二是承包商在内部建立沟通渠道确保信息传递的有效性。

185

（三）设计—建造模式（DB）

设计—建造模式与传统模式最大的不同是，项目设计文件还未完成时，设计—建造的合作关系就已经产生。具体就是，业主邀请一家或者多家承包商按照业主的项目要求进行规划设计，业主根据项目预算以及设计大纲择优选择（宋伟香 等，2015）。然后，该承包商或独自完成整个项目，或通过招募分包商共同完成项目建设。这种模式的实施效率比较高，承包商可能创造更多的经济效益。但业主不参与分包的相关工作，不能把控整个项目质量。

（四）平行发包模式（DBB）

宋伟香和管友海（2015）指出，DBB 模式包括设计、招标和施工三个阶段：①设计阶段由建筑单位和设计单位签订设计合同，由设计单位完成工程项目的设计文案；②设计文案完成之后，工程项目有了建设依据，建设单位据此进行施工单位的招标工作，选择满足工程项目要求的有能力的施工单位完成工程项目；③施工单位按照方案完成项目。这种模式最大的特点就是，必须按照 D-B-B 的顺序进行项目建设。DBB 模式在国际上很通用，有标准的合同文本格式参照。亚行、世行，以及以国际咨询工程师联合会（Fédération lnternationale Des lngénieurs Conseils，法文缩写 FIDIC）合同条件为依据的项目大多采用 DBB 模式（易金翠 等，2020）。

（五）施工管理承包模式（CM）

施工管理承包模式在工程的设计图纸尚未完成时，就开始进行招标，选择承包商，也就是说，将施工部分提前到设计阶段（李清立，2007）。该模式特别适用于那种建设周期长，但时间要求紧迫的复杂工程。

（六）建造—运营—移交模式（BOT）

简单来说，BOT 模式就是企业负责基础设施的筹资、建设、经营和维护，在特许期满后，将所有权移交给国家。其最大的特点是：有政府支持，有时还会获得一些优惠政策，项目融资也会相对容易（吴涛 等，2021）。BOT 模式适用于那些建设周期长并且可以通过运营偿债的基础设施项目（易金翠等，2020）。

BOT 有很多种操作模式，归纳起来主要有三种基本形式：标准 BOT、BOO（build-own-operate）和 BOOT（build-operate-tranfer）。其他的模式都是在此基础上演变的。另外，采用国际 BOT 方式进行项目融资和建设非常复杂（黄兰萍，1996），涉及多方当事人和各方当事人的利益，需要一整套独特的做法和操作程序。

（七）公共部门与私人企业合作模式（PPP）

PPP 模式简单来说就是"公私合营"。其特点是政府和公司合作、风险共担、收益共享（Quiggin，2005；Lossa et al.，2015）。其常用的融资模式是贷款。这在很大程度上可以减少"融资难"的问题。另外，公司可以通过合理规划贷款和偿还计划，以确保所获得的项目回报率最大（曾晓 等，2019）。

在项目开始前，项目的所有参与者都应清楚地知道该项目所有的要求、机会和风险。这是充分享受 PPP 模式收益的前提。虽然有政府力量的加持，但是项目也不是必然成功的（赵晔，2015）。赵静（2020）通过实证研究发现，PPP 项目是否成功与投资总额、项目具体类别有关。投资总额越大，项目失败的概率越高；项目越偏私有化，企业承担的风险越大，失败的概率也越高。因此，在企业以及金融机构参与 PPP 项目时，经济管理者需要在注重风险控制的同时，进行充分的事前评估和事中监督，要合理地处理项目中存在的潜在危机，尽量将风险控制到最小。

三、国际工程承包合同

国际工程承包合同是指不同国家的业主和承包商之间为了实施某个工程项目，而签订的明确双方权利和义务的协议。与国内的工程合同中的监理人类似，国际工程合同中一般也会存在一个第三方——工程师（engineer）。但不同的是，国内的监理人，有时可以由发包人直接担任或发包人在工程管理中直接介入替代监理人执行一些工作；但是，在国际工程合同体系中，工程师的地位是独特的，也是独立的，一般不能由发包人替代，而且对于工程的管理和相关技术问题具有不可替代的权威性。

目前，国际上使用得较多的工程承包合同，主要有 FIDIC 系列合同、英国土木工程师学会（institution of civil engineers，ICE）合同、英国合同审定联合会（joint contracts tribunal，JCT）合同和美国建筑师学会（the American institute of architects，AIA）系列合同（张建新，2018）。这些合同都是由相应的组织编制的。

（一）FIDIC 系列合同条件

FIDIC 专业委员会发布了很多规范性的文件。其中最主要的文件就是一系列的工程合同条件，即 FIDIC 条件合同。它是目前较为流行的工程合同（杨道富，2003）。有学者称，FIDIC 合同是由 ICE 演变而来的（田威，2000）。FIDIC 系列合同条件通用性较强，程序严谨，利于操作。FIDIC 合同条件注重与时俱进，比如2020 年 4 月，就有发布针对新冠肺炎疫情条款的备忘录（常云博，2021）。

（二）英国 ICE 合同条件

与 FIDIC 相比，ICE 更注重业主的利益，对承包商的要求更为严格（张礼卫，2003）。所以，业主更倾向于选择 ICE 合同，而承包商更愿意选择 FIDIC 合同（田威，2000）。传统的 ICE 合同条件是存在一些缺点的。比如在合同实施过程中，合同当事人从各自的利益出发易产生冲突；咨询工程师在进行合同管理时，特别是在出现争议时的公正性会遭到质疑。因而，在传统模式下的合同管理中，各方容易引起争端和索赔（孙友红，2002）。为解决上述问题，ICE 研制出名为 ECC 的新合同范本。

（三）英国 JCT 合同条件

经过 80 多年的发展，如今的 JCT 合同条件已经相对成熟。与 FIDIC 合同条件相比，JCT 合同条件因存在明显的普通法法律文件特征而显得较难理解（Fawzy et al.，2015）。另外，JCT 的相关规定，在合同管理者对于承包商的变动干预方面对业主更有利，而在选择分包商的决定权、付款的程序以及风险分配等方面对承包商更有利（卜炜玮 等，2020）。虽然说，我们对于 FIDIC 合同条件更为熟悉，但是，现在我们对 JCT 条件的使用也越来越频繁。比如我国香港地区使用的就是该合同条件。因此，无论是在我国还是去英联邦国家拓展工程项目，都需要我们对于 JCT 合同条件有更深入的了解。

（四）美国 AIA 系列合同条件

AIA 合同条件是由美国建筑师协会编制的，可谓是美国建筑业管理合同的基石，主要适用于私营的房屋建筑工程（王要武 等，2007）。根据文件的性质不同，可以分为六个系列，具体如表 7-1 所示。

表 7-1 美国 AIA 合同各系列

A 系列是关于业主与承包人之间的合同文件	D 系列是建筑师行业所用的有关文件
B 系列是关于业主与建筑师之间的合同文件	G 系列是合同和办公管理中使用的文件和表格
C 系列是关于业主与提供专业服务的咨询机构之间的合同文件	INT 系列是用于国际工程项目的合同文件（为 B 系列的一部分）

资料来源：张建新. 工程项目管理学 ［M］. 4 版. 大连：东北财经大学出版社，2018.

四、国际工程承包案例

国际工程承包案例之国家体育馆①

国家体育馆项目承包是我国典型的国际工程承包案例之一。它对我国承包商国际市场发展模式的探索有一定的积极作用。项目的策划、设计方案、法人、工程承包、项目管理咨询、供应商采购、项目运营等均采用全球招标的方式进行。

关于项目的策划活动。2002 年 4 月，北京市发改委聘请策划、法律、财务及招标代理机构进行国家体育馆的项目策划工作；2002 年 10 月，开始在全球进行设计方案招标工作，最终确定了由联合体参赛单位（由瑞士 Herzog 和 De Meuron 设计事务所、英国 ARUP 工程顾问公司和中国建筑设计研究院组成）提交的"鸟巢"方案；2003 年 4 月，面向全球招募项目法人合作方，从由全球 55 家承包商组成的 5 家联合体中选中了以中国中信集团为代表的联合体，项目的融资情况如图 7-2 所示。

虽然中信的出资额最大，但是，鉴于建设资质要求，最后确定北京城建为项目总承包商。经与中信协商决定，由北京城建完成项目的 52%，剩余部分由中信完成。关于设备的采购，除少部分是国内采购，其余都是来自全球的顶尖产品。项目结束后，中信联合体按照规定，可以获得国家体育馆 2008 年奥运会后 30 年的经营权。

① 案例来源：乌云娜，黄勇，赵振宁. 工程承包全球价值链之国家体育场案例研究 ［J］. 中国工业经济，2008（1）：114-122.

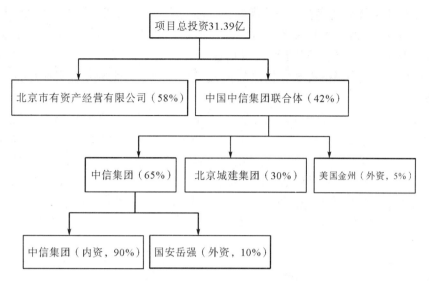

图 7-2　国家体育馆投融资结构

资料来源：根据公开资料整理。

该项工程实现了我国承包商在工程承包价值链上的功能升级（赵书华 等，2005）。可以看出，这是一个典型的 PPP 模式工程。而选取此模式主要有三个原因：其一，全部资金由政府独自承担，压力过重；其二，这种模式的最大特点就是整合融资环节，具体如图 7-2 所示；其三，整合了价值创造环节的设计、施工、采购、运营等，尽可能地使每一环节的资源利用达到最好，建造成果达到最优。采取 PPP 模式有利于各个环节的优化重组（乌云娜 等，2008），将优异的资源结合起来，形成一个或多个全球规模的产业链。

第四节　国际信托投资

一、国际信托投资概述及分类

信托投资是指信托机构以投资者的身份，运用自有或者从市场上筹集到的资金，向企业投资并参与收入分配（陈雨露，1998）。国际信托投资则是指信托的当事人、信托设立地、财产所在地等要素涉及两个或以上的国家，或者以上要素是在同一个国家，但以他国的法律为依据（崔晓静，2012）。

我国的国际信托投资是从 1979 年 10 月中国国际信托投资公司成立开始的。截至 1988 年年底，已有 20 多个省份成立了一级国际信托投资公司（张晓祖，1988）。在这个阶段，我国主要利用外资拓展金融业务，同时办理有关进出口、租赁和咨询服务工作。到 1998 年年底，我国的委托和信托存贷款业务处于主导地位。此外，多数公司选择用短期的金融负债筹资，购买长期性的非金融资产。这增大了公司的经营风险（杨大楷，2000）。

189

为了解决信托公司存在的一些问题，中国人民银行于 2002 年颁布了《信托投资公司管理办法》，做出了相关的制度界定。但是，该制度为信托公司增添了实业投资和关联交易两个功能，融资平台价值猛增，使得业务运作发生了扭曲（廖强，2009）。2009 年颁布新的办法，提出信托公司自有资金不能再办理实业投资（黄华继，1999）[①]。

近年来，《信托投资公司管理办法》还在不断地修订。尤其对于混业经营的信托业而言，统一监管理念的确立至关重要（Roberta et al., 1985），比如证券投资基金由中国证监会监管，产业投资基金由国家计委监管等。也就是说，信托公司在经营不同业务时，要受到不同政府主体监管（王金玉，2011）。统一监管体系有利于中国信托业的发展（席月民，2011）。国际信托投资依据不同的标准有不同的分类，一般来讲有三种划分，如表 7-2 所示。

表 7-2　国际信托投资种类

划分标准	种类名称	特点
信托资金来源	甲类信托投资（委托投资）	资金由国外委托人提供，委托人可指明资金用途、投资期限等。信托机构仅起代理和监督作用，对风险和经营效果不承担责任
	乙类信托投资（简称信托投资）	资金由信托机构提供，国外委托人也可提供资金，除信托机构能接受的投资收益率和收益时间外，不能对资金项目提任何要求。 信托机构对项目承担一切风险，并按时、按协商收益率给国外委托人支付收益
信托投资期限长短	长期信托投资	含规定期限（10 年以上）和不规定期限（与企业存在相伴随）两种
	短期信托投资	10 年及以内的信托投资
信托投资实现方式	直接信托投资	由信托机构将资金直接投入企业组成合资或合作企业，参与补偿贸易、来料加工、来件装配及海外投资等，参与企业的经营管理，实质是信托机构从事产业活动和贸易活动，谋求投资收益
	间接信托投资	信托机构以购买外国股票或债券的形式实现投资，通过股权和债权间接参与企业管理，求得股息、红利、债息以及差价投资收益

二、国际信托投资的职能

随着我国国际信托投资机构的增多和国际信托投资业务的发展，国内理论界和从事国际信托投资业务实际操作的同志，对国际信托投资的职能进行了探索和讨论，意见趋向一致（宋国文，1993）。具体如下：

[①]　新办法将信托公司定位为"受人之托，代人理财"的专业化机构，要求信托公司面向高端客户开展理财业务，要求信托公司将主要资金管理模式由贷款和证券市场投资逐步向股权投资、企业年金管理、资产证券化、PE 等领域拓展，逐步形成信托公司的独特盈利模式。

（一）筹资职能

筹集建设资金是国际信托投资机构的主要职能之一。通过受托筹资、代理集资、代发有价证券等手段，国际信托投资机构可以较快地、较大规模地筹集建设资金（Mcinerney，2011）。国务院有关文件规定，信托机构可以吸收来自财政部门、企业主管部门等部门的信托资金、基金等五种信托存款。但是，很多信托基金的筹集过程由于牵扯到的部门多，手续繁杂，加之受到其他因素的制约，行政机关或企事业主管部门一般不愿或无法承担这一筹资任务（刘福元，2014）。因此，这些行政机关或主管部门便将筹资事务委托当地信托机构办理，达到了事半功倍的效果。

（二）融资职能

如果筹资职能指的是各类专项资金的筹集的话，那么融资职能则专指国内外资金的融通。非银行金融信托机构是我国金融体系的有机组成部分（Liu，2015）。国际信托投资机构完全可以充分利用国内外两种资金、两个市场，调度和融通资金，搞活搞好经营，更好地完成上级主管部门所赋予的各项任务。在国际融资方面，由于国际信托投资机构具有独立自主经营的法人地位、一定的外汇资本金实力、较好的资产负债状况，因而，在筹措短期和中长期国际商业贷款方面具有一定的优势（单冬克，1990）。部分国际信托投资机构被国家列为对外借款"窗口"，可在国外发行债券融资，因而具有更强的融通国外资金的能力（Anuradha，2017）。在国内，国际信托投资机构可以积极参与资金市场的交易活动，可与众多的金融机构建立互补余缺的资金融通关系，对搞活金融、促进生产发挥了积极作用。

（三）投资职能

投资是国际信托投资机构的主要职能之一，筹资和融资的主要目的是进行投资。国际信托投资机构可在国内外进行筹资、融资；同理，可在国内外进行投资。在对国内投资时，信托机构可充分利用其投资职能，贯彻国家产业政策，实行建设资金有偿使用，加强对企业的监督管理，充分提高投资效益（赖秀福，2020）。在对国外的投资方面，国际信托投资机构应充分利用其在国外的分支机构和信息网络，尽量使投资区域和产业多元化，带动国内外向型经济的发展。

（四）财务管理职能

国际信托投资机构执行的是广泛的、社会性的"受人之托、代人理财"任务（《信托公司管理办法》，2007）。其财务管理职能也是非常显著的。信托投资是一种经济行为，离不开财务管理和核算。国际信托投资机构接受部门或企事业单位的委托，进行投资、贷款、外汇买卖、证券交易等多种业务活动，对财务核算和经济效益的分析是必不可少的（彭缅良 等，2005）。信托机构不仅代理筹资、放款等业务，还办理代为考察评估项目等业务，有时还会管理政府所托的特定资金。这些都体现着信托机构的财务管理职能。

（五）信用服务职能

国际信托投资机构对社会或个人提供信用服务的内容是十分广泛的。如信息咨询服务，国际信托投资机构利用其信息网络，可向用户及时提供外汇、黄金、股市等方面的最新信息。而且，目前的信登系统已经可以向相关监管部门以及信托公司提供数据信息服务（文海兴，2020）。另外，信托机构还可以向国外的意向投资者介绍国内的投资环境，并为其寻找合作者（丁一波和伍川，2004）。又如担保和信用见证服务，可以鼓励更多的外商来国内投资，为国内市场增添活力。还有代企业发行股票、债券，代为保管重要财务，出租保险柜等业务，都是信用服务职能的具体体现。可以说，社会有什么需要，国际信托投资机构就可以办理相应的信用服务业务。

（六）自我发展职能

从我国国际信托投资业务开展十余年的实践看，自我发展也是国际信托投资的重要职能。自我发展，包含业务的拓展辐射、资金的积累增值、人员机构的增加、人员素质的提高等重要内容。自我发展与信用服务是互相促进的，国际信托投资机构通过为社会提供广泛优质的信用服务，能促进自身更快地积累与发展（Coates，2010）；同理，国际信托投资机构自身发展得更为强大后，又可为社会提供更有效的信托服务（魏革军，2013）。国际信托投资机构自我积累、自我发展和不断提高，与社会的信用服务不断优化这一互相促进的过程，将推动我国国民经济的不断发展。

三、国际信托投资案例

广东国际信托投资公司破产

中国四大信托投资公司之一的广东国际信托投资公司（以下简称"广国投"）破产案，是全国非银行金融机构的第一起破产案（沙业伟，2015）。从宣布破产到竞价拍卖持续了 20 多年，最后被万科以 551 亿元的价格拍得。这起破产案因为债务规模巨大，引起了国内外的高度关注。广东国际信托投资公司存续过程如图 7-3 所示。

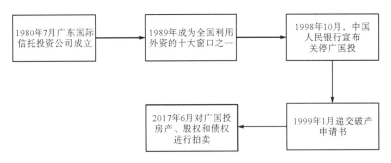

图 7-3　广东国际信托投资公司存续过程
资料来源：王天宇. 我国存款保险制度研究 [M]. 北京：中国金融出版社，2015.

广国投破产的一个直接原因就是管理混乱（王天宇，2015）。但是，仅仅将破产原因归结于此是不够的。在房地产泡沫时期，广国投在房地产上倾注巨资，资金过于集中，没有进行风险规避，最终导致资金链断掉。另外，廖强（2009）分析认为我国信托投资公司的困境即是偏好风险。错位的信托机构经营制度使得管理者和股东出现高风险行为。正如广国投在成长期盲目地扩张，而不考虑其是否与公司的经营能力匹配，导致它的不良资产越来越多，最终出现资不抵债的现象。

广国投的破产是多种影响因素造成的，其他信托投资公司要引以为戒。信托投资公司要建立健全公司的内部控制体系，积极应对金融风险（常叶青，2011）。同时，监管部门也要加大信托业风险监督力度，为信托业的发展创造良好的环境。

本章小结

国际灵活投资是新增的国际经济合作的一种方式，区别于国际直接投资和国际间接投资。通过查阅核心期刊的文献，我们发现除了国际租赁中的融资租赁、经营租赁和国际工程承包中的 EPC、PPP 等内容被深入研究，其他的方式如国际信托投资等国内研究成果相对较少，并主要集中在 20 世纪末期。国际灵活投资方式复杂多样，本章主要介绍的是国际灵活投资中的三种方式，即国际租赁、国际工程承包、国际信托投资。每个部分都从不同的角度介绍对应内容，并配以相应的案例，可以让读者更好地了解这三种国际灵活投资的方式。

马克思（1894）在《资本论》（第三卷）中指出：“追求更高的利润率是资本流动的根本原因。”只要不同国家或地区之间存在利润率差异，那么“逐利”就使国际资本流动不可避免（黎金钊，2009）。国际灵活投资作为国际资本流动的新形式，其根本动因同样是“逐利”（和红，2010）。不过，相比其他投资方式，国际灵活投资具有融资期限长，还款方式灵活、压力小的特点。在贸易保护主义重新抬头、新冠肺炎疫情不断反复、全球化趋势受阻的情形下，我们需要在“人类命运共同体”的中国方案下，建立健全国际灵活投资的法律体系和财会准则，充分利用国际灵活投资的运营优势，降低贸易不确定性带来的融资约束和生产负担，推进全球价值链的复苏和重塑。

本章习题

名词解释

1. 国际灵活投资
2. 国际租赁
3. 国际工程承包
4. 国际信托投资
5. 融资租赁
6. 经营租赁
7. EPC 模式
8. PPP 模式
9. BOT 模式
10. 国际工程承包合同

简答题

1. 国际灵活投资的方式有哪些?

2. 国际灵活投资是在什么环境下产生的?

3. 融资租赁产生的动机是什么?

4. 国际租赁的基本程序是什么?

5. 国际租赁准则的主要变化是什么?

6. 国际工程承包模式各自适用状态是什么?

7. 常用的国际工程承包合同有哪些? 它们之间有什么差别?

8. 如何对国际信托投资进行分类?

9. 国际信托投资有哪些职能?

10. 根据给出的国际信托投资案例,我国信托业要如何改进?

本章参考文献

卜炜玮,周振,徐锦楠,2020. 新版 JCT 标准建造合同条件与 FIDIC 土木工程施工合同条件的比较研究 [J]. 建筑经济,41 (5):19-24.

曾晓,雷定猷,张英贵,2019. 高速公路 PPP 项目贷款融资决策研究 [J]. 铁道科学与工程学报,16 (2):550-556.

常云博,2021. 新冠疫情下的国际工程承包保函风险防控 [J]. 对外经贸实务 (4):68-71.

陈继勇,刘骐豪,2015. 信贷融资对中国企业出口行为的影响:基于双重信贷和双重出口边际的研究 [J]. 世界经济研究 (4):53-63.

陈玲,2004. 现代国际投资 [M]. 厦门:厦门大学出版社.

陈雨露,1998. 中国外汇业务全书 [M]. 北京:中国物价出版社.

崔佳宁,史燕平,2014. 我国融资租赁交易动因:来自上市公司的经验证据 [J]. 技术经济,33 (4):123-130.

崔晓静,2012. 国际税收透明度同行评议及中国的应对 [J]. 法学研究 (4):188-198.

崔援民,1991. 现代国际投资学 [M]. 北京:中国经济出版社.

单冬克,1990. 国际商业贷款的使用与管理 [J]. 国际经济合作 (5):52.

丁一波,伍川,2004. 引进境外战略投资者推动信托投资公司的发展 [J]. 特区经济 (11):164-165.

高文书,2018. "一带一路" 建设与中国人力资源国际化 [J]. 广东社会科学 (6):27-36.

顾永才,1998. MBA 精要全书:下卷 [M]. 北京:中国物价出版社.

和红,2010. 马克思理论体系中的国际资本流动思想解析 [J]. 华南师范大学学报:社会科学版 (1):118-121.

黄华继, 1999. 我国信托业发展面临的问题及对策 [J]. 经济问题 (7)：47-50.

黄兰萍, 1996. 采用 BOT 投资方式加快我国基础设施建设 [J]. 国际贸易问题 (10)：22-24.

黄维娜, 张敦力, 李四海, 2017. 租赁方式操控对企业信用风险的影响研究：以《国际财务报告准则第 16 号——租赁》为视角 [J]. 宏观经济研究 (6)：65-72.

赖秀福, 2020. 金融改革发展建言录：两会经济金融界部分代表委员谈金融 [J]. 中国金融 (11)：23-45.

黎金钊, 2009. 国际产业转移：一个马克思主文的解释 [J]. 社会主义研究 (5)：16-19.

李刚, 陈利军, 陈倩, 2009. 经营租赁的真实动机：基于东方航空公司的案例研究 [J]. 管理世界 (B02)：121-128.

李虹含, 文琳, 2021. 保税融资租赁与综保区协同发展 [J]. 中国金融 (4)：59-60.

李清立, 2007. 工程建设监理 [M]. 北京：北京交通大学出版社.

李诒, 2012. 贸易金融的发展与商业银行创新 [J]. 中国国情国力 (8)：29-32.

李芷君, 2021. 论融资租赁中出租人救济制度的优化 [J]. 江汉论坛 (6)：130-136.

廖强, 2009. 制度错位与重建：对我国信托业问题的思考 [J]. 金融研究 (2)：54-63.

林青宁, 毛世平, 2020. 技术引进对涉农企业科技成果转化效率影响：基于三阶段吸收能力的视角 [J]. 科技管理研究 (22)：62-67.

刘福元, 2014. 公民参与行政决策的平衡性探寻 [J]. 国家检察官学院学报 (2)：80-93.

刘立平, 2018. 国际金融理论与实务 [M]. 合肥：中国科学技术大学出版社.

刘仁辉, 从小林, 2011. 基于委托代理关系的 EPC 承包模式代理成本研究 [J]. 管理世界 (7)：184-185.

卢进勇, 杜奇华, 李锋, 2016. 国际经济合作教程 [M]. 北京：首都经济贸易大学出版社.

卢进勇, 杜奇华, 2006. 国际经济合作 [M]. 北京：对外经济贸易大学出版社.

路妍, 2002. 我国融资租赁业发展缓慢的成因分析 [J]. 管理世界 (10)：141-142.

罗熹, 2015. 信用保险词典 [M]. 北京：中国金融出版社.

马克思, 2004. 资本论 (第三卷) [M]. 北京：人民出版社.

马雪, 2020. 中美国际发展援助模式的差异分析 [J]. 现代国际关系 (3)：31-39.

慕亚平, 1999. 国际投资的法律制度 [M]. 广州：广东人民出版社.

彭桂平, 戴彤, 方锦标, 2021. 工程总承包合同计价模式研究 [J]. 建筑经济 (5)：21-24.

彭缅良，叶岩，2005. 浅议信托业务会计核算的特点、难点 [J]. 财务与会计 (3)：39-41.

沙业伟，2015. 信贷风险与资产保全案例选 [M]. 成都：西南财经大学出版社.

宋国文，1993. 国际信托投资理论与实务 [M]. 北京：中国经济出版社.

宋浩平，2016. 国际信贷 [M]. 4 版. 北京：首都经济贸易大学出版社.

宋伟香，管友海，2015. 工程项目管理 [M]. 西安：西安交通大学出版社.

阿曼波，2007. 国际租赁完全指南 [M]. 北京：北京大学出版社.

孙凌志，张北雁，2021. 工程总承包项目隐性造价风险分析及管控策略 [J]. 建筑经济 (5)：34-37.

孙友红，2002. FIDIC 合同条件中的索赔和争端解决程序 [J]. 国际经济合作 (4)：49-53.

谭小芳，刘思瑾，2019. 经营租赁动机，新租赁准则与航运企业价值 [J]. 中国航海 (3)：121-125.

田威，2000. FIDIC 合同与 ICE 合同 [J]. 国际经济合作 (1)：53-55.

王金玉，2011. 中国发展涉外信托存在的结构性问题及其评析：以辽宁省涉外信托业发展现状为视野 [J]. 东南亚纵横 (3)：79-83.

王天宇，2015. 我国存款保险制度研究 [M]. 北京：中国金融出版社.

王要武，李清志，袁红平，2007. AIA 合同文件介绍及其与 FIDIC 合同的比较研究 [J]. 建筑经济 (11)：88-91.

王哲，2010. 晚清一民国埠际贸易的网络体系 (1885—1940)：基于海关数据的分析 [J]. 史学月刊 (9)：105-111.

魏革军，2013. 打造一流资产管理公司：访中国华融资产管理股份有限公司董事长赖小民 [J]. 中国金融 (20)：24-27.

文海兴，2020. 助力新时代信托业改革发展 [J]. 中国金融 (1)：91-93.

文明，1995. 融资投资实用全书 [M]. 北京：中国财政经济出版社.

乌云娜，黄勇，赵振宇，2008. 工程承包全球价值链之国家体育场案例研究 [J]. 中国工业经济 (1)：114-122.

吴涛，陈勇，姜娟，2021. BOT 模式城市隧道项目中期评估方法的研究 [J]. 隧道建设 (中英文) (41)：789-794.

武力超，林澜，叶涛，等，2020. 贸易信贷，产品多样性与企业中间品进口 [J]. 首都经济贸易大学学报 (22)：31-45.

奚君羊，2014. 投资银行学 [M]. 2 版. 北京：首都经济贸易大学出版社.

席月民，2011. 我国信托业监管改革的重要问题 [J]. 上海财经大学学报 (1)：34-40.

徐立平，2016. 国际金融学 [M]. 大连：东北财经大学出版社.

徐同远，2015. 论我国融资租赁的税收政策及其完善 [J]. 南昌大学学报 (人文社会科学版)，46 (3)：91-97.

徐同远，2017. 营造良好法制环境 做强融资租赁产业 [J]. 中国社会科学报 (5).

杨大楷，刘庆生，杨晔，2000. 中国信托业的反思与前瞻 [J]. 管理世界 (3)：137-139.

杨丹，2019. 新租赁准则对我国航空公司预期影响的案例分析 [J]. 收藏 (5)：45-50.

杨道富，2003. FIDIC 合同条件的历史沿革与特性研究 [J]. 黄河水利职业技术学院 (7)：5-7.

杨勤活，1994. 财税金融法律百科全书 [M]. 北京：中国政法大学出版社.

杨文涛，史燕平，2021. 小微企业融资租赁交易的动因：来自中国小微企业调查的经验证据 [J]. 技术经济 (5)：155-166.

易金翠，杨军武，2020. 工程承包模式对承包商优化内部控制的影响 [J]. 中国注册会计师 (12)：103-105.

恽晓方，2015. 国际投资理论与实务 [M]. 沈阳：东北大学出版社.

张建新，2018. 工程项目管理学 [M]. 4 版. 大连：东北财经大学出版社.

张礼卫，2003. ICE 合同体系下的水利工程合同管理 [J]. 人民长江，34 (12)：44-46.

张晓祖，1988. 对我国国际信托投资事业几个问题的探讨 [J]. 国际贸易问题 (6)：47-49.

张幼文，2016. 世界经济学理论前沿 [M]. 上海：上海社会科学院出版社.

赵静，2020. 制度质量、多边金融机构支持对 PPP 项目成效的影响研究：基于东盟国家 PPP 项目数据的实证研究 [J]. 国际贸易问题 (5)：161-174.

赵书华，李雪，2005. 价值链分析：我国对外工程承包企业发展之路 [J]. 建筑经济 (7)：80-83.

赵晔，2015. 我国 PPP 项目失败案例的风险因素及防范对策 [J]. 经济研究参考 (42)：14-14.

周杰普，1997. 中国涉外投资法制 [M]. 上海：华东理工大学出版社.

ANURADHA S, 2017. India removes block on trust IPOs [J]. International financing review, 2176：88-88.

CASSON M, 1987. The firm and market [M]. London：London Allen & Unwin.

COATES J S, 2010. Systems and methods for portable alpha-plus fixed income products [R].

EISFELDT A, RAMPINI A, 2005. Capital reallocation and liquidity, working paper [J]. Northwestern university (3)：369-399.

FAWZY S A, EL ADAWAY I H, 2014. Time at large within the common law legal system：Application to standard forms of contrac [J]. Journal of legal affairs & dispute resolution in engineering & construction, 6 (1).

FRIDMAN L, 1956. Competitive bidding strategy [J]. Operationresearch (1)：104-112.

GUO Q, XU Z P, ZHANG G F, 2010. Comparative analysis between the EPC con-

197

tract mode and the traditional mode based on the transaction cost theory, proceedings of 2010 [R]. IEEE the 17th international conference on industrial engineering and engineering management.

HALAC M, 2014. Relationship building: Conflict and project choice over time [J]. Journal of law economics & organization, 30 (4): ewt009.

HAMADA M, 2010. Commercialization of microfinance in indonesia: The shortage of funds and the linkage program [J]. The developing economies, 48 (1).

HOLMES B, 2012. IFRS complicate the buy vs. lease debate [J]. Fleet solutions, 5 (4): 56-58.

JAMES S, SCHALLHEIM, 1994. Lease or buy: Principles for sound decision marketing [M]. Boston: Harvard Business School Press.

KETZ J E, 2003. Hidden financial risk: Understanding off-balance sheet accounting [M]. John Wiley & Son.

LIU J S, 2015. On the assignment of trust credit between non-bank financial institution-from the perspective of assignment of credit between China's financial asset management corporations and trust companies [J]. Journal of Taiyuan University of Technology (Social Science Edition).

MASOUD N, 2016. The development of accounting regulation in the libyan region countries in Africa [J]. Research journal of finance & accounting, 7 (12): 45-54.

MCINERNEY T F, 2011. The emerging developmental approach to multilateral treaty compliance [M]. Social Science Electronic Publishing.

MILLER M, UPTON C, 1976. Leasing, buying and the cost of capital services [J]. Journal of finance (31): 761-786.

ROBERTA S KARMEL, 1985. Functional regulation [M]. 501 Practicing Law List.

SCHALLHEIM J S, 1994. Lease or buy?: Principles for sound decision making [M]. Harvard business school Press.

SHARPE S A, NGUYEN H, 1995. Capital market imperfections and the incentive to lease [J]. Journal of finance economics (39): 271-294.

SMITH C W JR, WAKEMAN L M, 1985. Determinants of corporate leasing policy [J]. Journal of finance (3): 895-908.

STANCHEVA TODOROVA E, VELINOVA SOKOLOVA N, 2019. IFRS 16 leases and its impact on company's financial reporting, financial ratios and performance metrics [J]. Economic alternatives (1): 44-62.

CLERK T M, 1984. Leasing [M]. Beijing: Renmin Press.

TAN H, 2008. The analysis and countermeasures of international project contracting market [M]. Technology and innovation management.

MIN W, 2010. A shallow study on the international engineering contracting environment and the status of EPC contract [R]. Shanxi Architecture.

WESTON J F, CRAIG R, 1960. Understanding lease financing [J]. California management review, 2 (2): 67-75.

YAO X, 2021. Research on optimization and allocation of internationalized labour cost of chinese state-owned enterprises under the background of the belt and road initiative, wuhan zhicheng times cultural development Co., Ltd t [R]. Proceedings of 2nd international symposium on frontiers of economics and management science (FEMS 2021).

第八章
国际投资风险管理

第一节　国际投资风险概述

在经济全球化加速发展的今天，世界各国之间的经济贸易变得越来越密集，国际投资正在逐渐攀升，与国内投资相比，各国的经济发展、政治形势、法律法规都会对国际投资产生直接影响。因此风险管理在国际投资中显得更加重要。

一、国际投资风险定义

国际投资风险是指在国际投资活动中，各种因素导致投资者的期望目标与投资实际状况发生差异，从而给投资者的利益造成损失的可能性（范爱军，1993）。由于国际投资是一种跨国界的活动，其风险比国内投资复杂、难以预测（吴声功，2001）。任何国际投资活动都是风险收益并存的（杨建立，2006）。

在区位选择理论中，国际投资风险被定义为阻碍跨国公司对东道国进行投资的负面因素（Dunning et al.，2008）。然而投资风险并不会直接影响跨国公司的区位选择，东道国政局情况、经济发展等因素会对国际投资的区位选择存在一定影响（Hakayawa et al.，2011），但有些跨国公司更倾向投资高风险的东道国（Kariuki，2015）。在微观研究中，企业自身因素也被认为是影响国际投资的重要因素。一方面抵抗风险能力不同的企业会选择不同的投资环境；另一方面跨国公司投资者的决策能力也是决定国际投资的关键因素。Kiss 等（2013）认为企业风险抵抗能力与管理者决策共同决定了跨国企业进行国际投资时所面临的风险。

二、国际投资风险类型

（一）利率风险

吕向敏等（2006）提出利率风险是指跨国公司在生产经营过程中调动资金时，受宏观经济各种潜在因素的影响，直接或间接地遭受公司投资收益受损。利率风险主要是指市场环境的恶化导致跨国经营目标无法达到预期的可能性（Cuervo，2008）。Guasoni 和 Wang（2019）认为对于那些假设利率保持在其长期平均水平不变的投资者，其预防性储蓄效应就会凸显出来。此外，随着投资者对未来消费的风险厌恶和急躁情绪越来越大，利率变化的影响也越来越大。利率对投资策略的影响要小得多，主要是因为风险回报与利率之间的相关性较弱，导致了对冲效率较低。

Hoffmann（2019）提出了著名的关于利率风险的承担者是银行还是投资者的论述。首先，利率风险的分配会影响货币政策的传递。如果利率风险由银行承担，利率的变化会影响银行净值，并最终通过银行资产负债表等渠道体现出来。相比之下，当利率风险主要由投资者承担时，宽松和紧缩的货币政策将直接影响消费和投资（Zhang，2014）。其次，利率风险的分配对金融稳定十分重要。利率一旦急剧波动，就可能会给银行业带来难以预估的损失（Hoffmann，2019）。这表明跨国公司进行投资时，利率风险对于稳定整个市场的金融环境有着至关重要的作用，银行无法承受大范围的利率波动。这时投资者就要承担难以逆转的风险，所以跨国公司进行投资时，需要考察东道国的货币政策以及当地银行对冲利率风险的能力（Perez-Orive，2018）。

利率风险主要体现在三个方面：

1. 市场利率上升

随着新债券的利率不断提升，旧债券的价格就会受到一定程度影响，从而降低了先前投资者的投资收益。

2. 企业融资成本增加

市场利率提高的同时，相应的企业融资成本也会增加，该变化会使企业的整体经营效率下降，利润逐渐减少，最后导致投资者的收益下降。

3. 上市公司的股权价值降低

上市公司的股权价值往往取决于这家公司在一定时间内的经营成果。当公司利润率低于市场平均利率时，公司的市场信心会降低，投资者收益率也会随之降低。

（二）汇率风险

汇率风险是指东道国汇率波动而导致跨国公司投资价值产生波动的风险。汇率波动对于国际投资是优劣并存的（Forbes，2002），汇率波动会给跨国公司的投资带来很大波动（Aguiar，2005）。Faff（2005）指出由于汇率稳定性差的特点，企业投资项目内的资产价值也会不断升降，它们将承受由此带来的汇率风险，当汇率出现大幅度波动时，企业的损失将无法估量。杨建立（2006）指出汇率风险是指跨国公司在生产经营的过程中，汇率变动导致跨国公司收入、利润降低，负债、成本支出提升的风险。

Desai 等（2008）基于融资与资本市场研究，发现汇率变动对不同融资方式和不同产权跨国公司的影响效果不同。Serena 和 Sousa（2017）基于资产负债表效应和外源债务融资视角，发现汇率贬值对公司投资的影响依赖于发行的长期债务币种。可见汇率风险在国际投资风险管理研究中至关重要。赵峰等（2019）发现东盟国家遭遇金融危机汇率崩溃后，通常采用钉住美元的汇率制度，最终得以恢复。

2007 年美国次贷危机爆发后，美元汇率大幅贬值给全球的金融市场带来了灾难，加剧了中国对外直接投资的汇率风险，中国企业购买东道国的进口零件是以人民币计价的，汇率风险的增加很可能造成产品成本和价格的大幅波动（Wong，

2013）。这不仅加大了控制成本的难度，同时还压榨了中国企业的利润，而且产品价格波动过于频繁降低了国际市场对中国企业产品的信心。随着汇率风险的增加，中国企业也开始寻求在收益率较高的地区进行直接投资（Hutson，2014）。Ploeen（2014）发现，跨国公司在进行跨国投资时应注重东道国货币与本国货币价值的相关性，当两者相等时，跨国公司将面临会计折现的风险；另一个风险是东道国政府的货币干预措施阻碍跨国公司将外币汇兑成本币。Fei（2019）认为，汇率波动影响国际投资者的投资收益，投资者在参与国际投资时，必须考虑汇率风险对最佳跨期资产策略的影响。因此，投资者应根据汇率的变化趋势及时调整投资结构，以减少风险造成的损失。

防范汇率风险有以下几种手段：

1. 合理选择计价货币

选择计价货币时应注意以下几点：

首先货币选择方面。尽量选择如美元、欧元等主流的国际货币（于海波，2009）。这类货币可以在短期内进行兑付以降低突发的损失。可快速流通的货币中，还应争取有利币种，如争取"收硬付软"，但这样存在两个问题：一是买方希望用软币计价，卖方希望用硬币计价，在双方没有让步或其他补偿条件时，兑付难度大。二是软硬币的身份是不断变化的，是相对的（李继宏 等，2011）。对于热门的商品或劳务，出口商可坚持硬币计价；而对于滞销货或为新产品打开销路，可考虑用软币计价。

其次采用复合货币计价可减少风险。当贸易双方在为以何种货币计价而不能达成协议时，可考虑软硬货币搭配计价来兼顾双方利益。当然，搭配比例需要双方协商。若美元是硬币，日元是软币，可采用合同总值 50% 以美元计，50% 以日元计的方式。

再次，选择本币计价结算可以降低风险。在国际贸易中，如果以本币计价结算，就可大幅度减少汇率风险所带来的损失，但这使得贸易谈判有些困难，因为它有效地将汇率风险转移到了另一方（陈周睿，2008）。因此，一般来说，如果采用这类方法转移风险就要在价格或兑付期限上做出一定的让步，才会让交易正常地进行下去。此时交易者应权衡补偿是否值得（Kafouros，2012）。

最后，对于中国来讲，在本国货币为可自由兑换货币时，选用本币计价较为方便。由于人民币不能自由兑换，它在国际投资中的应用具有局限性（杨巍，1992）。许多中国的跨国企业在对外直接投资中不得不使用其他自由外汇。在使用外汇时，必须注意使用一致性原则，以降低货币兑换风险。

2. 外币票据贴现

外币票据贴现是银行为持有外汇票据的进出口企业提供的融资业务，在票据到期前扣除一定的利息后将余额支付给跨国公司。这种将汇率风险转移给银行的方法，也有利于企业的资金周转（Voss，2010）。

（三）政治风险

世界银行跨国投资担保机构（2009）将政治风险定义为跨国企业的经营活动可

能因东道国或本土国政治变动或国际环境恶化而中断的可能性。Root（1987）将政治风险区分为：①不稳定风险——东道国政治格局变动的可能性；②所有权控制风险——东道国对跨国公司实施国有化等剥夺所有权等的相关政策的可能性；③经营风险——东道国政策影响跨国公司生产经营所形成的风险。董生（2000）认为跨国公司的政治风险是东道国政府治理的不稳定性和政策的不可预测性导致跨国公司的投资项目收益的亏损。

聂名华（2011）认为政治风险是各种政治力量在一个国家的市场中做出非凡改变的变量因素，跨国公司必须重视这方面的风险。赵青（2016）运用国际投资引力模型印证了政治风险对跨国公司对外直接投资具有消极影响。Rafat 和 Farahani（2017）认为政治风险是外国直接投资的一个非常重要的决定因素，他们以伊朗为例发现政治风险的某些方面会抑制对外直接投资。余官胜等（2019）认为国家政权更迭频繁、冲突频繁、恐怖主义盛行、法律法规不完善、政府治理能力低下，导致该国政治风险较高。与此同时，一些国家尽管法律制度看似健全，投资环境良好，但安全审查过后，一些内在危险因素就浮现了出来。

此外 Lee（2021）认为政治风险影响了外国直接投资对不平等收入的贡献。东道国不应只尝试，而是最好能降低政治风险，同时也降低利率风险和汇率风险，为外国公司的经营提供一个稳定的商业环境，这有助于缓解外国直接投资对收入分配问题的不利影响，以促进平等收入分配的实现。

（四）经营风险

张惠兰（2006）认为经营风险可以分为广义与狭义两种风险。广义的经营风险是指跨国公司在国际投资的大环境下进行生产经营活动时面临的负面因素。狭义的经营风险是指跨国公司在东道国营商环境中无法正常经营的可能性。李忠民（2011）研究了中国政府对外直接投资政策，指出中国政府对"走出去"战略目标的表述不够完善，导致了跨国企业无法及时了解国家关于国际投资的扶持力度与手段的政策，从而影响了本土企业进行对外直接投资的信心。以 2009 年修订的《境外投资管理方法》为例，中国商务部已经不再对国际投资环境进行考察并提供参考性投资意见。跨国公司自己对东道国的各项因素进行分析，而一些分析能力、管理能力差的跨国企业则无法有效地降低经营风险。

长期以来，跨国公司普遍注重吸收和利用外资和先进技术促进自身发展。但是，片面强调"引进来"，会导致本土企业缺乏对外直接投资的经验和相应的国际专业人才，企业在面临国际投资的大环境时会因经验不足而产生风险（Jang，2010）。除了长期发展过程中形成的原因外，东道国政府对跨国企业缺乏科学的引导和支持也是增加经营风险的重要原因。

（五）安全风险

随着学者们越来越多地关注国家的体制环境如何影响跨国投资对象，对另一个关键的影响因素却关注较少，即投资者保护。与经营风险和政策风险等相比，安全风险涉及广泛的、制度化的个人犯罪（如袭击、抢劫、强奸、杀人、绑架）和财产犯罪（如盗窃、入室盗窃、纵火），是个人对他人包括商业专业人员实施的犯罪。

当国家存在高安全风险时，犯罪和侵略被认为是理所当然的，且往往会持续一段时间，这可能使个人对这些行为不再敏感，并使其正常化。在某些情况下，暴力被用来解决经济问题或冲突。也就是说，恐吓、绑架、使用武器或盗窃是可能增加财富和影响力的机制。重要的是，安全风险与其他类型的国际投资风险有关，但又有所区别，例如政策风险，后者源于国家政治和监管机构的失败。例如，腐败发生在公职人员利用权力谋取个人利益时（Judge，2011），这可能导致合法公司提出贿赂要求。同样地，政府权力集中于限制制衡的独裁政权（Henisz，2000），有时会导致突然的、破坏性的法规变化从而影响公司。此外，当政府法律、法规和政策不存在或不执行时，就存在法治薄弱（Li et al.，2007），使得企业难以维护合同，难以保护知识产权，难以信任政府机构的效能。

总之，如果安全风险仍然是跨国公司高管的优先事项，那么将如预期的那样，安全风险将大幅减少跨国公司高管对东道国的投资。

第二节　国际投资的经营风险管理

一、经营风险概述

经营风险是指跨国企业在东道国进行生产经营时由于不可抗力的影响或由于企业决策上的失误而使投资者不能从企业获得正常收益的可能性（范爱军，1993）。进行国际直接和间接投资的投资者均是经营风险的承受者（周子逊，2009）。经营风险一般包括：价格风险——因国际市场生产要素或产成品价格变化造成的损失，如原材料价格上涨或公司产品价格下跌等；产品风险——跨国公司未能及时应对市场变化，忽视东道国消费者的偏好，使得产品劣于东道国国内产品，而导致产品较东道国本土产品竞争力下降，最后导致销量下降所造成损失（吴云鹏，2018）。经营风险还包含人力资源风险、财务风险、技术风险等一系列的风险。

（一）人力资源风险

所谓人力资源风险，是指跨国公司对东道国分公司人员安排所带来的风险，其中的风险主要涉及人员安排不当或者能力不足而导致的东道国分公司利润受损。

胡大猛等（2015）发现在日常管理经营中相关的人力资源管理制度健全、外籍管理者都富有责任感、基础人员的管理符合东道国的实际情况，是发挥人力资源作用和规避风险的重要前提。作为企业发展动力和财富的核心，有效防范人力资源风险对于跨国公司来说非常重要。

（二）财务风险

财务风险的实质就是企业财务状况和实现财务目标的风险，是企业收益目标无法实现的概率。对跨国公司而言财务风险常常体现在融资成本高、难度大两方面（李磊，2018）。从跨国公司自身原因来看，财务风险主要表现为现金流差、市场信用差、资本成本高等。

（三）技术风险

技术风险是指企业技术更新不及时或专业技术有限导致丢失市场或丧失行业竞争力的风险。技术风险与企业创新紧密相连，毛其淋和许家云（2015）基于 Probit 和泊松伪最大似然估计（Poisson pseudo maximum likelihood estimation，PPML）模型的初步估计结果发现，对外直接投资与企业创新决策以及创新密集度之间存在显著的正相关关系，这种关系将在对外直接投资后的四年内一直存在。此外，进一步的比较发现，多样化型对企业创新持续期的延长作用最大，研发加工型次之，而贸易销售型相对较小。

（四）销售与价格风险

在全球经济一体化的背景下产品流动性很强。跨国企业面临着全球各个相似企业的竞争，这时就不得不考虑销售成本与生产成本所带来的风险。杨大恺（2015）提到价格风险是指国际市场波动导致价格波动，最后使跨国企业承担损失的风险。销售风险是指产品销售困难导致公司资金回流过慢、机会成本增加所带来的风险。造成销售风险的主要原因有：对市场情况误判；公司产品市场竞争力过低；产品价格不合理导致产品销量下降；没有适当的宣传；购销双方存在信息差导致销售通道不畅通影响产品销售；等等（李振宇，2003）。

二、经营风险的识别与评估

复杂多变的国际市场环境中，无论是投资前的论证、投资策略的选择还是投资阶段的进度控制，风险都无处不在（何莉，2005）。大多数情况下经营风险是现金流不足所产生的问题，充足的现金流是跨国企业进行国际投资的核心因素（张燕，2006）。西方大型跨国公司从事国际业务的部分资金来自银行贷款，由于跨国业务涉及进出口，很多环节如调解、汇兑、保险等，任何一个环节的不诚信行为都可能使交易失败，从而带来巨大的风险。而一些中国企业一般不注重考察合作伙伴的资金和信用硬实力，未建立东道国的风险防控体系，因此建立合理的风险防控体系迫在眉睫（唐爱莉，2007）。

风险识别有多种方法，但是其原理还是从人的主观思考出发。最具代表性的鉴定方法是美国著名咨询机构兰德公司（Rand）于 20 世纪 50 年代初发明的德尔菲法。具体内容如下：参与者互不透露姓名，对回答进行统计处理，并对意见进行反复测试。第一，专家应该来自不同的行业，专家之间没有密切的联系。不考虑专业、个人能力、社会阅历等因素。德尔菲法要求参与者先明确回答的问题。问题的条件可以由专家们单独制定，也可以由双方商议确定。第二，通过时事通信或会议向参与者发送问题，但要确保参与者不能相互交流。重新提问可以分两轮或两轮以上进行，每轮都有关于每个项目的统计反馈，统计每一类答案的分布情况。第三，随着每次项目反馈获得的信息量减少，将所有专家的反馈集中成一个答案，这个方法集结了每个人的智慧，使预测更加准确。一般来说，专家成员的知识水平越高，预测所需时间越长，风险识别结论的可信度就越高（卢进勇，2005）。

三、经营风险防范

（一）风险回避

风险回避是指在风险发生之前，在公司可承受的前提下提前放弃可能出现损失的经营策略。风险回避从根本上杜绝风险，而其他方法只能削弱风险所带来的损失（蔡娟，2018）。Dunford（2018）指出由于风险回避在某种角度同时牵扯到投资机会的放弃，这时就要考虑风险与收益之间的取舍问题。因此，在风险回避时要注意对时机的把握。常见的规避方式有四种：

第一，改变生产产品。如开发某项新产品，若花费的成本很高且成功的概率很小，则可以通过放弃新产品的开发或购买已经开发好的产品专利来规避风险。

第二，改变生产经营地点。规避公司地点带来的地理劣势。

第三，直接放弃对风险较大项目的投资。

第四，生产经营自成体系，不受外部经济因素、政治因素等影响。

（二）风险控制

风险控制是指风险发生时或发生后为了降低损失所采用的措施（吕向敏 等，2006）。与完全放弃可能出现损失的方案不同，风险抑制是国际投资者进行一定的专业风险分析，为维持原有决策、实施风险对冲而采取的一种积极措施（林柱英，2018）。抑制风险的措施很多。例如，在进行投资决策时，预先做好敏感性分析；在开发新产品之前，做充分的市场调研，了解消费者的需求；通过设备预防性维修措施，减少设备的安全事故；做好安全教育，落实操作规程，配备各类安全设施。

（三）风险转移

风险转移是指风险承担者运用特定方法将风险转移。风险转移分为保险转移和非保险转移（戴雪峰，1999）。前者是以支付保险费为成本，将风险转移给保险公司。后者是指用其他方式让他人承担风险，如签订合同和担保书等，如所在国的分公司看涨未来的人工和原材料成本，可以通过招投标的方式转移这部分风险。再如，投资者意向投资风险较大的国家时，应向当地信用度较高的银行、公司或政府申请担保，发生损失时可以获得一定补偿（刘辉，2011）。

（四）风险消化

风险消化是指投资者在不损害自身根本利益的前提下，对一些无法转移、可承受的风险采取自我消化策略，主动承担风险（张文虎，2013）。风险消化在风险控制中属于较为积极的手段。它是指投资者对承担损失提前做好准备，随后采取相应措施把损失降到最低（王建国，2015）。在国际经济活动中，各个国家和企业都无时无刻面临着风险，对风险自觉地加以控制，可以提高自身的安全系数。投资者的硬资本实力决定了其风险承受能力。现金流充足的大企业可以承受数十万、上百万元的意外损失，而资金周转紧张的小企业则难以承受较大的风险损失（卢柳春，2020）。

第三节　国际投资的政治风险管理

一、政治风险概述

国家风险与政治风险分析有许多相似之处（Rafat，2017）。针对预测资本跨境转移可能出现的问题，国家风险分析旨在通过各种风险相关指标，如政治、社会的评级以及其他衡量经济表现的措施来评估未来的风险。虽然这些指标在评估东道国投资环境方面可能相当有用，但它们没有充分考虑到政治风险的所有特点。可能某一个国家的国家风险相对较低，但面临很大的政治风险如一个富有且有竞争力的国家但政治不稳定。

20世纪50年代至90年代，跨国企业在经营中有时会面临着政治风险。其相关理论基本上是西方学者从发达国家的跨国公司角度出发，在当时世界政治背景下提出的理论，显然无法运用在当前日新月异的国际投资环境中。20世纪50年代，美国学者首次提出政治风险的定义，主要用来反映跨国企业被当地政府强制征收的风险。在当时东道国大规模没收国外企业的背景下，许多学者逐步对政治风险有了更深层次的了解。Desbordes（2010）认为，政治风险的上升是政府不稳定、公共腐败、产权保护薄弱和经济失衡的直接后果。作者还强调，这种风险最终会对外国直接投资的流入产生负面影响。Asiedu和Lien（2011）发现，在自然资源和矿产占总出口的一定份额的情况下，民主化对发展中国家的FDI具有积极而显著的影响。

Hayakawa等（2012）研究了政治和金融风险的不同组成部分对外来直接投资的影响。他们使用了GMM估计值，这些估计值来自90个国家1985—2007年的数据，其中大部分来自发展中国家。他们发现，在政治风险因素中，政府稳定、社会经济状况、投资状况、内外冲突、腐败、民主问责、宗教和种族关系紧张与FDI流动有直接的正相关关系。Elleuch等（2015）特别强调FDI与政治风险之间关系的本质，强调突尼斯国家风险和政治风险与外国投资者意图之间的正相关关系，因为宏观经济政策旨在稳定该国的政治经济环境。孟醒和董有德（2015）认为，政治风险主要是指东道国的政治、社会等不稳定因素给跨国公司投资收益产生影响的可能性。对于跨国公司而言，政治风险是无法避免的。

一般来说，政治风险具有以下表现形式：一是东道国的经营环境发生剧烈变化，销售收入不稳定；二是经营环境的变化方向几乎无法确定；三是东道国政局十分复杂，如一国存在多个当权政府；四是跨国公司的利润和经营目标无法达到预期效果。Stephan（2015）认为政治风险主要包括两个方面：一是由于政府或主权国家干预企业正常生产经营活动所产生的风险。这一概念涉及东道国政府对跨国企业的一系列不合理的强制措施，包括没收、现金回扣、限制产品交易等。二是将政治风险等同于所有政治事件的综合，例如跨国企业所在区域存在各种暴力、恐怖主义活动。Fernndez（2018）认为跨国企业的政治风险来自政治变化带来的商业环境变化的不可预测性。只有当这些变化有可能对企业的利润或其他目标产生重大影响时，商业环境的这种变化才能构成"风险"。

（一）战争风险

战争风险是指跨国公司经营中突发战争情况，给跨国公司带来损失的可能性。战争风险是跨国公司最难避免的风险之一（赵安村，2020）。一旦战争爆发，出于人身和财产安全的考虑，许多项目必然会被关闭。战争造成的交通和通信中断会对项目的实施产生重大负面影响，从而造成严重财务损失。

（二）政策调整风险

政治环境的不稳定通常会导致政府政策的不确定性，而一个国家的政策会对投资环境产生巨大影响（董静然，2018）。如对外资企业实行差别化税费等政策的变化可能会增加投资成本，从而影响投资回报。此外，政权一旦发生更迭，许多合同可能被取消，投资项目将被迫停运，损失只能由跨国公司独自承担。

（三）国有化风险

在某些特殊情况下，东道国会通过政治权利对跨国公司在本土投资的项目进行没收，以增强本国的经济实力，或者由于对跨国公司经营方式不满而采取强制征收政策（Henisz，2000）。王永中（2015）指出，国有化政策带来的风险是致命的，一旦发生，跨国公司的损失将无法挽回。

二、政治风险评估

随着各国本土企业对外投资的快速增长，跨国公司对政治风险的管理也越加重视。政治风险评估是指对政治风险所带来的损失及其形成原因进行综合分析。因此，为了达到更有效的分析结果，就必须深入了解东道国的投资环境和投资者的需求，积累一定量的数据信息，建立政治风险评估模型。政治风险分析的定性模型可以通过软因素分析加以考察，而定量模型则是通过硬因素分析进行考察。从国外研究现状来看，大多数政治风险的定量评估方法都是基于发达国家企业在发展中国家投资的背景设计的（刘艳，2019）。

这些方法存在许多缺陷：一是政治风险的种类难以确定，政治风险与经营风险的界限不清；二是适用性差，政治结构稳定和不稳定的国家间政治风险识别方法无法共享；三是定量评价模型中的风险指标直接关系到指标的选取，不同的评价标准也会影响到风险的水平，因此定量评价往往不太准确。随着国际投资规模不断扩大，政治风险受到多种主观且抽象的因素影响，如宗教信仰、种族歧视、社会人文、公民素养等，这些因素很难用定量分析方法来衡量（Kennedy，1988）。

Stoianc 和 Mohr（2016）认为，无论何种改进的模型引入不同的区域用于研究，结果都会存在较大差别，这也是人们往往会忽视政治风险的原因。研究政治风险的最好方法是具体案例具体分析，每个区域都采用不同的模型。因此，Marko（2018）提出在防范政治风险时，除了研究政府动向外，还应更多关注地方和地区层面的因素，例如地方政府对国家经济发展的贡献程度，各级政府的债务情况以及利益集团能够干扰决策的可能性。

目前主流的政治风险评估方法有以下几种：

（一）国别评估报告

国别评估报告是相关专业机构或跨国企业对于东道国的政治环境、社会状况、人民安稳程度进行综合分析后所出具的报告（杜奇华，2005）。它通常用于大型国际投资前，对投资项目进行可行性研究。例如，美国摩根担保信托公司的评估报告主要是从目标国家的以下四个方面进行评估：

1. 政治评估

政治评估主要评价东道国政府的政局管控能力。该能力包括政府官员编写政策的能力、政府管理者面对突发状况的决策力、政府首脑对于政治环境变化的调节能力，以及当国际经济环境发生变化时，政府迅速调整国际收支以减少损失的能力（潘丽春，2003）。

2. 经济评估

经济评估主要分析目标国的生产要素和发展方向。①自然资源方面包括自然资源的现状、日后开发的可能性等。②人力资源方面包括企业家的管理能力和员工的培训体系等。③发展战略方面包括跨国企业在国际市场的发展方向和长短期谋划等。④国内资金来源方面包括国内资金在国际投资中的占比、国内政策扶持储蓄的力度等。⑤外贸出口方面包括出口产品销售收入情况、贸易顺逆差情况。

3. 对外金融评估

对外金融评估主要是分析国际金融状况。①国际收支状况方面包括国际收支现状以及未来发展趋势等。②外债状况方面包括资本结构、未来负债可能的增长率等。③外汇储备方面包括储蓄水平、贸易的顺逆差等。④借款的可能性方面包括国际信用与知名度等。

4. 政局稳定性评估

政局稳定性评估主要是对政府稳定性进行考察。①国内政局方面包括是否存在战争情况、人民生活是否幸福等。②国际政局方面包括全球或者区域的政治稳定性（赵安村，2020）。

（二）评分定级法

评分定级法是用一套统一的标准来对东道国各项可能产生风险的因素进行考量后得到风险评分的方法（吴声功，2001）。这种方法易于操作，同时各个国家间可以相互比较，因此应用相对广泛。总的来说，评分定级分为四个步骤：

第一步：确定需要考量的风险因素，如政局稳定性、经济发展、影响政策等。

第二步：确定风险打分标准，分数越高，风险越大。例如，负债率 10% 以下为 1 分，10%～25% 为 3 分，26%～50% 为 5 分，51%～75% 为 7 分，76%～100% 为 10 分等。

第三步：将所有的分数进行统一加总，确定该国的风险等级。

第四步：对国家之间的风险等级进行比较，确定最后的投资方向。

此外，白远（2005）提出了一套风险评价体系。该方法主要以定量分析为基础，对国家的政治、经济、社会状况等因素分别定值。这种方法更加简明易懂。首先，对每项风险的风险程度进行定量。假定 1 为最低风险值，100 为最高风险值，风险所带来的经济损失越大、发生的概率越高,风险值就越大。其次,对每一个影响因素按照其影响效果,给予一个适当的权重比例。例如,某东道国的经济风险略大于政治和文化风险,那么就假设经营风险权重为50%,经济风险权重为30%,政治风险权重为20%。再次,根据上述方法,对每项风险的影响因素进行重要性排列,并分别给予相应的权重。最后,根据风险值和其对应的权重进行计算整合,得到各项风险的风险评价(见图8-1)。

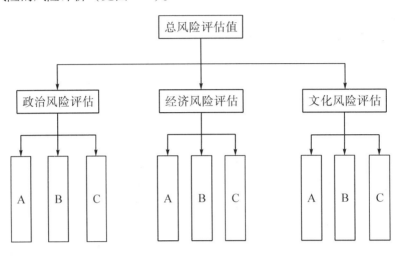

图 8-1 风险评价体系

数据来源:白远. 中国企业对外投资的风险管理 [J]. 国际经济合作,2005 (12):7-11.

(三)预先警报系统

预先警报系统是联邦德国经济研究所(1975)提出的基于一系列风险指标所制定的一套风险防范系统。这种系统对于政治风险的防范十分有效,主要由以下指标组成:偿债比率、负债比率、负债对出口比率、流动比率等。下面对比较常用的指标进行介绍。

1. 偿债比率

偿债比率通常代表一个公司按时足额还本付息的能力,同样地,也可以用于表示国家的偿债能力。一般认为该比率在5%左右时,该国的偿债能力值得信赖;达到20%时,证明该国的财务困难,偿债能力很弱。

$$偿债比例 = \frac{外债当年还本付息额}{当年出口商品与劳务额} \times 100\%$$

2. 负债比率

负债比率表示一个国家的 GDP 与全部外债的比例。数值在15%左右时,该国的财务状况良好;高于30%,说明该国存在一定的财务风险。

$$负债比例 = \frac{本国全部公私外债余额}{当年国民生产总值} \times 100\%$$

3. 负债对出口比率

负债对出口比率主要用于评估一个国家短期的偿债能力。该比例越低，说明该国短期偿债能力越强。

$$负债对出口比率 = \frac{本国全部公私外债余额}{当年出口商品与劳务额} \times 100\%$$

4. 流动比率

该比率表明一国外汇储备相当于进口额的月数。数值为五个月时，说明外汇储备余额是充足的；低于一个月时，外汇储备余额是严重不足的。

$$流动比率 = \frac{外汇储备余额}{月平均进口的外汇支出额} \times 100\%$$

三、政治风险防范

（一）政府层面

为了帮助本土企业有效地防范政治风险，政府需要建立专门的政治风险评估体系，全面分析东道国的政治稳定状况，包括国际关系、内乱、外交政策等一系列政治因素（董艳，2016）。同时，在外交上与东道国保持良好关系也十分重要。此外，政府还应与未来可能掌握东道国政权的政党和政局关键人物保持良好联系，减少本土跨国公司的政治风险（于双阳，2017）。此外，政府应培养熟悉国际条约和国际组织结构的专业人员，以便在发生政治风险时，通过国际合作与互助，最大限度地减少政治风险造成的损失。

（二）企业层面

1. 倡导风险管理文化

国际投资项目应根据项目所在国的环境与项目特点，在项目内建立可靠的风控部门。黄远哲（2020）提出企业防范政治风险要对东道国政治、经济、社会等宏观因素进行合理的评估研究，建立有效的监测部门，实时关注东道国政治环境的变化，及时预测未来可能发生的政治风险，了解其发生的可能性与可能造成的损失，制定相应的解决方案，最大限度地减少损失。树立良好的项目管理文化，培养职员的风险防范意识和警惕性，提高员工发现风险、解决风险的能力，尽可能将政治风险的损失降到最低。

2. 投保海外投资保险

购买境外投资保险是指跨国企业通过购买保险的方式，将政治风险转由保险公司承担。从海外投资保险的现状来看，海外投资保险的本质是在国家的支持下，政府设立公司或委托专门机构通过海外投资保险为跨国公司有效减少政治风险所带来的损失（冯家宏，2013）。在中国，中国信保是唯一一家提供国际投资保险业务的公司，其各项标准由国家制定。为了鼓励和保护本土企业积极进行海外投资，当企业在东道国遇到政治风险后，保险公司应及时有效地给予补偿。同时，它也可以增进投资国与东道国之间的外交关系，保持良好的国家形象。因此，归根结底，海外投资保险也同样维护了投资国的国家利益。

3. 与当地居民建立友好关系

首先是劳工权利问题。例如，一些进行跨国投资的企业对当地的劳动权益法律知之甚少，没有重视对当地劳动者权益的保护，产生了严重的劳动纠纷。这样的争端很可能引发大规模的公共事件，例如罢工、示威甚至民族主义情绪。其次是非法经营。一些不负责任的中小企业的违法经营将对跨国公司的形象产生不利影响。最后，跨国公司的员工通常生活在自身的圈子中，与当地人的联系很少（范宏伟，2019）。双方之间缺乏沟通，本地人对跨国公司的印象并不算好。当东道国政局稳定，经济稳定发展时，跨国公司大概率可以持续地发展下去；但是一旦发生社会和政治危机，不同政治力量产生冲突，跨国企业的损失将是其难以承受的。

第四节　国际投资的安全风险管理

一、安全风险概述

通常，研究人员从一个狭窄的视角来看待国家的制度风险，考虑一个制度变量（如文化、政治风险、腐败）如何影响国际化决策。然而，孤立地评估机构变量并不能准确反映高管们对全球市场风险的看法，而这反过来又推动着投资决策。其中，政府腐败有可能诱发另一种风险——安全风险。在一个国家内，当私营部门的公民采取的规范和行为直接和消极地影响到在一个国家内从事商业交易的人的安全时，安全风险就随之产生。因此，研究国际投资中的安全风险十分必要。

安全风险是指由于居住在一个国家的其他个人的侵略和犯罪行为（个人和财产犯罪）的正常化危及投资者安全和身体健康的风险（Kaitlyna，2020）。Bloom（2019）认为随着跨国公司的高管和外籍人士越来越多，他们做出国际投资决定时，个人安全和安保是重大关切点。考虑到对自己、他们的员工和公司资产的潜在人身和财产伤害，安全风险对跨国公司的国际投资有负面影响。当国家是危险的，财产不是安全的，跨国公司的长久发展和持续盈利能力可能就无法得到保障。Cavusgil（2020）发现跨国公司的高管往往更喜欢尽量减少他们在东道国未知环境中的暴露时间，他们不太可能选择安全风险高的国家进行投资，尽管可能存在很高的额外利益，如政府奖励、原材料产地等。

DeGhetto（2020）使用 2010 年的国家投资数据进行验证性因素分析，同时使用具有双向聚类标准误差的 Logistic 回归来控制未观察到的企业国家和时间效应，研究发现，安全风险降低了国家对跨国公司的吸引力。虽然安全风险是跨国公司迫切关注的问题，但是有些公司依旧会选择在高安全风险环境中运作，这表明有一些机制可以管理安全风险。Lamont（2020）认为由于安全风险的驱动因素与先前研究的机构风险方面（例如政策风险）不同，高管们有不同的减轻风险的选择。具体来说，在类似的机构环境中有经验的公司可能会更适应安全风险，跨国公司也可以建立替代的体制结构以减少对安全风险的关切。事实表明，跨国公司的高管确实关心员工的人身安全，用私人安全手段管理这种风险会导致额外的投资。不过没有具体的事例表明跨国公司以何种方式对安全风险进行规避。

二、安全风险的特点

安全风险与政治风险中的战争风险十分类似，但也存在本质区别（Beamish，2013）。恐怖主义是指地方团体通过恐吓大量群众而使用暴力来达到政治、宗教或意识形态统一的目标（Steen，2010）。暴力冲突是指有组织和持续地使用武力，可能包括战争、革命、叛乱和持续的暴力或恐怖主义活动，但不包括轻微犯罪（Oetzel，2017）。以上定义都是由具体的指标来划分的。例如，武装冲突指数（每年至少死亡 25 人）就是研究人员常用的替代指标（Beamish，2013）。因此，这两种结构都是指特定的、罕见的、悲剧性的事件，是有组织的群体计划和执行活动。恐怖主义和暴力冲突通常发生在特定的地理区域，目的是挑战其他群体的行为或意识形态。政府通常也参与其中，无论是作为攻击者还是目标。相反，安全风险不是偶发的、地理上不是局限性的，也不是由某些其他因素（例如地缘政治目标）驱动的。它渗透到社会中，成为日常生活结构的一部分，并经常由无组织的、私人的公民指导。虽然政府可能会参与惩罚行为（如使其入狱），但它通常不扮演受害者或犯罪者的核心角色。

三、安全风险管理

从上面的讨论得知，安全风险与当地的腐败息息相关。因为人们的行为很大程度上取决于他们对环境的感知，所以尽管腐败程度很高，公民是否参与产生安全风险的行动可能取决于他们是否认为政府非常强大。如果市民普遍担心政府会报复他们的行为，他们就不太可能参与谋杀和暴力犯罪等活动。政府执政时间也会影响腐败与安全风险的关系。如果政府是腐败的，且掌权时间很长，那么这些政府层面的非生产性行为更有可能溢出到私营部门，产生安全风险。或者，如果现任政府腐败，但只执政了很短一段时间，领导层还没有时间完全重新定义游戏规则，那么安全风险会更加容易产生。因此，安全风险与政治风险在管理上有很多的相同之处。

1. 政府角度

政府的做法和政策在很大程度上是可控的（如腐败）。发展中经济体，甚至是发达经济体，如果能大幅改变这些政策，最终将实现其国家的繁荣和人民财富的积累。孤立地考虑，腐败似乎是一种相对无害的做法，它给予政府官员额外的、但非法获得的资金或礼物。然而，当考虑到更广泛的影响时，各国可能会意识到腐败的有害影响。这不仅是为了投资，也是为了人民的安全。因此政府应建立完善的反腐机制，对于每个政府官员的财产进行彻底的核查，追寻其财产来源，从政策的角度降低跨国企业的安全风险。

2. 公司角度

从公司内部角度来看，公司层面应组建定期的安全风险知识课堂，使高管们更加了解安全风险，丰富相关知识，面临安全风险也可以采用积极的补救手段将损失降到最低。从商业的角度来看，高管们应该更多地关注基于政府的腐败，使用政策

213

使公司本身不参与腐败，例如，《反海外腐败法》。同时制度方面也很重要，因为它可以对国家的安全和稳定产生更广泛的影响。高管们必须明白，增加的政治约束并不一定会转化为更安全的投资环境。

本章小结

随着跨国公司的数量越来越多，国际投资风险的管理也愈加重要。其风险主要分为经营风险、政治风险以及安全风险。其中，经营风险主要由跨国企业内部原因导致，包括财务风险、人力资源风险、技术风险、销售与价格风险。这些风险可以通过内部调节，如技术创新、人力结构的优化、营销方案的丰富、资本结构的优化等进行规避，属于非系统性风险。就政治风险而言，该风险一旦发生，对于跨国公司的影响是不可逆转的，国有化占有和主权变更等都会导致跨国公司的覆灭。所以对于政治风险，跨国公司应更加谨慎预防，如与当地公司建立良好的合作关系；构建更加完善的对外投资预防管理体系，将风险扼杀在摇篮里；国家也应对本土跨国企业进行保护，积极外交，树立优秀的国际形象，维护本土企业的利益，降低其政治风险。安全风险是国际投资风险管理容易让人忽视的一大风险，Lamont（2020）根据固定效应 logit 模型发现安全风险大多数情况下与跨国公司的投资选择呈负相关，目前有关国际投资中的安全风险研究十分有限，但其对于跨国企业投资的影响不能忽视。企业进行跨国投资时，只有合理运用风险识别与防范知识，对可预见的风险进行回避，才能在国际投资这个大浪中游刃有余，进退自如。

关于汇率问题，马克思（1894）在《资本论》（第三卷）中认为在世界市场上，只有贵金属才是真正的货币，即世界货币，而世界货币流通与汇率关系极大。伴随国际信用关系的发展，国与国之间的债务结算也可以用信用货币通过相互抵消的方式进行，在此过程中也就产生了不同国家货币之间的兑换比价，即汇率问题（林楠，2019）。而汇兑率是货币金属的国际运动的晴雨表。国际资本流动存在双重效应，东道国在吸引外资带来经济飞速发展的同时承担着发达国家经济波动所带来的影响（杨圣明，2021）。综上所述，编者认为，在全球化的浪潮中，唯有时刻坚持马克思主义，以自力更生为主、对外开放为辅（邓小平，1994），着力推动中国经济的高质量开放，才能从容应对经济全球化可能带来的各种经济风险。同时，世界各国应携手应对各种国际投资风险挑战，推动人类命运共同体建设。

本章习题

名词解释

1. 国际投资风险

2. 汇率风险

3. 安全风险

4. 国有化风险

5. 风险转移

6. 财务风险

简答题

1. 国际投资风险有哪些？请简要说明。

2. 什么是经营风险？如何有效地抑制经营风险？

3. 政治风险有何种评估手段？并逐一解释。

4. 预先警报系统可以参考的比率有哪些？

5. 如何有效地防范安全风险？

6. 汇率风险的预防手段有哪些？

7. 跨国企业如何防范政治风险？

8. 财务风险的起因是什么？

9. 政治风险的表现形式有哪些？

10. 经营风险的发展历程是怎样的？有何改善方案？

本章参考文献

蔡娟，闫芳明，2018. 中国企业"海外投资"风险管理策略 [J]. 财会研究 (6)：77-80.

陈周睿，2008. 如何有效规避汇率变动风险？[J]. 大经贸 (12)：84-85.

董静然，2018. 欧盟国际投资规则的冲突与中国策略 [J]. 国际贸易问题 (7)：162-174.

董艳，樊此君，2016. 援助会促进投资吗：基于中国对非洲援助及直接投资的实证研究 [J]. 国际贸易问题 (3)：59-69.

邓小平，1994. 邓小平文选 [M]. 北京：人民出版社.

戴雪峰，1999. 投资项目风险管理技术研究 [J]. 技术经济与管理研究 (3)：37-38.

范爱军，1993. 浅析国际投资风险及规避措施 [J]. 国际贸易 (4)：32-33.

胡大猛，钟昌标，黄远浙，2020. 政企关联真的有利于企业对外投资吗 [J]. 国际贸易问题 (6)：56-64.

何莉，汪忠明，2005. 中国企业多方位应对海外经营风险的战略探讨 [J]. 经济前沿 (8)：40-44.

李继宏，陆小丽，2011. 从境外直接投资人民币结算试点看人民币国际化进程 [J]. 区域金融研究 (5)：59-63.

李磊，冼国明，包群，2018. "引进来"是否促进了"走出去"？：外商投资对中国企业对外直接投资的影响 [J]. 经济研究 (3)：142-156.

和红，2010. 马克思理论体系中的国际资本流动思想解析 [J]. 华南师范大学学报：社会科学版（1）：118-121.

李振宇，2003. 资信评级原理 ［M］. 北京：中国方正出版社.

林柱英，2018. 企业对外投资研究 ［J］. 财经智库（2）：53-55.

刘艳，2019. 海外投资政治风险管控路径研究：基于政治风险保险和国际投资协定的比较分析 ［J］. 收藏（6）：15-22.

尹海员，李忠民，2011. 投资者情绪对市场风险价格影响 ［J］. 上海金融（11）：73-79.

卢进勇，杜奇华，2005. 国际投资与跨国公司案例库 ［M］. 北京：对外经济贸易大学出版社.

林楠，2017. 马克思主义政治经济学汇率分析：基于文献的评述 ［J］. 金融评论，9（2）：105-123.

卢柳春，2020. 中国对外直接投资的海外利益及风险分析 ［J］. 产业创新研究（17）：40-41.

吕向敏，杨建立，张惠兰，2006. 跨国公司国际投资风险的成因及管理分析 ［J］. 山东青年政治学院学报（3）：96-98.

毛其淋，许家云，2014. 中国企业对外直接投资是否促进了企业创新 ［J］. 世界经济（8）：98-125.

马克思，2004. 资本论：第三卷 ［M］. 北京：人民出版社.

孟醒，董有德，2015. 社会政治风险与我国企业对外直接投资的区位选择 ［J］. 国际贸易问题（4）：106-115.

聂名华，2011. 中国企业对外直接投资的政治风险及规避策略 ［J］. 国际贸易（7）：45-48.

潘丽春，2003. 国际企业财务管理 ［M］. 杭州：浙江人民出版社.

童生，成金华，2006. 我国资源型企业跨国经营的政治风险及其规避 ［J］. 国际贸易问题（1）：90-95.

唐爱莉，2007. 我国企业跨国经营风险分析与风险管理策略 ［J］. 中国市场（26）：30-31.

王永中，王碧珺，2015. 中国海外投资高政治风险的成因与对策 ［J］. 全球化（5）：5.

吴声功，2001. 浅议国际投资风险的概念，类型及其评估 ［J］. 经济师（8）：13-15.

王建国，2015. 跨国公司国际投资风险的成因及管理：以默沙东公司为例 ［J］. 现代商业（18）：106-107.

吴云鹏，2018. 利用融资租赁解决中小企业融资难的问题 ［J］. 中外企业家：24.

杨晔，杨大恺，2015. 国际投资学 ［M］. 上海：上海财经大学出版社.

杨巍，1992. 企业外汇风险及防范措施 ［J］. 财务与会计（11）：25-26.

杨圣明，2005. 关于马克思主义国际投资理论 ［J］. 马克思主义研究（6）：24-

28.

余官胜，范朋真，龙文，2019. 东道国风险，境外经贸合作区与我国企业对外直接投资进入速度：度量与跨国面板数据实证研究［J］. 国际商务研究（2）：15-25.

于海波，2009. 员工招聘与素质测评［M］. 北京：对外经济贸易大学出版社.

张文虎，2015. 跨国公司国际投资风险成因及管理研究［J］. 现代经济信息（15）：158.

纪元，张燕，2006. 对中国企业实施"走出去"战略主要观点的评析［J］. 中国劳动关系学院学报，20（1）：119-124.

赵安村，2020. 中国企业投资非洲的政治风险［J］. 法国研究（1）：43-49.

赵峰，祖博男，程悦，2019. 企业国际化是外汇风险对冲的动因吗［J］. 国际贸易问题（8）：157-174.

赵青，张华容，2016. 政治风险对中国企业对外直接投资的影响研究［J］. 山西财经大学学报（7）：1-13.

周子逊，2009. 浅析国际投资风险及其防范［J］. 社科纵横（25）：321-322.

AGUIAR M, 2005. Investment, devaluation, and foreign currency exposure：The case of Mexico［J］. Journal of development economics, 78（1）：95-113.

ASIEDU E, 2002. On the determinants of foreign direct investment to developing countries：Is Africa different?［J］. World development, 30（1）：107-119.

BAKER L, HAYNES R, JOHN R, 2021. Risk transfer with interest rate swaps, financial markets［J］. Institutions & instruments（1）：3-28.

BOCK H, 2019. Half of singapore business travelers forfeit expense claims：Global survey［J］. The straitis times（15）：145-159.

CAVUSGIL S T, DELIGONUL S, GHAURI P N, et al., 2020. Risk in international business and its mitigation［J］. Journal of world business（55）：101-138.

CZINKOTA M R, KNIGHT G, LIESCH P W, et al., 2010. Terrorism and international business：A research Agenda［J］. Journal of international business studies（41）：826-843.

CUERVO C A, GENC M, 2008. Transforming disadvantages into advantages：Developing countries MNEs in the least developed countries［J］. Journal of international business studies, 39（6）：957-979.

DEGHETTO K, LAMONT B, 2020. Safety risk and international investment decisions（article）［J］. Journal of world business（6）：1-9.

DESAI A, FOLEY C F, FORBES K J, 2008. Financial constraints and growth：Multinational and local firm responses to currency depreciations［J］. Review of financial studies, 21（6）：2857-2888.

DUNNING J, LUNDAN S, 2008. Multinational enterprises and the global economy［J］. Edward elgar cheltenham（30）：53-64.

DAI L, EDEN L, BEAMISH P W, 2013. Place, space, and geographical exposure：

Foreign subsidiary survival in conflict zones [J]. Journal of international business studies (44): 554-578.

DESBORDES R, 2010. Global and diplomatic political risks and foreign direct investment [J]. Economics & politics, 22 (1): 92-125.

FEI C, FEI W, RUI Y, et al., 2019. International investment with exchange rate risk, Asia~Pacific [J]. Journal of accounting and economics (2): 225-242.

FERNNDEZ M L, GARCA C E, et al., 2018. Domestic political connections and international expansion: It's not only who you know that matters [J]. Journal of world business, 53 (5): 695-711.

FORBES K J, 2002. How do large depreciations affect firm performance? [J]. IMF staff papers (49): 214-238.

FAFFRW M A, 2005. International evidence on the determinants of foreign exchange rate exposure of multinational corporations [J]. Journal of international business studies, 36 (5): 539-558.

HENISZ W J, 2000. The institutional environment for multinational investment [J]. Journal of law, economics, and organization (16): 334-364.

HAYAKAWA K, KIMURA F, LEE H, 2011. How does country risk matter for FDI [J]. Institute of development economies (4): 281.

HUTSON E, LAING E, 2014. Foreign exchange exposure and multinationality [J]. Journal of banking & finance, 43 (1): 97-113.

IPPOLITO F, OZDAGLI A K, PEREZ O A, 2018. The transmission of monetary policy through bank lending: The floating rate channel [J]. Journal of monetary economics (95): 49-71.

JANAĆKOVIĆ M, JANAĆKOVIĆ T, 2019. The effect of political risk on foreign direct investment [J]. Ekonomski signali (2): 15-30.

JUDGE W Q, MCNATT D B, XU W, 2011. The antecedents and effects of national corruption: A meta-analysis [J]. Journal of world business (46): 93-103.

KARIUKI C, 2015. The determinants of foreign direct investment in the African Union [J]. Journal of economics business and management, 3 (3): 53-61.

KISS A, WILLIAMS D, HOUGHTON S, 2013. Risk bias and the link between motivation and new venture postentry international growth [J]. International business review, 8 (2): 22.

KENNEDY C, 1988. Political risk management: A portfolio planning [J]. Model business horizons, 31 (6): 26-33.

LI S, FILER L, 2007. The effects of the governance environment on the choice of investment mode and the strategic implications [J]. Journal of world business (42): 80-98.

LEE S K, JANG S, 2010. Internationalization and exposure to foreign currency risk:

An examination of lodging firms [J]. International journal of hospitality management, 29 (4): 701–710.

LIU W D, DUNFORD M, GAO B Y, 2018. A discursive construction of the belt and road initiative: From neo-liberal to inclusive globalization [J]. Journal of geographical sciences, 28 (9): 1199–1214.

MONIREH R, MARYAM F, 2017. The country risks and foreign direct investment [J]. Iranian economic review (1): 235–260.

MARX K, 1894. Capital: A critique of political economy [M]. London: Penguin Books.

OETZEL J, GETZ K, 2012. Why and how might firms respond strategically to violent conflict? [J]. Journal of international business studies (43): 166–186.

PAOLO G, GU W, 2019. Consumption and investment with interest rate risk [J]. Journal of mathematical analysis and applications (1): 215–239.

PETER H, SAM L, FEDERICO P, GUILLAUME V, 2019. Who bears interest rate risk? [J]. The review of financial studies (8): 2921–2954.

VOSS H, BUCKLEY P J, CROSS A R, 2010. The impact of home country institutional effects on the internationalization strategy of Chinese firms [J]. Multinational business review, 18 (3): 25–48.

WONG K P, 2013. International trade and hedging under joint price and exchange rate uncertainty [J]. International review of economics and finance, 27 (2): 160–170.

SERENA S, 2017. Does exchange rate depreciation have contractionary effects on firm-level investment? [M]. BIS Working Papers.

STEPHAN W S, 2015. Editorial opinion 2/13 – the end for dispute settlement in EU trade and investment agreements [J]. The journal of world investment and trade (16): 378–382.

STOIAN C, MOHR A, 2016. Outward foreign direct investment from emerging economies: Escaping home country regulative voids [J]. International business review, 25 (5): 1124–1135.

ZHANG J, HE X, 2014. Economic nationalism and foreign acquisition completion: The case of China [J]. International business review, 23 (1): 212–222.

WANG C, HONG J, KAFOUROS M, et al., 2012. What drives outward FDI of Chinese firms? Testing the explanatory power of three theoretical frameworks [J]. International business review, 21 (3): 425–438.

第九章
国际投资法律管理

第一节　国际投资法律概述

经济全球化的浪潮推进了世界各国的经济发展，国际投资也在这一进程中日趋活跃与重要。在国际贸易扩大和繁荣的背后，也存在诸多贸易纷争与摩擦（Robert，1984）。如何协调各投资主体之间的关系，成为国际投资可持续发展的重要问题（Flory，1980）。本节将从概念与特点、体系、作用三个方面对国际投资法进行简要概述。

一、国际投资法的概念与特点

国际投资活动遍及全球不同国家，而各个国家国情各异，政治、社会制度的差异会带来投资双方的利益协调问题，此间关系错综复杂。国际投资法便是为调整国际投资关系而专门制定的法律（Catalina，2020）。

国际投资关系可分为直接与间接两种（韩龙，2007）。通常情况下，国际间接投资多存在于政府之间，抑或是政府与国际经济组织间（银红武，2015）。形式上，常常表现为国际金融机构之间的贷款，带有经济援助性质，属于国际金融法予以规范和调整的范围。国际投资实务中国际直接投资的形式更为常见，这种投资在整个国际投资活动中占据主导地位，具有经营性投资、资金占用时间长、回收速度慢、承担风险大等特点（杨树明 等，1989）。

关于国际投资法的定义，普遍认为国际投资法是调整跨国私人直接投资关系的国内外法规的总称。尽管缺乏专门针对国际投资的法律体系（曾炜，2008），但在国际投资的实践中，一个所辖甚广的制度体系正在缓慢成型，其间涵盖诸多原则与规则，渊源、形式各异（Sornara，2020）。它们在共同发挥作用的同时，相应地降低了各国内部国际投资法律的影响（Amit et al.，2020）。

国际投资法有以下特点：其一，国际投资法主要针对国际私人直接投资关系。重点落在"私人"和"直接投资"两个词上，投资者的身份限定在他国的自然人或法人的范围内，投资关系只能是直接性的投资（Lorenzo，2020）；其二，国际投资法具有国内法和国际法双重渊源（Ferreira，2020），是由国内法律规范和国际法律规范所构成的有机统一体，二者联系紧密又存在差异，在国际投资法中缺一不可（杨树明 等，1989）。除了上述两个特点外，国际投资法还具有调整投资环境的作用（Dimitropoulos，2020）。私人资本的国际流动很大程度上依靠投资环境的友好性，法律尤其是国际投资相关的法律，在投资环境的变化上起着至关重要的作用。

二、国际投资法的体系

国际投资法包含范围甚广，可由各国涉外投资的法规与国际投资条约构成，各国涉外直接投资的法规可以分为投资国与东道国的法律规范（袁东安，2003）。亦有学者直接将国际投资法划分为保护、鼓励、管理三个类别，其间再细分为国家法规或者国际性法规。综合诸多学者的观点，本书将国际投资法的体系整理为图 9-1 中所示内容。

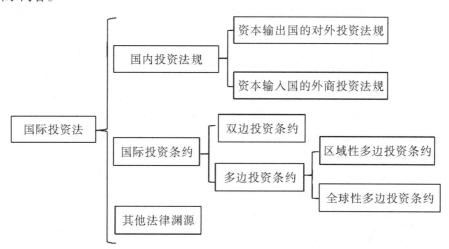

图 9-1　国际投资法的体系
资料来源：据《国际经济法》（余劲松和吴志攀主编）相关章节整理而成。

（一）国内投资法规

国际投资法的国内投资法规部分主要分为资本输出国的对外投资相关法规与资本输入国的外商投资相关法规两类。

1. 资本输出国的对外投资法规

对外投资法规为资本输出国维护己方海外投资的经济利得而订立，其中海外投资保险法是各国关注的重点（叶佐林，2004）。此外，还有部分激励性和管理性质的法律法规，构成资本输出国对外投资法规的其他内容（Julian，2019）。

2. 资本输入国的外商投资法规

外商投资法规主要是指资本输入国对外国私人直接投资关系进行调整的诸多法律规范，主要是关于资本输入国政府、外国投资者、外国投资企业等主体之间权利义务关系的规定与明确。世界各国用以调整外国投资的法律存在不少差异，有投资法典、单行法规、一般的国内法等多种形式（Ratner，2020）。近年来，我国主要采用落实负面清单制度、减少外资进入限制、进行财税改革和减税等立法措施促进对外投资（缪晴辉 等，2018）。

（二）国际投资条约

国际投资条约相较于国内的投资法规适用范围更广，常常为明确国家之间在投资实践中的权利与义务而制定。国际投资法的国际类别可以从多边协定与双边协定两个渊源来追溯（Laryea et al., 2021）。综合前人观点，本书认为国际投资条约大致可以分为双边投资条约与多边投资条约两个类别。

1. 双边投资条约（bilateral investment treaty）

两个国家常常签订双边投资条约以增进和维护相互之间的投资，在国际投资法中双边投资条约具有不可忽视的作用，往往在国际投资实践中得到广泛应用（Alschner, 2016）。常见形式有友好通商航海条约、投资保证协定以及促进与保护投资协定等。近年来，国际中使用的双边投资条约在内容上表现出趋于接近的态势，而且越是最新制定的条约内容越相近（张丽微，2018）。我国双边投资条约的发展则呈现法律化、标准化、趋同化的趋势（Amariles et al., 2020）。

尽管双边投资条约应用较多，但是其仍然具有一定的局限性。就约束力来说，双边投资条约的效力局限在缔约国之间，而不具有普遍意义上的约束力。有学者认为，若大多数双边投资条约普遍采用了某些相同或类似的规则，该部分规则也有可能逐渐成为国际习惯，从而具有普遍约束力（Frank, 2013；Dumberry, 2020）。而目前现行的双边投资条约在内容上分歧巨大，将前述普遍规则视为形成中的习惯法尚欠考虑。双边投资条约的缺陷可以从两个方面理解：一方面，是其仍然具有前身友好通商航海条约的歧视性不平等内容；另一方面，体现为谈判双方、谈判机制的不匹配导致的限制（季烨，2013）。另外，不少双边协议存在内容弹性小、"国民待遇"规定存在限制、期限届满后展续期搁置等问题（蒋德翠，2016）。

2. 多边投资条约

国际投资的多边条约通常可分为区域性多边投资条约以及全球性多边投资条约两类。区域性多边投资条约是一种多边条约，旨在协调区域性国家之间的投资关系，形成了区域成员间一种特殊的国际投资约定。如美国、加拿大、墨西哥三国签订的《北美自由贸易协定》等。全球性多边投资条约相较区域性多边投资条约涉及的国家更为广泛，应用较为广泛的有《多边投资担保机构公约》《解决国家与他国国民间投资争端公约》《与贸易有关的投资措施协议》等。

尽管协调范围较广，多边投资条约也存在各异的缺点，如《多边投资担保机构公约》仅面向发展中国家，存在范围过小、保费过高的问题（吴兴光，1988）；《解决国家与他国国民间投资争端公约》主要受制于时间的漫长性和花销过大的缺点（卢绳祖，1986），复核程序的存在也导致决议多有反复；《与贸易有关的投资措施协议》则存在对发展中国家利益的忽视问题（蒋德翠，2016）。自新中国成立以来，中国签订的多边条约数量不断增加，参与的领域不断扩大，并且在条约的内容上呈现出从政治类为主转变为经济类为主，从中也折射出中国外交策略的多边主义与和平外交的风格（刘长敏 等，2009）。

（三）其他法律渊源

除了上述国内投资法规与国际投资法规之外，国际投资法体系中还有一些其他的法律渊源，主要有联合国大会的规范性决议、国际惯例及国际法的其他辅助渊源，其中联合国大会规范性决议地位超然（曾炜，2008）。联合国大会在 20 世纪 60 年代左右通过的诸多决议均对此后的国际投资产生了重要影响，如 1962 年的《关于自然资源永久主权宣言》、1974 年的《关于建立新的国际经济秩序行动纲领》和《各国经济权利义务宪章》等。这些文件对后续国际经济秩序的重塑有深远意义，特别是明确了各个国家对境内自然资源无可争议的控制权，对国家管制国内的境外资本、国有化方面也加以规定，奠定了一系列重要国际准则的基础（Ishikawa，2020）。

三、国际投资法的作用

关于国际投资法的作用很少有学者单独进行研究（De Brabandere et al.，2020）。本书在前人观点的基础上加以归纳，认为国际投资法主要是为了协调世界不同国家和地区之间的国际投资关系。其作用可以从以下三个方面来理解：

1. 保护国际投资

国际投资对有关国家的经济发展利大于弊，所以无论资本的输入国还是输出国均以法律的形式对国际投资予以保护，以减少相关的潜在风险造成的损失，维持有利的投资环境（Julian，2019）。国际投资法对国际投资的保护作用，通常表现在给予外国投资公正待遇、对潜在的政治风险造成的损失提供保证、企业自主权的保障、为解决投资争端提供便利等方面。

2. 鼓励国际投资

从广义上说，国际投资保护性法律法规对国际投资也有一定的鼓励和促进作用。但在国际投资法体系中，具有鼓励性质的相关法律法规，在刺激国际资本的流入方面影响更为突出（刘丽丽，2008）。

对国际投资产生激励作用的法律措施主要体现在国家提供的各项优惠政策上，如税收、财政、行政等方面（Michał et al.，2020）。一般说来，税收优惠是各种优惠措施的重心。除资本输入国外，一些资本输出国也采取提供相关信息、资金和技术方面的帮助，制定税收抵免政策等方式助力对外投资（Garde，2020）。此外，避免双重征税的各类协定、条约均能有效改善投资环境，鼓励国际投资。

3. 管理外国投资

外国投资也具有两面性，倘若放任自流、疏于管理，消极影响也是显而易见的，如冲击民族产业结构体系、资源破坏式开发等（李仁，2009）。不同国家均通过制定相应的外国投资法，实现对外资的有效管理。常常体现在：①对外资进行审批，从而严格管控其进入的产业部门，实现对国内产业结构的保护；②限制外国投资在某些行业中的比例，保证国家对企业享有绝对控制；③规定外企董事会成员担任资格问题；④对外资利润的汇出规定限额；等等。

为了防止各国制定的外资管理法有失公允、过于偏颇，1994 年达成的《与贸易有关的投资措施协议》即《TRIMS 协议》，明文规定禁止实施违背关贸总协定第三条或第十一条的投资举措，若成员国的外资法中含有这些限制性投资措施，必须予以修改或取消（余劲松，2009）。

223

第二节　资本输出国的对外投资法律管理

国际直接投资于资本的输出国与输入国均有裨益。二战后，发达国家利用剩余资本的输出不断在世界范围内瓜分市场份额，维护其既得利益（Stephan et al.，2018）。不少国家采取制定一系列政策法规的方法，以达到鼓励、保护本国的企业对外投资的目的（Dimitropoulos，2020）。而部分发展中国家在全球经济一体化浪潮下，也逐渐意识到对外直接投资对经济发展的重要影响，不断推进相关政策法规的改革（Lindseth，2020），减少本国企业对外投资的阻碍。亚洲新兴市场国家在推进外资发展方面的表现尤为瞩目。但是，目前，发达国家与发展中国家在外资发展和法律制度的建设方面依然存在鸿沟（Tanaya，2020）。

资本输出国对外投资方面的法律旨在维护本国以及本国投资者的利益。内容主要包括保护性法律规范、鼓励性法律规范和管理性法律规范三个方面，其中具有核心地位的是保护性法律规范（姚梅镇，1980）。

一、保护性法律法规

资本输出国建立的保护性法律法规乃是基于保障本国海外投资安全和维护己方经济利益的目的，保护性法律规范中，当以海外投资保险法律制度重要性居首（姚梅镇，1980）。当前海外投资保险制度应用广泛，但各国关于此项制度的具体规定却各有特点，其中以美国、日本、法国的制度最为典型，三者中又以美国居首（姚梅镇，1980）。

（一）海外投资保险制度

海外投资保险制度是资本输出国政府对其在境外投资的自然人或法人提供的一种风险补偿制度。面对投资过程中政治局势变化等因素形成的不确定性，由国家本身或支持相关机构设立保险机构，当发生承保范围内的政治风险引发相关损失时，则从事境外投资的当事人可以得到补偿（陈憬菁，2000）。海外投资保险制度主要是为了预防海外投资的政治风险（叶佐林，2006）。由此可见，该制度是保护与鼓励海外投资的重要法律制度（王国军 等，2016）。

与普通的财产或寿命保险不同，海外保险制度是对政治风险进行承保。其特点主要包括：①非营利性。此类保险承保机构的公益性决定了其并非以获利为最终目的，而主要是为了发挥保护作用。②保险的对象，只限于海外私人直接投资，而且须满足特定的条件。③保险的范围，只限于政治风险（余劲松，2009）。

海外投资保险制度的首创者为美国（Andreas，2008）。自20世纪初以来，美国一直是世界上最大的对外投资国。在"马歇尔计划"实施期间，投资保险制度由美国经济合作署设立，这便是此后海外投资保险制度的雏形。创立伊始，这项制度仅适用于美国投资者在欧洲各国的外汇风险，但随着美国海外投资范围的不断扩大，美国逐步把保险范围扩大到了战争、革命、内乱和征用等政治风险（James，2016）。

根据 1961 年修订的《对外援助法》，海外私人投资公司（overseas private investment corp，OPIC）于 1971 年成立，一跃成为专门负责海外投资保险的机构。二战之后，各主要西方国家在鼓励资本输出时，纷纷效仿美国制定了投资保险制度。日本、德国紧随美国之后，分别于 1956 年和 1959 年建立了海外投资保险制度，此后，法国、澳大利亚、加拿大、英国等国家也渐次推行。到 20 世纪末，此项制度亦在发展中国家与地区间逐步订立。

近年来，我国的海外直接投资无论从数量抑或是规模上都可圈可点，在发展中国家的投资也日益增多（许洁，2018）。联合国贸易和发展会议在 2021 年 6 月 21 日发布的《2021 年世界投资报告》显示，按区域统计，2020 年流向欧洲、北美的外国直接投资均大幅下降；而流向亚洲的外国直接投资则增长了 4%，亚洲是唯一取得增长的区域，占 2020 年全球外国直接投资总量的一半以上，增幅主要受中国等经济体驱动。报告还指出，中国的外国直接投资在 2020 年增长了 6%，达到了 1 490 亿美元，成为全球第二大外国直接投资流入国。同时中国也是 2020 年全球最大投资国，2020 年中国对外直接投资稳定在 1 330 亿美元，中国跨国企业的持续扩张和积极并购为其奠定了基础。为了适应我国海外投资不断发展的趋势，促进海外投资的进一步发展，建立一个立足国情的海外投资保险法律制度也是大势所趋（赵竹君，2019）。1988 年，我国出口信用保险制度开始建立，而今已与逾百个国家签订双边投资保护协定（张雅宁 等，2020），其中与海外投资保险制度联系最为密切的多为多边投资条约。

但是在我国内部订立的法律之中，关于保护海外投资的内容相对缺乏，《中华人民共和国对外贸易法》和《中华人民共和国保险法》对此也未做出明确规定，最高的专门法律仍是空白（吕露茜，2018）。2001 年成立的中国出口信用保险公司对我国海外投资政治风险进行承保，推进了我国海外投资保险事业的发展。但是，我国的海外投资保险制度尚未成型，要保护我国的海外私人直接投资，前路依旧漫长。而要建立我国的海外投资保险法，重点在以双边协定为基础的代位求偿权的实现上（叶佐林，2006）。综合诸多学者的研究，本书将从保险人、被保险人、保险期限、投保范围、赔偿救济等方面对海外投资保险法加以进一步阐释。

从保险人的角度来说，实施海外投资保险业务的主体有政府机构、政府公司等。前文提到，美国负责此项业务的是 OPIC。该公司公私性质兼具，到目前为止均是自负盈亏，以保持机构的相对独立。澳大利亚也是由政府公司主管海外投资保险业务。而日本、新西兰和瑞典等国采取由政府机构承保的方式。还有的国家的海外投资政治风险由政府与国营公司共同承保，如德国，法定保险人由联邦政府担任，两个国营公司——黑姆斯信贷担保股份公司和德国信托股份公司负责执行具体业务（Symeon，2017）。法国的做法与德国类似。担任法定保险人与承担业务的公司分别是经济与财政部和法国外贸银行（Natexis Banques Populaires）、法国外贸保险公司（France Foreign Trade Insurance Company，FTIC）。

从被保险人的角度来说，按照各国法律能申请海外投资保险的投资者均是被保险人（凌丹，2002）。各个国家对这一投资者的范围规定各不相同，如美国《对外援助法》规定，被保险人可以是美国公民、主要权益（资产51%以上）属于美国公民的美国公司、合伙企业和其他社团或资本总额95%及以上为美国人所有的外国公司。日本则将投保人定义为从事境外投资的国民或法人。

从保险期限来说，美国最长为20年，规模较大的或敏感性较强项目的财产征用险，期限被限制在12年内。日本一般为5~10年，其中不包括海外企业的建设期。德国一般为15年，而对于经营期限较长者根据需要期满后再延长5年。

从投保范围来说，美、日、德三国投保范围差别不大，详情参见表9-1，但在投保方式上略有差异，在美国投资者对各类险种可自由进行组合，单独投保与多险种合并投保均可，日、德两国则要求对所有险种综合投保。

表9-1 美、日、德海外投资保险投保范围

国家	美国	日本	德国
投保范围	外汇风险（甲类险）	外汇风险	外汇风险
	财产征用风险（乙类险）	征用风险	财产征用风险
	战争风险和营业中断风险（丙类险）	战乱风险	延迟支付风险

从赔偿救济来说，各国均对投保人赔付以及向资本输入国的代位求偿进行了规定（汤秀斌，2017）。此类赔偿的通行做法为，在发生所承保的风险之后，海外投资保险机构先行向投资者进行赔偿，然后再由代位取得投资者的索赔权利，进而向资本输入国等机构进行后续索赔（Yongsook，2018）。

（二）外交保护制度

外交保护制度是指一国国民在境外权益受到侵害时，当外国法律未能正常及时予以应有的帮助时，该国民所属国家可采取外事协调等方式，提出合理的救济要求的一种制度。国际投资中的外交保护是国际投资争端解决中的传统方法，是国家基于属人管辖权对本国国民合法权益进行的相关保护（林川，2019）。外交保护方法的主要特点是将投资者同东道国之间的争议上升为国家之间（投资者本国和东道国之间）的争议，可能导致国家间的激烈对抗和冲突，因此，它是国际投资争端解决中最受争议的方法（张磊，2009）。通常在国际投资行为中的外交保护得以实践还必须符合国际法所确立的有关条件。条件有三个：①受到不法行为侵害；②国际继续原则；③用尽当地救济原则。在资本输出国提请外交保护时上述三个条件缺一不可。

二、激励性法律法规

海外私人投资于资本输出国而言获利十分可观，巨额海外利润的汇回有助于为国家增收创汇，维护国际收支平衡，促进国外市场开拓，发挥本国比较优势，维护本国在国际竞争中的优势与地位（张力行 等，2015）。因此，资本输出国也会通过相关的立法行为鼓励海外投资。虽然鼓励措施因国别而异，但大致上可以分为税收优惠，金融优惠以及信息、技术和人才援助三个方面。

（一）税收优惠

税收政策影响着海外投资者的利润，宽松的税收政策能够激发投资者的积极性
（Julien，2020），促进资本的全球性流动。海外投资在税收上常常要面临双重管辖。
资本输入国的属地原则和资本输出国的属人原则，导致双方均有权对海外投资征缴
税款，形成了双重纳税的义务（王运达，2019）。对于资本输出国来说，解决双重
征税的问题能够在一定程度上鼓励海外投资，因而许多国家都在国内制定了一系列
关于对外投资的税收优惠政策，并以法律的形式固定下来，以鼓励本国企业对外投
资。随着海外投资的不断发展，我国也制定了一些有关的规章制度[①]，虽然尚未形
成完备的体系，但亦有可取之处（蒋德翠，2016）。目前各国制定的税收优惠政策
主要有：

1. 税收抵免

税收抵免是指由资本输出国政府实行的、海外投资者在资本输入国已缴纳的税
收在本国应纳税额中予以扣除的税收政策。之所以实施税收抵免，乃是因为双重纳
税会挫伤海外投资的积极性（董晓岩，2010）。因此，为了减少双重课税对海外投
资的影响，多国以订立法律规范抑或是与他国协商税收条件的方式，在税收上营造
良好的投资条件，以激励对外投资。投资实践中，订立国家法律实行税收优惠的有
美国、法国、丹麦等国，更多的如意大利、英国、澳大利亚、日本、印度以及中国
等国则通过签订双边协定的方式进行税收抵免（邬展霞 等，2020）。

2. 税收饶让

税收饶让是指资本输出国政府放弃对海外投资者的征税权，而承认资本输入国
的征税权的做法。显然，税收饶让比税收抵免优惠力度更大（Kollruss，2012），投
资者只要在资本输入国缴纳税款，在本国便可免除相应的纳税义务，不再另征或补
征。一般在国际投资实践中，实行税收饶让的国家需要与资本输入国签订条约或协
定，以此确定实行税收饶让的具体税收项目（Kaplan et al.，2011）。目前，日本和
德国与发展中国家的双边税收协定中都会有税收饶让条款，瑞典、挪威、荷兰、匈
牙利等国家也有这项政策。除美国外，大多数发达国家对税收饶让条款都是支持的
态度，出于利用外资的目的，发展中国家也对此项政策广为应用（刘芳 等，2011）。

3. 延期纳税

延期纳税是指从事境外投资的企业在获得收入之后，不必马上向本国缴纳此部
分税款，可以等其汇回本国之后再行纳税。延期纳税等优惠政策有利于东道国吸引
外资，促进外资的再投资（蔡庆辉，1999）。在国际投资实践中，该政策延长了部
分税款缴纳的期限，海外企业资金的流动压力亦会相应减小，其效用与政府提供无
偿贷款相类似（Sunil，2001），但实际上并未解决双重征税问题。因此，严格来说
延期纳税并不是一种规范的避免双重征税的办法（Heuberger et al.，2010）。目前，
美国等西方国家在实行税收抵免的同时还采用该办法作为补充。

[①]　如《境外国有资产产权登记管理暂行办法》（1992 年）、《境外国有资产产权登记管理暂行办法实施细
则》（1996 年）、《境外投资项目核准和备案管理办法》（2014 年）、《境外投资管理办法》（2014 年）等制度。

4. 免税

免税是资本输出国对海外企业的某些收益免予征税的税收政策。这种方法不如税收饶让政策规范，只是有些国家在一定时期根据国内实际情况、政策变化而采用的鼓励对外投资的一种政策，并且实施中往往存在附加的限定条件（樊静，2002），如法国规定仅对汇回本国的且已经在股东之间分配完毕的收入免税；荷兰在特定条件下对来自国外的股票所得免税；日本对企业对外转让工业产权和版权的所得收入免税。目前，发展中国家为加大国内企业对外投资的力度，也出台了一些对海外企业减免税的政策。例如，马来西亚政府规定，对汇回的利润征收一般税款，免税区汇回的红利亦可免税（Kunka et al.，2020）。

（二）金融优惠

金融优惠政策与法规对国际投资的作用也相当显著，各国的相关政策种类繁多。金融优惠政策主要包括：资金支持、股本融资、贷款担保等。

1. 资金支持

资本输出国的官方银行常常为本国跨国公司对外投资活动提供所需的资金，发放优惠利率贷款，来促进本国对外投资。韩国进出口银行面向资本输出提供贷款时，总额最高能够覆盖投资额的九成，日本为资本的海外输出在资金方面提供的支持力度当居全球之首，其跨国公司 20 世纪 80 年代在东南亚的急速发展便是得益于日本进出口银行的巨额信用贷款（谈萧，2006）。此外，还有德国开发公司、美国海外私人投资公司、英国英联邦开发公司、加拿大的出口开发公司等诸多类似的公司为其国家的海外投资者提供资金支持服务。

部分国家也会专门为投资企业提供高技术研究开发、投资前期研究等方面的资金帮助，全额或部分资助许多境外投资前期调研活动。这部分由政府提供的资金，能够覆盖调查费总额的一半以上。但是，投资者在项目完成或获得收益时，应将此部分费用予以偿还（Sergio，2019）。澳大利亚、美国等国还会在国家预算中列明此项开支，以财政的力量为海外投资提供支撑。

2. 股本融资

股本融资也是向海外投资企业或项目融通资金的办法之一。政府会采取收购股权的方式提供资金支持，待到项目步入正轨，能够实现正常盈利之时再出售此部分股份（Keller et al.，2020）。这样企业与政府均能获得收益。英国英联邦开发公司、比利时国际投资联合会等当属此列，这些政府性机构提供的股本融资能够满足项目伊始需要大量资金投入的需求，还能为企业或者项目提供技术、人力资源方面的帮助（Victor，2018）。例如，印度的企业便能够通过相关的金融优惠政策获得建立境外投资企业股本八成以上的融资，此部分资金均由其进出口银行承担。

3. 贷款担保

国际贸易中巨大的贸易额与较长的收回期限常常使得企业面临资金周转的困境，资本输出国为实现对这类企业的支持，其国有银行往往在这中间扮演重要角色（Noam，2018），为这类企业进行贷款担保，以中央金融机构的信誉和实力为存在的风险兜底。这项政策也同样有利于降低企业拿到资金的难度（Meg et al.，2019）。

贷款担保机构主要是为促进对外投资设立的机构，如在上文提到的德国发展公司、加拿大出口开发公司等。

（三）信息、技术和人才援助

1. 信息服务

一些资本输出国会主动采取措施给有想法和实力的投资者提供境外国家相关投资的情报信息，包括出版刊物，简要描述目标国家整体社会环境，各类生产要素价格、供需信息，投资的机遇以及目标国相关的法律条文等基础性的信息。此类服务的提供者往往依靠国家的中央机构或驻外使领馆在意向投资国家设立各类商业形式的情报中心，抑或是海外银行、投资公司等（肖烨 等，2002）。在国家没有大规模介入之前，民间的咨询公司或公益性的组织会承担此类业务。20 世纪中期后，联合国开发计划署推进了向低收入国家实现技术、资金帮扶的进程（Krzykowski et al.，2020）。此后，绝大部分成员国渐次成立专门机关，汇集整理并对外提供发展中国家投资的相关信息。

美国的海外私人投资公司、日本的贸易振兴会、芬兰的芬兰基金均是提供对外投资信息服务的典型国家机构（Azharul et al.，2020）。它们主要提供汇集投资者信息、组织代表团调查研讨活动、整理形成相关信息资料库、为具体项目牵线搭桥等服务。

当前，发展中国家和地区也在逐步追赶此类服务的发展脚步，如自 20 世纪 90 年代初香港政府的产业署便为香港企业带来相关境外投资信息。

2. 技术和人才支持政策

此类支持政策常见形式有：为前期调研提供资金支持，提供法律咨询服务与帮助，培养相关高素质人才等。如荷兰开发融资公司 1989 年制订了一个对外投资促进计划，为可行性研究和项目规划提供资金援助，培训管理人员和一般员工。发达国家则常常设立一些民间团体培训在外国特别是在发展中资本输入国经营的技术和管理人员（Stepanov，2020）。有些国家政府还会设立民间性质的公益性团体进行帮扶，实现培训相关技术人才与管理人才的双重任务，如美国的国际经营服务队、国际高级管理人员服务队，加拿大设立的加拿大海外经营者服务机构，日本建立的世界经营者协会等。

三、管理性法律法规

虽然扩大对外投资积极效应明显，但投资者往往以自身利益最大化为先，经营活动的目的性很强，通常不会将国家的经济利益放在首位。资本输出国自然不会对此现象坐视不理，在制定鼓励和保护本国对外投资政策的同时，相应地也为对外投资套上"笼头"，以一些管理和限制性的法规和政策，维护本国在投资实践中的经济利益（杨希，2021）。

（一）规模和区域限制

一般来说，发达国家对本国的对外投资规模不加限制，允许资本自由流动，只有在特定时期才会制定一些临时性的政策，限制本国对外投资的规模。如 1965—

1974 年，美国就因其国际收支恶化限制了跨国公司的对外投资活动。英国在第二次世界大战后一段时间内也对本国对外投资实行限制性政策（Keisuk，2020）。西班牙要求对外直接投资额超过 2.5 亿比塞塔必须接受政府有关部门事前行政核查。日本、澳大利亚、意大利等国虽没有明确限制，但政府也十分关注本国对外投资活动对本国国际收支经常项目的影响程度。

发展中国家由于缺乏外汇资金并担心对外直接投资可能带来资本外逃，影响国内经济或政局稳定，对海外投资的管制比发达国家严格（Hearson，2018）。但随着经济全球化的发展，越来越多的国家开始对限制性的政策进行重新评估，有些已放松了对资本外投的限制管理。

目前，世界各国从经济上考虑海外投资的区域几乎没有什么限制（Dolinskaya et al.，2020）。但一些西方国家从政治、军事、外交、国家安全以及其他目的出发，对本国对外投资在区域上有一些限制，比如美国限制与一些涉及恐怖主义或极端势力的主体或国家进行交易。

（二）限制高新技术输出

在国际投资中，技术优势是对外投资者保持竞争优势最重要的垄断资源。大多数国家出于对本国国际竞争力的保护，往往不限制标准化技术的输出，而对高、精、尖技术如航空航天等技术的输出进行严格限制（Bonnitcha，2018）。如美国在 1979 年制定的《出口管理法》中规定，限制高新技术输出的规定适用于本国公司以及其境外的其他关联机构。

（三）防止逃税避税

私人投资者在海外投资时，私自将海外所得截留不予汇回，于资本输出国而言是巨大的损失。

1. 采用正常交易原则来确定关联企业间交易的价格

为了防止从事国际投资的企业通过关联企业滥用转移定价来逃避税款，正常交易原则应运而生，即关联企业间的营业往来交易（Ridoan et al.，2020），其价格只按与没有关联的另外的公司达成的正常交易价格计算，此法能够保证价格的公平性。若存在操纵价格的行为，税务机关发现不妥之时，有权利重新调整后征收税款。

2. 防止利用避税港逃避税收

针对此类投机取巧的做法，不少国家往往从源头上加以遏制（Glogower et al.，2018）。如英国通过法律宣布基地公司的不合法性；比利时不允许超脱常理的利润转移，控制基地公司汇集利润的行为；美国则禁绝延期纳税，使之利润失去转入基地公司的时机。其中美国的做法简单、效率高，多国纷纷加以运用（王贵国，2010）。

第三节　资本输入国的外商投资法律管理

在国际资本自由流入与流出的环境下，外国直接投资对资本流入国的影响不可小觑。故而，制定相关的法律规范势在必行。资本输入国的法律规范是资本输入国制定的各类国际投资法的总称，能够实现对各类内外投资者关系的协调。资本输入国往往会制定一些优惠政策以吸引外来投资（李骞，2015）。同时，为防止或消除外国投资可能带来的不利影响，资本输入国也会采取一些管制性的政策和法规，对外国投资活动进行管理和规范。

一般而言，发达国家以其相对优越的政治、法律、社会、基础设施等条件，无须刻意引进，国际资金也相当富足（Arato，2019）。因此，其内外资差别不大，既没有太多的优惠政策，也没有严格的限制。而发展中国家在吸引外资方面相对处于劣势地位，此时，便需要借力于一些优惠的法律政策条件和政府担保来增加自身的吸引能力，助力国内经济发展；但是，同时国内企业竞争力较差，为防止外资进入对国内经济和政治的不良影响，又不得不制定大量对外资限制性的政策和法规（Stepanov，2020）。

一、保护性法律法规

资本输入国接受国际直接投资时，其国内经济环境必然会受到一定影响，视国家经济发达程度的不同而冲击也不一（Wellhausen，2019）。为了实现对国内经济环境、产业结构的有效保护，资本输入国政府采取制定保护性法律法规的方式，防范外资对其国内产业可能造成的潜在危害。

（一）保护外国投资的法律形式

各国对外国投资保护性的政策法规一般在其宪法和外国投资法中体现较多。保护的内容涉及保护境外投资者合法权益，对外资的征收利用、国有化等相关规定，投资和利润汇出的政策及整顿解决方式的规定等。其核心内容是关于对外国投资的征用和国有化以及补偿的措施（Carter et al.，2019）。

在具体的法律制定实践中，有的国家未做明确的规定，有的国家把此类问题放置于友好通商航海条约或双边投资保护协定中，还有国家在其外资法中对外资保护做了明确的规定。目前，各国都普遍认识到外国投资对本国经济的积极作用，因此，大多数国家一般都不再将已获批准的外国投资进行征用或国有化（Rudall，2020）。而在特殊情况下，基于国家和民族利益的考虑实行国有化时必须通过法律程序，按照适当的标准，给予必要的补偿（Husnasari et al.，2020）。

（二）关于外国投资者的待遇规定

外国投资者的待遇标准涉及如何解决资本输出国政府的属人管辖权和资本输入国政府的属地管辖权之间的矛盾冲突的问题，是许多国际投资法规调整各类关系时都必须明确的基础性问题。

1. 国民待遇标准

国民待遇标准（standard of national treatment）是指无论国内还是国外的民众，在权利和义务的规定方面别无二致，都处于相等的地位水平。国民待遇标准与国家主权原则相契合，还能够与资本输入国国内法规联系紧密，在实际运用中可依循的标准明晰。所以，在一般国家中采用较为普遍（Brian，2020）。拉丁美洲国家长期

231

的投资实践中秉持的卡尔沃主义，抗争外国施行的保护行为，便是建立在这一标准之上的。因此，资本输入国政府出于公共利益的考虑，依照正常的法律规定和程序对外国投资者的资产实行国有化和征收，只要对外国国民没有明显歧视或其他明显不公平的措施，资本输入国政府便不用承担任何国际责任，资本输出国政府亦无理由行使外交保护权。

2. 最惠国待遇标准

最惠国待遇标准（most-favored-nation treatment）是指在国际条约中缔约国一方有义务使另一方国民享受该国对第三国国民所允许的同等权利。最惠国待遇的特点是，创造与第三国国民间的平等待遇（田海，2016）。随着二战后民族独立浪潮的掀起，国家之间平等的观念被广泛接受。除少数国家和地区外，最惠国待遇逐渐向国民待遇原则贴合，二者在实践中常常共同发挥效力（Archer et al.，2017）。

最惠国待遇标准和国民待遇标准在外资待遇上相似性很强。前者是指本国给予外资的待遇不低于本国已经给予或将要给予任何第三国相同外资的待遇，实质在于使各国外资之间的待遇平等；而后者则是指给予外资的待遇不低于本国相同资本的待遇，实质在于使外资与内资之间的待遇平等（Andrew，2017）。但客观上，一国要完全实现"国民待遇"是不可能的，如移民限制、政治权利及国际通行的限制，国民待遇以符合本国法律或条约规定为限。此外，发展中国家往往还存在对外资的超国民待遇。例如，我国自20世纪70年代末以来，为了吸引外资流入，带动经济发展，制定与实施了大量的涉外优惠法规和政策（Meenu et al.，2021），其中以外商投资企业税收优惠法规为主，在税收、进出口经营权、外汇管理、信贷、企业设立等方面为外资企业提供超常的优惠待遇。

3. 国际标准

国际标准（international standard）是指资本输入国政府除了保持国民待遇一致性外，还要遵循国际标准。国际标准又被称作最低国际标准、国际文明司法标准或国际司法标准，其理论基础是私有产权神圣不可侵犯原则，它必然与国家主权原则及国家独立原则产生对立。根据现代国际法的基本原则，私人利益是绝对不能凌驾于国家公共利益之上的，这是国际社会公认之理（Koutrakos，2019）。国际标准已为当今广大发展中国家普遍反对。

4. 差别待遇

差别待遇（discrimination）或称歧视，是指在不同国籍的国民之间，包括在外国国民与资本输入国本国国民之间和在不同国籍的外国国民之间存在不平等关系。具体体现在提供优惠、权利与义务的规定等方面，从而使得拥有某国国籍的外国国民与资本输入国国民或与第三国国民相比明显存在差别和不利待遇（Jure，2019）。差别待遇亦有合理与不合理之分，不能一概而论。许多发展中国家的涉外投资法规基于公共利益对外商投资的范围、出资比例和投资期限等进行一定程度的限制就属于合理的差别待遇。

不少国际投资法的协定均有体现。例如，《中华人民共和国政府与东南亚国家联盟成员国政府全面经济合作框架协议投资协议》在序言中规定："注意到《框架协议》所认识到的缔约方之间不同的发展阶段和速度，和对柬埔寨、老挝、缅甸和越南等东盟新成员实行特殊待遇及灵活性的必要性。"又如，《东部和南部非洲共同市场投资协定》就公平公正待遇标准做出进一步澄清时规定："为实现更大确定性，各成员国理解成员国间存在不同形式的行政、立法和司法制度，处于不同发展水平的成员国可以不在同一时间内达至相同的标准。"（韩永红，2019）

（三）对外国投资者的利益给予保护

各国对外国投资者的利益的保护措施，集中在国有化与补偿的问题上（银红武，2015）。资本输入国对外资实行征收或者国有化的行为，在国际投资法中争议相对较大。国有化及征收措施曾在发展中国家去旧立新过程中起过重大积极作用，但也在一定程度上导致外资外逃。为稳定外国投资者的信心，各发展中国家均在立法时做出了一定的规定，甚至有些发展中国家放弃实行国有化或征收的权利（Ramanzini，2019）。补偿标准一般是泛泛规定或不规定。此外，还有关于外国投资利润、其他合法收入转移的保证。

二、激励性法律法规

激励性法律法规主要包括给予外商投资的各种投资优惠，体现在财政、融资优惠等方面。地区性的优惠也是激励性法律法规的一种，如通过设立沿海经济开放区、经济特区、高新技术产业开发区等方式为外商提供土地、收费政策等方面的鼓励与优惠。

（一）财政优惠措施

财政优惠是各资本输入国引进外资时广泛使用的措施，各国使用的财政优惠措施也大抵相同，如降低所得税、减免进口关税、退税、加速折旧等（朱海涛，2014）。但从程度上看，这些优惠政策力度不一，不同国家、地区之间差异也较大。一般来说，发展中国家由于投资环境和国内技术水平相对较差，税收优惠便成为其吸引外资的主要手段（Nathalie，2018）。从区域上看，非洲各国对外国投资者的税收政策优惠程度最大，亚洲各国次之，拉丁美洲各国再次。而大多数发达国家在税收上对外资的优惠倾向并不明显。

免税期优惠是指在一定期限内，免除企业所得税，大多数国家的免税期为5~10年，对于重要项目可达15~25年。进口关税减免是指对外资企业所需进口的机器、设备、原材料等企业生产资料减免关税。不少发达国家为了保护国内的经济和产业结构，在进口税率上会增加门槛，而减免关税便能更好地吸引外资流入（Glogower et al.，2018）。如泰国对进口的国内无法生产的机器予以免收税款全额或是减半征收税额的政策优惠，菲律宾对企业在长达七年期间内引进的境外生产要素减半征税（杨慧，2019）。

退税是对外资企业进出口商品退还一定比例的已征税。发展中国家常常用这三项优惠政策来吸引外国投资者，而且一般来讲都颁布了专门的外资法，以法律的形式将这些优惠政策加以固定（Bonnitcha，2018）。如马来西亚的《投资奖励规定》、中国的《中华人民共和国中外合资经营企业法》等。

233

财政优惠政策为资本输入国，尤其是发展中的资本输入国吸引外资发挥了巨大作用。除了上述普遍的三种优惠政策外，许多发展中国家还根据本国具体情况对某类特定的外资企业实行更为优惠的待遇，以实现对外资的合理引导与利用（林密，2010）。有些国家基于实现外汇平衡和保护国内市场的考虑，对出口导向型的外资企业给予更为优惠的税收待遇。如新加坡的外资法规定，对于产品出口的一般工业企业，享受 5 年免税期；埃及产品出口的外资企业免税期延长到了 8 年。目前，我国在此类政策上采取降低所得税的方式，对于部分利润较低的劳动密集型或者技术密集型外资企业税收上更为宽松（冯敏，2020）。对于向我国境内转让技术的外国企业免征全部营业税，以促进外国企业向中国转移先进技术。此外，我国还对部分从事研发工作，生产出口先进技术、机器等的相关企业给予关税上的减免（范树源，2020）。

目前，资本输入国除了用税收优惠吸引国外投资，还常常鼓励现有外资企业在初始投资后扩大经营，促进其连续投资。因为现有企业不仅是追加新投资的候选人，同时还可以为新的潜在投资者起到积极的示范作用（余海鸥，2021）。例如马来西亚就以税收减半的方式鼓励企业再投资。

虽然税收优惠政策一直被各国特别是发展中国家引进外资时广泛使用，但它的作用也具有一定的局限性。一方面，从成本—收益的角度讲，长期减免税收会使得资本输入国的财政收入减少，实行免税期决策又可能导致投资者短期内的短视行为，从而造成资源的过度开发、环境污染等问题；另一方面，如果一个资本输入国单纯依靠优惠政策来改善投资环境以期吸引外资，也缺乏持续性（Hearson，2018），因为税收优惠吸引外资的积极效应会被其他方面的问题如法律不健全、效率低下的消极效应所抵消。有鉴于此，许多发展中国家也开始逐步改变单纯依靠财政优惠政策的做法，转而采取其他政策（Robert，2018）。如印度尼西亚早在 1984 年便已取消了税收期优惠，而马来西亚在所得税上对外资采取同等国民待遇。

（二）融资优惠政策

国际投资的实践表明，不少国际上流动的资本进驻当地时，往往也会在资本输入国家寻求资金支持，此举既为企业充盈资金来源，也能够在一定程度上消解风险。因此资本输入国的融资条件也是外国投资者考虑的重要因素，不少资本输入国也将融资优惠政策作为吸引外资的一大措施。此类融资优惠主要包括在融资条件上的宽松化、多种形式的贷款供应（补助金、低息贷款等）、提供担保、政府注资入股等（Rajput，2019）。一些发达国家常常为特定的外资项目或特定产业和地区的外国投资者提供融资优惠，有时优惠的幅度相当可观。如美国某市为丰田公司在当地的项目建设上累计提供超过 1.5 亿美元的资金支持，占丰田投资总额的近五分之一；而荷兰则针对部分国家重点关注的产业内外商注资项目提供低息贷款，并且由国家进行担保（Meyer et al.，2018）。

为外国投资者提供融资优惠，也是发展中国家吸引外资的优惠政策之一。近些年来，广泛使用的方式围绕资金支持、信贷担保等方面展开，但尚未彻底放开政策。

（三）设立经济特区

经济特区是一个国家或地区专门实施有别于其他区域的单独政策（多为经济方

面）而划分出的特殊区域。经济特区之所以能够起到激励外资的作用，乃是经济特区往往在政策扶持、财税政策、交通水电等基础条件上更具吸引力，筑巢引凤即是此理，有了经济特区优良的发展环境，不愁引不来外资这个"金凤凰"（Amit et al.，2020）。经济特区在不同的国家和地区根据开放程度和特点会有不同的称呼，常见的有自贸区、免税区、综合保税区、对外经贸区、自由港等（夏葵媛，2007）。

设立经济特区的根本目的是吸引外国投资（石桐灵，2013）。为此，世界各国的经济特区都制定了一系列在本国一般地区优惠基础上更优惠的条件，如在行政管理方面简化审批程序，缩短审批时间；在经济方面提供减免营业税和融资便利，扩大投资领域和投资比例，提供产品自由进出、资本自由进出和一些特殊的政府保证等。这一方法也为世界不少国家积极运用，以达到吸引境外资本流入的目的，如美国的经济特区多达 270 多个，数量居全球之首（Kopar，2018）。截至 2021 年年底，我国已经设立了 7 个经济特区①，为促进国际贸易往来、建设开放型经济体系发挥着重要作用。

三、管理性法律法规

（一）对外国投资的审批

对外国直接投资的审查和批准，常见于对国际资本流动进行限制时采用的政策。由于不同国家自身的发展诉求不一，在对外资审批的态度上各国的制度宽严差距很大（江小娟，2000）。

1. 发达国家对国外投资的审查

发达国家经济发展水平高，技术实力相对雄厚，面对外资的进入时不易受到较大冲击。因而，大部分发达国家对国外投资采取开放的态度，设有专门的法律或专门的机构对外资进行审查，但审查的范围相对较小（Macias，2018）。

在发达国家资本输入国中，美国的审查相对宽松，当涉及重大项目时，政府之间会进行详细的商讨。当然，一般不进行审查也有一定的前提条件：首先，必须遵循国家安全原则，所有对国家安全形成潜在或实质不利的项目均不予批复（Mbengue et al.，2019）。其次，美国对来自所谓敌对国家或组织的直接投资是管制的，如古巴、伊拉克以及干扰中东和平进程的外国恐怖分子。但是，总体而言美国仍不失为推行自由开放政策国家的典型。

2. 发展中国家对国外投资的审查

发展中国家经济技术比较落后，国内企业竞争力弱，因而在对外国投资项目的审批上往往采取较为严格的审查制度，而且手续比较复杂，时间较长。不少发展中国家设置了对外资的专门审查机构，并且采取中央审批体制以便政府标准能被强制执行（Macias，2018）。

这些机构的职权包括对协议、手续进行审查，核对外资公司各项资金的往来汇出额，核实抽查会计账目等。审批外资的标准一般来说是根据本国经济发展状况和

---

① 深圳经济特区、珠海经济特区、汕头经济特区、厦门经济特区、海南经济特区、喀什经济特区、霍尔果斯经济特区。

实际国情，考查外资项目是否符合本国社会经济发展的长远目标和现实需要（Schacherer，2019）。受到20世纪中后期外资国有化和债务危机的影响，流入发展中国家的投资额在全球总额中的占比不断下降，加之世界经济一体化进程的加快，为了吸引外资，各发展中国家外资审批已经逐渐放宽（Julien，2020）。

2016年之前，我国在《中华人民共和国外资企业法》和《中华人民共和国中外合资经营企业法》中明确规定对外资企业实施审批制度。2016年9月，我国正式颁布法律的修正案，对于未进入国家规定实施准入特别管理措施（亦称"负面清单"）的产业，将外商投资的基本制度从审批制变成备案制，但是负面清单项下的产业（非禁止类）仍维持目前的审批制。相对而言，我国的审批制度在发展中国家中是相对比较宽松和简单的，而且我国以地区为基础的较为灵活的外资审批制度使国外FDI企业的建立要比在其他东亚国家更加自由（Laryea et al.，2021）。这也是我国长期以来吸引外资成效显著的原因之一。自2020年1月1日起，《中华人民共和国外商投资法》正式开始施行，对负面清单、企业支持政策、融资方式等方面的内容做了详细规定，实现了对外商投资合法权益的进一步保护，营造了更为稳定、透明的投资环境。

（二）关于外国投资者投资领域的政策和法规

发达国家对外资的投资领域较为开放，但仍有一些鼓励和限制的措施。例如，大多数发达国家鼓励外资在新兴工业部门进行投资，以引进新技术和增加出口。而许多发达国家也严格限制甚至禁止外国跨国公司投资于那些关系到本国国计民生的特殊部门，如交通运输、银行、保险、国防工业等。有的国家对外资进入某些重要工业部门尽管无明文禁止，但实际上仍存在行政上的干预。

以美国为例，虽然美国一向对外资的态度最为开放，但是若外国资本获取控股权会威胁到国家安全则会被禁止。其联邦政府和各州政府都制定了一系列特别法令（Kollruss，2012）。这些法律明文指出，外资在通信事业等公司中持股需低于五分之一；在空运、水运相关运输公司外资比例需低于四分之一。

此外，英国法律禁止外国投资进入的领域有军事工业、煤矿开采、粗钢制造业、公共电力发电和输送、铁路运输、船舶制造和维修、飞机制造等。而法国政府对与公共秩序和国防相关领域的投资有限制，但只要得到授权也可以进入。德国对外国投资领域限制并不明确，但外资实际上很难进入涉及国计民生的交通或通信行业。

由以上实例可以看出，发达国家对外资限制的领域集中在有关国家安全的国防以及经济的某些重要领域（Bonnitcha，2018）。与发达国家相比，发展中国家由于经济相对落后，企业竞争力差，除了担心国家安全还要考虑本国民族工业和幼稚工业的发展，因此对外国投资的领域限制更多一些（Ramanzini，2019）。一般发展中国家都有立法限制外资进驻于国防、交通、通信等事关社会正常运行的重点行业，以防国家命运被他人把控。某些国家甚至明文规定某些重要经济部门不对外资开放。我国目前有关外资的法律也明确规定了允许、鼓励、限制和禁止外资进入的行业，某些领域如金融、出版、广播等行业是限制或禁止外商投资的。

（三）关于股权比例的政策和法规

各国对外资可进入的领域所占股权的比重均有一定限制。发达国家只对特定行业或企业规定外资所占比例，例如法国有关政策规定外国企业在法国某些重要工业部门的股份不得超过 20%~40%；美国规定在空运或水运相关企业中外资的股权比例不得超过 25%；澳大利亚政府规定外资在生产铂矿的企业中所占比重不超过 25%。

大多数发展中国家也会对境外资金在境内企业股权的最高比例做出一定的限制（Garde，2020）。例如巴西对钢铁、电力等基础工业只允许外资少量参股，规定渔业外资的比例不得超过 40%，航空不得超过 70%。我国仅仅对外资占比制定了 25% 的下限，对于外资的最高所占比例没有规定。

近些年来，发展中国家也逐渐认识到对股权的简单控制并不等于对技术、商标、供应等的全面控制，因此，也逐渐开始对外资股权采取相对灵活的态度和政策（杨希，2021）。例如，可以在一个合理的时期，通过合理的步骤逐渐减少外资股权的比例，但不低于一个合理的水平，以便维持外资在企业管理中的有效作用（Husnasari et al.，2020）。

（四）关于投资期限的政策和法规

国家对投资期限做出规定经常出于保护本国经济、实现引进外资成果吸收和转化的目的。发展中国家制定此项规定较多，而发达国家常常不做规定。如智利的外资投资期限一般为 10 年，至多 20 年。我国规定合营企业一般的经营期限为 10~30 年，最长的期限可以到 50 年之久。

第四节　国际直接投资的国际性政策和法规

为进一步创造良好的国际投资环境，实现国际投资资本的充分流动，各国政府还在国际法层面上进行了大量的努力，各个层次的国际保护和投资自由化的有关缔约活动都在加强。国际直接投资的国际政策和法规主要可以分为双边性投资政策和法规、区域性投资政策和法规、全球性投资政策和法规。

一、双边性投资政策和法规

（一）友好通商航海条约

友好通商航海条约是指国家之间对双方前来通商的国民相互保障，赋予其航海上航行自由权的条约。此类条约范围广泛但内容较为抽象。

世界上第一个友好通商航海条约是美国与法国于 1778 年签订的。二战前，友好通商航海条约的主旨都是调整缔约国间的友好通商关系，而能够享受此条件的是公民而非企业。二战之后，美国成为世界上最大的对外资本输出国，国际投资也发展成为国际经济交往的重要形式，保护私人对外投资才逐渐演变为友好通商航海条约的重要内容（Alschner，2013）。但至今为止，友好通商航海条约涉及的范围仍然过于宽泛，对外国投资者的保护也没有具体专门的规定。而 20 世纪 60 年代以后，许多发展中国家本身政局不稳以及对外资实行的大规模征用和国有化给国际投资带来了很大的风险，双边投资保证协定便应运而生。

（二）双边投资保证协定

20世纪60年代初，双边投资保证协定在美国创造并得到推广，世界各国纷纷推行。与友好通商航海条约相比，双边投资保证协定重在政治风险的防范，特别是关于代位求偿权的相关问题的规定（Nair，2011）。美国国内投资保险制度，便是在国家间投资协定的基础上建立的。如果美方企业到没有签订双边投资保证协定的国家进行投资，则海外投资保险机构不予承保（Ramon，2018）。

（三）促进和保护投资协定

20世纪60年代以来，原联邦德国、瑞士、荷兰等欧洲国家也同样认识到友好通商航海条约的局限性，故而开始与资本输入国签订双边性促进和保护投资的专门协定。这类协定兼容了美国友好通商航海协定和投资保证协定的内容，而且加入其他一些促进和保证投资的条款，如关于外国投资者的待遇标准问题（Peter，2009）。此类协定由于内容详细，实践性强，操作便利，章程清晰，在实际运用中保护性能良好，应用较为广泛。

二、区域性投资政策和法规

经济全球化浪潮不断席卷全球，也增进了排他性的区域经济一体化的发展。欧盟、北美自由贸易区、东南亚国家联盟、东盟自由贸易区等都是区域经济一体化的典型代表（Jeffrey，1992）。这些区域经济一体化集团原来只是通过谈判达成相互提供关税和非关税等贸易上的优惠安排，但近年来由于国际投资的发展，有些协定也对本地区需要的国际投资做出了一些法律上的规定，有些还签订了有关投资的专门协定（Pachman，1996）。

（一）欧盟

早期的欧盟曾于1957年签订《罗马条约》，旨在逐步废止成员国对国民自由流动开展经营活动的限制。1991年通过的《马斯特里赫特条约》扩大了资本流动的范围，将原本局限在欧盟内部的流通拓展到非成员国与欧盟之间。而1998年9月欧盟又与71个非洲、加勒比海及太平洋国家就建立新的关系发起谈判，以延续到期的《第四个洛美协定》，其中重要的一项议题就是加强《第四个洛美协定》中的投资促进条款，增进彼此资金流动往来（路惠尧，2020）。随后的多年间，欧盟还会同北非等其他地区国家商谈制定系列协定，聚焦降低投资门槛，优化国际营商环境。近年，欧盟也加快了与世界各国的区域性投资协定合作：2013年6月，欧盟与美国达成《跨大西洋贸易与投资伙伴关系协定》；2017年2月，欧盟与加拿大的《综合经济及贸易协议》投票通过；欧盟与新加坡完成的关于《欧盟与新加坡自由贸易协定》的谈判于2019年11月生效；欧盟与越南签订的《欧盟和越南自由贸易协定》于2020年8月正式生效，用于减免对原产于对方的货物征收的大部分进口关税。

（二）北美自由贸易区

美国、加拿大及墨西哥在1992年8月12日签署的关于三国间全面贸易的协议被称为《北美自由贸易协定》，该协定不仅对货物贸易和服务贸易做出了规定，还对投资问题做出了专门规定。协定中有关投资的规定与一般双边投资协定内容有许多相似之处，但它对美、加、墨三国相互投资的保护比一般协议更进一步（叶兴平，2002）。协定针对投资壁垒的削减做出约定，尝试协调建立争议的可控有序解决机制，对国家之间的国民待遇问题也有涉及，也包括利润的汇出转移问题以市场通行的兑换率执行（张生，2019）。由于墨西哥经济相对落后，出于保护本国利益的考虑，墨西哥在附件中对外国投资做了一些限制性的规定，如针对外资进入娱乐、能源、汽车等行业的限制。

2018 年 11 月，美国、墨西哥、加拿大三国领导人在阿根廷首都布宜诺斯艾利斯签署《美国—墨西哥—加拿大协定》，替代《北美自由贸易协定》。新的协定保留了原协定中的大部分内容，但在产业布局、对非市场经济国家排他性、争端解决机制、"公平贸易"原则等方面做了调整。总体而言，"美墨加协定"大致保留了美、加、墨三国参与北美自由贸易区的原有格局，为北美地区的经济发展起到了稳定作用。

（三）东南亚国家联盟

东南亚国家联盟于 1967 年 8 月 8 日成立，最初是政治性、区域性组织，后期逐渐向政治、经济均有合作的区域性集团发展（李娟，2012）。该联盟于 1998 年制定了关于建立东盟投资区的协定，该协定以团结东盟内部成员国，形成有竞争、吸引力强的投资区域，以资金流动带动东盟内部往来交流为目的（Rudall，2020）。其内容涉及国民待遇、外资进入区域与进程等问题。1999 年 9 月 29 日，第十三届东盟自由贸易区理事会决定六个原始会员国贸易自由化完成的时间表提前至 2015 年，其余四个新加入的会员国于 2018 年达成贸易自由化的目标。2015 年，东盟共同体正式成立，东南亚十国之间的合作与联系更为紧密。

三、全球性投资政策和法规

国际直接投资的发展极其迅速，影响的范围也不断扩大。但是，参与这一进程的国家越多，其间关联的利益纠葛、矛盾纷争也就不断增加（Ishikawa，2020）。这些矛盾与各国的社会、法律、利益诉求关联极大，为促进国际经济协调发展，制定全球性投资法规对上述矛盾进行协调是应有之义。

（一）《多边投资担保机构公约》

为缓解和消除外国投资者对投资资本输入国政治风险的担心，尤其是增强外资进驻发展中国家的信心，助力当地发展，1985 年世界银行年会通过了《多边投资担保机构公约》。多边投资担保机构（Convention Establishing the Multilateral Investment Guarantee Agency，MIGA）也同时成立。MIGA 主要对政治风险直接承保，为从事海外投资的企业或法人解决部分后顾之忧，以法律助力国际直接投资。中国于该公约生效当月便签订公约，是 MIGA 的初创成员国之一。该公约的宗旨是"促进资本流入发展中国家，对投资的非商业性风险予以担保。"承保范围只限于非商业性政治风险。此外，该公约还有关于争端解决、东道国控制范围等事项的规定（吴宇平，1992）。

MIGA 从制度的设定上使得资本输入国承担更多的责任，从而实现约束作用。

加入 MIGA 的国家在接受国际资本流入时，需要承担对此部分投资直接赔偿的部分责任以及作为成员国需要承担的外资风险责任（吴兴光，1988）。当境外资本投入后受到保险范围内风险的侵害形成损失时，资本输入国便要承担双重的责任与赔偿义务。因此，该公约能够有效管制资本输入国引进外资后侵害外资利益的行为（刘丰名，1992）。另外，作为一个国际性的海外投资保险机构，MIGA 对国家违约承保具有国家保险机构无可比拟的优势，对各国的官方投资保险机构起到了补充作用。此外，MIGA 还帮助许多发展中国家制定吸引外资的计划和政策，利用它的全球信息网络为投资者提供全方位的信息服务。

（二）《解决国家与他国国民间投资争端公约》

《解决国家与他国国民间投资争端公约》由世界银行主导，1965 年在美国正式签署，次年 10 月 14 日正式生效。因签署地点为华盛顿，此公约又名《华盛顿公约》。

《华盛顿公约》的主要内容包括建立解决投资争端中心（International Centre for Settlement of Investment Disputes，ICSID），使其作为一个长期存在的机构来解决各类国际投资实践中的争议问题；遵循当事人双方的意见，要求调解抑或是仲裁，按照流程公平公正地进行。ICSID 经过几十年的运作，虽然仍存在着一些问题，如其一直主张否认资本输入国关于争端解决的管辖权而扩大自身的管辖权的行为（于文婕，2013）。但也应看到，ICSID 在协调国际投资关系、增进国际资本流动方面起到了一定的作用。截至 2020 年 7 月，ICSID 已有正式缔约国 155 个，中国于 1993 年正式加入该公约。

（三）GATT 和 WTO《与贸易有关的投资措施协议》

各成员国的投资措施原本并不是关税与贸易总协定（General Agreement on Tariffs and Trade，GATT）的调整范围，但由于国际直接投资的迅速增长，各国又都制定了许多鼓励和限制投资的政策措施。这些政策措施，无论鼓励还是限制，都可能对资本输入国的经济、贸易、投资产生影响，如东道国政府有时强行要求企业生产的产品至少要包含一定量的东道国投入物或要求企业必须出口等。随着国际投资的迅速增长，此类投资措施对国际贸易的影响越来越大，有些外国产品甚至因为在出口市场面临的竞争压力过大，出现只有靠倾销或补贴才能实现出口的局面（Marceau et al.，2014）。因此，1986 年 9 月，GATT 乌拉圭回合谈判正式将大量与贸易有关的投资措施（trade reated investment meamsures，TRIMs）列入了谈判议题，但在 1994 年 4 月最后谈判达成的《TRIMs 协议》中只处理了那些已被 GATT 两个条款禁止的措施（戴德生，2002）。

总的来说，《TRIMs 协议》使得投资问题第一次被纳入世界贸易的多边机制。它的出现标志着世界上第一个专门规范贸易与投资关系的国际性协议的诞生（邵望予，1995）。《TRIMs 协议》在促进国际投资领域立法的发展、引导各国外资立法的发展方向、完善国际投资争端解决的法律机制等方面有重要意义（单文宣，2015）。

《TRIMs 协议》也有其局限性，该协议只适用于与货物贸易往来相关的投资事项，而不适用于知识产权和服务贸易。在其条文中也出现了条文笼统的现象，导致操作性与执行性欠妥，如对投资措施概念定义的模糊使发达国家与发展中国家对协议附件中列举的投资措施是否扩大长期争论不休（Arpino et al.，2017）。同时发展中国家在《TRIMs 协议》中受到了实质上的歧视，在全球的贸易往来中发展中国家几乎都属于 FDI 净输入国，而该协议制定了许多约束东道国对待外资的政策，对母国应尽的职责却提及甚少。

迄今为止，关于国际投资尚未缔结能全面规范国际投资行为的世界性法规（Jafari et al.，2018）。但从世界范围看，投资自由化和全球化的趋势越来越强，各国也积极参与建立全球性投资法规，并取得了一些阶段性进展。虽然这些文件仍然存在着一些没有解决的问题，部分内容与当今世界发展亦有出入，但是，不可否认这些条约为后续全球性投资法规的制定与完善建立了坚实的基础（Prabhash，2019）。就中国而言，其参与多边投资条约的形式可归纳为八种①，这有助于增进对我国参与全球性投资法规的认识（复旦大学国际关系与公共事务学院，2011）。

本章小结

国际投资法指调整跨国私人直接投资关系的有关国内和国际法规范的总称。主要可以分为国内投资法规、国际投资条约以及其他法律渊源三个部分，其中国内投资法规可以分为资本输出国对外投资法律法规和资本输入国外商投资法律法规；国际投资条约包括双边投资条约、多边投资条约两个大类，多边投资条约可以细分至区域性和全球性多边投资条约。

241

在这个庞大复杂的法律体系中，需要抓住的主线可由"由内及外""由表及里"两个词概括。"由内及外"需要从国内投资法规的角度出发，站在资本的输出国和输入国的视角来解读各项与国际投资有关的法律法规，继而跳出一国的视野，从国际性的法规层面来理解国际投资关系。"由表及里"则是在理解各类国际投资法律条文规定的基础上，深层次地思考法规的出发点与落脚点，其作用几何，是否有效。近年来国际投资日趋增加，建立一个层次分明、联系密切的国际投资法律法规体系，能够实现对各类投资关系的有效调整，促进国际投资可持续发展，也是经济全球化趋势下国际经济协调发展的合理诉求。

众所周知，资本活跃在世界的各个角落，追逐着潜在的更高回报（Sismondi，1964）。马克思（2004）指出："……为了100%的利润，它就敢践踏一切人间的法律；有300%的利润，它就敢犯任何罪行。"因此，对利益的盲目追求往往会触碰到权益和道德的底线，若不加以约束，经济社会的正常秩序必将受到冲击（王铁梅，2009）。法有定则，行而有序，国际投资法律正是对国际资本逐利行为的规范与限制。只有坚

---

① ①通知参加（通知承认），如 1978 年 5 月 3 日通知承认《国际海关税则出版联盟公约》。②交存加入（批准）书，如 1984 年 12 月 19 日向 WIPO（世界知识产权组织）交存《保护工业产权的巴黎公约》加入书。③签署（批准）条约，如 1981 年 9 月 14 日签署，1982 年 3 月 8 日批准《禁止或限制使用地雷（水雷）、诱杀装置和其他装置的议定书》。④承认，如 1993 年 11 月 22 日承认（同日生效）《和平解决国际争端公约》。⑤对中国生效，如 1952 年 7 月 13 日《关于禁用毒气或类似毒品及细菌方法作战议定书》对中国生效。⑥恢复地位（身份、活动），如 1945 年 6 月 26 日签署联合国宪章 1945 年 9 月 28 日批准；1971 年 10 月 25 日恢复中国席位。⑦通知加入，如 1972 年 8 月通知 WHO 总干事参加《世界卫生组织组织法》，并参加 WHO 活动。⑧默认接受，如默认《1974 年国际海上人命安全公约》并于 1999 年 7 月 1 日对中国生效。

持马克思主义，准确把握国际资本流动的根本动因和必要条件（杨国亮，2008），准确把握国际经济社会形态的演化和发展，推动国际投资法律法则的不断完善，才能正确处理好资本扩张与社会稳定发展之间的关系，促进世界和平与发展。

本章习题

名词解释

1. 国际投资法
2. 双边投资条约
3. 海外投资保险法
4. 友好通商航海条约
5. MIGA
6. 《解决国家与他国国民间投资争端公约》

简答题

1. 国际投资法的特点有哪些？
2. 投资国的对外投资法律管理中保护性法规包含哪些内容？
3. 简述最惠国待遇与国民待遇的区别与联系。
4. 简述国际投资法律管理的体系。
5. 资本输入国吸引外资的法律规范的特点是什么？
6. 资本输入国吸引外资通常采取的法律措施有哪些？
7. 简述资本输入国和资本输出国在国际投资中如何保护己方的利益。
8. 试列举国际投资中关于贸易纠纷的法律规定。
9. 国际投资法律管理的发展趋势有哪些？请结合我国实际进行分析。

本章参考文献

蔡庆辉，1998.《与贸易有关的投资措施协议》与我国的外资法［J］. 国际贸易问题（10）：34-39.

戴德生，2002. WTO 与贸易有关的投资措施协议与中国加入 WTO［J］. 现代法学，24（3）：124-128.

单文宣，2015. 论《与贸易有关的投资措施协议》的意义和不足［J］. 知识经济（16）：38-39.

董晓岩，2010. 借鉴国际经验 构建我国海外投资的税收激励政策体系［J］. 兰州财经大学学报，26（3）：94.

樊静，2002. 加入 WTO 对我国税收法律制度的影响及对策［J］. 烟台大学学报（哲学社会科学版），15（1）：32-36.

范树源，2020. "一带一路"国家投资的本地财税优惠政策利用研究：以哈萨克斯坦为例 [J]. 中国经贸 (6)：3-5.

冯敏，2020. "一带一路"倡议背景下自由贸易试验区离岸贸易税收政策的国际借鉴 [J]. 国际税收 (4)：58-63.

郭飞，2007. 马克思，列宁的资本输出理论与当代国际投资 [J]. 马克思主义研究 (6)：31-37.

韩龙，2007. 国际金融法 [M]. 北京：法律出版社.

韩永红，2019. 特殊与差别待遇：超越世界贸易组织的改革路径 [J]. 政治与法律，11.

季烨，2013. 双边投资条约的范本意识与差别化实践刍议 [J]. 收藏，4.

江小娟，2002. 加入 WTO 对中国吸引外资的影响（上）[J]. 上海财税 (11)：6-8.

蒋德翠，2017. 中国海外投资法律保护问题探究 [J]. 社会科学家 (4)：109-113.

李骞，2015. 国际投资法的全球化及其发展 [J]. 知识经济 (10)：16-17.

李娟，2012. 中国—东盟自由贸易区国际投资条约的冲突与协调 [J]. 东南亚纵横，5.

林川，2019. 外交保护制度的国籍研究 [D]. 南昌：南昌大学.

林密，2010. 吸引外国直接投资及投资鼓励措施问题的探讨 [J]. 商场现代化 (603)：5-6.

陶忠元，刘芳，2011. 基于美日韩经验的我国境外企业税收政策探讨 [J]. 商业研究 (9)：103-106.

刘长敏，孙园植，2009. 从多边条约看中国外交 [J]. 现代国际关系 (7)：51-56.

卢绳祖，1986.《关于解决国家和他国国民间投资争端公约》简介 [J]. 政治与法律 (4)：64-65.

路惠尧，2020. 欧盟对国际投资规则的发展及中国的借鉴研究 [D]. 沈阳：辽宁大学.

吕露茜，2018. 论我国海外投资保险制度 [J]. 法制博览，20.

马克思，2004. 资本论 [M]. 中共中央马克思恩格斯列宁斯大林著作编译局，译. 北京：人民出版社.

缪晴辉，潘一鸣，2017. 外商投资法规的嬗变 [J]. 法人，2018 (1)：60-62.

邵望予，1995. 乌拉圭回合《与贸易有关的投资措施协议》与我国的对策 [J]. 国际商务研究 (3)：1-5.

石桐灵，2013. 论我国促进海外投资金融信贷优惠制度的完善 [J]. 国际经济法学刊，3 (2)：19.

谈萧，2006. 韩国海外投资法制评析及启示 [J]. 国际贸易问题 (9)：120-124.

田海，2016. 最惠国条款适用于投资争端解决的"更优惠待遇"问题研究 [J].

金陵法律评论（1）：13.

　　王贵国，2010. 略论晚近国际投资法的几个特点 [J]. 比较法研究（1）：14.

　　王国军，王德宝，2016. 我国海外投资保险制度优化研究：基于政治风险防控的视角 [J]. 金融与经济（6）：77-82.

　　王铁梅，2009. 基于马克思经济学视角的中国吸引 FDI 研究 [J]. 北方经济：综合版（8）：79-80.

　　王运达，2019. 浅谈我国对外投资现状 [J]. 北方经贸（4）：3.

　　邬展霞，郑丹娜，2020. 境外资本"迂回投资"并购我国科创企业的财税法律问题研究：以海外 N 公司并购为例 [J]. 江苏商论（10）：6.

　　吴兴光，1988. 关于《多边投资担保机构公约》的探讨 [J]. 国际经贸探索（4）：61-65.

　　吴宇平，1992.《多边投资担保机构公约》与发展中国家 [J]. 法律科学：西北政法学院学报（3）：66-70.

　　肖烨，杨大楷，乔惠平，2002. 中国企业海外投资中政府角色定位 [J]. 科技与管理，4（2）：1-4.

　　许洁，2018. 浅议我国海外投资保险制度的完善 [J]. 投资与创业（4）：17-18.

　　杨国亮，2008. 国际直接投资：一个马克思主义的经典解释 [J]. 马克思主义研究（7）：43-48.

　　杨慧，2019. 泰国外商投资优惠政策研究 [J]. 中国商论（6）：82-84.

　　杨树明，1988. 国际经济法定义初探 [J]. 现代法学（1）：46，51-52.

　　杨希，2021. 国际投资法中的国家"回归"趋势：兼评我国〈外商投资法〉中的规制权 [J]. 海南大学学报（人文社会科学版）.39（1）：129-138.

　　姚梅镇，1980. 国际投资法 [M]. 武汉：武汉大学出版社.

　　叶兴平，2002.《北美自由贸易协定》对多边国际投资立法的影响 [J]. 深圳大学学报：人文社会科学版，19（3）：29-33.

　　叶佐林，2004. 试论我国海外投资保险法的构建：以美国为范例的分析 [J]. 湖北社会科学（7）：98-100.

　　叶佐林，2006. 程序正义独立价值论 [J]. 佛山科学技术学院学报（社会科学版）（2）：80-84.

　　银红武，2015. 略论国际投资法的全球公共利益保护 [J]. 湖南师范大学社会科学学报，44（3）：90-99.

　　于文婕，2013. 论"投资"定义缺失对 ICSID 仲裁管辖的影响：《解决国家与他国国民间投资争端的公约》第 25 条的正当解读 [J]. 学海（5）：133-139.

　　余海鸥，2021.《外商投资法》中"政策承诺"之辨析 [J]. 武大国际法评论，5（1）：133-157.

　　余劲松，2009. 国际经济法 [M]. 北京：中国法制出版社.

　　袁东安，2003. 国际投资学 [M]. 上海：立信会计出版社.

张力行，黎军，2015. 国际投资法（上）[J]. 中国远洋航务（5）：72-74.

张生，2019. 从《北美自由贸易协定》到《美墨加协定》：国际投资法制的新发展与中国的因应 [J]. 中南大学学报（社会科学版），25（4）：51-61.

张雅宁，郭金龙，2020. 我国海外投资保险制度的短板与应对 [J]. 银行家（7）：3.

朱海涛，2014. 优化国际税收抵免法促进我国境内企业的海外投资 [J]. 金融经济：下半月（11）：10-12.

ALSCHNER W, 2013. Americanization of the Bit universe: The influence of friendship, commerce and navigation（FCN）treaties on modern investment treaty law [J]. Goettingen journal of international law, 5（2）：455-486.

AMARILES D R, FARHADI A A, WAEYENBERGE A V, 2020. Reconciling international investment law and European Union law in the wake of Achmea [J]. International & comparative law quarterly, 69（4）：907-943.

AMIT K K, PRANAV S R, 2020. Law and economies of arbitration in global tax policy: Indian practice [J]. International journal of private law, 9（4）：231-245.

ANDREAS R Z, 2008. Louis-Philippe gratton investment insurance [M]. The Oxford Handbook of International Investment Law.

ARATO J, 2019. The private law critique of international investment law [J]. American journal of international law, 113（1）：1-53.

ARCHER A J, CHACKO B, EVANS R, 2017. The standard mean-field treatment of inter-particle attraction in classical DFT is better than one might expect [J]. Journal of chemical physics, 147（3）.

ARPINO B, BENEDICTIS L, MATTEI A, 2017. Implementing propensity score matching with network data: The effect of the general agreement on tariffs and trade on bilateral trade [J]. Journal of the royal statistical society: Series c（applied statistics），66（3）：537-554.

AZHARUL I, HARUN U R, SYED Z H, et al., 2020. Public policies and tax evasion: Evidence from SAARC countries [J]. Heliyon, 6（11）.

BONNITCHA J, 2018. International investment law and the global financial architecture [J]. Journal of international economic law, 21（2）：455-459.

BRIAN M, 2020. Theta burst but not standard stimulation resulting in treatment emergent affective switching（TEAS）：An inter-subject case-control series of two patients [J]. Brain stimulation, 13（6）：1845.

CARTER D B, WELLHAUSEN R, HUTH P K, 2019. International law, territorial disputes, and foreign direct investment [J]. International studies quarterly, 63（1）：58-71.

CATALINA S, MASSU R, 2020. International investment law and the right to health [J]. Revista chilena de derecho, 47（1）：81-108.

245

DE B E, PAULA B M D C, 2020. The role of proportionality in international investment law and arbitration: A system-specific perspective [J]. Nordic journal of international law, 89 (3-4): 471-491.

DIMITROPOULOS G, 2020. Comparative and international investment law: Prospects for reform-an introduction [J]. Journal of world investment & trade, 21 (1): 1-6.

DOLINSKAYA V V, INSHAKOVA A O, KALININA A E, 2020. Redomiciliation, de-offshorization and international companies (book chapter) [J]. Lecture notes in networks and systems, 110: 292-305.

DUMBERRY P, 2020. The emergence of the concept of general principle of international law in investment arbitration case law [J]. Journal of international dispute settlement, 11 (2): 194-216.

FERREIRA A, 2020. Intertwined paths of globalization and international investment law [J]. Journal of international trade law and policy, 19 (2): 85-99.

GARDE A, 2020. International investment law and non-communicable diseases prevention an introduction (article) [J]. Journal of world investment and trade, 21 (5): 649-673.

GLOGOWER A, KAMIN D, 2018. Missing the mark: Evaluating the new tax preferences for business income [J]. National tax journal, 71 (4): 789-805.

HEARSON M, 2018. Transnational expertise and the expansion of the international tax regime: Imposing acceptable standards [J]. Review of international political economy, 25 (5): 647-671.

HEUBERGER R, OESTERHELT S, 2010. Collective investment vehicles in international tax law: The swiss perspective [J]. International tax review, 38 (1): 31.

HUSNASARI F, SOEPARNA I I, 2020. Local content provision in national and international law investment rules [J]. Talent development & excellence (12): 346-351.

ISHIKAWA T, 2020. Investment screening on national security grounds and international law the case of japan (article) [J]. Journal of international and comparative law, 7 (1): 71-98.

JAFARI Y, BRITZ W, 2018. Modelling heterogeneous firms and non-tariff measures in free trade agreements using computable general equilibrium [J]. Economic modelling, 73 (1): 279-294.

JEFFREY J M, 1992. Critical analysis of judicial attempts to reconcile the united states-japan friendship, commerce and navigation treaty with title vii [J]. Northwestern journal of international law & business (13).

JULIEN B, 2020. International investment protection in europe: The eus assertion of control [M]. Taylor and Francis.

JURE Z, 2019. Armed conflict as force majeure in international investment law [J]. Manchester journal of international economic law, 16 (1).

现代国际投资学

KAPLAN J, GIORDANO S, 2011. 2010 US international tax law changes impacting inbound investments [J]. Tax planning international review (38)：6-9.

KELLER M, LEIKIN E, 2020. A taxing endeavour：Addressing the tax consequences of investment arbitration awards [J]. Journal of international arbitration, 37 (2)：191-208.

KOLLRUSS T, 2012. International tax law and the multinational capital structure：Evidence from US MNCs GERMAN direct investment [J]. Intertax (40)：192-199.

KOPAR R, 2018. Resource nationalism in international investment law [J]. Croatian international relations review, 24 (83)：125-128.

KOUTRAKOS P, 2019. The autonomy of EU law and international investment arbitration (article) [J]. Nordic journal of international law, 88 (1)：41-64.

KRZYKOWSKI M, MARIAŃSKI M, ZIETY J, 2021. Principle of reasonable and legitimate expectations in international law as a premise for investments in the energy sector [J]. International environmental agreements：Politics, law & economics, 21 (1)：75-91.

KUNKA P, ANDRZEJ S, MARTIN Z, 2020. On the relevance of double tax treaties [J]. International tax and public finance, 27 (3)：575-605.

LARYEA E T, FABUSUYI O, 2021. Africanisation of international investment law for sustainable development：Challenges [J]. Journal of international trade law and policy, 20 (1)：42-64.

LINDSETH P L, 2020. Theorizing backlash：Supranational governance and international investment law and arbitration in a comparative perspective [J]. Journal of world investment & trade, 21 (1)：34-70.

LORENZO C, 2020. Investment contracts and international law：Charting a research agenda [J]. European journal of international law, 31 (1)：353-368.

MACIAS M J L, 2018. EU policy on international investment law [J]. Common market law review, 55 (3)：973.

MARCEAU G, TRACHTMAN J P, 2014. A map of the world trade organization law of domestic regulation of goods：The technical barriers to trade agreement, the sanitary and phytosanitary measures agreement, and the general agreement on tariffs and trade [J]. Journal of world trade, 48 (2)：351-432.

MBENGUE M M, SCHACHERER S, 2019. The africanization of international investment law：The pan-african investment code and the reform of the international investment regime [J]. Journal of world investment and trade, 18 (3)：414-448.

MEENU W, CHRIS B, ELEANOR A, et al., 2021. The first who international standard for adalimumab：Dual role in bioactivity and therapeutic drug monitoring [J]. Frontiers in immunology, 12：636420.

MEG K, PAUL J L, 2019. Concluding remarks：Icsid and African states leading international investment law reform [J]. ICSID review-foreign investment law journal (34): 2.

MEYER T, PARK T J, 2018. Renegotiating international investment law [J]. Journal of international economic law, 21 (3): 655-679.

MICHAŁ K, MICHAŁ M, JAKUB Z, 2020. Principle of reasonable and legitimate expectations in international law as a premise for investments in the energy sector [J]. International environmental agreements: Politics, law and economics (21): 75-91.

NAIR T, 2011. Cardiology in india: State of the art or straight off the heart? [J]. Journal of the american college of cardiology, 57 (3): 377-379.

NATHALIE B, 2018. The Mauritius convention on transparency and the multilateral tax instrument: Models for the modification of treaties? [J]. Transnational corporations, 25 (3): 85-109.

NOAM Z, 2018. The police powers doctrine in international investment law [J]. Manchester journal of international economic law, 14 (3).

PACHMAN S, 1996. Preventing the friendship, commerce and navigation treaty from being set at naught: Allowing subsidiaries to assert foreign parent's treaty rights [J]. Temple law review, 69 (1): 485-506.

PRABHASH, 2019. National security exception in the general agreement on tariffs and trade (GATT) and India-pakistan trade [J]. Journal of world trade, 54 (4).

RAJPUT A, 2019. Cross-border insolvency and international investment law [J]. Manchester journal of international economic law, 16 (3): 341-358.

RAMANZINI H, 2019. Reconceptualizing international investment law from the global south [J]. International affairs, 95 (4): 940-941.

RATNER S R, 2020. International investment law and domestic investment rules: Tracing the upstream and downstream flows [J]. Journal of world investment & trade, 21 (1): 7-33.

RIDOAN K, FIRDAUS M, MINA H, 2020. Paving towards strategic investment decision: A swot analysis of renewable energy in bangladesh [J]. Sustainability, 12 (24): 106-174.

ROBERT T, 2018. Tax havens and the transparency wave of international tax legalization [J]. University of Pennsylvania journal of international law, 37 (4): 1153-1182.

RUDALL J, 2020. Green shoots in a barren world: Recent developments in international investment law [J]. Netherlands international law review, 67 (3): 453-471.

SERGIO P, 2019. Debiasing international economic law [J]. European journal of international law, 30 (4): 1339-1357.

STEPANOV I, 2020. Economic development dimension of intellectual property as investment in international investment law [J]. The journal of world intellectual property (23): 736-758.

STEPHAN W S, CHRISTIAN J T, 2018. International investment law and history

［M］. Edward Elgar Pub.

SUNIL S, 2001. International：Funds investing in india face dividend-stripping restrictions under amendment to tax law ［J］. Journal of taxation of investments（19）：126.

TANAYA T, 2020. Reforming the investor-state dispute settlement mechanism and the host state's right to regulate：A critical assessment ［J］. Indian journal of international law（59）：173-208.

WELLHAUSEN R L, 2019. International investment law and foreign direct reinvestment ［J］. International organization, 73（4）：839-858.

第十章
中国吸引外资与对外投资实践

- -

第一节　中国吸引外资概况

一、中国吸引外资的发展历程

从吸引外国直接投资发展的历程看，新中国成立到改革开放前，中国吸引外资还处于起始阶段；1978 年改革开放以来，中国吸引外资进程加速，规模不断扩大，外资结构也不断得到优化。

（一）改革开放前（1949—1978 年）

新中国成立初期，中国政府主张经济建设以独立自主为主、以外援为辅的方针。在西方资本主义对新中国进行封锁遏制的背景下，中国与苏联签订了《中苏关于苏联贷款给中华人民共和国的协定》（周恩来 等，1950；杨泽喜 等，2010），并与东欧国家相继签订了双边政府间贸易与支付协定，形成了社会主义国家间以卢布为中心的易货贸易记账清算体系（钱守承，1991），对中国经济的恢复起到了至关重要的作用。1950—1954 年，苏联同意并签署了向中国提供贷款的协议，并在新中国第一个五年计划实施期间协助中国建设了 156 个大中型重工业项目（龙楚才，1984）。在此期间，中国与苏联和波兰的第一批中外合资企业先后建立。1954 年 10 月，苏联终止了与中国创办的四家合营企业，并将所拥有的股份以贷款形式转让给中方。中国与波兰创办的中波轮船公司最初的合资期限为 12 年，由于良好的商业条件，便一直在继续合作（芮兆龙，1989；孙泽学，2011）。

苏联和东欧国家提供的政府贷款是早期中国利用外资的主要来源。20 世纪 60 年代，随着中苏关系逐渐恶化，大多数东欧国家逐渐减少了与中国的经济往来。为此，中国将引进外资的来源转向日本与西欧一些国家，这使得 20 世纪 60 年代到 1978 年前我国引进外资基本处于停滞状态（郭伟伟，2007；刘建丽，2019）。此阶段，我国利用外资的主要特点是吸引外资流入量较小，来源国比较单一且选择受限；同时，外资分配高度集中，主要由中央政府直接管理引进的具体项目。

（二）改革开放后（1979 年至 2019 年）

1979—2019 年，中国吸引外资可以分为平缓发展阶段（1979—1991 年）、高速发展阶段（1992—2000 年）、逐渐成熟阶段（2001—2011 年）和成熟稳定阶段

（2012—2019 年）四个阶段。1979—2019 年中国实际使用外资金额情况如图 10-1 所示。

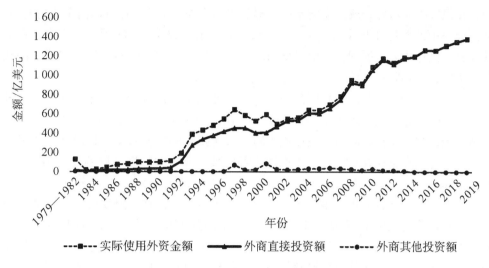

图 10-1　1979—2019 年中国实际使用外资情况
数据来源：国家统计局。

1. 第一阶段：平缓发展阶段（1979—1991 年）

改革开放政策的确立是我国大规模利用外资的开端（毕吉耀，1995；张棣，2002；赵蓓文 等，2019）。1979 年，全国人大颁布《中华人民共和国中外合资经营企业法》，提出合资企业可以由外商与国内公司共同组建。1980 年后，为了进一步扩大开放，中国先后建立了四个经济特区，随后又将经济特区的范围扩大到 14 个沿海城市（龙楚才，1984）。此阶段，沿海城市成为吸引外资的主要阵地。

1986 年 10 月，国务院颁布了《关于鼓励外商投资的规定》，通过给予外商投资优惠吸引外资。例如，对外资高新技术企业的所得税、土地、水电等给予优惠，并保障外资企业享有按照国际惯例进行的经营管理自主权利（陈文敬，2008）。1989 年，《关于鼓励台湾同胞投资的规定》颁布，随后一年，又出台了《关于鼓励华侨和香港澳门同胞投资的规定》。这些政策的密集出台和实施，有效地促进了外国直接投资在中国的发展。

在吸收外资的初始阶段，中国利用外资的主要来源是外国贷款（马宇 等，2019）。根据国家统计局的数据，1979—1991 年，中国的外国借款总额为 525.62 亿美元，占实际利用外资额的 63.77%；外商直接投资额为 250.57 亿美元，占实际利用外资额的 30.86%。到 1991 年年底，中国已签署了 42 000 多个利用外资的合同项目。在此期间，外资主要来自中国香港、中国澳门和中国台湾。随着经济特区的发展，我国也逐渐吸引了来自美国、英国、日本、法国等国家的资金，并主要集中在劳动密集型产业。这一阶段吸引外资主要以点和线的形式在经济特区和沿海城市中进行，尚未在全国范围内实施（张广婷 等，2019）。

2. 第二阶段：高速发展阶段（1992—2000 年）

1992 年南方谈话结束后，中国确立了新的经济体制，即社会主义市场经济体制，并积极扩大对外开放。党的十四大提出要利用外资企业，提升国内企业的能力，从而进一步扩大对外开放（蒋兴仁，1995；巫云仙，2009）。随后，国家决定将对外开放的优惠政策扩展到长江沿岸城市等更多地区，掀起了吸收外国直接投资的热潮（潘熙宁，1993；冯建波 等，2001；盛浩，2018）。

1993 年，《中华人民共和国公司法》的颁布吹响了国有企业改革的号角，为外商投资收购国有企业奠定了基础。1995 年，国家制定了部分鼓励类投资项目，比如高新及先进技术项目，同时制造业成为跨国公司投资的主要对象。1999 年，国家允许外商参与国有企业并购，进一步推动了各地吸引外资的热潮（耿莉萍，2003；刘建丽，2019）。

此阶段对外开放的进一步扩大，使得我国吸引外资得到快速发展。1992 年，我国外商直接投资额由 1991 年的 43.66 亿美元增加到 110.08 亿美元。1997 年，实际使用外资额为 644.08 亿美元，约为 1991 年的 5.6 倍。1997 年亚洲金融危机的爆发虽然使得我国实际使用外资额以及外商直接投资额有所下降，但并未阻止我国吸引外资的趋势（夏有富 等，1998）。这一阶段，欧洲、美国、日本等成为中国利用外资的主要来源。在引资类型上主要偏向引进技术，FDI 流入制造业的比重迅速提高。在地域上，中西部实际利用外资额的比重也不断上升，形成了全方位的吸引外资格局。

3. 第三阶段：逐渐成熟阶段（2001—2011 年）

2001 年 12 月 11 日，中国正式加入 WTO。在经济快速增长的同时，投资的软硬环境也不断得到改善，从而迎来了外国直接投资的新一轮增长（陆亚琴，2011）。2002 年，国家允许外商通过证券市场收购国内上市公司。而后《外资并购境内企业暂行规定》的颁布逐渐规范了外商并购。2006 年 9 月，国家发布了《外购投资者并购境内企业的规定》，进一步完善了外资并购的市场体系。随后，我国多次修改外商投资管理的相关法律法规，使得以欧美为主体的跨国公司对华直接投资大幅增加。

此阶段最明显的变化是跨国公司独自经营规模超过了中外合资经营，成为对外直接投资的主要方式（杨振 等，2020）。中国实际使用外资额从 2001 年的 496.72 亿美元快速增长到 2011 年的 1 176.98 亿美元，年增长率约为 6.19%。2011 年，外资企业利用外资额为 912.05 亿美元，占 77.49%；合资经营企业为 214.15 亿美元，占 18.19%。从行业的角度看，制造业一直是外国投资的重要产业。随着《外商投资产业指导目录》的颁布，中国扩大了服务业外商投资市场准入范围，越来越多的外国直接投资流入服务业。同时，外国对华投资的重心逐渐由数量扩张向质量提升转变，拓宽了外国经济的投资领域（崔新健，2009）。

4. 第四阶段：成熟稳定阶段（2012 年至今）

2012 年，中国 GDP 增长 7.7%，增长速度开始回落。同时，外商直接投资额较 2011 年降低 3.74%，为 1 176.98 亿美元，是自 2009 年以来首次下降。随着中国经济进入新常态后，国家确定了经济增长从要素驱动向创新驱动的战略转变。同时，

"准入前国民待遇+负面清单"的管理模式逐步成型，进一步创造出良好的国际化营商环境（赵超霖，2015；陶燕兰和宾建成，2017）。

2013 年 11 月，党的十八届三中全会的召开，有力地推动了开放经济新体系的建设。同年，自由贸易试验区开始试点建设，又进一步促进了对外开放。2014 年，外商投资项目的管理开始从全面核准制向普遍备案和有限审批转变（孟小龙，2014；刘建丽，2019）。为进一步深化改革，改善外资准入的条件，国家又出台了系列政策；2019 年，《中华人民共和国外商投资法》颁布，进一步完善了外资法律制度。

此阶段，我国实际利用外资平稳发展。2019 年，我国实际利用外商直接投资额达 1 381.35 亿美元，其中合资经营企业外商直接投资额为 317.79 亿美元，占比为 23.01%；外资企业外商直接投资额为 936.10 亿美元，占比为 67.77%；合作经营以及外商投资股份制企业的外商投资额占比分别为 2.4%、5.85%。本阶段，我国利用外资的主要方式为设立外商独资经营企业，采取合用经营方式的企业逐渐减少，外商投资股份制企业渐渐增加。从行业来看，2019 年我国签订外商直接投资项目 40 888 个，主要分布在制造业、服务业以及高新技术产业。现阶段服务业吸引外资的比重逐渐超过制造业，租赁和商务成为服务业吸引外资的重要领域，2019 年我国实际利用外资额为 220.73 亿美元。

二、中国吸引外资的方式及特点

（一）中国利用外资的方式

中国利用外资的方式分为直接投资和间接投资。前者主要包括中外合资经营企业、中外合作经营企业和外商独资企业，后者主要是指外国政府优惠贷款（王一兵，1987）。随着中国利用外资发展进入新时代，逐渐形成了一些新的投资方式，比如 BOT 和跨国并购。2020 年，国务院发布《关于修改和废止部分行政法规的决定》，将中外合资经营企业、中外合作经营企业和外商独资企业统一称为外商投资企业。

1. 中外合资经营企业

中外合资经营企业是指在我国境内由政府批准且具有法人地位，由中国企业或组织与外商共同创办的股份有限公司（王培元，1987）。其中，企业主体包括中外至少两个出资方；企业的合同规章等需要政府批准；企业必须具有中国法人地位（房汉廷 等，1996）。

中外合资经营企业的创办需要经历三个步骤：签订意向书、开展可行性研究和签订合同。合同中需要确定出资比例，这个比例由各方出资形式确定，对于外商而言，通常以现金或者部分设备确认出资；而中方则通常以厂房或者部分设备确认出资。全国第一家合资企业是北京航空食品公司（杜敏，1987）。合资企业的特点是各方共同对企业进行投资经营，并共同面对企业的盈利及风险；优点是企业可以吸收各方有利的资源，创造符合双方的利益目标；缺点是对于各方出资的作价确认比较困难（王耀华，1984）。

2. 中外合作经营企业

中外合作经营企业是指各方提供不同的资源，并以契约的形式，在中国境内创办且经政府批准具有法人地位的企业。对于中方，一般是提供土地使用权等基本面的资源；外方则提供资金、设备、材料等物资面的资源（王培元，1987）。此类企业可以分为法人企业和非法人企业两种。前一种可以独立经营；后者则根据合同共同经营或者委托第三方进行经营（杜敏，1987）。

合作企业的合同到期后，各方所出资的资源均归中方所有（房汉廷 等，1996）。合作开发和合作经营类似，均是一种契约合作。其特点是各方共同投资和管理，但需要独立核算，最终企业的盈利分配与各方出资挂钩；优点是灵活多变；缺点是对于比较先进的技术，难以吸收。应用最多的地方有资源开发、项目建设等（王耀华，1984）。

3. 外商独资经营企业

外商独资企业是指经政府批准后，外商在中国法律法规保护下设立的具有法人地位、企业资源完全由外商投资者投入的企业。中方仅需提供厂房和基础设施，并根据合同对外商进行收费（王培元，1987）。企业独立经营，其盈利或亏损自行承担，并需要向中国缴纳各种税费（杜敏，1987）。

外商独资经营企业的特点是资本均由外商负担，所有者是外商，并服从中国法律管辖（房汉廷 等，1996）。其优点是可以为中方带来技术和管理经验，帮助中方培训人才；缺点是难以控制独资企业的各种活动，这类企业主要分布在工业、服务业等行业（王耀华，1984）。

4. BOT 及跨国并购

BOT 是指政府和私营部门签订项目合同，项目的前期筹资及基础设施的建设均由私营部门负责，同时在合同期收取使用费或者服务费，从而获得合理利润的项目建设模式。中国第一个 BOT 项目是广西来宾电厂 B 厂（房汉廷和张代军，1996）。

跨国并购是一国企业通过一定付款方式和手段，发起购买另一国企业（被并购企业）的全部资产或足以执行公司运营活动的股份，然后对另一国的企业进行经营管理的实际或完全控制行为。同绿地投资相比，并购在用地、原有产业利用水平等方面具有优势，更加有利于产业链的整合和升级（董超，2008）。

（二）中国吸引外资的特点

随着吸引外资政策的不断变化，中国引进外资也呈现出新的特点：

1. 采取"准入前国民待遇+负面清单"利用外资

为了吸引外资，中国从 20 世纪 80 年代开始对外资采取低税率措施，发展过程中开始逐步取消对外资的优惠。直到 2007 年，中国颁布法律将内外资企业所得税税率统一为 25%。面对在华外资企业众多导致出口量持续攀升的情况，中国逐步提高产业科学技术水平，推动产业结构调整，实现经济发展模式的转换（尹思雨，2011）。我国逐步取消外资"超国民待遇"，并逐渐发展"准入前国民待遇+负面清单"的模式。

2. 利用外资主要领域从制造业向服务业转换

从吸引外资总量看，在利用外资早期，制造业是实际利用外资额最多的领域。随着中国制造业的持续转型升级，外资进入制造业的结构也随之变化。其中，最主要的变化是外资进入的"高端化"倾向。外资进入制造业传统领域的投资额及其占外商投资总额的比重出现下降趋势，而在技术含量相对较高的制造业领域的实际利用外资额比例总体呈现上升趋势（杨振 等，2020）。随着我国生产成本的变化和发展水平的提高，我国第三产业利用外资迅速增加。最近 10 年来，利用外资呈现显著的"三二一"结构，如表 10-1 所示。

表 10-1 2010—2019 年中国三次产业实际利用外资情况

年份	实际利用外资金额/亿美元				实际利用外资占比/%		
	合计金额	第一产业	第二产业	第三产业	第一产业	第二产业	第三产业
2010	1 147.34	19.12	538.60	589.62	1.67	46.94	51.39
2011	1 239.85	20.09	557.49	662.27	1.62	44.96	53.42
2012	1 210.73	20.62	524.58	665.53	1.70	43.33	54.97
2013	1 239.11	18.00	495.69	725.42	1.45	40.00	58.54
2014	1 285.01	15.22	439.43	830.36	1.18	34.20	64.62
2015	1 355.77	15.34	435.95	904.48	1.13	32.16	66.71
2016	1 337.12	18.98	402.13	916.01	1.42	30.07	68.51
2017	1 363.20	7.90	409.50	945.80	0.58	30.04	69.38
2018	1 383.10	7.10	482.70	893.30	0.51	34.90	64.59
2019	1 412.20	4.40	422.30	985.50	0.31	29.90	69.78

数据来源：商务部。

3. 从通过外资引进国外先进技术转变为通过外资提升技术创新能力

作为一个发展中国家，中国一直把外国直接投资作为促进技术进步和产业结构升级的重要途径。在发展初期，中国通过"以市场换技术"的政策吸引外商直接投资，引导外资企业技术转移，提升国内技术积累。为了进一步提升利用外资的技术外出效应，随后，我国外资政策由"以市场换技术"转变为产业分类指导，以产业发展导向为基础，制定了系列鼓励新兴产业发展的优惠政策，引导跨国公司在中国设立研发中心。中美双边投资协议谈判后，中国开始将政策偏好由"以市场换技术"向"以制度促创新"转变，通过打造优质营商环境，利用市场机制培养企业自身的技术创新能力（李国学，2014），取得显著成效，利用外资朝着内涵式方向发展。

4. 跨国公司的技术贡献逐步让位于国内技术创新

在利用外资早期，FDI 的迅速发展带来了大量国外先进适用技术，极大提升了国内技术、装备发展水平，形成推动国内技术进步的重要力量。随着中国地方对外资企业优惠政策的挖掘，同时国内市场竞争程度不断提高，国内企业通过学习效应、溢出效应，快速缩小了与世界前沿技术的差距。在 20 世纪末，跨国公司促进了中国企业和整体经济的发展，跨国公司出于自身战略利益考虑对我国企业潜在的技术赶超做出防范与限制，而国内技术创新开始喷薄涌现，内生技术进步逐步取代外部技术贡献，国内技术创新开始发挥主导作用。

5. 引用外资显著提升了我国国际分工地位

改革开放以来，我国逐步从计划经济体制转变为社会主义市场经济体制，这个过程也是一个逐步融入国际生产分工体系的过程。加入 WTO 后，我国既奉行进口替代策略，又奉行出口导向策略，积极融入跨国公司主导的国际生产网络体系，大规模承接中低端的加工制造环节而发展成为"世界工厂"，实现了我国从原材料大国到加工组装大国、制造业大国的转变，显著提升了我国的国际分工地位，扭转了低端原材料贸易模式面临的贸易条件不断恶化的局势，极大推进了我国国民财富的积累。同时，作为全球化受益者，我国全面支撑和促进跨国公司全球价值链的持续扩张，在华跨国公司得到了快速发展，在华研发、创新机构，尤其是获得各类专利技术成果的比重大幅提高，使得我国国际分工地位得到进一步提升（胡叶琳 等，2021）。

三、中国吸引外资的管理体制与政策演变

我国吸引外商投资管理体制主要以外商投资管理机构设置、外商投资立法法规和政策体系为基础。相应地，国内学者关于我国外商管理体制的研究也主要围绕我国外商投资审批制度和外商投资立法问题展开（赵雅玲，2020）。

（一）中国吸引外资管理体制演变

在利用外资的过程中，我国负责外资管理的部门主要经历了五次变化。一是改革开放前的国家计委，二是 1979 年的外资委，三是 1982 年的对外经济贸易部，四是 1993 年的对外贸易经济合作部，五是 2003 年成立的商务部。其间，随着我国机构设置改革的深化，外资管理的审批体制也在不断完善。加入 WTO 后，我国外商投资管理主要将重点放在审批制度上，而轻视或者忽略管理制度的现象一直存在。推动政府减少审批环节，减轻对市场准入的控制（马宇，2007），提升外资监管和风险防控能力成为发展的主基调（韩冰，2014）。表 10-2 很好地体现了 2008 年以来我国外资管理体制机制的重要变化。

表 10-2 外商投资管理体制改革标志性事件

时间	标志性事件
2008 年 1 月	《中华人民共和国企业所得税法》施行，内外资企业所得税制并轨
2008 年 8 月	《中华人民共和国反垄断法》施行
2013 年 7 月	中国宣布同意以"准入前国民待遇+负面清单"方式与美国进行双边投资协定谈判
2013 年 9 月	第一个自贸区外资准入负面清单在上海试点，全国人大常委会宣布授权上海自贸试验区暂停实施"三资法"中关于审批制度的条款

表10-2(续)

时间	标志性事件
2016 年 9 月	全国人大常委会通过修改"三资法"和《中华人民共和国台湾同胞投资保护法》中关于审批的条款
2016 年 10 月	外商投资企业设立、变更与备案制度开始运行
2017 年 6 月	第一个独立成文的全国版外资准入负面清单颁布
2017 年 7 月	外商投资企业设立与变更备案制扩大覆盖到除关联并购之外的并购行为
2017 年 8 月	国发 39 号文决定进一步扩大对外资开放范围并订立相关行业开放的时间表与路线图
2018 年 6 月	新版全国版外资准入负面清单对 22 个领域实行大幅度开放
2018 年 7 月	外商投资企业设立、变更备案与工商注册实行一套表格、一口办理
2019 年 3 月	《中华人民共和国外商投资法》通过

资料来源：崔凡，苗翠芬. 中国外资管理体制的变革与国际投资体制的未来［J］. 国际经济评论，2019（5）：20-33.

（二）中国吸引外资的政策演变

从中华人民共和国成立到改革开放前，中国在吸引外资的相关立法上基本处于空白期。改革开放后，构建符合时代要求的外商投资法律制度变得日益迫切，所以，完善外资投资法规成为我国利用外资政策不断优化并趋于成熟的重要标志。外商投资相关法律法规（1979—2011 年）如表 10-3 所示。

257

表 10-3　外商投资相关法律法规（1979—2011 年）

时间	相关法律法规
1979 年	《中华人民共和国中外合资经营企业法》
1982 年	《中华人民共和国宪法修改案》，正式确立了外商投资企业在中国的法律地位
1983 年	《中华人民共和国中外合资经营企业法实施条例》
1986 年	《中华人民共和国外资企业法》 《关于鼓励外商投资的规定》（二十二条）
1988 年	《中华人民共和国中外合作经营企业法》
1989 年	《关于鼓励台湾同胞投资的规定》
1990 年	《关于鼓励华侨和香港澳门同胞投资的规定》 《中华人民共和国外资企业法实施细则》
1991 年	《中华人民共和国外商投资企业和外国企业所得税法》及《中华人民共和国外商投资企业和外国企业所得税法实施细则》
1995 年	发布《外商投资产业指导目录》和《指导外商投资方向暂行规定》，《外商投资产业指导目录》在 1997 年、2004 年、2007 年、2011 年修订 《中华人民共和国中外合作经营企业法实施细则》
1999 年	《外商收购国有企业的暂行规定》
2005 年	《外国投资者对上市公司战略投资管理办法》
2006 年	《关于外国投资者并购境内企业的规定》

表10-3（续）

时间	相关法律法规
2008 年	《中华人民共和国反垄断法》
2011 年	《关于建立外国投资者并购境内企业安全审查制度的通知》

1979—1988 年，我国形成了"外资三法"的政策体系。为了进一步完善外资法律框架体系，我国多次修订"外资三法"，并出台了其他法律法规。

1990 年前后，我国颁布了多条鼓励性引资政策。这些政策逐步形成了鼓励外商投资的制度环境，促进了 FDI 在我国呈现出逐步增长的局面。1995 年，《外商投资产业指导目录》的颁布，让外资在华有了更大的施展空间。2000 年前后，我国颁布的一系列关于外资并购的政策，逐步放松了外资并购我国国有企业的各种限制（刘建丽，2019）。

2008 年，随着《中华人民共和国企业所得税法》的实行，我国进行了"两税并轨"的改革。《中华人民共和国反垄断法》的出台，大大降低了外资流入所带来的风险，并初步形成了中国公平竞争的法律体系（刘建丽，2019）。到 2011 年，安全防范制度体系在中国吸引外资方面得到进一步完善。2013—2019 年我国外商投资相关法律法规如表 10-4 所示。

表 10-4　外商投资相关法律法规（2013—2019 年）

时间	相关法律法规
2013 年	上海自贸区第一个外资准入负面清单《自由贸易试验区外商投资准入特别管理措施（负面清单）（2019 年版）》颁布，并经历多次修订
2014 年	《外商投资项目核准与备案管理办法》
2016 年	《外商投资企业设立及变更备案管理暂行办法》
2017 年	《关于扩大对外开放积极利用外资若干措施的通知》 《外商投资产业指导目录》（鼓励类） 《中西部外商投资优势产业目录》
2019 年	《中华人民共和国外商投资法》 《鼓励外商投资产业目录（2019 年版）》 《优化营商环境条例》 《关于进一步做好利用外资工作的意见》 《中华人民共和国外商投资法实施条例》

2013 年，中国的外国投资管理体系改革进入一个全新阶段。在中美第五轮战略经济对话中，中国推进了"准入前国民待遇+负面清单"的模式。同年 10 月 1 日，首个外资负面清单在上海自贸区实施。随后，2014 年 12 月，在广东、天津和福建自由贸易试验区进行试点，暂时停止实施部分法律法规中有关外资的审批程序。在总结自由贸易区经验的基础上，全国人民代表大会常务委员会于 2016 年 9 月决定修改上述法律，并正式将负面清单管理模式推广到全国。

2019 年，为进一步保护和改善外商投资环境，我国颁布了《中华人民共和国外商投资法》，并停止实施"外资三法"，构建了我国新一轮外商投资的基本法律框架，标志着我国外商投资管理体制改革进入新阶段，对建立中国开放经济的新体系、推动新一轮更高水平的对外开放产生了重大影响。在此基础上，我国的外资管理模式和开放水平将进一步与国际上开放程度较高的国家全面接轨，实现高水平投资自由化与便利化（崔凡 等，2019）。

第二节　外商直接投资的区位选择：文献综述

一、FDI 区位选择理论

随着国际资本流动的加速，外国直接投资的区位研究越来越受到学者的关注。其相关研究一般包括两个方面：一是外商直接投资理论，它是外商直接投资区位决策研究的基础。自从 Hymer（1960）的垄断优势理论提出以来，外国直接投资理论发展迅速，至今已形成诸多流派。二是外国直接投资区位决策，主要讨论外国直接投资的宏观区位（国家）和微观区位（国内子区域）之间的差异和决定因素（文余源，2008）。

在 1980 年之前，发达国家的投资行为是外商直接投资理论研究的对象。1980年以后，随着发展中国家特别是新兴工业国家跨国公司对外直接投资的不断增加，出现了一些传统主流外国直接投资理论难以解释的现象，从而促进了发展中国家对外直接投资理论的发展。本节主要介绍区位选择研究的发展，关于发达国家和发展中国家的 FDI 理论在本书第一章中已进行阐述，这里仅对分类进行简要概括。

（一）发达国家 FDI 主流理论

1960 年以来，关于发达国家 FDI 的主流理论主要有产业组织理论、国际贸易理论和综合理论等流派（见表 10-5）。

表 10-5　发达国家 FDI 主流理论

流派理论基础	假设前提	代表理论
产业组织理论	结构性市场失灵	Hymer（1960）的垄断优势理论； Kindleberger（1969）的寡占反应理论
	自然性市场失灵	Buckley 等（1976）和 Rugman（1987）的市场内部化理论
国际贸易理论	完全竞争市场	Vernon（1966）的国际产品生命周期理论； Kojima（1978）的比较优势理论
综合理论	—	Dunning（1977）的国际生产折衷理论； Porter（1999，2000）的竞争优势理论； Hill 等（1990）和 Bell（1996）的国际市场进入选择折衷理论

（二）发展中国家 FDI 理论

关于发展中国家外商直接投资的理论，大部分是在 20 世纪 80 年代后期开始形

259

成的，主要有发展阶段理论、小规模技术理论、技术地方化理论和技术创新产业升级理论等（见表10-6）。

表 10-6　发展中国家 FDI 主流理论

提出者	年份	理论
Dunning	1981 年	发展阶段理论
Louis	1983 年	小规模技术理论
Lall 等	1983 年	技术地方化理论
Cantwell	1989 年	技术创新产业升级理论

（三）FDI 理论中的区位选择研究

在发达国家以及发展中国家的 FDI 理论中区位选择都是重要组成部分。比如 Dunning、Vernon 等都在理论中深入剖析区位因素对于外商直接投资的影响。Dunning 在国际生产折衷理论中指出三个基本因素，即所有权优势、区位优势和内部化优势共同决定了企业的对外直接投资。在内部化优势模式中，市场潜力、贸易壁垒、劳动力成本、政府政策四类组成了区位因素，进而为企业确定在何处进行投资提供参考（Dunning，1973、1977）。但这四类因素并不能全面详细地描述区位优势，因此 Dunning 在 1988 年又对区位因素所包含的内容进一步细化，增加了部分特征变量如劳动力、能源、原材料、商业、法律、教育等（Dunning，1988）。国际生产折衷理论的出现标志着 FDI 区位理论的正式形成。

产品生命周期理论也可以看作一种国际生产的区位选择理论。Vernon 指出，对于新产品及技术的应用，首先是在初始生产国内进行扩散，经过一定的发展后，再扩散到其他的发达国家，随后转向新兴的工业化国家，最后再转移到发展中国家和其他国家。随着产品和技术在不同国家间的扩散，其生产的区位也会转移到相应的国家，以便更好更快地传播产品技术（Vernon，1966）。随着研究的深入，Vernon（1979）又指出，新产品的研发制造技术会保留在母公司内，以防止在产品扩散中流失技术，海外的子公司仅仅被授予有限权力进行经营。此外，Vernon 在 1974 年还详细探讨了创新导向寡头、成熟期寡头和衰老期寡头经济活动的国际区位问题。

在国际市场进入选择折衷理论中，Bell（1966）和 Hill 等（1990）指出，跨国公司为了能更好地进入市场，需要对进入市场所在的区位进行分析，而分析的因素包括两国文化之间的差异、东道国所面临的市场风险、东道国的市场政策等。Qu 等（1997）为了进一步体现区位因素的地位，尝试研究包含 FDI 理论和区位理论的 FDI 区位选择理论框架。崔新健（2002）则指出 OLI 模式中存在一些变量的互斥或叠合，对于其中的内部化优势，不应将跨国企业和东道国地位区别开，从而利用 Drucker 的企业理论，构建仅有所有权和区位优势的 OL 模型，突出区位因素。

（四）FDI 投资动机分析

对于不同金融发展程度的国家而言，其对外直接投资的动机也有所不同。一方面，东道国金融发展的落后是其对外直接投资的主要金融动机；另一方面，东道国金融发展的先进是其吸引外商直接投资的关键因素。母国和东道国双边的金融发展差异影响着双边 FDI 的投资动机。而 FDI 投资的动机主要可以分为市场寻求型投资动机、效率寻求型投资动机、资源寻求型投资动机和技术寻求型投资动机（Dunning，1993；Almeida，1996；Kuemmerle，1999；Mirza et al.，2004）。

市场寻求型投资主要是企业为了开辟、扩大和维持在东道国的市场份额，采取多种方式接近目标市场并制定投资战略（沈杰，1996，Lin et al.，2010）；效率寻求型投资是企业为了寻求范围经济和规模经济，以远离国内生产成本较高的市场环境，达到提高企业生产效率的一种投资（Eckel，2003；Jiang et al.，2018）；资源寻求型投资是指企业为寻求稳定的资源供应和利用廉价资源进行的对外直接投资（Kang et al.，2016；Ballesteros et al.，2018）；而技术寻求型投资主要是企业为获取和利用国外先进生产技术、生产工艺和先进的管理经验等进行的对外直接投资（Carvalho et al.，2010；Wang et al.，2014；黄锦明，2016）。

发展中国家向发达国家进行直接投资主要表现为市场寻求型和技术寻求型的投资动机，通过东道国先进的金融发展促进母国的金融发展；而对于其他发展中国家的直接投资，则表现为效率寻求型和资源寻求型的投资动机，通过东道国的低成本以及稳定且廉价的资源供应促进母国的发展（史恩义 等，2018）。

母国特征也会影响跨国企业的对外直接投资动机，进而对东道国工业绩效产生不同的影响。按母国特征可以将 FDI 投资动机分为资产专用性、市场化程度和文化趋同性三类。资产专用性的代表是美国 FDI，其主要是跨国企业利用高水平专用性资产形成核心竞争优势，从而抢占新的全球产业分工价值链高端位置；市场化程度的代表是欧洲 FDI，其跨国公司为了保持与世界其他跨国公司的战略均势，通常采取战略防御性的跟进策略，选择经济自由化和市场发育程度较高的国家进行投资，以减少外部不确定性，降低交易成本；文化趋同性的代表是东（南）亚 FDI，跨国公司通过文化趋同降低与东道国的交易成本，从而寻求廉价的劳动力，使其在各方面适应跨国企业自身的发展需要（孙早 等，2014）。

（五）FDI 理论新发展与中国特色社会主义投资理论

1. 国际直接投资与开放型内生经济增长

20 世纪后期，世界各国逐渐探索从工业经济向知识经济的转型、从传统市场经济向开放型市场经济的转型。在工业经济向知识经济转型的研究中，传统经济增长理论的代表 Solow（1957）以资本和劳动力等要素禀赋及投入增长为基础，假定技术进步为外生变量，研究了经济增长的路径。新经济增长理论的代表 Romer（1986）则指出，世界各国经济差距越来越大，是由于知识、技术和人力资本存在着巨大的差异。相对于发展中国家，发达国家更容易形成有效的知识创新和技术创新，从而经济增长较快。Lucas（1990）指出，研究开发投入、知识积累、技术进步和人力资本水平决定了一个国家的长期经济增长水平。新增长理论突破了传统经济增长理论，将技术进步视为经济系统的内生变量，强调了资本投入和资本深化内生技术进步，技术进步产生知识积累从而内生经济增长，从而使得经济增长理论进入到一个崭新的发展阶段。

但是，新增长理论在研究生产的均衡和转化时，只考虑了国内的要素积累、国内资本和劳动力深化而内生的技术进步，未考虑从国外引进资本和先进技术对竞争均衡增长产生的影响。所以，并不能解释世界经济从传统市场经济向开放型市场经济转型中的开放经济增长现象。程惠芳（2002）利用内生经济增长理论框架，研究了 FDI 对不同类型国家的开放型经济增长的影响，并建立了基于 FDI 的开放型内生经济增长理论模型。结果表明，在开放型经济条件下，一国经济的长期增长来源于两个方面：一是追求利润最大化的企业通过国内要素内生的自主创新技术进步；二是国际投资资本中内生模仿创新技术进步。两者的共同作用促进了一国长期的经济增长。

2. 对外直接投资与全球价值链分工地位

不论是发达国家还是发展中国家，构建全球性对外直接投资网络对于其深度参与全球价值链和提升其在全球价值链分工中的地位都至关重要。对外直接投资和全球价值链升级之间的关系也备受国内外学者的关注。从效应来看，刘斌等（2015）认为，对外直接投资能够显著提高企业在全球价值链体系中的分工地位，促进企业产品升级和功能升级。李俊久和蔡琬琳（2018）利用随机效应模型以及系统 GMM 方法，发现对外直接投资对一国全球价值链升级有显著的促进作用。钟祖昌等（2021）运用社会网络分析方法，从网络中心性、网络联系强度和网络异质性三个维度，提出一国对外直接投资网络特征对其全球价值链分工地位和参与度存在显著影响，一国对外直接投资对象越多、投资金额越分散在不同的国家，越有利于该国在全球价值链中分工地位的提升。

在影响机制方面，对外直接投资主要通过三条途径影响企业价值链升级：边际产业转移效应、逆向技术溢出效应和市场内部化效应。Brach 和 Kappel（2009）指出，发达国家的技术溢出有助于发展中国家的技术升级，也有利于发展中国家在全球价值链中地位的提升。刘景卿等（2019）利用社会网络分析方法，对全球 FDI 流动网络及一国网络特征进行刻画，发现一国 FDI 流动网络特征将会显著影响其全球价值链分工地位。而 FDI 网络和 OFDI 网络具有明显的互动效应，这种效应有利于一国在全球价值链中分工地位和参与度的提升（钟祖昌 等，2021）。

3. OFDI 逆向技术溢出效应

对于 OFDI 逆向技术溢出效应，国内外学者进行了大量的实证研究，但是研究得到的结论并不一致。

一种观点认为存在 OFDI 逆向技术溢出效应。比如 Kogut 和 Chang（1991）通过日本制造业对美国进行投资的研究，首次提出了 OFDI 逆向技术溢出效应。Branstetter（2006）通过分析日本对美国的双向投资，发现 FDI 和 OFDI 的双向技术溢出效应。李梅和柳士昌（2012）利用 2003—2009 年中国省际面板数据，发现对外直接投资在中国省份的逆向技术溢出效应存在明显的区域差异。Seyoum 等（2015）研究认为，中国对发展中国家进行投资会获得逆向技术溢出效应。

另一种观点认为 OFDI 逆向技术溢出效应不明显甚至为负。白洁（2009）根据 1985—2006 年中国对 14 个主要国家和地区的对外直接投资数据，就逆向技术溢出对全要素生产率的影响做了实证分析。结果表明，OFDI 产生的逆向技术溢出效应能够随全要素生产率产生积极影响，但在统计上不显著。Shireen（2012）从母国和东道国视角研究了 OFDI 对全要素生产率的影响，发现 OFDI 会抑制全要素生产率。

国内外学者对 OFDI 逆向技术溢出效应的研究大多数是基于投资国全要素生产率的视角进行的；也有部分学者从创新能力、金融发展等角度研究 OFDI 的逆向技术溢出效应。沙文兵和李莹（2018）利用 2008—2015 年中国省级面板数据证实了存在 OFDI 逆向技术溢出效应，但只有在达到吸收门槛之后才会对区域创新能力产生推动作用。章志华和孙林（2021）利用 2003—2017 年中国 30 个省份的面板数据研究发现，在金融发展处在较低水平时，OFDI 逆向技术溢出效应对经济增长质量的促进作用不明显；当金融发展处在较高水平时，OFDI 逆向技术溢出效应对经济增长质量的促进作用明显。

4. 中国特色社会主义投资理论的发展

2008 年国际金融危机后，世界经济进入深度调整期，在美国等国家单边主义盛行的环境下，"逆全球化"浪潮兴起。在这种国际形势下，国际分工合作受到一定的影响，全球价值链亦受到冲击。对中国而言，随着改革开放的深入，虽然经济得到了发展，但在全球价值链中缺乏足够自主权。在整个国外国内大环境下，习近平同志提出了新时代中国特色社会主义理论（张宗斌 等，2020）。

新中国成立以来，毛泽东、邓小平、江泽民、胡锦涛结合国内外的经济形势，在马克思国际投资思想和列宁国际投资思想的指引下，辩证分析了国际投资的利弊，在不同阶段与时俱进地推出国际直接投资理论指南和具体方针政策，实现了马克思主义国际投资思想的创新发展。这些思想主要包括了三个方面：认识并阐述引进外资的重要性，提出国际投资对双方经济的促进作用，在利用外资过程中保持本国经济发展的自主性。

党的十八大以来，习近平同志坚持马克思主义世界观和方法论，围绕国际投资进行了一系列经典论述，在理论上丰富和完善了马克思主义国际投资思想，主要围绕"新理念、新机制、新优势、新主体、新区位、新保障"六个方面，核心是坚持以人民为中心，坚持互利共赢的原则，推动构建人类命运体。习近平同志关于国际投资的重要论述不仅具有完整的理论逻辑结构，在理论上实现了对马克思主义国际投资思想的创新发展，而且对其实现路径进行了科学阐述，在实践上探索出了国际投资互利共赢的新模式。在经济全球化发展的新时代，习近平同志关于国际投资的重要论述不仅为我国双向投资的发展实践提供了理论指引，更为世界经济协同联动发展贡献了中国智慧（张宗斌 等，2020）。

二、影响外商对华直接投资的区位选择因素分析

在国际生产折衷理论中，Dunning 提出了一套有关外国直接投资的区位选择行为的理论，这些理论已在上一节中进行了介绍。他认为，区位优势不仅可以决定跨国公司外商投资的区位选择，同时，也会对公司的投资类型以及行业产生影响。国内外学者对外国直接投资区位选择因素的进一步研究发现，FDI 区位选择的影响因

263

素主要包含市场情况、集聚效应以及政策制度，同时两国社会文化的差异、地理位置因素、金融发展阶段等也会对外国直接投资的区位选择决策产生重要影响。

Dees（1998）选择市场规模、劳动力薪资、汇率和专利数量作为变量，利用 11个国家 1983—1995 年的面板数据，分析了上述变量对外商直接投资的影响，发现对于中国而言，庞大的市场、廉价劳动力、实际汇率和创新水平都将吸引外国直接投资流入。Cheng 和 Kuan（2000）通过对 1985—1995 年中国 29 个省份的面板数据的研究，以区域的收入层次、基础设施、政策体制、工资成本和劳动力受教育情况为变量，探讨其与外国直接投资的关系，发现前三者与外国直接投资均呈现正相关性，与外国直接投资呈现负相关性的是工资成本，受教育程度的影响则不显著。

Coughlin 和 Segey（2000）通过分析 1990—1997 年各省份的 FDI 流入数据发现，经济规模、劳动生产率、毗邻沿海都对吸引外国直接投资具有正向作用；同时，高工资以及低劳动力教育水平均会降低外商对华的投资水平。Fung 等（2000）研究了 1991—1997 年美国和日本对华直接投资的省份数据，发现劳动力素质会影响两国对中国投资；同时 GDP、工资水平都会影响他国对中国投资的流入，最吸引外资流入的地区是沿海的开放城市。

Sun 等（2002）利用 1986—1998 年的 30 个省份的面板数据进行研究，结果表明，工资水平与 1991 年之前的外国直接投资金额呈正相关，而 1991 年之后则呈负相关。1991 年之前，各省份地区生产总值与外国直接投资之间没有显著相关性，但1991 年之后，相关性却很高。而劳动力素质以及基础设施也会影响他国对中国投资的区位选择。Fung 等（2002）通过对 1990—1999 年中国香港和美国的投资数据的研究发现，市场需求有助于吸引美国对华的投资流入，劳动力成本则更加吸引香港对内地的投资。

Shan（2002）利用 1986—1998 年的季度时间序列数据研究了各种变量对中国外国直接投资的影响，发现产出以及区域收入差距均会影响外商直接投资，其中外商直接投资也会影响产出。魏后凯（2003）指出，随着全方位的对外开放，外商直接投资在中国区位的选择逐渐向北方地区倾斜，从一开始对南方沿海地区的投资选择，逐渐向北移动，将投资区位选择重心转向北方的沿海地区。

曾国军（2005）通过对中国 30 个省份数据的研究，发现劳动力成本和优惠政策对外商直接投资的吸引力逐渐弱化；相反，基础设施和工业化水平所形成的集聚效应，更吸引外商直接投资的流入。黄肖琦和柴敏（2006）则从新经济地理学的视角，利用中国省级的面板数据证实，劳动力成本、优惠政策等传统变量并不能很好地反映外商的区位选择，而贸易成本、技术外部性、集聚效应等从新经济地理学所衍生出的因素，则可以较好地解释外商在华投资的行为。

金相郁和朴英姬（2006）利用中国的年度数据，研究发现外资流入的集中地主要是东部沿海地区，虽然中央推进区域发展政策，但依旧不能使中西部的外商投资流入快速增长。徐晓红（2006）通过计算中国不同区域的人均外商在华直接投资，利用绝对差距和相对差距的变化说明外商投资情况，发现在 20 世纪 90 年代初，外国直接投资在中国的总体规模很小，区域之间的绝对差距也很小。在中国有大量外国直接投资的背景下，区域绝对差距经历了快速上升又下降的趋势，而相对差距逐年增加。

张川川和徐程（2007）通过建立山东省外商直接投资区位选择因子的多元线性回归模型，检验证实，影响外国直接投资区位选择的因素主要是公路运输状况、外贸依存度、当地邮电设施和反映市场容量的地区生产总值。王凯和王永乐（2007）则解释了外国直接投资在中国区位选择趋势日益集中的机制，提出影响跨国公司竞争优势和发展空间的因素主要是产业的集聚效应，产业的集聚能够带来知识共享、交易成本降低以及资源分包协作等作用。

第三节　中国吸引外资的前景展望

一、中国利用外资现状及特征分析

（一）中国利用外资呈现持续稳健增长态势

中国利用外资增长趋势可分为三个阶段：1978—1993 年，年均新设外商投资企业数增长较为缓慢。1993—2012 年开始井喷式增长，其新设企业数为历史之最，达到 83 437 家，随后每年新设企业数基本保持在 2 万家以上。2012 年以来，中国利用外商直接投资额年均增长率约 2.06%，中国利用外资平稳增长阶段，仍表现出较强的稳健性。

从外商在华新设企业数的角度看，2018 年新设企业数为 60 560 家。2019 年，中国新设外商投资企业较上一年下降 32.4%，共 40 910 家。但实际利用外商直接投资总额依然稳健增长，同比增加 2.1%，达 1 412.3 亿美元。截至 2019 年年底，已在华设立约 100 万家外资企业，实际利用外国直接投资总额约 2 万亿美元。具体如图 10-2 所示。

（二）外资企业是中国利用外商直接投资的主要方式

2019 年，外资企业以及中外合资企业新设企业数共 40 610 家，占本年外商投资企业数的 99.26%，实际使用外商投资额分别为 936.1 亿美元和 317.8 亿美元，占比分别为 66.28%、22.50%。截至 2019 年年末，外资企业累计数量达 586 797 家，占比 58.58%，实际使用外资累计 14 274.1 亿美元，占全部实际使用外资的 62.32%。外资在华迅速发展，外资企业已经成为中国吸引外资的重要渠道，中外合资企业数量达 352 076 家，占全部外商投资企业的 35.15%，实际使用外资累计为 5 645.5 亿美元，占全部实际使用外资的 24.65%。虽然中外合资企业从新中国成立便开始出现，但随着我国对外资利用的不断深入探索，其地位逐渐被外资企业替代。中外合作企业和外商投资股份制数量仅占全部外商投资企业的 6.10%、0.10%，二者累计全部实际使用外资金额共 1 630.0 亿美元，占全部实际使用外资金额的 7.12%。具体如表 10-7 和表 10-8 所示。

265

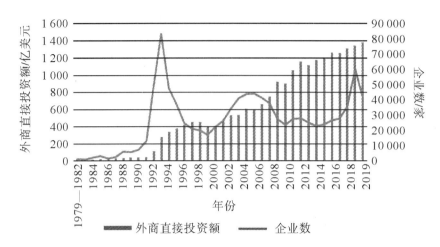

图 10-2　截至 2019 年年底中国外商直接投资情况

数据来源：《2020 中国外资统计公报》，中国商务部。

表 10-7　2019 年外商直接投资分方式统计

方式	各类企业数量		各类企业实际使用外资金额	
	数量/家	占比/%	金额/亿美元	占比/%
中外合资企业	10 077	24.63	317.8	22.50
中外合作企业	70	0.17	3.3	0.23
外资企业	30 533	74.63	936.1	66.28
外商投资股份制	117	0.29	80.8	5.72
其他	113	0.28	74.2	5.25
总计	40 910	100	1 412.3	100

数据来源：《2020 中国外资统计公报》，中国商务部。

表 10-8　1979—2019 年外商直接投资分方式统计

方式	各类企业数量		各类企业实际使用外资金额	
	数量/家	占比/%	金额/亿美元	占比/%
中外合资企业	352 076	35.15	5 645.5	24.65
中外合作企业	61 089	6.10	1 127.5	4.92
外资企业	586 795	58.58	14 274.1	62.32
外商投资股份制	1 048	0.10	503.5	2.20
其他	627	0.06	1 354.2	5.91
总计	1 001 635	100	22 904.7	100

数据来源：《2020 中国外资统计公报》，中国商务部。

（三）第三产业利用外资继续保持较快增长态势，占比持续上升

按照产业划分，中国外商投资的产业分布结构变化主要表现在第二产业和第三

现代国际投资学

产业的份额变化上。第一产业的外商投资企业数和实际使用外资额占比呈下降趋势；2019 年第二产业企业数占比较 2018 年增加 2.2%，达到 15.3%，但其实际使用外资金额占比却由 35.8% 下降到 29.9%；与之相反，第三产业企业数占比较 2018 年的 85.8% 下降到 83.7%，其实际使用外资金额占比上涨 6.1%，达 69.8%。具体如表 10-9 和表 10-10 所示。

表 10-9　2015—2019 年中国外商投资产业分布　　　　　　单位:%

年份	第一产业		第二产业		第三产业	
	企业数占比	外资金额占比	企业数占比	外资金额占比	企业数占比	外资金额占比
2015 年	1.8	0.9	18.7	34.5	79.5	64.6
2016 年	1.6	1.3	16.6	31.9	81.8	66.8
2017 年	1.6	0.6	16.9	31.3	81.4	68.1
2018 年	1.1	0.5	13.1	35.8	85.8	63.7
2019 年	1.0	0.3	15.3	29.9	83.7	69.8

数据来源:《2020 中国外资统计公报》，中国商务部。

表 10-10　2019 年外商直接投资产业结构

行业	企业数/家	同比增长/%	比重/%	实际使用外资金额/亿美元	同比增长/%	比重/%
第一产业	424	-33.6	1.0	4.4	-38.0	0.3
第二产业	6 262	-21.1	15.3	422.3	-12.5	29.9
第三产业	34 224	-34.2	83.7	985.5	10.3	69.8
总计	40 910	-32.4	100.0	1 412.3	2.1	100.0

数据来源:《2020 中国外资统计公报》，中国商务部。

2019 年，中国第一产业、第二产业和第三产业实际使用外资额分别为 4.4 亿美元、422.3 亿美元、985.5 亿美元，除第三产业同比增加外，另外两个产业占比均处于下降态势，服务业在实际使用外资额中比重持续增长。

2019 年，外商在中国新设企业数 40 910 家，同比下降 32.4%。其中第三产业占比最高，同比下降 34.2%，为 34 224 家；第二产业外商投资新设企业数为 6 262 家，占比为 15.3%；第一产业较 2018 年减少 33.6%，仅有 424 家新设外商投资企业，占比 1.0%。但从实际利用外资金额来看，第三产业实现了同比增长，显示了第三产业的长期增长潜力。

从行业门类看，2019 年吸收外资额前三分别为：制造业、房地产业、租赁和商务服务业，其新设外商投资企业数分别为 5 396 家、1 050 家和 5 777 家，共占全年总数的 29.9%；实际使用外资金额分别为 353.7 亿美元、234.7 亿美元、220.7 亿美元，共占全年总量的 57.0%。批发和零售业新设外商投资企业数量最多，为 13 837

家，占总数的 33.8%。具体如图 10-3 所示。

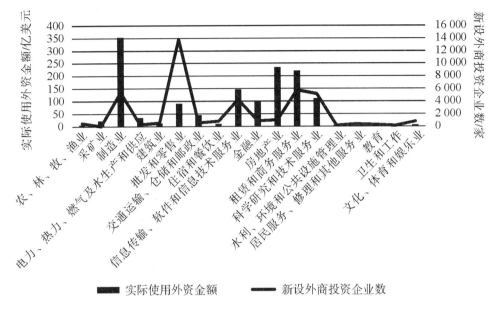

图 10-3　2019 年中国吸收外资行业分布情况

数据来源：《2020 中国外资统计公报》，中国商务部。

（四）东部地区利用外资存量处于绝对优势但增长放缓，中西部地区吸引外资规模保持增长

2019 年，东部地区吸资规模最大，但新设企业数下降最多。中部地区吸资规模较上一年基本持平。西部地区新设企业数增长较快，但吸资规模有所下降。

东部地区的经济发展水平整体处于前列，同时，完善的基础设施、高素质的劳动力以及便利的交通运输，使其一直是中国最重要的外国投资目的地。在东部地区带头发展战略的指导下，我国利用外资规模持续增长，东部地区发挥了带头示范的作用。2019 年，东部地区新设外商投资企业 36 613 家，同比减少 35.2%，占总数的 89.5%；实际使用外资额 1 191.1 亿美元，增长 3.2%，占全国比重 84.3%。

连接东部与西部的中部地区在国家发展的总体格局中发挥着重要作用。在实施中部崛起战略的过程中，中部地区在资源、能源、劳动力等方面具有比较优势，逐步成为外资转移新选择。2019 年，中部地区新设外商投资企业 2 138 家，微增 0.6%，占比为 5.2%；实际使用外资额 97.3 亿美元，同比微减 0.7%，占全国比重的 6.9%。

在西部大开发战略的引领下，西部地区新设企业数和使用外资额逐渐形成赶超中部地区的趋势。2019 年，西部地区新设外商投资企业 2 137 家，增长 13.5%，占比为 5.2%；实际使用外资额 92.9 亿美元，减少 5.1%，占比为 6.6%。具体如表 10-11 所示。

现/代/国/际/投/资/学

表 10-11　2019 年外商直接投资地区分布情况

地方	数量/家	同比增长/%	比重/%	实际使用外资金额/亿美元	同比增长/%	比重/%
东部地区	36 613	−35.2	89.5	1 191.1	3.2	84.3
中部地区	2 138	0.6	5.2	97.3	−0.7	6.9
西部地区	2 137	13.5	5.2	92.9	−5.1	6.6
有关部门	22	−18.5	0.1	30.9	−7.5	2.2
总计	40 910	−32.4	100.0	1 412.3	2.1	100.0

数据来源：《2020 中国外资统计公报》，中国商务部。

（五）亚洲是外资主要来源地，中国香港占据半壁江山

2019 年，中国香港地区、中国台湾地区和韩国是中国新设企业数排名前三的地区，数量分别为 17 873 家、5 252 家和 2 108 家，共占 61.7%。实际投入金额排名前三的地区分别为中国香港地区、新加坡和韩国，投入金额分别为 963.0 亿美元、75.9 亿美元和 55.4 美元，共占比为 77.5%。具体如表 10-12 和图 10-4 所示。

表 10-12　1979—2019 年主要投资来源地前 15 位国家（地区）情况

国家/地区	累计设立企业数/家	比重/%	累计实际投资金额/亿美元	比重/%
中国香港地区	474 773	47.4	11 955.1	55.0
英属维尔京群岛	24 782	2.5	1 695.8	7.8
日本	52 834	5.3	1 157.0	5.3
新加坡	26 111	2.6	1 028.3	4.7
美国	71 914	7.2	878.8	4.0
韩国	67 375	6.7	825.7	3.8
中国台湾地区	112 442	11.2	694.0	3.2
开曼群岛	3 666	0.4	441.3	2.0
德国	10 834	1.1	350.5	1.6
萨摩亚	9 104	0.9	301.9	1.4
英国	10 040	1.0	253.9	1.2
荷兰	3 668	0.4	212.9	1.0
法国	6 035	0.6	183.2	0.8
中国澳门地区	18 286	1.8	172.6	0.8
毛里求斯	2 488	0.2	150.5	0.7
其他	107 283	10.7	1 423.1	6.6
总计	1 001 635	100.0	21 724.6	100.0

数据来源：《2020 中国外资统计公报》，中国商务部。

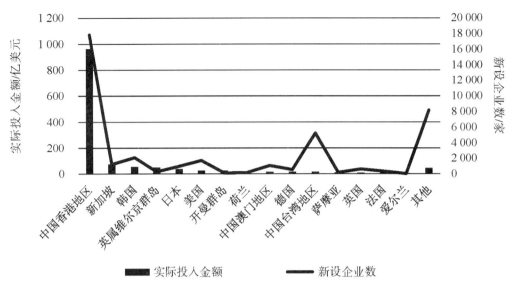

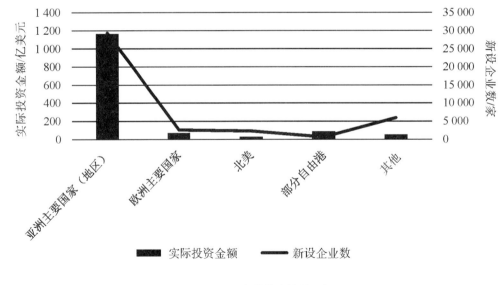

图 10-4 2019 年主要投资来源地前 15 位国家（地区）情况

数据来源：《2020 中国外资统计公报》，中国商务部。

截至 2019 年年底，从设立企业累计数排名看，排名前三的国家（地区）为中国香港地区、中国台湾地区和美国；累计投入金额前三的国家（地区）为中国香港地区、英属维尔京群岛和日本。具体如图 10-5 所示。

亚洲、欧盟、北美及部分自由港是在华投资的主要来源地区。2019 年亚洲、欧洲、北美、部分自由港在华新设企业数占比分别为 71.8%、6.4%、5.7%、1.6%，实际投入外资金额占比分别为 82.6%、5.1%、2.1%、6.4%。

图 10-5 2019 年外资来源地区概况

数据来源：《2020 中国外资统计公报》，中国商务部。

截至 2019 年年底，亚洲主要国家（地区）累计新设企业数 768 973 家，占比为 76.8%，累计实际投资金额为 16 015.1 亿美元，占比为 69.9%。其中，中国香港地区一直是中国内地最重要的外商投资来源地，累计新设企业数 474 773 家，占比为 47.4%；累计实际投资金额 11 955.1 亿美元，占比为 55%。具体如表 10-13 所示。

表 10-13　截至 2019 年部分国家（地区）对华投资情况

国家/地区	累计新设企业数/家	比重/%	累计实际投资金/亿美元	比重/%
亚洲主要国家（地区）	768 973	76.8	16 015.1	69.9
欧洲主要国家	46 986	4.7	1 361.8	5.9
北美	87 427	8.7	988.4	43
部分自由港	40 361	4	2 636.8	11.5
其他	57 888	5.8	1 902.5	8.3

数据来源：《2020 中国外资统计公报》，中国商务部。

二、中国吸引外资趋势分析

在当前复杂的国际形势下，我国吸引外资热度不减。近年来，我国以习近平新时代中国特色社会主义思想为指导，坚持改革开放，不断优化国际营商环境，为进一步维持外国直接投资的规模、提升外资利用质量提供了重要保障。

（一）中国仍将长期是跨国投资的热土

党的十九大以来，中国更加积极推进全方位的对外开放，自贸试验区改革试验田功能进一步发挥，国家级开发区等平台不断创建，外资综合服务能力不断提升。同时，市场全产业链的存在也成为我国吸引外商投资的竞争优势（Xiao et al., 2019）。2019 年，国家在进一步缩小外商投资负面清单的同时，增加了鼓励外商投资的领域，加强对中西部地区接受外国投资产业转移的支持，鼓励外资投向各省市重点发展产业的项目，并辅之以其他高水平的投资便利化政策的实施，为中国长期成为外商投资热土提供了重要支撑。

（二）中国利用外资规模将继续保持增长

2019 年，《中华人民共和国外商投资法》正式出台。该法建立了针对外国投资者的投资促进、投资保护和投资管理制度，并正式将"前国民待遇+负面清单"的管理模式提升为法律制度。它的颁布极大地增强了外国投资者对中国投资的信心。虽然 2020 年全球新冠肺炎疫情暴发对中国吸引外商投资形成一定负面影响，但不会阻碍中国利用外资规模增长的趋势，我国利用外资显示出了极强的发展韧性。

（三）中国吸收外资区域布局将持续优化

中国一直致力于促进经济高质量发展，优化区域开放布局，打造优质营商环境，促进国家级开发区的创新和升级，促进利用外资的提质增效。《鼓励外国投资的产业目录（2019 年版）》和其他便利化政策的颁布，将进一步指导外国投资参与我国各产业的高质量发展，促进外国投资向中西部地区和东北老工业基地转移。可以预见，中国吸收外资的区域布局将继续改善。

（四）中国利用外资质量和结构将不断优化

外商投资企业是中国技术创新的重要力量（蒋殿春 等，2005）。为了进一步促进传统产业的转型升级和促进新兴产业的发展，新版鼓励目录包括《全国鼓励外商投资产业目录》，以及《中西部地区外商投资优势产业目录》，支持外商资金投向高端制造、智能制造、绿色制造等领域，这为未来中国利用外资质量和结构的继续改善奠定了坚实基础。

（五）亚洲仍将是中国外资的主要来源

2019 年，亚洲主要国家/地区实际投入外资 1 166.7 亿美元，占比较上年增加 5.5%。主要来源地前 15 名国家/地区基本保持不变，仅日本实际投资金额略有下降。在中国不断扩大对外开放、投资环境大幅改善的背景下，我国外资的主要来源地将基本不变，亚洲仍会是我国吸引外资的主要来源地。

三、中国吸引外资面临的挑战与对策

（一）中国吸引外资面临的挑战

新冠肺炎疫情的突然暴发对整个世界产生了巨大影响。世界经济低迷，中国内部供需不均衡，使得中国利用外资同时面临内外部挑战，形势不容乐观。

1. 全球投资持续低迷

从 2008 年国际金融危机爆发到 2017 年，流入我国的全球外国直接投资仍处于高位（宗芳宇，2019）。然而，自 2018 年以来，由于全球经济下滑和中美贸易摩擦等原因，全球外国直接投资表现不佳。同时受到美国税制改革和部分经济体加强对外国直接投资安全审查的影响，全球外国直接投资的跌幅超过预期，新兴市场的外国直接投资量跌至 20 年来的最低点。2019 年 12 月，全球暴发的新冠肺炎疫情严重打击了世界的产业链和供应链，短期内对全球经济的影响甚至高于 2008 年国际金融危机的影响（聂平香 等，2020）。2021 年年初，外资企业的生产经营受到疫情的冲击，利润再投资的空间也在不断缩小，短期内缺乏扩大投资的意愿（钟山，2020），限制了利用外资的增长。

2. 国际引资竞争愈发激烈

继美国以税收改革等政策起到鼓励本国企业回国的示范和带头作用之后，欧盟和日本相继实施"再工业化"战略，并出台了一系列鼓励本国企业回国的优惠政策，大力吸引外资（李洪涛 等，2016）。同时，为促进经济复苏和发展，许多发展中国家出台了引进外资的优惠政策，形成了越来越激烈的竞争格局。例如，越南出台了国家工业计划和外商投资优惠政策，柬埔寨对国际投资给予了优惠待遇，印度尼西亚放宽了对外国投资的准入限制，马其顿则继续优化商业环境（宗芳宇，2019）。发达国家和发展中国家更加密集的投资"双向挤压"，加剧了中国"稳外资"的难度（陆磊，2020）。

3. 传统引资优势逐渐弱化

长期以来，中国依托廉价的土地和劳动力成本、技术市场、税收优惠和宽松的生态规制体系，在引进外资方面取得了显著成就。随着中国经济发展进入新常态，劳动力、土地、自然资源等生产要素成本急剧上升，生态环境约束加剧，部分行业产能过剩凸显，通过廉价要素资源吸引投资的优势已被削弱（毛亚男，2019）。同时，通过"干中学"，国内企业的核心竞争力和可持续竞争力不断增强，国内市场对外资的吸引力在不断下降。因此，外资企业逐渐开始谋求新的投资市场。

2018 年以来，美国奉行对华"脱钩"政策，加重了大国之间的信任危机，扰乱了全球产业链、供应链和价值链市场的有效需求和供给（沈国兵，2020）。2020 年暴发的全球新冠肺炎疫情，使得跨国公司对发达市场和新兴市场的投资信心普遍不足（胡叶琳 等，2021）。如果不能有效地提高外国对华投资的期望和信心，那么可能会导致产业链的外部转移加速，风险不容小觑（宗芳宇，2019）。我国必须加快新经济的发展，培育新的优势，用新的增长动力取代旧的增长动力，重塑市场优势以保持外资规模。

4. 营商环境亟待持续改善

在全面深化改革的过程中，中国持续改善营商环境，取得了骄人的成绩。根据世界银行《2020 年营商环境报告》，中国的营商环境上升到全球 31 位，但仍存在一些薄弱环节。在市场化发展中，资源配置的作用没有得到有效利用，同时市场监管效率亟待提升。在法制化方面，我国需要在新修订的《中华人民共和国外商投资法》的基础上，补充和完善《中华人民共和国外商投资法实施细则》，突出《中华人民共和国外商投资法》的立法原则，有效保护外商投资企业的合法权益。

在国际化方面，全面实施外商投资的准入前国民待遇和最惠国待遇，努力建立一个稳定、公平的环境，并为外商投资创建更具吸引力和竞争力的全球生态系统。在监管方面，要树立包容、普惠、创新的观念，重塑投资政策环境，降低企业交易成本，提高外资吸引力，重点放在法制化、制度化上，充分激发包括国内外企业在内的所有类型的市场参与者的活力，确保外国企业能够平等地利用各种生产要素，并依法享受政策支持（桑百川，2019）。

（二）中国提高对外资吸引力的几个建议

积极有效地利用外资绝不是权宜之计，而是我国必将长期坚持的战略原则。在利用外资时，我们不仅要重视数量的增长，而且要重视质量的提高（王海峰，2018）。

1. 继续扩大对外开放

在国际层面，逆全球化趋势暗流涌动，一些国家旨在重组国际经济和贸易规则，并在最大程度上寻求单方面利益（胡雪飞 寺，2021）。在新常态下，中国区域经济发展不平衡的问题凸显。在稳定和利用外资方面，要加大改革力度，鼓励外资产业链扎根中国。首先，我国应在对外开放中改善产业布局，积极鼓励外资在不同领域中的利用（宋河发 等，2016）。其次，要完善外商投资区域结构，改善中西部地区投资环境，重点扶持优势产业，有序对外开放吸引外资；积极引导西部地区生态农业、循环经济、清洁生产和现代服务业的外商投资；并构筑东西互助的开放新格局（杨丹辉，2019）。最后，要扩大开放平台的自主性。进一步给予自由贸易试验区、自由贸易港、国家级经济开发区、边境合作和经济合作区等开放平台更大的改革、

273

创新和发展自主权，并打破限制产业结构和价值链升级的制度障碍，从而培育全面开放的新格局，营造良好的外资环境（林欣 等，2019）。

2. 持续优化营商环境

进一步改善商业环境，确保有效实施《中华人民共和国外商投资法》和配套政策。加大对外商投资的支持力度，确保外商投资的合法权益。着眼于外资的实际需求，继续推进"放管服"的改革。一是提升投资项目的便利性。继续深化改革，将多个计划整合为一个计划，探索缩短投资项目审批程序、简化审批材料、提高审批效率的方法。二是简化企业生产经营审批要求。放宽外商投资市场准入的限制，强化生产、流通等关键环节的管理措施，有效降低企业成本。三是改善外商投资企业的经营环境。提高企业进出口的通关效率，促进国际贸易单一窗口升级，减少对生产和商业的外商投资的限制。四是提高服务质量和效率。继续提高服务效率，提高企业生产经营、纳税服务、商标注册和动产担保融资等服务质量。五是建立改善营商环境的长效机制。建立动态的政策评价体系，促进政府与企业之间的深入合作，建立政府与企业之间制度化、定期沟通与协调的机制，实现让利于企业。采取多种措施，打造公平、公正、包容和有序的营商环境。

第四节　中国对外直接投资概况

一、中国对外直接投资政策演变

（一）管理体制的演变

改革开放以来，中国对外投资管理体制经历了三个阶段：首先是审批制，其后发展成核准制，最终形成备案制（郭凌威 等，2018）。20 世纪 80 年代到 90 年代初，原对外贸易经济合作部和国家外汇管理局通过发布的有关政策法规逐步建立了相对规范的对外投资审批管理制度，但依旧存在多余且复杂的审批程序。

随着我国对外直接投资的不断发展，审批制度逐渐不适合对外投资的快速发展需求。在中国对外投资快速发展的背景下，审批制中的区别对待会限制对外贸易的发展，并且不利于国家职能的转换（黄锡生 等，2000）。同时，审批制的程序由于一直处在计划经济的模式下，一定程度上限制了其变化的可能性，也难以保持其相对的独立性，同时会脱离海外投资变化的大环境（陈业宏，2001）。

随着中国实施对外投资"走出去"战略，审批制度的程序也逐渐得到改善。2003 年，为了优化审批制度，中国在 12 个省份进行对外投资审批试点，重点是简化审批程序，同时给予地方更多的审批权限。随后，国家分别在 2004 年、2009 年以及 2011 年，发布了多个关于投资体制改革的通知及管理办法，使得对外投资管理体制的重心逐渐由核准制过渡到备案制，进而促进了对外投资的发展。

为了进一步让对外投资管理符合"简政放权"的管理理念，在 2014 年发布的管理办法中，国家开始普遍实行备案制，但依然保留着核准制作为辅助。2017 年，《企业境外投资管理办法》的发布使对外投资的行政效率得到进一步提高。一年后，商务部发布《对外投资备案（批准）报告暂行办法》，确定了"鼓励发展+负面清单"的备案制管理办法。至此，中国已初步建成了管理分级、信息统一的管理体系。但随着对外投资规模的不断扩大，我国还要加强制度化、系统化建设，进一步完善对外投资管理体制。中国对外直接投资管理体制部分政策如表 10-14 所示。

表 10-14　中国对外直接投资管理体制部分政策

年份	政策文件
1984 年	《关于在国外和港澳地区举办非贸易性合资经营企业审批权限和原则的通知》
1985 年	《关于在境外开办非贸易性企业的审批程序和管理办法的试行规定》
1989 年	《境外投资外汇管理办法》
1990 年	《境外投资外汇管理办法细则》
1992 年	《对外经济贸易部关于在境外举办非贸易性企业的审批和管理规定（试行稿）》
2003 年	《关于做好境外投资审批试点工作有关问题的通知》 《关于简化境外加工贸易项目审批程序和下放权限有关问题的通知》
2004 年	《关于投资体制改革的决定》 《境外投资项目核准暂行管理办法》
2009 年	《境外投资管理办法》
2011 年	《关于做好境外投资项目下放核准权限工作的通知》
2013 年	《政府核准的投资项目目录》
2014 年	《境外投资项目核准和备案管理办法》
2017 年	《企业境外投资管理办法》
2018 年	《对外投资备案（核准）报告暂行办法》

275

（二）对外投资政策的演变

1. 对外直接投资政策

1979 年，在国家政策指导下，部分企业开始进行海外投资，同年发布的《关于经济改革的十五项措施》首次将发展对外直接投资提升到政策水平。尽管 1991 年我国颁布了两部关于海外投资项目的政策文件，但这些政策限制了中国对外投资的规模和数量。为了顺应经济全球化的发展趋势，中国对外直接投资的政策体系在 20 世纪 90 年代后期开始发生转变。

1999 年，国家开始鼓励具有比较优势的产业开展对外投资。进入 21 世纪，随着经济的持续增长和综合国力的提高，中国将对外开放的关注点从吸引外资转移到对外投资上。为了进一步推进国内企业的对外投资，我国开始正式提出"走出去"战略。同时，中国的对外直接投资制度已经从限制政策整体转变为鼓励政策（张广荣，2009）。中国对外直接投资部分政策如表 10-15 所示。

表 10-15　中国对外直接投资部分政策

年份	相关政策文件
1979 年	《关于经济改革的十五项措施》
1991 年	《关于加强海外投资项目管理的意见》 《关于编制、审批境外投资项目的项目建议书和可行性研究报告的规定》
1999 年	《关于鼓励企业开展境外带料加工装备业务意见的通知》
2002 年	《关于加强海外投资项目管理意见》 《境外投资综合绩效评价办法（试行）》
2004 年	《国别投资经营障碍报告制度》 《国务院关于投资体制改革的决定》 《关于境外投资开办企业核准事项的规定》
2005 年	《关于推进信息产业企业"走出去"》的若干意见
2007 年	《关于鼓励支持和引导非公有制企业对外投资合作的意见》
2011 年	《境外直接投资人民币结算试点管理办法》
2015 年	《推动共建丝绸之路经济带和 21 世纪海上丝绸之路的愿景与行动》 《关于推进国际产能和装备制造合作的指导意见》
2016 年	《促进中小企业国际化发展五年行动计划（2016—2020 年）》 《关于加强国际合作提高我国产业全球价值链地位的指导意见》
2017 年	《关于进一步引导和规范境外投资方向的指导意见》

2. 外汇管理政策

改革开放初期，中国对外开放政策的重点是吸引外资，对外汇资金的引进要求不高，但对企业资金的输出实施严格监管。1989 年，对境外投资外汇审批政策较为严格，这种情况一直持续到 2002 年。2003 年，为了简化对外投资的审批程序，加快对外投资的步伐，国家开始试点取消境外投资外汇风险审查制度；经过两年的试点后，将取消外汇风险审查制度政策扩展到全国。

2006 年是我国外汇管理体制由审批制度转变为核准制度的转折点。当年国家颁布的政策中提出，对于企业用于海外投资的外汇购买额度，不再需要地方外汇管理部门的检查和批准。2009—2015 年，国家陆续出台了关于放宽并简化外汇的登记审批政策。随着对外投资政策的不断推进和投资结构的不断优化，中国外汇管理政策日趋成熟。中国对外直接投资外汇管理部分政策如表 10-16 所示。

表 10-16　中国对外直接投资外汇管理部分政策

年份	相关政策文件
1989 年	《境外投资外汇管理办法》
2002 年	《关于清理境外投资汇回利润保证金有关问题的通知》
2003 年	《关于取消部分资本项目外汇管理行政审批后过度政策措施的通知》 《关于进一步深化境外投资外汇管理改革有关问题的通知》

表10-16（续）

年份	相关政策文件
2005 年	《关于扩大境外投资外汇管理改革试点有关问题的通知》 《关于调整境内银行为境外投资企业提供融资性对外担保管理方式的通知》
2006 年	《关于调整部分境外投资外汇管理政策的通知》
2008 年	《中华人民共和国外汇管理条例》
2009 年	《境外机构境外直接投资外汇管理规定》
2011 年	《境内居民通过境外特殊项目的公司融资及返程投资外汇管理操作规程》
2014 年	《跨国公司外汇资金集中运营管理规定》
2015 年	《关于进一步简化和改进直接投资外汇管理政策的通知》
2017 年	《关于银行卡境外交易外汇管理系统上线有关工作的通知》

3. 其他政策

为了保障对外直接投资的快速发展，中国也逐渐完善了财税和金融政策、监管政策、风险防范政策、环境保护政策、信息服务政策等。相关政策如表 10-17 所示。

表 10-17　中国对外直接投资其他相关政策

年份	相关政策文件
2002 年	《境外投资联合年检暂行办法》
2004 年	《关于对国家鼓励的境外投资重点项目给予信贷支持政策的通知》 《中国对外直接投资统计公报》
2006 年	《关于进一步加大对境外重点项目金融保险支持力度有关问题的通知》 《中国对外直接投资国别（地区）数据核查制度》
2007 年	《关于做好我国企业境外投资税收服务与管理工作的意见》 《中国企业境外可持续森林培育指南》
2009 年	《关于企业境外所得税收抵免有关问题的通知》 《关于境外投资联合年检工作有关事项的通知》
2013 年	《对外投资合作环境保护指南》 《关于加强中央企业国际化经营中法律风险防范措施的指导意见》
2015 年	《关于落实"一带一路"发展战略要求做好税收服务与管理的通知》
2017 年	《关于企业境外承包工程税收抵免凭证有关问题的公告》 《关于保险业服务"一带一路"建设的指导意见》 《对外投资合作"双随机一公开"监督工作细则（试行）》 《民营企业境外投资经营行为规范》
2018 年	《对外投资备案（核准）报告暂行办法》 《企业投资项目事中事后监管办法》 《关于扩大境外投资者以分配利润直接投资额暂不征收预提所得税政策的适用范围有关问题的公告》

二、中国对外直接投资现状分析

(一) 中国对外直接投资额

加入 WTO 以来，我国对外直接投资额持续增长，从 2002 年的 27 亿美元高速增长至 2016 年的 1 961.5 亿美元，之后在世界经济曲折复苏和贸易保护主义的冲击下，呈现回落趋势。2019 年，在全球外国直接投资流出量连续三年下降之后，全球对外直接投资流量增至 13 317.1 亿美元，同比增长 33.2%。同期，中国对外直接投资的流出量为 1 369.1 亿美元，同比降低 4.3%，在全球排名中名列第二，连续四年占全球总流出量的一成以上，中国对外投资在全球外国直接投资的影响力进一步加大。尽管中国对外投资规模经历了连续三年的下降，但中国对外投资的质量和效率均得到了提高。具体如图 10-6 至图 10-8 所示。

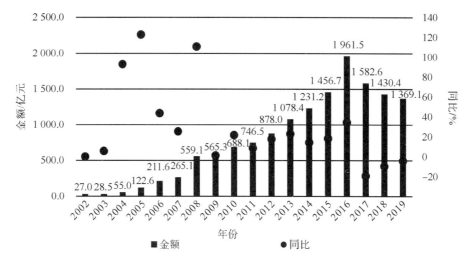

图 10-6 2002—2019 年中国对外直接投资流量

数据来源：《2019 年度中国对外直接投资统计公报》，商务部，统计局，外汇管理局。

联合国贸易和发展会议发布的数据显示，截至 2019 年年末，世界各国总的对外投资累计达到 34.6 万亿美元，美国、荷兰和中国位居前三。中国对外投资存量高达 2 198.88 亿美元，比上年增加 2 166.1 亿美元，占全球的 6.4%，与上年持平。在存量规模上，美国继续以 7.7 万亿美元排在第一位，中国则排在世界第三位，存量规模相当于美国的 28.5%。

如图 10-9 所示，2002 年以来，我国对外投资存量的全球位次稳步提升。从 2002 年的 25 位，迅速提升到 2013 年的 11 位，并于 2014 年开始进入前十位，达第八位。2017 年，稳居全球前三强。

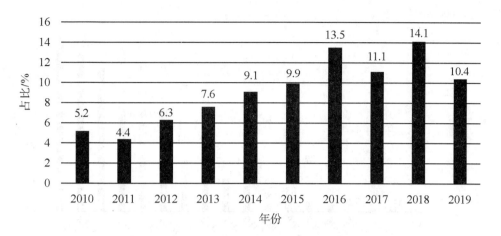

图 10-7 2010—2019 年中国对外直接投资流量占全球份额

数据来源:《2019 年度中国对外直接投资统计公报》,商务部,统计局,外汇管理局。

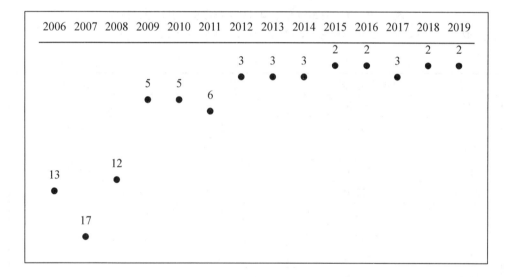

图 10-8 2006—2019 年中国对外直接投资流量全球排名

数据来源:《2019 年度中国对外直接投资统计公报》,商务部,统计局,外汇管理局。

2019 年中国对外并购稳步增长,涉及 68 个国家和地区的 467 个对外并购项目,总金额达 342.8 亿美元,同比下降 53.8%。其中,直接投资和境内贷款为 172.2 亿美元;境外融资金额为 170.6 亿美元。具体如表 10-18 所示。

表 10-18 2004—2019 年中国对外直接投资并购情况

年份	并购金额/亿美元	同比/%	比重/%
2004	30.0	—	54.4
2005	65.0	116.7	53.0
2006	82.5	26.9	39.0

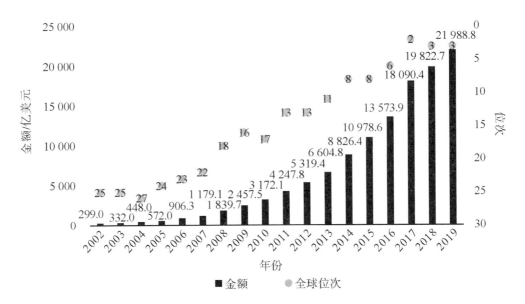

图 10-9　2002—2019 年中国对外直接投资存量及全球位次

数据来源：《2019 年度中国对外直接投资统计公报》，商务部，统计局，外汇管理局。

表10-18(续)

年份	并购金额/亿美元	同比/%	比重/%
2007	63.0	−23.6	23.8
2008	302.0	379.4	54.0
2009	192.0	−36.4	34.0
2010	297.0	54.7	43.2
2011	272.0	−8.4	36.4
2012	434.0	59.6	31.4
2013	529.0	21.9	31.3
2014	569.0	7.6	26.4
2015	544.4	−4.3	25.6
2016	1 353.3	148.6	44.1
2017	1 196.2	−11.6	21.1
2018	742.3	−37.9	21.7
2019	342.8	−53.8	12.6

数据来源：《2019 年度中国对外直接投资统计公报》，商务部，统计局，外汇管理局。

　　并购是中国企业对外投资的重要渠道。2004 年，我国对外投资并购金额为 30 亿美元，占比超过 50%。之后，我国对外并购持续增长，到 2016 年达到顶峰，高达 1 353.3 亿美元，但比重下降至 44.1%。2017 年以来，受单边主义、保护主义影响，对外投资大幅减少，并购的占比下降到 2019 年的 12%，金额仅为 342.8 亿美元。

（二）中国对外直接投资区域分布

2019 年，中国对亚洲和欧洲的投资额均上升，欧洲的上升比例最大，剩余四大洲的投资比例均有所下降，拉丁美洲下降比例最高。中国对外投资主要流向亚洲，其中，中国对亚洲、欧洲、拉丁美洲、北美、非洲和大洋洲的投资额分别为 1 108.4 亿美元、105.2 亿美元、63.9 亿美元、43.7 亿美元、27.1 亿美元和 20.8 亿美元，分别占 80.9%、7.7%、4.7%、3.2%、2.0% 和 1.5%，如表 10-19 所示。

从中国对外投资流量来看，我国对外投资主要集中在亚洲地区。2019 年，我国对亚洲投资占比超过 80%，而 2018 年也接近 74%。体现了亚洲市场的重要性和我国与其的密切性。

表 10-19　2018—2019 年中国对外直接投资流量地区构成

地区	2018 年		2019 年	
	金额/亿美元	比重/%	金额/亿美元	比重/%
亚洲	1 055.1	73.8	1 108.4	80.9
拉丁美洲	146.1	10.2	63.9	4.7
北美洲	87.2	6.1	43.7	3.2
欧洲	65.9	4.6	105.2	7.7
非洲	53.9	3.8	27.1	2.0
大洋洲	22.2	1.5	20.8	1.5
合计	1 430.4	100	1 369.1	100

数据来源：《2019 年度中国对外直接投资统计公报》，商务部，统计局，外汇管理局。

截至 2019 年年底，中国在亚洲、拉丁美洲、欧洲、北美洲、非洲和大洋洲的投资存量分别为 14 602.2 亿美元、4 360.5 亿美元、1 143.8 亿美元、1 002.3 亿美元、443.9 亿美元和 436.1 亿美元，占比分别为 66.4%、19.8%、5.2%、4.6%、2.0% 和 2.0%。可以看出，亚洲和拉丁美洲是中国对外直接投资的主要目的地。具体如表 10-20 所示。

从国别（地区）来看，2019 年年末，中国对外直接投资存量前 10 位的国家/地区全额累计达到 18 322.5 亿美元，占中国对外直接投资存量的 83.3%。分别为：中国香港（12 753.6 亿美元）、开曼群岛（2 761.5 亿美元）、英属维尔京群岛（1 418.8 亿美元）、美国（778.0 亿美元）、新加坡（526.4 亿美元）、澳大利亚（380.7 亿美元）、荷兰（238.5 亿美元）、英国（171.4 亿美元）、印度尼西亚（151.3 亿美元）、德国（142.3 亿美元）。

表 10-20　2019 年中国对外直接投资存量地区分布

地区	金额/亿美元	比重/%
亚洲	14 602.2	66.4
拉丁美洲	4 360.5	19.8

表10-20(续)

地区	金额/亿美元	比重/%
欧洲	1 143.8	5.2
北美洲	1 002.3	4.6
非洲	443.9	2.0
大洋洲	436.1	2.0
合计	21 988.8	100

数据来源:《2019 年度中国对外直接投资统计公报》,商务部,统计局,外汇管理局。

（三）中国对外直接投资行业分布

我国对外投资行业分布广泛,涵盖了国民经济中的所有行业,但主要集中在租赁和商务服务业、制造业、金融业、批发和零售业、信息传输、软件和信息技术服务业。如表 10-21 所示,以 2019 年数据为例,租赁和商务服务业、制造业、金融业、批发和零售业总流量超过 100 亿美元。截至 2019 年年底,共有六个行业存量超过 1 000 亿美元,其中租赁和商务服务业高达 7 340.8 亿美元,占比为 33.4%。

从三大产业来看,2019 年流向第一产业、第二产业和第三产业的资金分别为 24.4 亿美元、202.4 亿美元和 1 142.3 亿美元。到 2019 年年底,中国对外投资中服务业的存量流入占比接近 80%,价值 17 510 亿美元;第二产业为 4 369.3 亿美元,占中国对外直接投资的 19.9%;第一产业为 118.5 亿美元,占 0.5%。

表 10-21　2019 年中国对外直接投资流量及存量行业分布

行业	流量/亿美元	同比增长/%	比重/%	存量/亿美元	比重/%
租赁和商务服务业	418.8	−17.6	30.6	7 340.8	33.4
制造业	202.4	6.0	14.8	2 001.4	9.1
金融业	199.5	−8.1	14.6	2 535.3	11.5
批发和零售业	194.7	59.1	14.2	2 955.4	13.4
信息传输/软件和信息技术服务业	54.8	−2.7	4.0	2 022.1	9.2
采矿业	51.3	10.8	3.7	1 754.0	8.0
交通运输/仓储和邮政业	38.8	−24.8	2.8	765.3	3.5
电力/热力/燃气及水的生产和供应业	38.7	−17.7	2.8	330.6	1.5
建筑业	37.8	4.5	2.8	422.3	1.9
科学研究和技术服务业	34.3	−9.7	2.5	460.1	2.1
房地产业	34.2	11.5	2.5	776.1	3.5
农/林/牧/渔业	24.4	−4.8	1.8	196.7	0.9
居民服务/修理和其他服务业	16.7	−27.8	1.2	136.0	0.6

表10-21(续)

行业	流量 /亿美元	同比增长 /%	比重 /%	存量 /亿美元	比重 /%
教育	6.5	13.2	0.5	42.9	0.2
住宿和餐饮业	6.0	−55.4	0.4	49.2	0.2
文化/体育和娱乐业	5.2	−55.1	0.4	126.3	0.6
水利、环境和公共设施管理业	2.7	51.1	0.2	33.0	0.2
卫生和社会工作	2.3	−56.7	0.2	31.3	0.1
总计	1 369.1	−4.3	100.0	21 978.8	100.0

数据来源：《2019年度中国对外直接投资统计公报》，商务部，统计局，外汇管理局。

（四）中国对外直接投资的特点总结

一是投资规模从高速增长转换到增速放缓阶段。从改革开放开始，我国对外投资的规模便逐渐发展壮大，到2016年达到顶峰。尽管中国的对外直接投资经历了三年的下滑，但中国的对外直接投资结构更加成熟和合理（姜云宏，2019）。受贸易保护主义、国际单边主义冲击，近年来我国的对外投资大幅减少，整体进入放缓阶段。

二是投资区域分布进一步优化。我国对外投资区域分布广泛，境外投资企业分布在多个国家和地区，其中亚洲是主体，但呈现日益优化的趋势。截至2019年年底，中国企业在亚洲、非洲、欧洲和拉丁美洲的覆盖率分别为95.7%、86.7%、87.8%和63.3%；在北美洲，主要分布美国和加拿大；在大洋洲则主要分布在澳大利亚。总体而言，中国对外直接投资的国家分布更为合理，并且形成没有对单一市场的过度依赖（宋微，2018）。

三是投资行业分布更加均衡。截至2019年年底，中国对外投资中服务业的存量流入接近80%；第二产业占存量的19.9%；第一产业仅占0.5%。从国民经济行业看，对外投资覆盖了所有行业，其中租赁和商务服务业、制造业、金融业、批发和零售业总流量超过100亿美元，且共有六个行业存量超过1 000亿美元，中国对外直接投资的产业分布更加均衡（张娜，2018）。

四是投资形式更加灵活多样。中国企业并购活动更加活跃，融资方式更加合理（王琳华 等，2018）。2019年，中国企业对外投资和并购活跃，项目数量持续增加，涉及区域进一步扩大，包括467项对外投资并购，总价值342.8亿美元。其中，从组成部分看，新增股权投资483.5亿美元，占总流量的35.3%；债务工具投资（仅涉及外国非金融企业）为279.4亿美元，占20.4%；收益再投资达到606.2亿美元的历史新高，占总额的44.3%。2019年，中国海外公司表现良好，其中超过70%的公司盈利或保持持平。

五是投资区域和投资主体更加丰富。2019年，东部地区仍是对外投资的主要地区，投资额占对外投资总额79.7%，为715.6亿美元。中西部投资流出量分别为91.1亿美元和78.1亿美元，而东北三省的对外直接投资流量明显低于其他三个地区，为 12.6 亿美元，占比 1.4%。中国非公有制国内投资者的对外非金融投资流量为 588.7 亿美元，占比 50.3%；公有制经济持有的对外投资达到 580.9 亿美元，占 49.7%。

三、中国对外直接投资研究现状分析

在中国企业实施"走出去"战略的过程中，对相关理论和实践问题的广泛研究为中国完善和优化对外直接投资提供了很好的参考。针对投资战略选择问题，柴庆春（2008）分析了 1998—2006 年中国对外直接投资的发展状况，指出中国在对外直接投资的实践中还存在各种问题，提出中国应以并购的形式加强对制造业的海外投资的鼓励，并引导投资流向多元化。刘宏（2014）则认为，这一时期的对外直接投资水平落后于经济发展水平，且投资结构仍不完善，提出要实现外商直接投资的质量和数量的双重提高，从政府角度改进相关政策、新技术的引进应结合国民经济产业结构的调整来实现。因此，政府在中国企业对外投资过程中可以发挥出积极作用。

很多文献分析了政府进一步促进企业对外投资方面可能发挥的积极作用，可以总结为如下方面。

一是进行投资环境管理。李霞（2015）指出，虽然中国的对外直接投资已经发生了很大的改变，但随着越来越多的企业在海外投资，企业在海外投资中也面临着更多的国际风险，并提出要促进对外直接投资的环境管理。

二是适当提供对外投资保障。樊增强（2015）认为，在"走出去"战略实施过程中，中国正由产品输出大国向资本输出大国转变，但依旧面临诸多因素的制约，提出要为中国企业"走出去"提供更多保障。蔡家勇（2017）提出，在"走出去"的过程中，企业面临着融资困难、恶性竞争、信任危机等诸多困难和问题，应该从政府、金融机构和企业的层面实施有效支持措施。

三是提供投资信息与战略指导。侯文平（2016）通过对中国历年对外直接投资数据的梳理，发现国内企业在对外投资的行业选择上有所分散，重心没有放在制造业上。杨帆和孙祎婉（2018）分析了"一带一路"倡议下，中国企业在制度质量较差的国家进行投资取得成功的原因，并从国家和企业两个层面分析此类"中国式"对外投资的利与弊，最终指出政府需要考虑东道国的特点，鼓励中国企业参与"一带一路"周边国家的项目。

四是防范投资风险。郭建宏（2017）指出，中国具有发生次数多、资金规模大、区域集中度高等对外投资风险，从而提出中国应该着力加大风险防控体系的投入。王晓红（2017）认为，跨境并购会成为企业获取资源的重要途径，对中国而言，其在企业、服务体系以及政策层面仍然存在问题，未来需要进一步进行防范。

在"一带一路"的倡议下，中国与"一带一路"沿线国家的对外投资贸易更加密切，也让更多学者关注"一带一路"所带来的新课题。主要包括以下几个方面：

一是考察投资风险及防范策略。王凡一（2016）分析了"一带一路"倡议下我国对外投资的发展前景，从投资环境、货币金融、投资方式三个方面指出投资所面

临的风险，并指出加强对外投资风险防范的对策。张锐连和施国庆（2017）以社会风险视角为基础，分析了中国企业海外投资可能面临的潜在风险，并提出了针对风险的管控措施。陈波（2018）对"一带一路"倡议下我国对外直接投资的风险与防范进行了分析和研究，并结合我国对外投资现状提出了风险防范对策。

二是探讨投资效率和抑制效率损失。马述中和刘梦恒（2016）通过构建空间计量模型发现，中国在"一带一路"沿线国家的对外直接投资中存在显著的第三国效应，具体表现为挤出效应。程中海和南楠（2017）运用随机前沿引力模型分析了中国对"一带一路"沿线国家直接投资的效率，并指出投资效率普遍较低，且效率损失主要来自"非效率"因素的影响。

三是剖析对外投资的经济效应。饶光明和卿春丽（2019）基于东道国制度因素研究发现，中国对外直接投资受东道国经济规模的吸引，具有市场寻求动机，并提出在"一带一路"倡议共商共建、互惠互利的理念下，需要促进中国企业"走出去"，同时促进东道国经济发展。谢娜（2020）分析了中国对"一带一路"沿线国家直接投资的贸易效应，得到制度差异中等、大的国家呈现短期替代、长期创造效应，制度距离差异中等国家呈现进口创造效应，并为中国与不同制度距离差异的国家提供了相应的投资策略。

四是解构投资区位选择战略。黎绍凯和张广兴（2018）基于二阶段引力模型，研究分析了影响中国对"一带一路"沿线国家的区位选择因素，指出加大对低政治风险、资源丰富、市场潜力较大的"一带一路"沿线东道国的投资，有利于我国对外投资的布局和优化。蔡承彬（2019）实证分析了经济风险对中国企业对外投资的影响，研究得出，中国企业对外投资总体上倾向于投资风险较高的国家和地区，并指出政府应加强对"一带一路"周边国家的经济风险评估，同时企业应加强风险意识。

随着研究的深入，中国对外投资的经济发展效应不断被揭示，投资风险不断被经济学家量化，投资战略也不断被学者们提出。不断优化中国外对投资策略必将是一个渐进的过程。

实践中，我国的对外投资管理制度不断完善。2014年9月，商务部出台了新的《境外投资管理办法》，实行"备案为主、核准为辅"的管理模式，并引入了负面清单的管理理念，除在敏感国家和地区、敏感行业的投资实行核准管理外，其余均实行备案。此外，商务部会同有关部门印发了《中国境外企业文化建设若干意见》《境外中资企业（机构）员工管理指引》《对外投资合作环境保护指南》《境外中资企业商（协）会建设指引》等文件，引导境外企业守法合规经营、强化道德规范、履行社会责任、加强与当地利益文化融合，实现互利共赢①。

---

① 资料来自商务部走出去公共服务平台（mofcom.gov.cn）。

285

第五节　中国对外直接投资的战略选择与发展前景

"一带一路"倡议是我国扩大对外开放的重大举措，是当今世界规模最大的国际合作平台和最受欢迎的国际公共产品，是构建人类命运共同体的伟大实践。新冠肺炎疫情的暴发，不仅对各国人民生命安全和身体健康带来严重威胁，更对世界经济带来了强烈的冲击。在这种环境下，坚持以"一带一路"高质量发展推动构建人类命运共同体，具有深刻的时代价值与现实意义①。

2020年6月，习近平主席向"一带一路"国际合作高级别视频会议发表书面致辞，强调"中国始终坚持和平发展、坚持互利共赢"，提出"把'一带一路'打造成团结应对挑战的合作之路、维护人民健康安全的健康之路、促进经济社会恢复的复苏之路、释放发展潜力的增长之路"，为高质量共建"一带一路"、携手推动构建人类命运共同体指明了方向。中国对外投资应在秉持构建人类命运共同体的理念下，为中国的经济增长提供支持，也要合理选择投资战略促进东道国的发展，为世界各国提供构建人类命运共同体的中国方案。

一、中国对外直接投资的前景分析

（一）对外投资合作整体将平稳有序发展

在以习近平同志为核心的党中央强有力的领导下，中国迅速遏制了新冠肺炎疫情的蔓延，并在2020年第三季度末实现了由负数到正数的经济增长，为世界经济的复苏注入了正能量，增强了世界对中国企业的信心，这也增强了中国企业"走出去"的信心。面对逆全球化，中国积极推动经济全球化，坚定支持多边贸易体制，支持和引导有实力且具有良好声誉的中国企业开展跨境投资合作（姬忠实，2018），这为中国对外投资合作平稳有序发展奠定了坚实基础（范鹏辉 等，2020）。

（二）企业对外投资合作将更注重质量效益

2020年，中国政府工作报告明确提出要引导对外投资健康发展（鄂一龙，2020）。在欧美发达经济体不断加大对外资的审查和监管、疫情加剧逆全球化进程，以及地缘政治争端等多重复杂的国际大环境中，中国企业对外投资合作将更为审慎理性。中国正在按照党的十九大报告要求，不断创新投资方式，增强为对外投资合作企业服务的能力。"走出去"企业在对外投资中不再只谋求单一控股和规模扩张，而是更加注重合规运作、防范风险、注重实现与东道国的互利共赢（姚淑梅 等，2020），这为对外投资的高质量发展提供了保障。

（三）中国对外直接投资结构将持续优化

随着产业结构的优化和中国在全球价值链中地位的提高，"走出去"企业的创新能力和内生动力得到增强，有望为中国对外投资的持续优化提供强有力的支持

---

① 中央党校（国家行政学院）习近平新时代中国特色社会主义思想研究中心. 以"一带一路"高质量发展 推动构建人类命运共同体 [N]. 经济日报，2020-9-22（11）.

（肖凯聪，2021）。服务业近年来一直蓬勃发展，是中国经济高质量增长的重要引擎，同时也成为中国对外直接投资的主要产业。在"十三五"期间，中国服务业对外投资大幅增长，其占全部产业的比重由 2016 年的 51.6% 上升到 2019 年的 53.9%。同时，信息传输、软件和信息技术服务业以及高新技术产业的对外投资额也逐年增加。

（四）企业将更加注重通过对外投资实现产业链和供应链自主可控

面对复杂的国际环境，中国通过创新发展和双循环的相互促进，增强产业链和供应链的独立可控能力，将成为当前和未来的关键任务之一（蒲清平 等，2020）。经过多年的不懈努力，中国企业的对外投资在存量、质量和结构上不断增长和优化，海外经贸合作区的数量和质量都有所提升，深化了中国企业与东道国之间的产业合作。

未来，中国将贯彻新的发展理念，更加注重跨国产业体系建设，依托强大的国内市场优势，研究关键的核心技术（习近平，2021）。通过"走出去"弥补技术上的弱点，解决"卡脖子"问题，以此提升我国在国际产业链和供应链中地位（刘元春，2020）。在竞争性行业中，中国通过"走出去"加强国际合作，带动技术、设备、产品和服务的出口，并巩固国际市场份额。可以预见，海外投资与合作将帮助中国企业更好地利用国内外市场和资源，为产业链和供应链的稳定以及独立可控做出贡献。

二、中国对外直接投资发展策略

（一）进一步推进"走出去"战略有效实施

"走出去"战略的实施，推动了中国对外直接投资的发展（李伟，2017）。今后，中国应该继续坚定不移地推进"走出去"战略，并从以下两个方面进行政策调整：一是加强对境外投资地区和行业的引导，积极引导境外投资的合理发展（杨华，2014）。二是促进中西部地区对外投资的发展，实现中国不同地区对外投资的平衡（郑展鹏，2013）。通过促进外资便利化，规范企业海外投资管理，完善风险评估、应急和公共服务平台，为对外投资提供有力支撑。

（二）扩大并加深与"一带一路"沿线国家的对外投资合作

"一带一路"建设是未来中国对外投资的重点（赵艾，2018），我国亟待与"一带一路"沿线国家开展更广泛、更深入的合作。一是根据"一带一路"周边国家的不同发展战略，制定不同的合作战略，从而提高对外投资的质量。二是提高对"一带一路"沿线国家的投资便利化程度。在对等规定的基础上，努力推动"一带一路"沿线国家逐步简化投资的审批程序、减少投资的使用限制，从而全面促进双方的投资合作（王素云 等，2021）。三是促进国内地区对"一带一路"周边国家的投资。依照各地区的发展水平，以及所具有的产业优势，从政策方面给予各地区不同的投资扶持。四是打造合作平台，在"一带一路"沿线国家建立更多的海外合作区（万永彬，2019）。

（三）提升在国际规则制定中的影响力和话语权

为了促进中国对外直接投资健康快速发展，中国必须增强在国际规则制定中的影响力（郭凌威 等，2018）。一方面，应继续在多边体系内积极推进投资便利化，促进《20国集团全球投资指导原则》的执行；另一方面，考虑到地区特点和中国对外投资的发展，努力促进实施更高标准的地区和双边投资条约（李依颖 等，2019）。同时，要积极与美国、欧洲开展贸易、投资谈判，深入参与其他类型的国际投资谈判，提高他国对中国投资的美誉度和接受度，实现与东道国共赢发展（Wu et al.，2018）。

（四）履行大国责任

合作共赢是中国对外投资和发展的核心原则，世界大国的身份要求我国需要深刻考虑东道国的发展和需要（龙凤 等，2013）。因此，在对外投资合作过程中，在获得自身经济利益的同时，我国还要着眼于对东道国的发展保护。只有对外投资企业对东道国做出实质性贡献，对外投资合作才能取得实质性发展。今后，中国不仅要充分发挥产业优势，拓展对外投资，还要帮助东道国发展经济，实现长期的友好合作（祝继高 等，2021）。在多边和区域性外国投资合作机制中，努力协调和促进实现中国经济发展的双重目标并承担起中国的责任，是中国对外投资可持续发展和中国和平崛起的主要前提。

（五）积极应对数字经济的发展

随着信息时代的深入发展，数字经济也逐渐影响着各国的对外投资，同时也带来了新的投资方式（詹晓宁 等，2018）。尽管数字跨国公司在发展中国家仍处于起步阶段，但中国的数字经济正在迎头赶上。为了进一步推动对外投资的发展，我国需要把握数字经济发展机遇，同时防止其内在风险（蓝庆新 等，2021）。调整国内的市场政策、建立完善的政策框架体系，使其符合数字经济发展的需要，从而为中国数字企业的发展和投资创造更好的国内外环境（周经 等，2021）。

本章小结

随着中国对外开放的不断深入和深化、外资政策的不断完善以及营商环境的不断优化，中国吸引外资的规模也不断达到历史新高。外资规模的扩大和结构的优化，促进了中国新发展方式的形成。从长远来看，未来中国仍将是外国直接投资的重要场所。一方面，外国投资有助于建立和改善中国的国际形象，促进中国投资的发展；另一方面，利用外资可以提升中国企业的竞争力，使其更好地融入经济全球化。同时，随着我国成为对外投资大国，对外投资对国内的逆向溢出效应也将成为我国实现高质量发展的重要驱动力量。总体来看，无论是吸引外资还是对外投资，中国的影响力都将持续上升，中国融入国际市场的红利将持续释放。

事实上，马克思（1986）在《资本论》（第一卷）中指出："资本是一种社会生产关系。它是一种历史的生产关系。"马克思对资本的深刻论断，有助于我们正确理解FDI这种资本形式的社会属性（张广兴 等，2007）。"资产阶级，由于开拓了世界市场，使一切国家的生产和消费都成为世界性的了"（马克思和恩格斯，1972），马克思和恩格斯由此探究出资本扩张与输出是资产阶级开拓世界市场的原因和动力（欧阳峣 等，2020）。随着世界经济的发展，资本扩张与输出的活动中逐渐演化出国际投资活动，虽然马克思并没有太多关于国际投资的论断，但其思想值得各个国家深入学习。因此，在研究已经对世界经济政治体系产生重大影响的跨国投资时，我们需要马克思主义伟大思想的指导（陈耀庭，2005；张宇燕，2016；欧阳峣 等，2020；张小波 等，2020）。

目前，中国已经成为世界经济贸易投资大国，处在比历史上任何时期都更接近中华民族伟大复兴中国梦的新时代（张宗斌 等，2020）。习近平（2018）指出："国际贸易和投资等经贸往来，植根于各国优势互补、互通有无的需要。"习近平新时代中国特色社会主义思想不仅为中国开放型经济的发展提供了指导，还为世界贡献了中国方案和中国智慧。"我国经济快速发展，众多企业在对外投资过程中，不仅积极开展社会责任建设，而且不断加强生态环境建设，促进东道国经济的可持续发展"（张宗斌和朱燕，2020），为全世界的和平与发展做出了巨大贡献。我国在利用外资和对外投资的过程中，显著深化了我国国际分工，形成了中国与世界市场的紧密联系，这对彰显中国方案、中国智慧，深入践行人类命运共同体理念无疑具有深远影响。

本章习题

名词解释

1. 中外合资经营企业
2. 中外合作经营企业
3. 外商独资经营企业
4. BOT
5. 跨国并购

简答题

1. 中国吸引外资经历了哪几个发展阶段？
2. 简述中国吸引外资的特点及方式。
3. 中国利用外资的挑战有哪些？
4. 简述中国吸引外资的现状。
5. 分析中国对外直接投资现状。
6. 简述中国对外直接投资的方式及特点。
7. 浅谈中国的"走出去"战略。
8. 中国对外直接投资存在什么问题？
9. 为什么中国需要进行对外直接投资？
10. 浅谈中国对外直接投资的发展前景。

本章参考文献

白洁, 2009. 对外直接投资的逆向技术溢出效应: 对中国全要素生产率影响的经验检验 [J]. 世界经济研究 (8): 65-69.

毕吉耀, 1995. 中国利用外商投资的发展、特点、问题与对策 [J]. 经济研究参考 (1): 27-40.

蔡家勇, 2017. 我国对外直接投资的现状、问题与对策 [J]. 宏观经济管理 (2): 55-58.

蔡承彬, 2019. 东道国经济风险对中国企业对外投资的影响: 基于中国对外直接投资与工程项目投资两个维度的分析 [J]. 宏观经济研究 (4): 107-115.

柴庆春, 2008. 我国对外直接投资的现状及问题分析 [J]. 国际贸易 (1): 49-53.

陈波, 2018. "一带一路"背景下我国对外直接投资的风险与防范 [J]. 行政管理改革 (7): 61-66.

陈文敬, 2008. 中国利用外资三十年回顾 [J]. 中国外资 (5): 16-19.

陈耀庭, 2005. 以《资本论》为指导研究当代中国经济和世界经济问题 [J]. 重庆工学院学报, 19 (4): 23-24.

陈业宏, 2002. 论完善中国海外投资审批制度 [J]. 中南民族大学学报: 人文社会科学版, 22 (6): 23-27.

程惠芳, 2002. 国际直接投资与开放型内生经济增长 [J]. 经济研究 (10): 71-78.

程中海, 南楠, 2017. 中国对"一带一路"国家直接投资的效率及潜力评估 [J]. 商业研究 (8): 64-73.

崔凡, 蔡开明, 2019. 《中华人民共和国外商投资法》初探 [J]. 上海对外经贸大学学报 (3): 14-24.

崔新健, 2009. 中国利用外资30年: 历程、成效与挑战 [J]. 经济与管理研究 (1): 35-38.

董超, 2008. 中国利用外资新趋势 [J]. 中国外资 (1): 49-49.

董书礼, 2004. 以市场换技术战略成效不佳的原因辨析及我国的对策 [J]. 科技与管理, 6 (4): 4-7.

杜敏, 1987. 利用外资形式之二: 直接利用外资 (一) [J]. 亚太经济 (3): 75-80.

樊增强, 2015. 中国企业对外直接投资: 现状、问题与战略选择 [J]. 中国流通经济, 29 (8): 106-113.

房汉廷, 张代军, 1996. 中国利用外资的规模与形式 [J]. 财贸经济 (5): 12-18.

冯建波, 葛亚君, 李成哲, 2001. 加入 WTO 对我国沿海经济特区和开发区的影

响及对策选择 [J]. 世界经济文汇 (2)：66-68.

　　郭建宏，2017. 中国的对外直接投资风险及对策建议 [J]. 国际商务研究，38 (1)：75-84.

　　郭凌威，卢进勇，郭思文，2018. 改革开放四十年中国对外直接投资回顾与展望 [J]. 亚太经济 (4)：111-121.

　　郭伟伟，2007. 从内政与外交互动的角度看新中国的外交战略与经济建设的发展 [J]. 当代世界与社会主义 (4)：89-93.

　　耿莉萍，2003. 外资并购国有企业的意义及相关问题分析 [J]. 北京工商大学学报 (社会科学版)，18 (1)：14-18.

　　韩冰，2014. 准入前国民待遇与负面清单模式：中美 BIT 对中国外资管理体制的影响 [J]. 国际经济评论 (6)：101-110.

　　韩江波，薛光明，2009. 重新审视我国的"市场换技术"战略 [J]. 唯实 (1)：55-58.

　　扈婧，2021. 新形势对我国利用外商直接投资的影响及应对 [J]. 中国经贸导刊 (中) (1)：22-24.

　　侯文平，2016. 中国对外直接投资的现状和问题分析 [J]. 科学·经济·社会 (3)：35-39.

　　胡叶琳，余菁，2021. "十四五"时期在华跨国公司发展研究 [J]. 经济体制改革 (1)：85-92.

　　胡雪飞，何玉芳，2021. 全球化与逆全球化博弈下的社会思潮探赜 [J]. 南方论刊 (4)：19-21，29.

　　黄锦明，2016. 技术获取型对外直接投资提升全球价值链分工位次的作用机制与中国对策：以中国企业华为为例 [J]. 现代经济探讨 (4)：54-58.

　　黄锡生，曾金金，2000. 论中国对外贸易经营资格审批制改革 [J]. 重庆大学学报：社会科学版，6 (1)：58-59.

　　郭建万，袁丽，陶锋，2009. 新经济地理学视角下的外商直接投资区位选择 [J]. 金融与经济 (3)：14-16.

　　姜云宏，2019. 中国对外投资现状分析 [J]. 全国流通经济 (31)：21-22.

　　金相郁，朴英姬，2006. 中国外商直接投资的区位决定因素分析：城市数据 [J]. 南开经济研究，2006 (2)：35-45.

　　姬忠实，2018. 中国将继续坚定维护多边贸易体制 [J]. 中国经贸 (20)：19.

　　蒋殿春，夏良科，2005. 外商直接投资对中国高技术产业技术创新作用的经验分析 [J]. 世界经济，28 (8)：3-10.

　　蒋兴仁，1995. 对外开放的一个重要方面：谈学习外国先进的企业管理经验和方法 [J]. 北华大学学报：社会科学版 (3)：51-52.

　　孔庆江，2020.《中华人民共和国外商投资法》与相关法律的衔接与协调 [J]. 上海对外经贸大学学报 (3)：5-13.

　　黎绍凯，张广来，2018. 我国对"一带一路"沿线国家直接投资布局与优化选择：兼顾投资动机与风险规避 [J]. 经济问题探索 (9)：111-124.

李国学，2014. 从"以市场换技术"到"以制度促创新"：中美 BIT 框架下我国企业技术进步的新选择 [J]. 国际经济合作 (10)：30-37.

李洪涛，高宝华，2016. 共给侧改革与利用外资战略的思考 [J]. 国际经济合作 (12)：34-38.

李依颖，王增涛，胡琰欣，2019. 双边投资协定、区域制度与区域外商直接投资 [J]. 财贸经济 (4)：88-101.

李伟，2017. 关于实施企业"走出去"战略问题研究综述 [J]. 经济研究参考 (36)：45-57.

李俊久，蔡琬琳，2018. 对外直接投资与中国全球价值链分工地位升级：基于"一带一路"的视角 [J]. 四川大学学报（哲学社会科学版）(3)：157-168.

李梅，柳士昌，2012. 对外直接投资逆向技术溢出的地区差异和门槛效应：基于中国省际面板数据的门槛回归分析 [J]. 管理世界 (1)：21-32.

李霞，2015. 中国对外投资的环境风险综述与对策建议 [J]. 中国人口·资源与环境，25 (7)：62-67.

林欣，李春顶，2019. 中国利用外资 70 年：回顾，现状及展望 [J]. 国际贸易 (10)：4-10.

蓝庆新，赵永超，2021. 双循环新发展格局下的数字经济发展 [J]. 理论学刊 (1)：24-31.

刘元春，2020. 要解决双循环战略的"短板"问题，行业要有"备胎"方案 [J]. 上海企业 (9)：72-73.

刘宏，苏杰芹，2014. 中国对外直接投资现状及存在问题研究 [J]. 国际经济合作 (7)：37-41.

刘建丽，2019. 新中国利用外资 70 年：历程、效应与主要经验 [J]. 管理世界，35 (11)：19-37.

刘景卿，于佳雯，车维汉，2019. FDI 流动与全球价值链分工变化 [J]. 财经研究，45 (3)：100-113.

刘斌，王杰，魏倩，2015. 对外直接投资与价值链参与：分工地位与升级模式 [J]. 数量经济技术经济研究，32 (12)：39-56.

龙楚才，1984. 建国以来利用外资的回顾 [J]. 国际贸易 (9)：5-7.

龙凤，葛察忠，2013.《对外投资合作环境保护指南》解读 [J]. 环境保护 (7)：55-56.

陆磊，2020. 扎实做好外汇领域改革发展稳定工作 [J]. 中国金融 (5)：11-14.

陆亚琴，2011. 外商直接投资在华的发展历程，特点及经济效应分析 [J]. 兰州财经大学学报，27 (4)：26.

马宇，2007. 我国外商投资管理体制亟需改革 [J]. 大经贸 (2)：32-33.

马宇，魏丹琪，2019. 新中国 70 年利用外资政策之演进研究 [J]. 山东社会科学（10）：108-115.

马述忠，刘梦恒，2016. 中国在"一带一路"沿线国家 OFDI 的第三国效应研究：基于空间计量方法 [J]. 国际贸易问题（7）：72-83.

孟小龙，2014. 中国（上海）自贸区外商投资备案管理研究：以现行《备案管理办法》为视角 [J]. 上海政法学院学报：法治论丛（4）：40-45.

毛亚男，2019. 经济新常态下我国经济发展与改革问题的逻辑探讨 [J]. 现代管理科学（8）：3-6.

欧阳峣，汤凌霄，2020. 构建中国风格的世界经济学理论体系 [J]. 管理世界（4）：53-66.

蒲清平，杨聪林，2020. 构建"双循环"新发展格局的现实逻辑、实施路径与时代价值 [J]. 重庆大学学报（社会科学版），26（6）：24-34.

潘熙宁，1993. 对外开放必须处理好的几个关系：兼论长江流域的开放方略 [J]. 当代财经（8）：9-12.

钱守承，1991. 我国对苏联、东欧国家贸易的回顾与展望 [J]. 学术交流（6）：97-98.

饶光明，卿春丽，2019. 中国对"一带一路"沿线国家直接投资的影响因素分析：基于东道国制度环境因素 [J]. 重庆理工大学学报（社会科学），33（8）：41-51.

芮兆龙，1989. 首家中外合资经营企业中波轮船股份公司发展 38 载 [J]. 国际经济合作（2）：15.

桑百川，2019. 改善外资营商环境再发力的方向 [J]. 开放导报（6）：3.

沙文兵，李莹，2018. OFDI 逆向技术溢出、知识管理与区域创新能力 [J]. 世界经济研究（7）：80-94.

盛浩，2018. 改革开放以来我外贸战略的演变及展望 [J]. 中国流通经济，32（11）：58-67.

沈国兵，2021. 疫情全球蔓延下推动国内国际双循环促进经贸发展的困境及纾解举措 [J]. 重庆大学学报（社会科学版），27（1）：1-13.

沈杰，1996. 外商对华直接投资的动机分析 [J]. 江苏经济探讨（11）：40-44.

史恩义，张瀚文，2018. OFDI 动机、金融发展差异与出口贸易 [J]. 世界经济研究（8）：74-87.

盛浩，2018. 改革开放以来我外贸战略的演变及展望 [J]. 中国流通经济，32（11）：58-67.

宋河发，曲婉，刘峰，2016. 建设知识产权强国面临问题分析和战略任务与政策措施研究 [J]. 中国科学院院刊，31（9）：989-997.

宋微，2018. 投资合作结硕果 [J]. 中国外汇（16）：27-28.

孙早，宋炜，孙亚政，2014. 母国特征与投资动机：新时期的中国需要怎样的外商直接投资 [J]. 中国工业经济（2）：71-83.

孙泽学，2011. 对 1950 年代中国利用外资外智的历史考察 [J]. 中国经济史研究（3）：49-60.

陶燕兰，宾建成，2017. 准入前国民待遇和负面清单管理的国际投资新规则对我国利用外资的启示 [J]. 特区经济（6）：87-90.

万永彬，2019. 中国与"一带一路"沿线国家双边贸易影响因素的实证研究 [J]. 经济问题探索，11.

王凡一，2016."一带一路"战略下我国对外投资的前景与风险防范 [J]. 经济纵横（7）：33-36.

王素云，沈桂龙，2021. 推动"一带一路"沿线国家贸易和投资自由化便利化研究：新冠疫情背景下的挑战与应对 [J]. 重庆大学学报（社会科学版）：1-12.

王海峰，2018. 中国利用外资在起伏中保持缓慢增长 [J]. 中国外资（3）：42-44.

王凯，王永乐，2007.FDI 区位选择与产业集聚及其启示 [J]. 武汉金融（8）：17-18.

王琳华，者贵昌，2018. 中国对外直接投资形势及特点分析 [J]. 中国经贸导刊（理论版），32.

王培元，1987. 涉外企业的形式比较及其选择 [J]. 特区经济（2）.

王晓红，2017. 推动新时期我国对外直接投资的战略思路 [J]. 全球化（1）：28-49.

王耀华，1984. 对我国外资利用形式问题的探讨 [J]. 世界经济研究（5）：31-34.

魏后凯，2003. 加入 WTO 后中国外商投资区位变化及中西部地区吸引外资前景 [J]. 管理世界（7）：67-75.

王一兵，1987. 关于我国利用国外直接投资问题的思考 [J]. 国际贸易（3）：9-11.

文余源，2008. 外商直接投资区位理论与实证的研究进展 [J]. 经济评论（3）：147-155.

文余源，2008.FDI 理论与区位决策研究述评 [J]. 地理科学进展，27（2）：60-73.

巫云仙，2009. 改革开放以来我国引进和利用外资政策的历史演进 [J]. 中共党史研究（7）：24-32.

肖凯聪，2021. 中国企业"走出去"的战略选择 [J]. 中国外资（7）：34-36.

习近平，2021. 把握新发展阶段，贯彻新发展理念，构建新发展格局 [J]. 求是（9）：4-18.

习近平，2018. 共建创新包容的开放型世界经济：在首届中国国际进口博览会开幕式上的主旨演讲 [J]. 党政干部参考（22）：3-6.

谢娜，2020. 中国对"一带一路"沿线国家直接投资的贸易效应研究：基于制度距离差异的实证分析 [J]. 宏观经济研究（2）：112-130.

尹思雨，2011. 取消外资企业超国民待遇：机遇与挑战并存 [J]. 中国外资

（14）：196.

姚淑梅，刘栩畅，李馥伊，2020. 新形势下我国对外投资的战略思考 [J]. 中国经贸导刊（2）：52-57.

鄢一龙，2020. 解读政府工作报告中的"双循环""一带一路"如何参与？[J]. 全球商业经典（7）：48-53.

杨丹辉，2019. 新形势下，如何更好"稳外资"？[J]. 中国外资（3）：54-55.

杨振，杜昕然，2020. 我国利用外资的趋势性变化 [J]. 国际经济合作（5）：40-50.

杨华，2014. 健全境外投资综合服务体系，促进"走出去"战略的实施：以韩国经验为借鉴 [J]. 中央财经大学学报，1（10）：99.

杨帆，孙祎婉，2018. 中国对外投资现状分析 [J]. 合作经济与科技（20）：48-50.

杨泽喜，左世元，2010. 试析建国初期苏联对中国的经济援助 [J]. 黄石理工学院学报（人文社科版），27（4）：51-56.

张锐连，施国庆，2017. "一带一路"倡议下海外投资社会风险管控研究 [J]. 理论月刊（2）：135-143.

张广婷，王陈无忌，2019. 主动变革、开放包容与制度创新：新中国70年吸引外资的内在逻辑 [J]. 世界经济研究（12）：3-12.

张广兴，董国利，徐勇，2007. 不断发展的马克思主义FDI理论：论和谐社会视角下的外资工作指导思想 [J]. 河北师范大学学报（哲学社会科学版），30（3）：29-32.

张小波，刘世强，2020. 马克思主义国际关系理论的发展及其对国际关系学科的贡献 [J]. 马克思主义研究（7）：67-75.

张宇燕，2016. 当代中国世界经济学研究 [M]. 北京：中国社会科学出版社.

赵雅玲，2020. 我国外商投资管理体制的演化发展与展望 [J]. 经济体制改革（4）：142-149.

詹晓宁，欧阳永福，2018. 数字经济下全球投资的新趋势与中国利用外资的新战略 [J]. 管理世界（3）：78-86.

张川川，徐程，2007.FDI在山东省区位选择影响因素的实证分析 [J]. 商场现代化，10（512）：226-228.

张广荣，2009. 我国"境外投资"基本政策发展演变 [J]. 国际经济合作（9）：21-27.

张娜，2018. 中国对外直接投资出现"断崖"分析：理性前行 [J]. 全国流通经济（8）：10-11.

张宗斌，朱燕，2020. 习近平关于国际投资重要论述的理论逻辑与现实路径 [J]. 山东师范大学学报（社会科学版）（6）：70-82.

张棣，2002. 我国利用外资方式的演变及其发展趋势 [J]. 计划与市场（6）：11-13.

295

赵艾, 2018. 以 "一带一路" 建设为重点推动形成全面开放新格局: 在宏观经济高层报告会上的演讲 [J]. 中国经贸导刊 (3): 13-16.

章志华, 孙林, 2021. OFDI 逆向技术溢出、异质性金融发展与经济增长质量 [J]. 国际经贸探索 (3): 81-97.

赵蓓文, 李丹, 2019. 从举借外债, 吸收外资到双向投资: 新中国 70 年 "引进来" 与 "走出去" 的政策与经验回顾 [J]. 世界经济研究 (8): 3-10.

赵超霖, 2015. 新外商投资目录: 负面清单管理的以此重要推进 [J]. 中国经济导报.

钟山, 2020. 积极应对疫情冲击稳住外贸外资基本盘 [J]. 求是 (7): 65-71.

曾国军, 2005. 外商直接投资在华区位选择的影响因素研究 [J]. 学术研究 (11): 38-42.

祝继高, 王谊, 汤谷良, 2021. "一带一路" 倡议下的对外投资: 研究述评与展望 [J]. 外国经济与管理 (3): 119-134.

周经, 吴可心, 2021. 东道国数字经济发展促进了中国对外直接投资吗? [J]. 南京财经大学学报.

钟祖昌, 张燕玲, 孟凡超, 2021. 一国对外直接投资网络构建对其全球价值链分工位置的影响研究: 基于社会网络分析的视角 [J]. 国际贸易问题 (3): 93-108.

宗芳宇, 2019. 全球跨境投资政策变化、影响及中国对策 [J]. 国际贸易 (3): 50-56.

周恩来, 维辛斯基, 1950. 中华人民共和国中央人民政府苏维埃社会主义共和国联盟政府关于贷款给中华人民共和国的协定 [J]. 山东政报 (3): 93-94.

ALMEIDA P, 1996. Knowledge sourcing by foreign multinationals: Patent citation analysis in the US semiconductor industry [J]. Strategic management journal, 17 (S2): 155-165.

BELL J, 1996. Single or joint venturing? A comprehensive approach to foreign entry mode choice [M]. Avebury: brookfield, USA.

BRACH J, KAPPEL R, 2009. Global value chains, technology transfer and local firm upgrading in Non-OECD countries [J]. GIGA working papers (110).

BRANSTETTER L, 2006. Is foreign direct investment a channel of knowledge spillovers? Evidence from Japan's fdi in the United States [J]. Journal of international economics, 68 (2): 325-344.

BUCKLEY P J, 1976. The future of the multinational enterprise [M]. New York: Holmes and Melers.

BALLESTEROS N R, GODA T, 2017. Natural resource-seeking FDI inflows and current account deficits in commodity-producing developing economies [M]. Documentos De Trabajo Cief.

CARVALHO F, DUYSTERS G, COSTA I, 2010. Drivers of brazilian foreign investments-technology seeking and technology exploiting as determinants of emerging FDI [J]. MERIT working papers (1): 419-438.

CHENG L K, KWAN Y K, 2000. What are the determinants of the location of foreign direct investment? The Chinese experience [J]. Journal of international economics, 51 (2): 379-400.

CLICKMAN N J, WOOD D P, 1988. The location of foreign direct investment in the U. S. patterns and determinants [J]. International regional science review (11): 1267-1293.

CANTWELL J, 1989. Technological innovation and multinational corporations [J]. The economic journal, 100 (401).

COUGHLIN C C, SEGEV E, 2000. Foreign direct investment in china: A spatial econometric study [J]. The world economy (23): 1-23.

DUNNING J H, 1973. The determinants of international production [J]. Oxford economic papers (25): 289-336.

DUNNING J H, 1977. Trade, location of economic activity and the MNE: A search for an eclectic approach [M]. London: MacMillan.

DUNNING J H, 1981. International production and the multinational enterprise [M]. London: George Allen and Unwin.

DUNNING J H, 1998. Location and the multinational enterprise: A neglected factor? [J]. Journal of international business studies, 29 (1): 45-66.

DUNNING J H, 1988. Explaining international production [M]. Boston: Unwin Hyman.

DUNNING J H, 1993. Accurate methods for the statistics of surprise and coincidence [J]. Computational linguistics, 19 (1): 61-74.

ECKEL C, 2003. Fragmentation, efficiency-seeking FDI, and employment [J]. Review of international economics, 11 (2).

FUNG K C, LIZAKA H, LEE J, et al., 2000. Determinants of U. S. and Japanese foreign investment in China [R]. Asian Development Bank Institute.

FUNG K C, IIZAKA H, LIN C, et al., 2002. An econometric estimation of locational choices of foreign direct investment: The case of Hong Kong and U. S. firms in China [J]. SSRN electronic journal (2): 27.

HILL C, HWANG P, KIM W, 1990. An eclectic theory of the choice of international entry mode [J]. Strategic management journal (11): 117-128.

HYMER S H, 1976. The international operations of national firms: A studies of direct foreign investment [M]. Cambridge, MA: MIT Press.

JIANG G F, HOLBURN G L F, BEAMISH P W, 2018. Repeat market entries in the internationalization process: The impact of investment motives and corporate capabilities [J]. Global strategy journal.

297

KINDLEBERGER C P, 1969. American business abroad [M]. New Haven: Yale University Press.

KUEMMERLE W, 1999. The drivers of foreign direct investment into research and development: An empirical investigation [J]. Journal of international business studies, 30 (1): 1-24.

KOGUT B, CHANG S, 1991. Technological capabilities and Japanese foreign direct investment in the United States [J]. The review of economics statistics, 83 (3): 490-497.

KOJIMA K, 1978. Direct foreign investment: A Japanese model of multinational business operations [M]. London: Croom Helm.

KANG Y, LIU Y, 2016. Natural resource-seeking intent and regulatory forces: Location Choice of chinese outward foreign direct investment in Asia [J]. Management research review.

LAIL S, SHARIF M, 1883. Multinationals in Indian big business: Industrial characteristic of foreign investment in a heavily regulated economy [J]. Journal of development economics, 13 (1-2): 143-157.

LUCAS R E, 1990. Why doesn't capital flow from rich to poor countries? [J]. American economic review (80): 92-96.

LIU P, LEE H S, 2020. Foreign direct investment (FDI) and economic growth in China: Vector autoregressive (VAR) analysis [R]. XVII International Conference of Students and Young Scientists "Prospects of Fundamental Sciences Development", (PFSD-2020).

LOUIS T W, 1983. Third world multinationals: The rise of foreign investment from developing countries [M]. Cambridge, MA: The MIT Press.

LIN C C, CHEN K M, RAU H H, 2010. Exchange rate volatility and the timing of foreign direct investment: Market-seeking versus export-substituting [J]. Review of development economics, 14 (3): 466-486.

MARKIDES C, 1995, Diversification, refocusing and economic performance [M]. Cambridge, MA: The MIT Press.

MIRZA H, GIROUD A, JALILIAN H, et al., 2004. Regionalization, foreign direct investment and poverty reduction [J]. Journal of the asia pacific economy.

PORTER M E, 1990. The competition advantage of nations [M]. New York: The Free Press.

PORTER M E, 2000. Location, competition and economic development: Local clusters in a global economy [J]. Economic development quarterly (14): 15-35.

QU T, GREEN M B, 1977. Chinese foreign direct investment: A subnational perspective on location [M]. Ashgate, Brookfield.

ROMER P M, 1986. Increasing returns and long-run growth [J]. Journal of political economy (94): 1002-1037.

RUGMAN A M, 1987. Inside the multinationals: The economics of internal market [M]. London: Croom Helm.

SEYOUM M, WU R, YANG L, 2015. Technology spillovers from Chinese outward direct investment: The case of ethiopia [J]. China economic review (33): 35-49.

SHAN J, 2002. A VAR approach to the economics of FDI in China [J]. Applied economics, 34 (7): 885-893.

SHIREEN A, 2012. Innovation, production and foreign direct innovation-induced R&D spillovers [J]. Journal of international trade & economic development (21): 615-653.

STEPHANE D, 1998. Foreign direct investment in China: Determinants and effects [J]. Economics of planning (31): 175-194.

SOLOW R M, 1957. Technical change and the aggregate production [J]. Review of economics and statistics (39): 312-320.

SUN Q, TONG W, YU Q, 2002. Determinants of foreign direct investment across China [J]. Journal of international money and finance, 21 (1): 79-113.

VERNON R, 1966. International investment and international trade in the product cycle [J]. Quarterly journal of economic activity (80): 190-207.

VERNON R, 1974. The location of economic activity, in j. h. dunning ed., economic analysis and the multinational enterprise [M]. London: Allen and Unwin.

WANG D, LIU Y, 2014. Location strategies of outward direct investment for Chinese technology-seeking enterprises [J]. Advanced materials research, (1065-1069): 2467-2471.

WU S, SHI G, 2018. The practical predicament and path selection of environmental and social management in the overseas hydropower investment [J]. Environmental impact assessment.

XIAOXIN X U, LIU J, 2019. An empirical study of labor standards affecting China's OFDI: Based on samples of belt and road initiative [J]. Jinan journal (philosophy & social science edition).

习题答案

第一章　习题答案

名词解释

1. 国际投资

国际投资是指各类投资主体将其拥有的货币资本或产业资本，经跨国界流动与配置形成实物资产、无形资产或金融资产，并通过跨国运营以实现价值增值的经济行为。

2. 国际直接投资

国际直接投资是指一个国家（地区）的居民或实体直接在海外投资设厂参与经营，并享受企业的经营收益。根据控制方式的不同，国际直接投资可分为股权关联和非股权关联。通常所说的独资和合资，是基于股权关系的国际直接投资。许可证交易、特许经营和受限的中长期贷款就是典型的基于非股权联系的国际直接投资。

3. 国际间接投资

国际间接投资是在国际直接投资基础上发展起来的一种投资模式，以股票和债券为媒介，资本转移依靠货币形式，主要投资形式有国际股票投资、国际信贷投资和国际债券投资。从广义上讲，除国际直接投资外，各种资本流动均可视为国际间接投资。狭义的国际间接投资，仅指投资者为了获得预期收益而购买国际债券、国际股票、国际信托等有价证券的投资。

4. 国际灵活投资

国际灵活投资是指不同国家的双方当事人就某一共同参加的商品生产和商品流通业务达成协议，采取一些灵活方式进行的投资活动。

5. 国际租赁

国际租赁是指一国承租人以支付一定租金的方式向他国出租人租用所需生产设备的交易活动。

6. 风险投资

风险投资是指在项目的早期阶段进行投资，当其发展得相对成熟后，在市场上兜售其股票，从而收回投资，获得高风险收益的一种投资活动。

简答题

1. 什么是国际投资？其与国内投资有什么不同？

国际投资是指各类投资主体，将其拥有的货币资本或产业资本，经跨国界流动与配置形成实物资产、无形资产或金融资产，并通过跨国运营以实现价值增值的经济行为。

与国内投资的区别：①国际投资目的的多样性；②国际投资领域的市场分割及不完全竞争性；③国际投资中货币单位及货币制度的差异性；④投资环境的国际差异性。

2. 国际投资的主客体分别有哪些？

国际投资主体包括跨国公司、跨国金融机构、官方和半官方机构以及个人投资者。对于国际投资主体而言，跨国公司是发展中国家经济增长的引擎。跨国公司是外国直接投资流入发展中国家的主要推动力；跨国公司创造就业机会，跨国公司通过采购国内商品和服务在发展中国家产生溢出效应。跨国金融机构包括跨国银行和非银行金融机构，其中跨国投资银行是主要的金融机构。近几十年来，随着外国银行进入限制的放宽，跨国银行在发达国家和新兴国家的业务显著扩大。国际清算银行的国际债权从 1990 年的 6 万亿美元增加到 2007 年的 37 万亿美元，占世界 GDP 的 70% 以上。在拉丁美洲以及中欧和东欧，大型欧洲银行和美国银行扩大了其附属机构网络，在一些国家的信贷市场份额超过 25%，在一些国家超过 50%。官方机构主要指政府，其参与国际投资往往具有鲜明的民族色彩和深刻的政治内涵。半官方机构指非政府的国际性组织，它们通常作为政府机构的一部分，或者与国际"种子"基金有关。以国际复兴开发银行为例，国际复兴开发银行是一个超国家的国际组织，其主要政策取向不属于任何国家的管辖范围，也不干涉其成员国的内政。个人投资者是指参与国际投资的自然人，一般通过国际证券交易参与国际间接投资，这些国际证券的交易通常不需要个人投资者离开本国。

国际投资客体是指投资者参与投资活动的对象。具体包括实物资产、无形资产和金融资产。对于投资客体而言，实物资产主要包括固定资产和存货，如在境外设立的企业及生产的产品等。无形资产包括专利权、非专利技术、商标权、版权、特许经营权、土地使用权、商业秘密等。在国际投资中金融资产包括国际债券、国际股票、国际衍生品等。

3. 国际投资产生的原因是什么？

①经济增长与资本需求；②利率和汇率的差异；③国际专业化和分工的发展；④市场的发展潜力和投资环境；⑤各国经济政策的差异。

4. 国际投资的分类有哪些？

按照投资主体类型，分为官方投资（public investment）与私人投资（private investment）等；按投资期限，分为长期投资（long-term investment）与短期投资（short-term investment）；按投资主体是否拥有对海外企业的实际经营管理权，分为国际直接投资（international direct investment）与国际间接投资（international indirect investment）。

5. 国际灵活投资的种类有哪些？

国际灵活投资是指不同国家的双方当事人就某一共同参加的商品生产和商品流通业务达成协议，采取一些灵活方式进行的投资活动。在国际投资领域中，这类业务活动并不是像国际直接投资或国际间接投资那样纯粹的投资活动，而是把投资与贸易活动紧密结合在一起，将投资行为和目的实现隐含在商品或劳务的贸易活动之中。它们一方面和国际直接投资或国际间接投资相联系，另一方面又与国际贸易、国际金融、国际技术转让以及国际经济合作等相融合，并不断适应发达国家与发展中国家的实际情况而推陈出新。因此，国际灵活投资方式的选择日益受到各国的重视，这类投资方式主要有补偿贸易、加工装配贸易、国际租赁、国际工程承包、BOT 投资和风险投资。

6. 简述国际投资发生的动机。

①寻求市场扩张；②寻求市场替代；③寻求劳动力资源；④寻求自然资源；⑤寻求战略资产；⑥寻求国际合作、建立友好国际关系；⑦寻求国际分工地位的提升。

7. 国际投资学的研究对象有哪些？

国际投资学研究的基本对象主要包括国际投资相关理论、国际投资主体、国际投资客体和国际投资管理。

国际投资相关理论研究的核心是国际投资理论，其中以针对国际直接投资的理论研究为主，比较著名的国际投资理论包括以 Hymer（1960）、Vernon（1966）、Buckley 和 Casson（1981）为代表的国际投资微观理论，以 Hirsch（1976）、Kojima（1978）为代表的国际投资宏观理论，以及以 Dunning（1977）为代表的国际投资综合理论。国际投资相关理论研究还包括针对国际投资的概念、国际投资期限、国际投资的分类、国际投资的动因等的研究。例如，Warren（2013）提出了影响投资期限的 12 个因素，认为长期投资在稳定市场、降低成本方面优于短期投资。

国际投资主体研究主要是对从事国际投资活动的国际机构的发展、组织结构和经营战略的研究。例如，Han（2009）、Song 等（2016）、Kim 和 Ko（2018）分别研究了产品质量、价格、区位选择、便利性选择、品牌意识和服务对跨国公司成败的影响。

对国际投资客体的研究，主要是对国际直接投资和各种类型的国际间接投资的研究。例如，Canh 等（2020）的研究表明，经济不确定性的增加将对 FDI 流入产生负面影响。

国际投资管理的研究主要集中在投资环境、投资决策、投资规则、投资风险等方面。例如，Henisz（2000）、Peng 等（2008）、Holmes 等（2013）和 Cavusgil 等（2020）研究了东道国投资环境的影响因素，包括制度风险因素、腐败、单边权利结构等。

8. 国际投资学的研究方法有哪些？

①总量分析与个量分析相结合；

②静态分析与动态分析相结合；

③定性分析与定量分析相结合；

④抽象分析与实证分析相结合。

9. 国际投资经历了哪几个发展阶段？

①形成阶段（19 世纪中叶到 1914 年）；

②缓慢发展阶段（1914—1945 年）；

③恢复发展阶段（1946—1960 年）；

④高速发展阶段（1961—1990 年）；

⑤迅猛发展阶段（1991 年至今）。

10. 当前国际投资形势呈现出怎样的特点？

目前，国际直接投资走势偏弱。流入发达国家的外国直接投资迅速减少，而流入发展中国家的外国直接投资保持稳定。2015—2019 年的五年间，发展中国家外商直接投资（流入）流量基本维持在每年 7 000 亿美元的水平上，约占全球外商直接投资（流入）流量的 42%，相信发展中国家在未来 FDI 市场上的表现将更加突出。

第二章　习题答案

名词解释

1. 绿地投资

绿地投资是指跨国公司等投资主体在东道国境内设置的部分或全部资产所有权归外国投资者所有的企业，这类投资会直接导致东道国生产能力、产出和就业的增长。

2. 跨国并购

跨国并购是跨国兼并和跨国收购的总称，是指一国企业（又称并购企业）为了达到某种目标，通过一定的渠道和支付手段，将另一国企业（又称被并购企业）的所有资产或足以行使运营活动的股份收买下来，从而对另一国企业的经营管理实施实际的或完全的控制行为。

3. 贸易替代型

母国对东道国投资之后，原本母国向东道国出口的产品，现在由东道国生产，这部分贸易被取消。

4. 贸易创造型

母国对东道国进行投资后，产生了母国与东道国之前没有的贸易。

5. 所有权优势

所有权优势，又称垄断优势或厂商优势，是指一国企业拥有或能够得到的而其他国企业没有或无法得到的无形资产、规模经济等方面的优势。

简答题

1. 垄断优势理论的主要观点是什么?

垄断优势理论以不完全竞争为前提,可概括为四点:①由于其他非市场力量的干预,如政府,导致了市场的不完全;②税收原因;③要素和产品市场的不完全竞争;④规模经济。垄断优势包括管理优势、规模优势、技术优势和资金优势等。

管理优势:跨国企业由于基本上都是实力较为雄厚的大企业,而且也成立了一定时间,具备更多高素质的人才。在管理方面,跨国企业有更多的理论知识和实操经验,而东道国的企业在这方面具备一定的弱势。

规模优势:规模经济分为内部与外部。从内部看来,规模的优势使得单位成本降低,在单个产品收入不变的情况下,企业可以获得更多的利润。从外部看来,企业上下游行业的集聚,也可以降低企业的生产成本。

技术优势:跨国公司通过投入大量研发资金,以专利等方式来保护自己的独特技术,并通过技术提升产品的质量,使得产品与原来产品有差异,从而获得垄断利润。

资金优势:跨国公司规模较大,其拥有更多的货币资金,再加上现有的融资体系,导致规模较大信誉较好的企业可以以更低的成本融到更多的资金。

2. 内部化的影响因素有哪些?

①产业因素(industry-specific factor),生产的产品不同导致其产业具有不同的特征,如技术、资本和劳动密集型,同时也要考虑该产业有没有拥有规模经济。②公司因素(firm-specific factor),如企业内部的管理体系等。③国家因素(country-specific factor),如不同的国家拥有不同的经济、社会制度等。④地区因素(region-specific factor),本国与东道国之家存在文化等方面的差异,这些差异会导致交易成本的不同。

3. 垄断优势理论与市场内部化理论的主要区别是什么?

市场内部化理论从产品之间的交换出发,与之前的垄断优势理论相比,更具有一般性。因为垄断优势理论解释的是发达国家的有一定实力的企业进行对外投资的现象,而市场内部化理论可以同时解释发达国家和发展中国家企业进行跨国投资的现象。

4. 产品生命周期分为哪几个阶段?

①产品创新阶段(new product stage)。早期属于技术创新的阶段,该阶段对企业的资金要求较高,需要的投入较大。因此,只有创新国掌握该项新技术。此时,市场处于萌芽阶段,新开发的产品价格高,需求量变动很小。因为此时消费者多为高收入群体,对于价格敏感性不强。如果其他国家需要消费该产品,创新国会将该产品进行出口而不是去他国进行直接投资。此外,商品研发成功初期,会存在一定的仍待完善之处,需要密切关注市场对商品的使用反馈,厂商可以借此不断地完善和改进商品。综上所述,企业在本国生产就会产生高额的垄断利润,区位因素相比之下就不那么重要了。②产品成长和成熟阶段(mature product stage)。从技术上看,

新技术日趋成熟，在此背景下，新技术已经不能为创新国带来高额的利润，寡头垄断的市场结构已经被破坏，在利润驱使下，越来越多的企业进入该市场，同时产品的改进空间逐渐变小，价格变化会引起需求的剧烈变动。此时，控制成本就成为企业创造更高利润的首要选择。当国内与国外的成本存在一定差距时，跨国企业前往国外生产，利润会变得更高。③产品标准化阶段（standardized product strage）。在这个阶段，企业之间的产品差别已经较小了，并且企业可以通过标准化生产来扩大产量。如何降低成本就成为首要问题。这样跨国企业就将目光投向了要素成本更低的发展中国家。在将标准化的产品转移之后，企业为了保持竞争优势，会继续研发新产品。而原有的产品由于本国已经不生产或者生产很少，就使得本国的国内需求需要通过发展中国家的生产来满足。

5. 比较优势投资理论的局限性有哪些？

比较优势投资理论不适用于逆贸易导向型对外直接投资。理论假定过于严格，以投资国为主体，需要所有对外直接投资的企业出发点保持相同；而且比较优势投资理论无法对于发展中国家进行对外投资的行为进行解释。

6. 国际生产折衷理论的主要观点是什么？

①所有权优势，即企业掌握其他竞争企业不具备的资产和所有权。由于生产者拥有其他企业不具备的优势，而这种比较优势使得投资企业所获得收益大于成本，促使了企业进行国际投资。但是必须明确的是，并非拥有所有权优势就一定会进行跨国投资。另外，在所有无形资本中知识资产尤为重要。②内部化优势，由于内部市场交易的成本低于外部市场，企业为了获得利润最大化，从而选择在内部进行交易。如果把产品生产的全部过程放在企业内部完成，可以使资源合理配置，垄断优势发挥到最大，需要强调的是，产品市场分为中间产品市场和最终产品市场，这两个市场都是不完全的。在国际生产折衷理论中，包含结构性市场不完全和知识性市场不完全。③区位优势，是指相比于本国而言，东道国拥有生产要素方面的比较优势。资源禀赋和制度政策优势构成了区位优势。资源禀赋优势指的是东道国由于尚未进行大规模的开发，还处于发展的起始阶段，拥有大量的资源要素，以及廉价的劳动力成本等。制度政策优势指的是稳定的政治制度、良好的经济环境、完善的法律体系和东道国为了促进本国发展吸引外来投资的优惠政策等。

7. 国际生产折衷理论和投资发展阶段理论的区别是什么？

国际生产折衷理论指出一个企业要进行对外直接投资必须具备三个优势，即所有权优势、内部化优势和区位优势。①当企业只具备所有权优势，既没有能力使之内部化，也没有能力利用国外的区位优势时，只能通过技术转让的方式参与国际经济活动，即把技术专利转让给国外厂商使用，从而获得报酬；②当企业具备所有权优势，并且具有内部化的能力时，就可以通过商品出口的方式参与国际经济活动；③只有当企业同时具备了所有权优势、内部化优势和区位优势，才有以国际直接投资方式参与国际经济活动的可能。实质上，投资发展阶段理论是国际生产折衷理论在发展中国家的运用和延伸，从动态角度解释一国的经济发展水平与国际直接投资地位的关系，弥补了国际生产折衷理论缺乏动态分析的缺陷。

305

8. 投资诱发要素组合理论的主要观点是什么？

投资诱发要素组合理论，又称综合动因理论，该理论认为国际直接投资是在直接诱发和间接诱发要素共同作用下产生的。各种生产要素的合集构成了直接诱发要素，即各种自然资源以及劳动力资本等。这些因素构成了直接投资的主要因素。不难看出，这些直接诱发要素每个国家都会拥有，但并不是说拥有直接诱发要素就会进行跨国投资，而是使跨国投资成为一种可能。当投资国拥有某种要素的优势时，可以充分地利用这种优势进行投资，而东道国拥有这种优势时，可以吸引投资国对本国进行投资。除了各种自然资源及劳动力资本等直接诱发要素以外的非生产性要素构成了间接诱发要素，间接诱发要素的构成主要包括：①投资国环境，如政策的稳定性、东道国对跨国企业的优惠政策等；②东道国环境，如健全的基础设施、良好的营商环境和透明的政府规则等；③国际经济环境，如国家对外政策、国际之间的合作等。

如果只是直接诱发要素和间接诱发要素两种要素的其中之一，并不能合理地解释国际直接投资，国际直接投资是两种要素共同作用的结果。但可以认识到的是，发达国家在考虑对外投资时，首要考虑的是直接诱发要素，而发展中国家在进行对外投资选择时，首要考虑的是间接诱发要素。该理论克服了以往只从内部因素分析的局限性。

9. 技术创新产业升级理论的局限性表现在哪里？

该理论在探讨技术创新重要性程度的同时，阐述了发展中国家企业进行对外投资的地理顺序和产业顺序，揭示了对外投资的地理特征和产业特征。通过对该理论的深刻理解，发展中国家可以利用该理论所揭示的规律，充分发挥自身的优势，提高在世界经济中的竞争力。但是该理论也存在一定的局限性，如在现实生活中，发达国家也会接纳大规模发展中国家企业的投资。

10. 国际直接投资理论对中国的启示是什么？

略。

第三章　习题答案

名词解释

1. 投资环境

投资环境是指与地域有关的、能够形成投资激励的、能够创造投资机会的、能够促进就业和企业发展的一系列因素的有机整体。

2. 国际投资环境

国际投资环境是指一定时间内某特定国家或地区吸引国外直接投资的各种因素综合而成的有机整体。

3. 文化维度

霍夫斯泰德文化维度理论（Hofstede's cultural dimensions theory）是荷兰心理学

家吉尔特·霍夫斯泰德提出的用来衡量不同国家文化差异的一个框架。他认为文化是在一个环境下人们共同拥有的心理程序，能将一群人与其他人区分开来。通过研究，他将不同文化间的差异归纳为六个基本的文化价值观维度。

4. 投资环境评估

投资环境评估是指对外投资者在广泛搜集资料的基础上，对目标投资国有关外资运行的各项基本条件进行评估和衡量，分析其优劣、利弊及具体特点，为制定跨国进入策略、经营策略以及其他投资决策提供依据，为投资项目可行性研究打基础。

简答题

1. 简述投资环境的概念。

以不同的视角分析，就产生了投资环境的不同定义。如一定时间内某特定国家或地区吸引国外直接投资的各种因素综合而成的有机整体；与地域有关的、能够形成投资激励的、能够创造投资机会的、能够促进就业和企业发展的一系列因素的有机整体。一般意义上来讲，投资环境主要包含三种因素：①宏观经济或者说国别因素；②治理体制或者说制度因素；③国外直接投资尤其是生产类投资所需的基础设施条件因素。

2. 简述投资环境的特点。

①综合性，国际直接投资环境不是单一要素，而是由多个不同因素组成的复合体。②系统性，构成国际投资环境的各个因素以其各自的渠道影响着投资，但同时，各个因素之间又相互影响相互作用进而构成国际直接投资环境系统。③国际直接投资环境在不同国家或地区之间的差异存在并且会持续存在的，同时，对于不同行业而言，国际直接投资环境的适应性也是有显著差异的。④动态性，国际直接投资环境并不是一成不变的，随着时间推移，构成国际直接投资环境的各种因素及其所属的次级因素都会发生或大或小的变化，从而使得国际直接投环境系统发生变化。同时在国际直接投资活动进行到不同阶段时，投资环境对其产生的作用也会发生变化。⑤主观性，每个国家或地区的国际直接投资环境在一定时期内是客观存在的，不以人的意志为转移。而国际直接投资者选择投资地有自己的评价和选择准则，具有主观性。

3. 简述影响投资环境的因素。

国际投资环境的影响因素可概括为：自然环境、政治环境、经济环境、法律环境、社会文化环境、基础设施环境。

4. 简述国际投资环境的评价形式。

①专家实地考察；②问卷调查评价；③咨询机构评估。

5. 简述冷热对比分析法的主要内容。

投资环境好的国家被称为热国，热国也即热因素较多的国家；某国家冷因素比较多则被称作冷国；基本因素涵盖市场机遇，文化、政治的稳定可靠性，经济发展以及其成果，法律与相应的障碍，地理及文化差距。

6. 简述投资环境等级评分标准。

略。

7. 简述投资障碍分析法中的阻碍因素。

障碍因素包括十类：①政治；②经济；③技术人员和熟练工人短缺；④资金融通；⑤实施国有化政策与没收政策；⑥跨国投资企业受到不公平待遇；⑦跨国企业无法自由经营；⑧东道国政府约束进口；⑨法律、经济体制发展程度低下；⑩外汇管制。

8. 简述抽样评估法的步骤。

第一步：选取或者随机地抽取各类型投资企业且罗列投资环境评估要素。第二步：通过对已选定企业的高管人员进行问卷调查。第三步：进行汇总，得出结论。

9. 简述三菱投资环境评估方法的具体内容。

该方法将评估因素划分为四类，即经济条件、地理条件、劳动条件和奖励制度，然后再依据四类因素在投资中的不同作用赋予权重，最后计算出投资国的优劣顺序。①经济条件：以东道国经济水平为依据加以有效衡量，其衡量子因素涵盖工业生产成长及产业实现现代化的指数。②地理条件：关联工厂位置选取的要素，衡量子因素涵盖工厂用地条件及运输系统。③劳动条件：密切关联劳动成本的评估，衡量子因素含薪资水平与劳动力保障等。④奖励制度：以投资能够获取的奖励与运用效率作为评价标准，衡量的子因素经由奖励获取（涵盖奖励类型、东道国政府引入外资需求、在税收方面的优惠）与采取制度情形（奖励制度弹性与行政的效率及本土企业及工会的对外反应）。

10. 简述闵氏多因素评估法的内容及不适用范围。

略。

第四章　习题答案

名词解释

1. 垂直型跨国投资理论

垂直型跨国公司（vertical multinational companies），是指跨国公司的母公司和各分支机构之间实行纵向一体化专业分工的公司。

垂直型跨国公司把具有前后衔接关系的社会生产活动国际化，母公司与子公司之间的生产经营活动具有显著的投入产出关系。垂直型跨国公司按其经营内容又有两种形式：一种是母公司和子公司生产和经营不同行业但又相互关联的产品。这类公司属于跨行业的公司，主要涉及原材料、初级产品的生产和加工行业。如开采种植、自然资源的勘探、开发、提炼、加工制造与市场销售等行业；另一种是母公司和子公司生产和经营同一行业不同加工程序或工艺阶段的产品，如专业化分工程度较高的汽车行业与电子行业等的关联产品。

垂直型跨国公司的特点是全球生产的专业化分工与协作程度高，各个生产经营环节紧密相扣，便于公司按照全球战略发挥各子公司的优势；而且由于专业化分工，每个子公司只负责生产一种或少数几种零部件，有利于实现标准化、大规模生产，获得规模经济效益。

2. 水平型跨国投资理论

水平型跨国公司从事单一产品的生产经营活动，母公司和子公司几乎没有专业化分工，公司在内部转移其生产技术、销售技能和商标专利等无形资产的数额较大。

假设存在一些贸易壁垒，例如"冰山"（iceberg）的运输成本，且每个工厂都会存在某些特定的固定成本，此固定成本在同一国家必须作为生产成本来承担；如果一个企业选择在多个国家进行生产，每个工厂向当地市场销售，我们就认为，水平 FDI 要求通过当地销售获益，这样节省的运输成本可以超过建厂的特定固定成本。Markusen 和 Keith（2002）在 Markusen（1984）基础上的研究已经达到顶峰。这些研究使用变动比例的非熟练和熟练劳动，已经涵盖了全部范围的水平型和垂直型跨国公司。

3. 跨国公司理论

跨国公司理论是西方经济理论界关于跨国公司的设立及其功能作用的理论体系。这一理论按性质可分为以下两类：①赞许论。这一理论认为跨国垄断组织是代表许多民族的独立公司，而不是代表某一个大国利益的公司。跨国公司的扩张活动能为发展中国家提供资金、技术、管理方法等，创造新的就业机会，进而提高经济效率。跨国公司是向全世界推广科技进步的主要工具之一，是保证发展中国家加快经济发展的必要条件。他们还认为，跨国公司的组织活动使国际经济关系实现了"非政治化"。这一理论甚至言称，跨国公司已成为"和平的捍卫者"和"帝国主义掠夺的反对者"。②批评论：以美国的巴纳特和英国的彭鲁兹为代表的批评者认为，跨国公司的存在及其活动使得国家经济政策如税收政策、信贷政策和投资政策，以及货币调节工具等完全丧失了效果。跨国公司还利用种种手段对国家施加压力，甚至为了自身利益不惜制造国家政变等。这一理论承认跨国公司的组织活动具有帝国主义性质，但它只是片面地反对跨国公司扩张的恶劣形式而不是其根源。

4. 国际贸易

国际贸易（international trade）也称通商，是指跨越国境的货品和服务交易，一般由进口贸易和出口贸易所组成，因此也可称为进出口贸易。国际贸易也叫世界贸易。进出口贸易可以提高国内生产要素的利用率，改善国际间的供求关系，调整经济结构，增加财政收入等。

5. 估计知识资本模型

由于两国在规模和相关要素禀赋方面存在差异，Markusen（1997，2002）将水平型和垂直型相结合，建立了水平型和垂直型跨国公司内生增加而产生的知识资本模型。该模型是跨国公司海外机构真实销售（true sale）的决定因素模型。资本知识模型在当地区水平型和垂直型 FDI 研究中被学术界广泛应用（Cristina，2015）。

Markusen 和 Keith（2002）将垂直型和水平型跨国公司在统一的框架结构内研究称为知识资本模型。总部创造的知识会被多个国家的工厂同时利用；在企业内部，这些知识具有公共品特性。其对任何跨国公司都是不可或缺的。Carr 等（2001）估计了知识资本模型。Markusen 和 Maskus（2001）、Blonigen 等（2003）则采取假设性检验，来区别水平型模型和垂直型模型。对于水平型跨国公司而言，当地本土销售额是最重要的；对于垂直型跨国公司来说，出口销售额（主要针对出口回母公司）是最重要的。

简答题

1. 请简述两部门资本流动，并画图分析。

以 Mundell（1957）提出的两部门 Herschel-Orin 定理中的资本流动著名例子为例。假设存在两个国家进行自由贸易，且两国具有相同的技术和偏好。生产两种产品没有出现要素密集度逆转，资本租金仅由商品价格决定，两国的资本租金都记为 $r(p_1, p_2)$。在下图中，两国的禀赋由 V^i 点表示。假定该点位于要素价格均等化集合内部，因此资本租金在国家间相同。自由贸易中，两国的消费成比例出现在对角线上，如 AD^i 点（其中 D^i 是每个国家的消费向量，乘以技术矩阵 A，就将其变为消费要素）。从 V^i 移至 AD^i，国家 1 劳动丰裕，进口资本密集型商品，即商品 1。由此有：

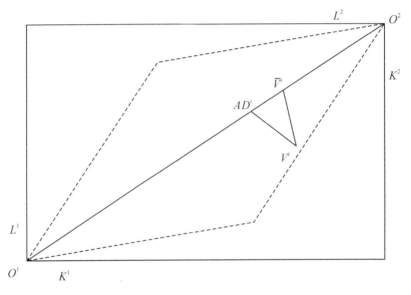

现在，允许资本在国家间流动，进口关税 $t > 0$。商品 1 价格上涨，由于该商品是资本密集型商品，那么依据斯托珀-萨缪尔森定理（Stolper-Samuelson theorem，SS 定理），该过程使得资本报酬上升，$r(p_1 + t, p_2) > r(p_1, p_2)$。因此，资本将从国家 2 向国家 1 流动。在上图中，资本流动使得有效的禀赋点从 V^i 垂直向上移动。资本流动达到新的均衡点，要求资本报酬在各个国家间相等。但是，当关税存在时，就会使两国价格产生差异，租金就不可能相等且 $t > 0$，这意味着：

$$r(p_1 + t, p_2) > r(p_1, p_2)$$

因此，该方程式中的某些变量，必须发生变化，从而达到新的长期均衡。随着

各国禀赋点从点 V^i 向上移动，资本向国家 1 流动，这个过程会提高行业 1 的产出，降低行业 2 的产出。随着商品 1 供给增加，进口随之减少。减少商品 2 的供给，又会使得商品 2 出口下降。因此，随着 V^i 点向上移动，两个国家间的贸易量下降。这个过程将持续到禀赋到达对角线上的 $\bar{V}$ 处。在此处，两个国家的资本/劳动比率相同，贸易动机就会不复存在，此时，两个经济体都处于封闭状态。

2. 请简述国际贸易与经济增长的关系。

根据国家统计局公布的数据，中国 1977 年的贸易总额为 200 亿美元；到 20 世纪末，达到 4 750 亿美元。1978 年，中国开始实施改革开放政策，并于 2001 年加入世贸组织的多边贸易体系。虽然加入多边贸易体系会牺牲短期利益，但是可以获得长期增长。在加入 WTO 之前，中国减少关税和非关税壁垒，增加外企和本土企业的贸易权利。2018 年，中国的贸易总额达到 4.623 万亿美元，中国已经成为世界上第一大出口国和第二大进口国。Stiglitz（2007）认为，中国经济能够快速增长，主要得益于贸易扩张。Marelli 和 Signorelli（2011）认为，中国贸易开放对经济增长具有积极影响。

国际贸易是促进本国经济增长的发动机。Singh（2010）指出：国际贸易可以促进本国人力资本的积累，随着贸易进程的加速，本国生产率和技术水平会得到进一步提升，后者又会促进该国经济的增长。Tim 和 Helen（2011）认为，国际贸易会促使一国会吸引更多 FDI，后者增加会促进发展中国家的经济增长。Benmamoun 等（2016）提出，国际贸易会导致资本的国际流动，进而推动经济发展。Broda 等（2017）指出，国际贸易通过提高一国生产力水平和降低国内创新成本来推动经济增长。

张鹤（2005）认为，国外总需求和总供给也可以拉动一国经济的增长。张兵兵（2013）通过 CF 滤波分析法，发现出口能促进中国经济增长，在国内外环境稳定的条件下，进出口贸易对经济增长具有长期正向效应。陈福中和陈诚（2013）通过对中国省级面板数据的研究，发现国际贸易与经济增长呈现非线性关系。林发勤等（2018）基于中国 26 个省份的数据，证实二者呈现倒 "U" 形关系。张小宇和刘永富（2019）、周锦岚（2019）采用非线性自回归分布滞后模型，识别出中国进出口贸易对经济增长的短期动态影响。

3. 简述对外直接投资产生的贸易效应。

针对中国的不同地区，贸易开放度和经济增长的因果关系存在差异。这种差异与地区间的经济发展水平差异存在着直接关联性。以浙江省为研究对象，发现有学者贸易开放度与经济增长存在正向关系，前者通过转变贸易增长方式、支持出口企业自主创新推动经济增长。有学者对国际贸易和外贸依存度、国际贸易贡献率和经济增长之间的联动关系进行了研究，证明贸易发展可以推动经济增长。

在研究贸易增长的动力之后，提出贸易开放度对经济增长具有冲击作用，且该影响具有波动性，可能与国际贸易的不同影响机制有关。贸易开放通过使专业化分工从国内扩张到国外，致使分工不断深化，进而发挥技术外溢效应和规模经济效应，最终促进经济增长。对于影响机制，有学者指出，国际贸易主要通过生产要素积累

311

机制、生产技术溢出机制、产业集聚机制以及相关制度变迁机制影响经济增长。外部机制会促进城市制度改善，进而影响经济发展。

4. 简述知识资本模型。

由于两国在规模和相关要素禀赋方面存在差异，水平型和垂直型相结合，建立了水平型和垂直型跨国公司内生增加而产生的知识资本模型。该模型是跨国公司海外机构真实销售的决定因素模型。知识资本模型在水平型和垂直型 FDI 研究中被学术界广泛应用。

将垂直型和水平型跨国公司在统一的框架结构内研究称为知识资本模型。总部创造的知识会被多个国家的工厂同时利用；在企业内部，这些知识具有公共品特性，其对任何跨国公司都是不可或缺的。采取假设性检验，来区别水平型和垂直型跨国公司。对于水平型跨国公司而言，当地本土销售额是最重要的；对于垂直型跨国公司来说，出口销售额（主要是出口回母公司）是最重要的。

5. 举例水平型跨国公司和垂直型跨国公司，并简述其组织形式。

垂直型跨国公司（vertical multinational companies），是指跨国公司的母公司和各分支机构之间实行纵向一体化专业分工的公司。

垂直型跨国公司把具有前后衔接关系的社会生产活动国际化，母公司与子公司之间的生产经营活动具有显著的投入产出关系。垂直型跨国公司按其经营内容又有两种形式：一种是母公司和子公司生产和经营不同行业但又相互关联的产品。这类公司属于跨行业的公司，主要涉及原材料、初级产品的生产和加工行业，如开采种植、自然资源的勘探、开发、提炼、加工制造与市场销售等行业。另一种是母公司和子公司生产和经营同一行业不同加工程序或工艺阶段的产品，如专业化分工程度较高的汽车行业与电子行业等的关联产品。

垂直型跨国公司的特点是全球生产的专业化分工与协作程度高，各个生产经营环节紧密相扣，便于公司按照全球战略发挥各子公司的优势；而且由于专业化分工，每个子公司只负责生产一种或少数几种零部件，有利于实现标准化、大规模生产，获得规模经济效益。

水平型跨国公司从事单一产品的生产经营活动，母公司和子公司几乎没有专业化分工，公司在内部转移其生产技术、销售技能和商标专利等无形资产的数额较大。

6. 简述企业垂直一体化的原因。

①技术外部性。

规模报酬递增是企业选择垂直一体化分工的一个重要原因。资源一定的两个企业联合，能够生产出更多产品。以钢铁厂的一体化为例，如果在生产金属板时，该类企业对制成钢无须再加热，进而节约了资源，那么以原有的资源就可以生产出更多的产品。水平型跨国公司就具有这样的技术外部性：只需要在一个国家支付总部服务的固定成本，可以在多个国家进行生产。在框架中，可以推导出内生的所有权结构，其中企业可能在跨国公司内部实行垂直一体化分工，也可能外包给其他公司。假设这些总部服务仅仅在企业内部转移，可以排除企业间的其他合约关系。

②交易成本。

企业存在的一般原因是企业在进行市场交易时存在交易成本。当这些成本过高时，企业为了降低交易成本，会将交易活动转移到企业内部进行。比如，A 企业要求 B 企业生产某种产品。然而，设计和测试费用对于 B 企业来说十分昂贵。如果 B 企业成功生产，并将产品出售给 A 企业，那么 B 企业得到的保障和支付能否弥补设计成本和生产成本，都无法确定。如果在开始时，A 企业和 B 企业能够签订合约，双方明确研发和生产的投入成本，那么，这个问题就得以解决。然而，对于 A 企业和 B 企业而言，要在一开始就预见到这些成本，是十分困难的。在不完全契约的情形下，对 B 企业以外的购买者而言，B 企业生产的投入品具有不确定性，这种不确定性称为资产专用性。投入品对 A 企业的需求契合程度越高，对其他购买者的价值可能越低。B 企业拒绝向 A 企业出售该投入品，那么 B 企业具备的讨价还价能力是极其低下的。这个问题就是著名的"敲竹杠（hold-up）问题"。由于敲竹杠问题的存在，B 企业会提前考虑自身的生产风险，进而生产并不是特别适合 A 企业的投入品，那么当其和 A 企业的交易出现问题时，B 企业可以将对该投入品出售给其他购买者。对于 A 企业而言，不完全契约的存在导致生产过程无效。如果效率极其低下，那么 A 企业很可能决定将生产转移到公司内部，即 A 公司将该投入品的生产实行垂直一体化分工的生产模式。此时，A 企业将成为更大的企业。

③市场势力。

企业选择垂直一体化分工的另一个原因是抵消市场势力的影响。以 19 世纪的煤炭卡特尔为例，企业提出通过开办煤矿钢铁公司来避免支付卡特尔组织的定价。随着市场的扩张，企业会趋于专业化而非一体化。钢铁公司的逆向一体化是由价格体系失灵引起，而非市场规模引起的。供给者将市场势力和市场规模相结合，对生产活动产生巨大影响，钢铁企业则通过一体化生产以抵消部分这种影响。

④国家间企业的匹配。

两个生产者必须相互配合组建合资企业。这部分生产者可以位于同一个国家内部（例如封闭均衡的状态），也可以来自不同的国家（合资企业达到贸易均衡）。重点来看封闭均衡时的情形。两个国家的生产者获得的产出数量取决于两国生产者之间的互补性。生产者之间相距越远，获得的产出越高。

7. 简述国际直接投资效应理论的新发展。

传统的国际贸易理论将贸易与投资问题孤立地进行研究。经济全球化使人们认识到贸易与投资实际上是厂商国际化经营中的不同选择方式，出口或到东道国建立基地所需考虑的因素实际上是相似的，国际贸易可以看作是以商品为载体的要素的国际流动。二战后跨国公司成为国际经济生活的主要载体，对国际贸易格局产生了重大影响。故一些学者开始将贸易与投资置于统一框架中进行研究，注重与国际直接投资理论的融合也是新贸易理论的重要特征之一。

传统的贸易理论是建立在完全竞争的市场结构框架下的。完全竞争市场是最具效率的市场，任何干预只会带来效率损失，因此传统贸易理论强调自由贸易的重要性。新贸易理论则认为现实中市场的有效性值得怀疑，因此提出了两个干预贸易的论点——利润转移论和外部经济论，在此基础上提出战略性贸易政策理论。外部经济论认为，一些具有技术创新的高新技术产业，可以通过知识外溢为其他部门带来收益，即产生了有益的外部经济性。政府应该对这些产业进行扶持，从而推动整个社会的经济发展。以上述两种理论为基础，新贸易理论提出了战略性贸易政策理论，即应当对本国经济有重要促进作用的战略性产业进行扶持补贴。如日本 20 世纪 80 年代中期从美国手中夺得半导体产业的控制权，就是战略性政策使用的结果。

8. 简述国际直接投资中贸易的替代论与促进论。

（1）替代论。

从两国家、两要素、两商品的分析框架出发，并假定有 A 国和 B 国分别生产终端产品棉花和钢；相对于 B 国来说 A 国是劳动力丰富的国家，但是缺乏资金，而 B 国则情况相反；相对于钢来说棉花属于劳动密集型产品；A 国的生产条件和要素禀赋无法对 B 国商品的价格产生影响。当 A 国和 B 国之间不存在要素流动和贸易壁垒时，会出现两国的商品和要素价格的平衡，这时 A 国会出口劳动密集型产品——棉花来交换 B 国的钢，即使假设一些外部因素消除了跨国资本流动的障碍，也不会发生跨国资本的流动，因为资本的边际收益在两个国家之间是相同的。但是，如果假设国对钢征收高额关税，开始的时候 A 国钢的价格相对于棉花来说将会提高，由于高的资本收益率的吸引，资本会大量从棉花产业流向钢产业，所以，在自由贸易情况下，各种生产要素可以在两国间自由流动，因此不存在资本跨国流动的必要。然而，当两国存在关税壁垒和产业壁垒等障碍时，两国的资本要素价格就会不同进而导致两国的资本回报率不同，一国的资本势必会到另外一个资本回报率较高的国家投资，从而扩大该国的生产规模。由此，Mundell 得到的结论就是，在不存在贸易壁垒的情况下，跨国投资会取代国际贸易，国际贸易与国际直接投资体现的是替代关系。

（2）促进论。

小岛清教授在比较优势理论的基础上提出了两国进行贸易前先进行投资的观点，从而发现了比较优势理论不仅适用于研究贸易问题也同样适合研究投资问题。而且他认为目前的国际化分工现象也要归功于贸易前的投资机制。贸易前的投资机制是一个从进口到进口的完整循环：进口—国内加工生产—出口—海外直接投资—进口，贸易和投资在整个循环中表现出促进关系。而且，他在边际产业扩张理论中也提出，一国应该对该国已经处于或即将处于比较劣势的产业进行海外直接投资，并且按照比较成本的顺序依次进行这种对外直接投资不会对本国的贸易产生抑制，相反对自由贸易是一种补充，有利于扩大对外贸易量，应给予提倡。小岛清教授对国际贸易与国际直接投资的关系的研究主要分为两个阶段，在第一个阶段提出了两者关系的互补理论，在第二个阶段对其理论进行了一系列的实证研究。他把国际直接投资分为两种类型——日本型和美国型。这两种类型的投资的特点有很大的不同，导致投资与贸易的关系也不同。他认为，美国型是贸易阻碍型，与国际贸易是替代关系。

9. 简述国际直接投资和国际间接投资的区别。

国际直接投资和国际间接投资两者之间有以下三点不同：

（1）流动性大，风险性小不同。

国际间接投资与企业生产经营无关（因为无控制权），随着二级市场的日益发达与完善，证券可以自由买卖，流动性大，风险性小。

国际直接投资一般都要参与一国企业的生产，生产周期长，一般在 10 年以上，由企业的利润直接偿还投资。资金一旦投入某一特定的项目，要抽出投资比较困难，其流动性小，风险性大。

（2）投资渠道不同。

国际间接投资必须通过证券交易所才能进行。

国际直接投资只要双方谈判成功即可签订协议进行投资。

（3）投资内涵不同。

国际间接投资又称为"国际金融投资"，一般只涉及金融领域的资金，即货币资本运动。运用的是虚拟资本。

国际直接投资是生产要素的投资，它不仅涉及货币资本运动，还涉及生产资本和商品资本运动及其对资本使用过程的控制。运用的是现实资本。

10. 简要分析资本国际流动的经济动机。

国际资本流动是资本从一个国家或地区转移到另一个国家或地区，即资本的国际转移。按流动方向可分流入和流出两种：资本流入，是指外国（或地区，下同）输出资本，本国输入资本，表现为外国在本国的资产增加，即本国对外国的负债增加，或外国对本国的负债减少，即本国在国外的资产减少；资本流出，是指本国输出资本，外国输入资本，表现为本国在外国的资产增加，即外国对本国的负债增加，或本国对外国负债减少，即外国在本国的资产减少。按流动的种类也可分为两类：①长期资本流动。指期限在一年以上或未规定到期日的投资，其主要方式有"直接投资""证券间接投资"和"国际借贷"等。②短期资本流动。指期限在一年以内（含一年）或即期支付的货币资金流动。其主要方式有"国际贸易资金流动""保值性资本流动""投机性资本流动"，以及各国外汇银行之间为满足经营外汇业务的需要，进行国际资金调拨而产生的短期资本流动。

资本国际流动主要动机如下：①在不同国家或地区间的收益率的差异促使资本跨国流动，从收益率较低的地方向收益率较高的地方流动。②汇率变动产生的国际资本流动以及国际收支造成的国际资本流动。③各种风险因素造成的国际资本流动，如汇率风险、市场风险。④其他因素造成的国际资本流动，如投机等。

第五章　习题答案

名词解释

1. 跨国公司

跨国公司主要是指发达资本主义国家的垄断企业，以本国为基地，通过对外直接投资，在世界各地设立分支机构或子公司，从事国际化生产和经营活动的垄断企业。

2. 价值链

企业的价值创造是通过一系列活动构成的，这些活动可分为基本活动和辅助活动两类，基本活动包括内部后勤、生产作业、外部后勤、市场和销售、服务等；而辅助活动则包括采购、技术开发、人力资源管理和企业基础设施等。这些互不相同但又相互关联的生产经营活动构成了一个创造价值的动态过程，即价值链。

3. 职能一体化战略

职能一体化战略是指跨国公司对其价值链上的各项价值增值活动和各项职能行为所进行的一体化战略安排。

4. 跨国经营指数

跨国经营指数又称"跨国化指数"，是指一家公司在海外的经营活动占其全部业务活动的国际化程度，是衡量企业跨国程度的指标。

5. 网络分布指数

网络分布指数是衡量一家公司网络化程度的指标。网络化一般指计算机网和以计算机网、通信网为代表的内网、外网、局域网、互联网，是企业信息化的基本条件。

6. 世界经济一体化

世界经济一体化又称"全球经济一体化"，是指世界经济活动超出了国界，使世界各国和地区之间的经济活动相互依存、相互关联，形成世界范围内的有机整体；或者说是指世界各国均参与全面的经济合作，其中任何一国经济领域的变动均会引起世界经济整体的变动。

简答题

1. 简述跨国公司的内涵。

跨国公司是现代企业发展到国际化生产阶段的产物。根据联合国贸发会议的解释，跨国公司是"在两个或更多国家建立子公司或分公司，由母公司进行有效控制和统筹决策，从事跨越国界生产经营活动的经济实体"。

《联合国跨国公司行动守则》给出的定义是：跨国公司（transnational corporation，TNC）是指一个企业，组成这个企业的实体设在两个或两个以上的国家，而不论这些实体的法律形式或活动范围如何；这种企业的业务是通过一个或多个决策中心，根据一定的决策体制经营的，因而具有一贯的政策和共同的战略；企业的各个实体由于所有权或别的因素有联系关系，其中一个或一个以上的实体能对其他实体的活动施加重要影响，尤其是可以同其他实体分享知识、资源以及分担责任。

2. 简述跨国公司的发展历程。

跨国公司是垄断资本主义高度发展的产物。它的出现与资本输出密切相关。19世纪末20世纪初，资本主义进入垄断阶段，资本输出逐渐发展起来，这时才开始出现少数跨国公司。当时，发达资本主义国家的某些大型企业通过对外直接投资，在海外设立分支机构和子公司，开始跨国性经营。在两次世界大战期间，跨国公司在数量上和规模上都有所发展。二战后，跨国公司得到迅速发展。进入 21 世纪，全球经济逐步形成了以信息为先导、以金融为中心、以知识为基础、以跨国公司为依托的新世纪特征。以此为基础，身为全球化载体的跨国公司进入了一个新的发展阶段。

3. 简述二战后发达国家跨国公司与发展中国家跨国公司的特点、区别与联系。

这一轮跨国公司繁荣的背景是美国霸权的逐步确立。在工业发达国家中，由于大多数欧洲国家遭受到战争的破坏，急需外国投资，此时美国在海外投资方面"一超多强"。二战后，跨国公司在全球范围内进行结构调整，掀起了一股全球性的并购浪潮。此次调整虽然由发达国家主导，但发展中国家和地区吸收外资水平提高，促进了当地企业的发展壮大，在国际直接投资中的地位也在一定程度上得到提升。发展中国家企业以出口为导向，参与国际竞争，形成了自己的跨国公司。发展中国家和地区的新型跨国公司在性质和经营方式上与发达国家不同，其具有合资性、地区性、适用性和灵活性的特点。

总的来说，世界经济一体化的迅速发展，世界经济贸易新格局的逐步形成，拉近了发展中国家与发达国家的贸易距离，对贸易双方都有着不可忽视的影响。发达国家的跨国公司在二战后，迅速发展并占据了世界经济的主体地位，同时，发展中国家和地区开始兴起建立新型跨国公司的浪潮。就发展中国家和地区而言，新型跨国公司的形成有着以下优势：①有利于充分发挥资源、劳动力等优势；②有利于促使发展中国家之间和合作伙伴之间的关系更加紧密；③有利于打破西方发达国家的垄断地位，提高发展中国家在全球的地位；④有利于推动世界经济一体化、多样化发展，改变世界经济贸易集中在少数发达国家的不平衡垄断格局，实现经济效益的共同提高。

4. 简述水平型跨国公司与垂直型跨国公司的区别与联系。

水平型跨国公司是指其总部设在本国，在本国和东道国维持整个生产过程的跨国公司。垂直型跨国公司是总部设在本国，将生产过程分为两个以上的部分并且在东道国都设有一个单独工厂的公司。此外，水平型跨国公司更容易被国际贸易所替代，而垂直型跨国公司与贸易互补。一般来说，水平型跨国公司比垂直型跨国公司在为东道国创造就业方面更有效果。

将对外直接投资类型分为水平型和垂直型有两个步骤。在第一步中，利用对外直接投资的广义定义和实证研究结果，美国对外直接投资的样品数据将按照先前发布的特性顺序来整理。先前发布的特性包括如下实证研究结果：水平型跨国公司倾向于在东道（当地）市场销售其产品而垂直型跨国公司倾向于从在母国的母公司进口然后进行进一步的加工。第二步，依据贸易理论模型的含义估计美国对外直接投资实际营业额的决定性因素。一些重要的决定性因素对对外直接投资行为起到了至关重要或与之相反的作用。第二步的这种估计也是对水平型和垂直型对外直接投资的检验。

简单地说，水平型即以接近当地市场为第一要义而在东道国复制最终产品生产线，产品在东道国销售，又可称为市场导向型；垂直型即依据各地生产要素价格最低化标准将生产环节分布于不同国家，对特定东道国来说产品用于出口，又可称为出口导向型。

5. 简述 20 世纪 90 年代以来跨国公司发展的主要特点。

①跨国公司战略联盟发展的新特点：战略联盟的合作是全方位的；跨国联盟主要集中在高新技术行业；由产品联盟发展成以技术合作为主要内容的知识联盟；由敌对战略联盟向友好合作战略联盟转变；战略联盟由简单粗放型向集约型发展。

②跨国公司跨国兼并发展的新特点：跨国兼并发展十分迅速；大型跨国兼并日益频繁；跨国兼并中出售方分布不平衡；跨国兼并中的收购方主要是发达国家；跨国兼并的行业范围非常广泛；跨国兼并的垄断性加强。

③跨国公司直接投资区位选择上的新特点：跨国公司在不同国家、地区国际直接投资中的区位聚集；跨国公司在不同行业国际直接投资中的区位聚集；跨国公司不同公司职能机构的国际直接投资区位聚集（跨国公司地区总部的区位聚集；跨国公司 R&D 中心的区位聚集；跨国公司海外生产的区位聚集；跨国公司国际市场营销和销售的区位聚集）。

④跨国公司本土化经营路径选择的特点：在东道国寻求新的供应商；向东道国企业转让技术；向东道国企业提供人力资源培训；与东道国企业信息共享；向东道国企业提供金融支持。

⑤跨国公司研究与开发国际化发展的新特点：区位的选择具有前瞻性和战略性；研发注重追求产业与知识的聚集效应；发达国家相互设立研究与开发机构；不同行业研究与开发的国际化发展水平不同；吸引东道国技术人才成为跨国公司海外科研开发的重要工作。

⑥跨国公司市场营销战略发展的新特点：全球营销观念成为时尚；品牌营销成为跨国公司营销的重点；网络营销成为跨国公司重要的营销方式和渠道；客户关系管理成为跨国营销需求管理的重要内容；供应链管理成为跨国营销供给管理的重要方面；共生营销成为跨国营销的新形式；营销本土化成为跨国营销的主流。

⑦跨国公司国际投资战略发展的新变化：从地区经营战略到全面推行全球经营战略；跨国公司所有权形式趋向多样化，非股权参与成为重要的经营战略；组织管理由垂直型向扁平型发展；并购成为跨国公司对外直接投资的重要战略。

⑧国际直接投资协调发展的新特点：发达国家在国际直接投资协调中占主导地位；国际投资的协调逐步趋向规范化、系统化和制度化。

6. 简述 21 世纪跨国公司发展的新趋势。

跨国公司正在进一步向全球性公司转变，"无国籍化"趋势日益明显。随着经济与科学技术的飞速发展，一批跨国界的、不同于 20 世纪 60 年代跨国公司的全球性公司已在悄然兴起。它是一种较跨国公司层次更高的、已经脱离了母国身份并超越了国与国的界线，在全球范围内实行资源的最优化配置的非国家背景的公司。"全球性"并非指跨国公司没有国籍，而是指跨国公司不拘泥于总部是否在母国，而是从全球着眼，将生产和市场分成若干区域并设地区总部，下设多个子公司。据联合国 1999 年《世界投资报告》的数据，世界最大的 25 家跨国公司，其平均"跨国程度指数"（国外资产与总资产之比、国外销售占总销售量之比、国外员工与总员工人数之比的简单算术平均）已达 61%，最高的（瑞典 ABB）已达 95.7%。全球性公司作为未来世界经济发展的一种趋势，正引起国际社会的重视。

7. 简述跨国公司经营战略的演变。

①投资方式向兼并收购方式发展。在全球范围内经营，为了取得竞争优势，实现最大收益，跨国公司首先要进行对外投资。在境外投资，可以通过新建投资和兼并收购东道国现有企业两种方式实现。20 世纪 90 年代以前，跨国公司一般都是通过新建方式进行直接投资。90 年代以后，大公司开始趋向采用兼并收购方式，通过控制东道国企业的股权逐渐成为跨国公司进入东道国市场来实现对外直接投资。这种方式周期短、规模大、节约成本、投资迅速。持续不断的大规模的国际兼并和收购就是跨国公司在面临世界经济环境变化时的一种战略行为的调整，更为跨国公司经营管理的创新添上了新的篇章。

②跨国战略联盟纵深化。跨国公司施行战略联盟是指不同国家的跨国公司出于自身经营目标考虑而采取的一种长期性联合与合作的蓝海战略经营方式。建立合资企业、许可证经营、市场分销、分包加工生产、特许权转让、合作生产等都是跨国公司施行战略联盟的方式，主要特征是合作、自发、增加投资机会并大大降低风险。20 世纪后十年，在世界经济格局的变化中，跨国公司为适应种种变化，越来越多地采用了跨国联盟这种对自身发展有利的方式。

③跨国公司加速向第三产业投资。经济的发展推动了第三产业的发展，而且第三产业的剩余价值更高，超额利润更丰富。从 20 世纪 80 年代开始，许多跨国公司从完善经营体系使自身不被淘汰、增加利润创造角度出发，将直接投资的目标由制造业转向金融、物流、电信等收益大、见效快、技术知识资本人才信息等密集型的第三产业。总之，20 世纪 80 年代以来，跨国公司对外投资逐步向第三产业中高级化、附加值高和对软性环境而非硬性环境要求高的方向发展，而且更能影响东道国乃至世界的就业、经济、贸易等政策。进入 21 世纪以后，跨国公司的数量进一步增加，规模进一步扩大，几乎涉及所有行业，成为全球化的经济主角。跨国公司在经营管理活动中趋向将生产、经营、人事、管理、融资、研发等全方位融入东道国的经济活动中，实行本土化战略。首先是原料采购本土化，减少库存，增强营运管理效率；其次是人力资源的本土化，跨国公司国外子公司的经营管理人员由所在国当地人员担任，他们更了解当地的社会文化和政治经济，有利于其更好地融入当地市场，雇用当地的劳动力为公司员工，解决所在国就业问题可以与当地政府搞好关系；产品也实行本土化，生产与所在国社会文化相适应的产品，更能扩大产品销售；同时采用跨国公司先进的管理经验，趋向柔性化管理，采用非强制性、肯定重于否定、激励重于控制的方式。

8. 简述跨国公司组织结构的变化。

①跨国公司组织结构呈现扁平化、简单化。随着信息高速公路的快速发展，互联网的广泛使用，人们真正领悟到了"天涯若比邻"的含义。跨国公司的组织结构

变化呈现"扁"和"瘦"的特点。所谓"扁",指中间管理层被大幅削减,使原来一项指令由金字塔顶部传到生产线上的工人所必须经过的漫长过程得以大大缩短,信息流得以更加快捷、准确、畅通地传输。所谓"瘦",指组织部门的横向压缩。例如美国的 GE 公司,在 20 世纪 80 年代的改革中,把管理组织的层级从 9 层减少到 4 层,公司总部从 2 100 人减少到 1 000 人,高级经理从 700 人减少到 400 人,为其在 20 世纪 90 年代的变革奠定了良好的基础,保持了持久的活力和世界领先地位。在管理层次最多的汽车公司中,美国通用从 28 层减少到 19 层,日本丰田也从 20 多层减少到 11 层。组织结构的这种变化要求人员素质的全面提高,要求职员技能的多样性和更强的组织、协调和沟通能力。

②网络结构逐渐代替金字塔型结构。金字塔式的组织结构使决策权高度集中在一个人身上,严重制约了组织的进一步发展。而网络型组织能够更有效地实现信息的交流和员工才能的发挥,体现了"分散经营,集中控制"的管理原则。网络型组织注重以知识型专家为主的信息型组织,通过搭建高效率的信息管理系统来传达指令,以较多的横向协调关系来取代较多的纵向命令,提高了公司管理的民主化程度和组织的灵活性。这样的组织结构在对下属公司实施有效管理和控制的同时,又最大限度地发挥了下属公司的能动性和创造性。网络组织由两个部分组成:一是核心层,主要包括战略管理、人力资源管理和财务管理,由总公司进行统一管理和控制;二是组织的立体网络,根据产品、地区、研究和经营业务的管理需要而形成,这一立体网络是柔性的组织,随着市场、客户、项目的需要不断进行调整,契约关系是机构之间的连接纽带。

9. 简述外包与纵向一体化的概念与区别。它们之间有无联系?为什么?

业务外包是指企业充分利用外部资源,将不涉及企业核心内容的业务外包给外部相对优秀的企业或专业机构去做,而企业本身只专注于主要的核心业务,从而提高企业效率、降低企业成本,塑造企业核心竞争力,是一种让企业在纷繁复杂的市场中尽快适应的一种管理模式。

纵向一体化一般指在产品的生产和分销过程中,一个厂商参与了其中两个以上的相继阶段,又叫作垂直一体化,可分为后向一体化和前向一体化,分别表示上下游。

外包和一体化的区别在于:

①性质不同:一体化管理是企业将其包括设计开发、生产、物流、办公、生活等方面的某一非核心业务领域的全部运作和管理集成为一个整体,作为一个以管理业务为主的外包项目,转包给专门的一体化管理供应商。外包是企业动态地配置自身和其他企业的功能和服务,并利用企业外部的资源为企业内部的生产和经营服务。

②特点不同:一体化管理最显著的特征是以承包方对承包项目的全面管理为核心。外包是将非核心业务下放给专门营运该项运作的外间第三者,是为了节省成本、集中精神于核心业务、善用资源、获得独立及专业人士服务等。

③方式不同:外包方式主要有合同业务管理方式(BMC)和委托方式。一体化管理则没有。

两者基本上是相反的战略。纵向一体化是在产业链上做向上或者向下的延伸；而外包则是将产业链中的部分外包给其他厂家，而自己只专注其中的某些环节。

10. 从促进和阻碍全球化发展两方面论述跨国公司在当今国际社会中的地位与作用。

促进作用：

①跨国公司是经济全球化的重要推动力量。经济全球化是世界各国为实现各自的利益，采取各种方式，超越空间和社会的限制，不断在生产、贸易、投资、金融等领域协调认识和行动的发展过程。分析经济全球化的发展过程，跨国公司始终发挥着重要的推动作用。

a. 企业竞争力是产业竞争力乃至国家竞争力的重要体现。跨国公司是现代企业的主力军，是世界各国综合国力和竞争力的重要组成部分。当前国与国的经济竞争，正在通过跨国公司实行的全球经营战略，以前所未有的规模和激烈程度在全球范围展开。

b. 跨国公司进行的国际性投资，是加快经济全球化进程的有利条件。国际性投资是开展国际经济技术合作的基础。跨国公司的国际性投资，一方面是向全球扩张金融资本、垄断世界市场的实际需要；另一方面是生产国际化、社会化的必然要求。

c. 跨国公司开展的跨国兼并和收购，是加快经济全球化进程的有效手段。跨国公司之间的兼并、收购以及战略联盟是 20 世纪后期经济全球化的重要特征，是国际经济激烈竞争的产物和结果。

②跨国公司推动经济全球化的内在动因。观察研究一些著名的跨国公司，我们可以发现：在参与国际经济竞争中，一些跨国公司不仅积聚了自身的经济实力，形成了自己的企业品牌，而且培育和铸就了企业价值观。一个著名的跨国公司把"追求增长，永不言够"作为企业价值观的生动概括。正是在这种企业价值观的推动下，跨国公司在不停地追求企业发展和增长的同时，积极参与并不懈地推动了经济全球化的进程。这主要体现在以下几个方面：

a. 打破界限、获取资源的企业竞争观驱动跨国公司推进经济全球化进程。资源是经济和社会发展的基础。全球性的经济竞争，说到底是有效利用全球资源的竞争。

b. 主动出击、开拓市场的企业营销观驱动跨国公司推进经济全球化进程。充分利用"两个市场"，特别是提高国际市场占有率，是实现经济快速增长的重要条件。

c. 不甘现状、渴望变革的企业改革观驱动跨国公司推进经济全球化进程。变革是创造业绩、加快发展的动力。

③跨国公司促进全球经济发展的积极作用。

a. 有力推动了国际经济技术合作与交流，促进世界各国经济的发展。

b. 有力推动了生产要素的全球性流动，促进资源配置的优化重组。

c. 有力推动了国际贸易发展，促进世界贸易规模不断扩大。

阻碍作用：

跨国公司在国际贸易发展中，一方面促进了国际贸易的发展，带动了世界经济的发展；另一方面，跨国公司也给国际贸易的发展带来一些问题：

①强化了世界市场上的垄断。垄断和竞争是内在于跨国公司的一对矛盾。竞争是跨国公司活力的源泉，然而竞争又促使优势企业通过内部积累和外部兼并走向集中和垄断。

②追求高额贸易利润。一方面，跨国公司通过对外直接投资方式，绕过东道国对进口商设置的各种贸易壁垒，就地生产，就地销售，成为变相的垄断贸易，把东道国的对外贸易纳入跨国公司内部的贸易中，使得跨国公司的贸易利润大大提高；另一方面，跨国公司通过对外贸易中的转移价格，实现国民价值转移。

③国际贸易引发的不平等分配。在分配上，跨国公司是按资本分配的，出现了财富、贸易利益的日益集中和两极分化的现象，一些发展中国家和地区出现了"贫困性的增长"，在国际分工中的地位没有取得实质性的改变，在国际贸易中的地位没有显著的提高。

第六章 习题答案

名词解释

1. 国际间接投资

国际间接投资以国际证券投资为主，它不追求对投资的公司或投资所形成的资产形成一种经营和管理控制权，其投资的主要目的是寻求资本收益。国际间接投资的特点是投资者不直接参与国外企业的经营管理活动，其投资活动主要通过国际资本市场（或国际金融证券市场）进行。

2. 存托凭证

存托凭证，简称 DR，又称存券收据或存股证，是指在一国证券市场流通的代表外国公司有价证券的可转让凭证，由存托人签发，以境外证券为基础在境内发行，代表境外基础证券权益的证券，属公司融资业务范畴的金融衍生工具。存托凭证一般代表公司股票，但有时也代表债券。

3. 欧洲股票

欧洲股票（European stock）是指在股票面值货币所在国以外的国家发行上市交易的股票，是国际股票投资形式的一种。欧洲股票是 20 世纪 80 年代产生于欧洲的国际股票形式，也是直接在国际金融市场上发行并流通的股票。与直接海外上市的国际股票相比，欧洲股票的发行具有自己的特点：直接海外上市的企业往往先在国内上市；欧洲股则是在多个国家市场上同时发行。另外，欧洲股票采用国际市场竞价发行的方式。

4. 欧洲债券

欧洲债券是指一国政府、金融机构和工商企业在国际市场上以可以自由兑换的第三国货币标值并还本付息的债券，其是一种票面金额货币并非发行国家当地货币的债券。欧洲债券不受任何国家资本市场的限制，免扣缴税，其面额可以发行者当地的通货或其他通货为计算单位。对多国公司集团及第三世界政府而言，欧洲债券是他们筹措资金的重要渠道。

5. 国际信贷投资

国际信贷即跨国界的资金借贷活动，是通过资金进行间接投资的一种形式，表现为资本输出者对债务者的一种资本借出和借入。这种资金借贷活动在其周转的过程中一直以货币资本的形态存在，双方交换以货币的方式进行，不涉及商品等实物资本。此外，这种资金借贷活动只是国际资本流动的一种方式，还有多种直接或间接的资本流动方式共同构成国际资本流动。

6. 国际股票投资

国际股票投资是典型的国际间接投资形式的一种，投向往往是实力和信誉都较强的跨国公司按照有关规定发行的股票。该种形式的投资其目的主要有三个：①从股份公司取得股息收入；②通过股票价格上涨获取资本利得；③通过全球化资产配置分散投资风险。

简答题

1. 国际间接投资的特点是什么？

国际间接投资的特点主要有以下几个：

①风险性。与国际直接投资相比，国际证券投资风险相对较小。如果投资者是债权人，则经营风险一般由债务人承担；如果投资者是优先股股东，则其承担的风险也较小。此外，国际证券投资风险大于国内证券投资。

②流动性。国际间接投资以获取最多的投机利益或寻找安全的场所为目的，特别是大量的短期国际游资，其流动速度更快。此外，资本证券可以进行转让、抵质押等特点，意味着它们可以随时在国际股票市场上出售，买卖活动的跨度和范围都较广，具有较高的流动性。对于国际信贷投资，大多数类型的贷款的偿还期限具有较强的刚性的特点，这也使得它们的流动性也较强。

③相关性。国际利率和汇率的变动会导致国际间接资本在各国之间频繁流动，故而，相关性的特点在各国证券市场之间表现较突出。

④转移性。国际间接投资以股票和债券为媒介，资本转移依靠货币形式；而国际直接投资以多种经营资源（经营经验、技术、知识）为媒介，这种经营资源在打包之后在国际上进行一揽子的交易转移。

⑤控制权。由于两种投资方式的投资目的不同，投资资产所形成的控制权不同，与国际间接投资相比，国际直接投资可能更具有这种控制权。

2. 影响国际间接投资的主要因素有哪些？

国际间接投资主要受利率、汇率、偿债能力、风险性和开放性等因素的影响。

关于利率差异这一因素，利率首先会对股价产生影响，股价又会影响国民对证券的选择，从而影响国际间接投资的投资方式、方向及投资量。正常情况下，资本会自发地从低利率的国家向高利率的国家移动。对于国际债券投资和国际商业银行贷款而言，获得利息收入是其主要目的，因此一般情况下资金由低利率国家向高利率国家移动。对于国际股票投资而言，利率下跌一般会吸引国际股票投资的流入。

在一国货币可自由兑换的条件下，汇率的变化会直接引起国际资本流动，因此其对国际间接投资的影响较大。汇率的变动方向与经常账户国际收支状况密切相关：当一国国际收支出现顺差、本币呈升值趋势时，一方面国外对该国货币的需求增加，客观上要求该国进行资本输出；另一方面，由于外汇通常不能在本国流通，通过经常账户顺差所积累的外汇收入也需要以国际直接投资或国际间接投资的形式外流，以实现外汇资产的保值增值。相反，当经常账户国际收支出现逆差、本币呈贬值趋势时，则会导致该国对外汇的需求增加，要求国际资本流入本国以弥补经常账户逆差，满足相对强劲的外汇需求。如果存在外汇管制，汇率水平不能完全反映外汇市场供求状况，汇率变动对国际间接投资的影响较为复杂，政府一般用外汇管制政策来应对一国国际收支恶化的情况。

汇率的稳定与否也会对国际间接投资流向产生影响。如果某国的货币汇率长期稳定，国际投资者就会增加对该国资产的配置，导致国际间接投资流入增加；反之，当一国货币的汇率剧烈波动，国际投资者出于规避汇率风险的目的将会抽逃资本，导致国际间接投资由该国流出。

偿债能力和风险性则基于安全角度，偿债能力强、风险性小的投资的安全性就高。随着国家投资进程的进一步开放，开放度也逐渐成为影响国际间接投资的重要因素之一。关于中国证券市场开放问题的研究，主要集中于开放的必要性研究、开放的风险性研究，以及采用什么策略来开放中国证券市场的讨论。对于中国的开放策略，有学者探讨了渐进式开放中国证券市场的必要性。

3. 国际股票和债券的种类及性质有哪些?

国际股票主要有以下几类：

①海外上市股票。

海外上市股票是在外国发行的直接以当地货币为面值并在当地上市交易的股票。这类股票必须符合当地证券市场的需求，遵循当地证券管理机构的规章制度。主要有美国股票市场发行的 N 股、英国股票市场发行的 L 股、日本股票市场发行的 T 股、我国香港股票市场发行的 H 股和新加坡股票市场发行的 S 股。

②在本国上市而以外国货币购买的股票，供境内外国投资者以外币交易买卖。

我国上市公司发行的 B 股就是这类股票，它是以人民币标明面值而以外币在国内证券交易所上市交易的股票。

③存托凭证。

存托凭证又称存股凭证、预托凭证、存券收据，是指在一国证券市场流通的代表外国公司有价证券的可转让凭证，或者说是由本国银行开出的外国公司股票的保管凭证。

④欧洲股票。

欧洲股票是指在股票面值货币所在国以外的国家或国际金融市场上发行并流通的股票。其产生与欧洲债券市场的发展密切相关。与直接在海外上市的国际股票相比，欧洲股票的发行具有自己的特点。一般来说，前者往往是企业在国内股票市场上市的基础上，选择某一国外金融中心的证券交易所上市国际股票部分；而后者则一般在多个国家的市场上同时发行，由跨国投资银行组成的国际承销团进行跨境承销。

国际债券大致可以分为以下几类：

①外国债券。

外国债券是借款国在外国证券市场上发行的，以市场所在国货币为面值的债券，如某国在美国证券市场上发行的美元债券，在英国证券市场发行的英镑债券等。习惯上，人们把外国人在美国发行的美元债券称为扬基债券，在英国发行的英镑债券叫猛犬债券，在日本发行的日元债券叫武士债券。外国债券的发行一般均由市场所在国的金融机构承保。中国曾在日本、美国、欧洲等地的证券市场上发行过外国债券。外国债券实际上是一种传统的国际债券。

②欧洲债券。

欧洲债券是指以某一种或某几种货币为面额，同时在面额货币以外的若干个国家发行的债券。欧洲债券的发行者、面值货币和发行地点分属于不同的国家，按习惯，面值为美元的欧洲债券一般被称为欧洲美元债券，面值为日元的欧洲债券被称为欧洲日元债券，其他面值的欧洲债券可以此类推。在日本东京发行的外币债券，通常称为将军债券。欧洲债券的期限不等，有短期债券、中长期债券，还有无偿还期的永久性债券。

③全球债券。

全球债券是指在国际金融市场上同时发行，并可在世界各国众多的证券交易所同时上市、24 小时均可进行交易的债券。全球债券最初的发行者是世界银行，后来被欧美以及一些发展中国家效仿。全球债券先后采用过美元、加元、澳元、日元等货币发行。全球债券采取记名形式发行，在美国证券交易所登记。全球债券具有发行成本低、发行规模大、流动性强等特点。全球债券是一种新兴的债券，其发行规则和程序还有待完善。

4. 证券市场包括哪些类型？如何通过证券市场进行交易？

以国际股票市场为例，国际股票市场从结构上可分为股票的发行市场和股票的交易市场。股票的发行市场也叫一级市场或次级市场。工商企业和公司公开发行的股票通过发行市场销售给投资者。股票的发行方式主要有两种：一是由筹资的企业自己发行，只要求投资公司或金融机构适当协助，故又称"直接发行"，适合于发行数额不大、规模较小的企业采用。二是通过承销商公开发行，由几家承销商牵头，组织承销集团推销新发行的股票，亦称"间接发行"，在国际股票市场上公开发行股票一般都采用后一种方式。

国际股票流通市场，又称二级市场，主要由证券交易所、证券交易引动报价系统、经纪人、证券商、投资者以及证券监管机构组成。其中，证券交易所是股票交易市场的中心，是股票集中并按一定规则进行交易的市场，因而被称为有组织的市场。

国际股票的交易方式主要有现货交易、期货交易以及股票指数期货交易和期权交易。根据股票交易所的不同，股票交易的方式可以分为交易所在场交易和场外交易两种。

（1）交易所在场交易。

交易所在场交易指一定的交易场所、在规定的时间、按照一定的规则买卖特定股票的交易方式。但是，股票交易所是一种"封闭型"的市场，投资人不能直接进入交易所内买卖交易，而必须委托证券经纪商代理买卖，所以这是一种委托交易。证券交易所股票买卖的一般程序如下：

①接受委托指令。

股票投资者选择准备投资的股票后，应商定一家经纪商号，并在该商号设立股票账户。需要买卖股票时，填写股票买卖的委托书，写明交易股票的价格、数量、交割日期和成交条件等事项。当经纪商同意客户设立账户并接受委托指令后，即承诺照客户的要求代理客户买卖股票。

②传递委托指令。

在证券交易所开市前或开市中，经纪商必须将客户的委托指令采用电话、电传、传真等方式传递给交易所内他们的代表人或业务员。

③执行委托指令。

当该经纪商的代表人或业务员受到委托指令后即到各种股票交易台前，按照客户的条件报价。当买方报价与卖方报价一致时，买卖代表人执行委托指令，买进或卖出股票。交易完成后，交易所记录下成交内容，传递到清算交割部门，办理实际的股票移交或保管手续。

④清算交割。

股票成交后，买方经纪人以付现或划账方式支付购买股票的款项，卖方经纪人则负责移交股票。客户则与经纪商办妥佣金、纳税等事项。

⑤股票过户。

如果股票投资者着眼于股东权益或准备长期投资于该股票，且该股票是记名股票，则在购进股票后需向该股票过户机构办理过户手续，一是将记名股票的姓名由卖者变更为买者，二是注销发行公司股票记录簿上原股东记载事项，填入新股东的有关事项。

（2）场外市场交易。

股票交易所场外市场的交易可分为代理买卖和自营买卖两种。

①代理买卖。

代理买卖是指在场外市场上由证券经纪机构代理客户买卖股票的交易活动。代理买卖股票由接受委托、执行委托、清算交割几个环节组成；与交易所场内委托交易的程序类似。

②自营买卖。

自营买卖是证券商为自己账户进行的股票买卖，由挂牌、成交和交割三个环节组成。世界主要的股票交易市场有美国纽约、日本东京、英国伦敦、法国巴黎、德国法兰克福等证券交易所。

5. 什么是国际信贷？国际信贷的作用有哪些？

国际信贷即跨国界的资金借贷活动，是通过资金进行间接投资的一种形式，表现为资本输出者对债务者的一种资本借出和借入。这种资金借贷活动在其周转的过程中一直以货币资本的形态存在，双方交换以货币的方式进行，不涉及商品等实物资本。此外，这种资金借贷活动只是国际资本流动的一种方式，还有多种直接或间接的国际资本流动方式共同构成国际资本流动。

关于国际信贷的分类，目前有多种划分方法，较为常见的有按期限划分，分为长、中、短三类。从资金来源的角度来看，来源主体不同，国际信贷资金的种类就不同。有来自国际金融组织的援助贷款，也有外国主权国家提供的贷款，以及银行机构提供的贷款和为拉动本国出口贸易而提供的出口信贷等。

国际信贷是国际经济合作的一个重要方面，是国际间接投资的一种方式，在国际经济中具有重要的作用。

首先，国际信贷促进了国际贸易的发展。二战后，全球的贸易额与贸易结构都发生了很大的变化，在各国的出口中，机器设备特别是大型成套设备所占的比重迅速增加，各出口国纷纷以出口信贷等作为刺激出口、提高本国设备产品国际竞争力的重要手段。借款国则通过利用国际信贷引进技术和设备，提高本国产品的质量，增强出口产品的竞争力。

其次，国际信贷为大规模的建设和生产活动提供了资金。在国际信贷业务中，借款国可以通过国际银行、各国政府、国际金融机构或非金融机构等多种途径，较少约束地多方面筹措巨额资金进行大规模的基础设施建设和生产能力扩充。

国际信贷有助于缓解发展中国家的资金不足困难。许多国家为了经济发展需要大量引进先进技术和设备，而大多数发展中国家没有足够的外汇储备做后盾。因此，这些国家一方面吸收国际直接投资；另一方面利用国际信贷利率比较优惠、贷款期限比较长、有一定援助性质等特点，积极利用国际信贷资金发展本国经济。

国际信贷为发达国家的富余资金提供了出路。发达国家利用向发展中国家贷款的机会输出富余资金，往往可以实现商品和资本的双重输出，解决国内的利率、物价、生产等经济问题，并通过信贷方式达到资金保值增值的目的。

国际信贷刺激了跨国公司的发展。二战后，跨国公司快速发展，这是生产国际化和资本国际化的必然结果。跨国公司的海外投资除自有资本的转移外，还有大量资本来源于银行国际信贷。有时，跨国公司也根据需要将暂时闲置的资金投入到国际信贷活动中去。跨国公司既是国际信贷的使用者又是提供者。

国际信贷有利于调节国际收支。国际货币基金组织向其成员国提供资金，有助于改善借款国的国际收支状况和稳定该国的对外汇率。

6. 国际间接投资理论有哪些？

在国际间接投资发展的同时，国际间接投资理论也逐渐丰富。

①证券组合理论。在各种金融资产中，投资者如何进行选择是马科维茨（Markowitz）的证券组合理论所研究的重要问题。在现有证券组合投资中，由于投资存在较大的风险，投资者需要解决风险下的投资决策问题。对此，马科维茨

（Markowitz，1952）提出，投资者在证券数量和种类上做出变化，调整自己的投资组合，以达到风险免疫或减少风险的目标。马科维茨（Markowitz）的证券投资决策过程分为三个部分：证券分析，对单一证券的风险、收益及证券与证券之间的相关性进行分析；证券组合分析，分析证券组合的预期收益和标准差；证券组合选择，通过上述的证券组合分析，可以得到不同投资组合的预期收益和风险的大小，选择投资于不同的证券种类，进而确定每种种类的权重和份额，在证券投资可行集中选择证券进行组合投资。

②资本资产定价理论。资本资产定价理论（CAPM）是由 William Sharp 等人在 Markowitz 的组合理论基础上提出并发展起来的模型。简单解释，该理论是研究资产，尤其是证券资产的估值方法的理论。

③多因素定价理论。夏普（Sharp）的 CAPM 模型有它进步的地方，如阐明哪一部分的风险与资产的定价相关，但不可否认的是在理论的发展过程中，它的运用受到了假设条件刚性的影响，其运用受到了限制，同时，市场组合这一概念的界定具有模糊性。针对这一缺点，Ross（1976）进一步提出了套利定价理论（APT），它与 CAPM 的不同点在于 APT 成立所要求的条件较低，APT 的基础在于任何套利都是有风险的，而 CAPM 以均衡条件为发展前提，由此确定了该定价模型。APT 提出了存在影响资产价格的诸多因素，但最大的缺陷在于 APT 没能确定影响资产价格的因素分别都是哪些具体因素，而又有多少因素在影响资产价格。

④行为资产组合理论。Shefrin 和 Statman（2000）提出了行为资产组合理论（BPT），BPT 解决了以证券组合理论为基础的投资决策行为分析理论的缺陷，从投资人的最优决策实际上是不确定条件下的心理选择的事实出发，确定了投资者的最优投资决策行为。马科维茨（Markowitz）理论的投资决策分析以均值——方差为基础，而 BPT 确定了以预期财富和财富低于可以维持的概率来进行投资组合决策分析的方法。它的理论基础主要有安全第一组合理论（safety-first protfolio theory），安全、潜力和期望理论（SP/A）。它有两种分析模型，即单一账户资产组合理论（BPT-SA）和多重账户行为组合理论（BPT-MA）。

⑤行为资产定价模型。20 世纪 80 年代以来行为金融学的影响比较大，在行为资产组合理论的基础之上，Shefrin 和 Statman 还对 CAPM 模型进行了扩展，进一步提出了行为资产定价模型（BAPM）。BAPM 认为除了 CAPM 所刻画出来的理性交易者之外，还有一种投资者，称为噪声交易者，这两类投资者在 BAPM 中共同决定了资产的价格。BAPM 认为投资者的投资组合会考量多种因素，除了风险与收益，还会受到个体自身行为的限制，由于市场上两类投资者并存，故而市场在有效率和无效率之间变化。

7. 试论述证券投资国际化的原因。

世界各国经济体量的发展带动了诸如股票、债券市场的国际化发展。资本的运作与流通和收益的实现主要依靠证券这种形式，并且全球范围内的这种非货币形式的资本流通更加规范和标准化。证券投资国际化发展的原因主要有以下几种：

①摆脱国际债务危机。1970—1980 年，发展中国家对外债务余额增长明显，国

际证券的安全性、收益性及流动性的特点使得证券这种投资方式成了它们获得更高收益的新途径。②证券投资灵活方便、风险较小。对于各类投资和筹资主体而言，证券投资的这种优势把国际资金供求双方吸引到了国际证券市场上来，使得国际证券投资成了一种国际潮流。③各国金融市场自由化。在西方工业大国金融自由化的推动下，金融市场进一步开放，各国采取的金融自由化政策共同促进了证券投资国际化的发展。④金融工具创新。浮动利率债券、双重货币债券、存托凭证等为国际证券投资提供了更多的选择，满足了不同的投资需求。⑤发展中国家经济体量和增速的显著增长。发展中国家的经济发展，拉动了资金的需求。全国范围内的资金筹集由此带动了证券投资国际化的发展。

8. 试述国际证券投资的特点，说明其与国际直接投资的区别和联系。

国际证券投资往往具有以下几个方面的特点：

①收益性。投资者进行证券投资的目的在于获取收益，收益性是证券的基本特点。

②风险性。购买证券必然会伴随风险。投资者可能因证券行市的跌落而亏损，也可能因发行单位经营不善而不能获得预期收益，乃至没有收益，甚至可能因公司破产而折本。

③流通性。指证券所有者能视市场的实际情况，自由、及时地将证券转让给他人，收回本金。

④波动性。随着证券市场的波动，证券价格与券面金额会产生偏离。

与国际直接投资相比，其特点如下：

①国际间接投资对筹资者的经营活动无控制权；而国际直接投资对筹资者的经营活动拥有控制权。

②流动性大，风险性小。

国际间接投资与企业生产经营无关（因为无控制权），随着二级市场的日益发达与完善，证券可以自由买卖，流动性大，风险性小。

国际直接投资一般都要参与一国企业的生产，生产周期长，一般在 10 年以上，由企业的利润直接偿还投资。资金一旦投入某一特定的项目，要抽出投资比较困难，其流动性小，风险性大。

③投资渠道不同。

国际间接投资必须通过证券交易所才能进行。国际直接投资只要双方谈判成功即可签订协议进行投资。

④投资内涵不同。

国际间接投资又可称为"国际金融投资"，一般只涉及金融领域的资金，即货币资本运动，运用的是虚拟资本。

国际直接投资是生产要素的投资，它不仅涉及货币资本运动，还涉及生产资本和商品资本运动及其对资本使用过程的控制，运用的是现实资本。

⑤自发性和频繁性。

国际间接投资受国际利率差别的影响而表现为一定的自发性，往往自发地从低利率国家向高利率国家流动。国际间接投资还受世界经济政治局势变化的影响，经常在国际上频繁移动，以追随投机性利益或寻求安全场所。二战后，随着国际资本市场的逐步完善，国际间接投资的规模越来越大，流动速度也越来越快。它具有较大的投机性，在这个领域，投资与投机的界限有时难以划分。

国际直接投资是运用现实资本从事经营活动，盈利或亏损的变化比较缓慢，一旦投资后，具有相对的稳定性。

⑥获取收益不同。

国际间接投资的收益是利息和股息。国际直接投资的收益是利润。

两者的主要联系：

①两者是顺应经济全球化浪潮而必然要经历的。

②两者共同影响国际收支平衡，必须综合利用。

③两者可以互相带动对方。

④两者都希望到获利大、风险小、安全性高的国家、地区进行投资活动。

9. 查阅相关资料，对中国证券市场的发展状况以及最新发展趋势做出分析。

聂名华（1996）表明改革开放以来，我国多次在国际证券市场上发行债券和股票，并积极创造条件吸引外资进入我国证券市场，我国在筹集资金的同时也在选择有利时机参与国际证券投资。与此同时，据解之春和高占军（1997）的分析，20世纪90年代前后国际股票投资来源和流向也出现了结构性的变化，90年代之前，欧洲一直是国际股票投资和跨境股票投资的最大来源地和吸收地，进入90年代，欧洲股票销售额虽然位列第一，但地位已经大大下降，日本的地位有明显的提升，最突出的变化是新兴市场的地位不但没有降低，反而有了明显的提升，跃居第二位。近十年来，国际证券市场发展越来越成熟，出现了各种金融产品，市场开放度也越来越高，国际证券发行量增量明显。国际间接投资出现了联动性的优势，越来越多的学者开始研究国内外股票债券市场的联动性、投机活动以及金融产品的创新。如张峥和刘力（2006）对中国股票市场与收益率的考察，发现可能出现投机性交易所造成的股价高估现象；潘敏和袁歌骋（2019）对金融产品及服务创新的研究；等等。综上所述，国际间接投资目前发展态势良好，预计证券投资及其市场的发展在未来会有以下趋势：①证券发行国际化。证券发行国际化是指证券发行的操作程序和基本条件都符合国际惯例。衡量一国证券发行国际化程度的两个重要的量化指标是外国上市公司占总上市公司的比例和本国海外上市公司占本国全部上市公司的比例。例如：国际金融中心之一的伦敦证券交易所的挂牌证券中有近60%的外国证券。解之春和高占军（1997）在研究证券市场国际化的趋势时，发现新兴市场国家尤其是工业国家的崛起促进了全球证券资本的流动。证券市场的国际化有力地推动了国际投资的发展，也极大地加深了各国经济相互渗透的程度。②证券交易市场不断创新。20世纪70年代世界性的通货膨胀导致利率更加剧烈地波动，整个金融市场以不确定性为主要特征，金融风险增加。在人们避免和分散风险的形势要求下，在普通交易的基础上期货交易、期权交易、期权期货交易等应运而生，大量无纸交易也不断产生，这些都为证券交易的创新推波助澜。③证券投资队伍不断壮大。从前参与证券投资多是有经济实力的个人，现在社会上不同阶层、不同职业、不同年龄的人们都在参与证券市场的投资活动，证券投资的队伍不断壮大起来。证券投资者不仅有个人，还有法人，并且法人投资的比例越来越大，参与证券投资的法人范围也不断扩大，以前主要是金融机构，现在越来越多的企业尤其是一些跨国公司，出于有效利用闲置资金、分散经营风险、获取更多收益等目的，也加入了证券投资的行列。④证券市场交易国际化。社会分工使生产国际化，也推动了资本的国际化，证券交易也随之逐渐走向国际化。目前，全球出现了许多国际性证券交易所，它们不仅上市大量外国证券，还和其他国家的证券交易所建立了越来越多的业务往来；一些大规模的证券公司为在更大范围内招揽客户，注入纳斯达克（NASDAQ），在国外建立众多的分支机构和办事处，进行国际性的证券交易；证券发行者为了灵活地进行筹资，越来越多地到国外证券市场发行证券筹集外币资金；投资者不仅在国内市场上买卖股票和债券，还可以在本国委托本国证券公司购买在国外证券市场上市的外国债券。

此外，根据 IMF 在 2016 年 4 月和 2020 年 3 月发表的跨国资本流动中的数据统计结果，发达经济体的证券投资额增长较为明显，2016 年为近几年最高水平，高达 5 280 亿美元。以上种种数据均表明国际证券投资在往国际化的方向发展，经济体量越来越大。

10. 国际信贷定价的方法有哪几种？

①成本、利润相加定价法。

这种定价方法将贷款利率视为各项成本率和利润率之和，其公式表示如下：

贷款利率＝筹集资金的边际成本＋非资金性银行经营成本＋预计贷款违约风险补偿边际成本＋单位资金利润率

这种方法的前提条件是银行能精确地计算出每一笔贷款的成本。满足这一前提条件时，该方法的优势在于它能对银行的各项边际成本及经营成本予以补偿，并且也能保证一定的利润率水平。尽管违约风险补偿成本定价难度较大，但实际操作中，对于不同筹款人的信誉状况，银行参照以往的借款经验都有相对应的分类，在不同等级水平下可以确定相对应的风险补偿成本，以此进行合理定价。

②基准利率风险加成法。

这种定价方法以基准利率为基础，同时考虑风险溢价水平，由此确定贷款利率。计算公式如下：

贷款利率＝基准利率＋违约风险溢价＋长期贷款的期限风险溢价

③低于基准利率定价法。

这种定价法的计算公式如下：

贷款利率＝货币市场借贷利率＋风险＋利润＋费用加成

这种定价方式的显著特点是加成比例很小，结果是短期贷款利率要比基准利率低。这种定价法一般是在对信誉优良的大公司的几天或几个星期的短期贷款中使用的。

331

④限定贷款利率上限的定价法。

这种定价法是在第二种定价方法之上进行修正的一种定价方法（钱婵娟，2014）。该方法将第二种方法所制定的基准利率直接作为初始利率，以该基准利率为起点，再考虑协商的百分点，由此确定贷款利率上限。计算公式如下：

$$贷款利率上限 = 初始利率 + 协商的百分点$$

这种定价法制定出来的贷款利率的最突出特点是不考虑基准利率上浮的程度。借款人只支付上限利率作为报酬。借款人要支付一笔保险费，保证真的当利率上浮时，借款人实际支付的贷款的执行价格要比没有支付保险费时的价格低（宋浩平，2006）。

⑤成本—收益贷款定价法。

这种定价方法不再简单根据贷款的实际成本进行定价。它是通过分析借款人与银行的综合关系来进行定价的一种方法。它分析了银行为提供该笔贷款所获得的收入及为此所支付的成本，比较收入与成本，合理确定信贷价格。此种方法可归纳为三步：

第一，估算银行为该客户提供的全部服务所支出的成本；

第二，估算银行从为该客户提供的全部服务中所获得的收入；

第三，当银行对客户综合支出成本小于综合收入时，可采用第二种或第三种方法计算贷款利率。

第七章　习题答案

名词解释

1. 国际灵活投资

国际灵活投资是指不同国家的双方当事人就某一共同参加商品生产和商品流通业务达成协议，采取一些灵活方式进行的投资活动。在国际投资领域中，这类活动并不是像直接投资或间接投资那样纯粹的投资活动，而是把投资与贸易活动紧密结合在一起，将投资行为和目的隐含在商品或劳务的贸易活动之中。

2. 国际租赁

国际租赁不是单纯地提供设备租赁服务。它是将贷款、融资、设备购买和租赁等融为一体的经济活动，既提供外贸也提供先进设备租赁。在国际租赁市场上，出租物品已经不局限于机械及建筑设备、车辆、船舶和飞机，还包括各种计算机、商业和科技设备等。

3. 国际工程承包

国际工程承包是指一国承包商按照其他国家的发包商的要求，同意承包某项工程项目并签订合同，项目完成后由发包商验收，验收合格，发包商支付相应的报酬。有时，在国际工程合同中还存在一个第三方——工程师，与国内工程中的监理人类似。

4. 国际信托投资

国际信托投资是指信托的当事人、信托设立地、财产所在地等要素涉及两个或以上的国家，或者以上要素是在同一个国家，但是以他国的法律为依据。

5. 融资租赁

融资租赁是国际上运用最广泛的一种方式，是指出租人出资购买承租人选定的租赁物，然后出租给承租人。融资租赁产生的出发点是用少量的现金拥有高价值的设备。所以，租赁物一般是价值高和技术先进的大型设备。

6. 经营租赁

经营租赁是为满足承租人临时或季节性使用资产的需要而安排的"不完全支付"式租赁，可以看作一种短期融资。其租金比其他的租赁方式要高一些，并且经营租赁是可以中途解约的。经营租赁的租赁物一般是通用设备或者更新速度较快的设备。

7. EPC 模式

EPC 模式也叫工程总承包模式，是指公司受业主委托，按照合同约定对工程建设项目的设计、采购、施工、试运行等进行全过程或若干阶段的承包，也可以由一家承包商负责全部的工作内容。

8. PPP 模式

PPP 模式简单来说就是"公私合营"。其特点是公私合作、风险共担、收益共享。PPP 模式可以在很大的程度上减少"融资难"的问题。公司通过合理规划贷款和偿还计划，可以确保所获的项目回报率最大。

9. BOT 模式

BOT 模式就是企业负责基础设施的筹资、建设、经营和维护，在特许期满后，将所有权移交给国家。BOT 模式适用于那些建设周期长并且可以通过运营偿债的基础设施项目。

10. 国际工程承包合同

国际工程承包合同是指不同国家的业主和承包商之间为了实施某个工程项目，而签订的明确双方权利和义务的协议。目前，国际上使用得比较多的国际工程承包合同主要有 FIDIC 系列合同、英国 ICE 合同、英国 JCT 合同和美国 AIA 系列合同。

简答题

1. 国际灵活投资的方式有哪些?

国际灵活投资主要包括国际租赁、国际工程承包、国际信托投资、对外加工装配、补偿贸易、项目贷款、贸易信贷、技术引进、国际发展援助等多种方式。

国际租赁不是单纯地提供设备租赁服务。它是将贷款、融资、设备购买和租赁等融为一体的经济活动，既提供外贸也提供先进设备租赁。

国际工程承包是指一国承包商按照其他国家的发包商的要求，同意承包某项工程项目并签订合同，项目完成后由发包商验收，验收合格，发包商支付相应的报酬。

国际信托投资是指信托的当事人、信托设立地、财产所在地等要素涉及两个或以上的国家，或者以上要素是在同一个国家，但以他国的法律为依据。

对外加工装配，又称"三来"业务，是我国最早使用外资的方式之一。

补偿贸易没有资金的参与，交易一方提供设备、技术等，在规定期限，另一方以非资金的产品或商议好的方式偿还。

项目贷款一般适用于资本密集和产品市场销售较为稳定的工业项目。

贸易信贷可以弥补资金不足，增强进出口能力，并且其隐蔽性很强。

技术引进就是将他国的技术或者经验等引入本国以发展经济。

国际发展援助是指经济相对发达的国家对稍微落后的发展中国家施以资金、技术等方面的支持。

2. 国际灵活投资是在什么环境下产生的？

国际灵活投资是伴随着其他的经济内容产生的，并且在不断自我发展。国际灵活投资的产生源于两个原因：一是为了解决国际贸易过程中物资基础以及技术短缺；二是为了拓展金融业务的空间。

比如，在一些大型设备的进出口以及大型工程承包建设中，通常所需要的资金量比较庞大，就需要金融机构采取灵活的方式来协助完成。为适应这种要求，金融机构采用买方信贷、卖方信贷、福费廷、信用安排限额等金融手段，积极有效地参与世界贸易，推动国际贸易的发展。在类似的情况下，国际贸易也可能因为接纳贸易商品的物资基础不具备或技术不成熟而搁浅。以实物和技术投资协助发展贸易的新方式拓展了新的渠道。

金融最初通过流通资本借贷而收取利息的参与贸易的单一方式已经不能适应经济的发展。世界经济一体化和国际经济交流的日益深化都对金融业务提出了更高的要求。因此，金融业作为服务业，必须紧跟世界经济发展趋势，不断寻找新的发展空间，积极开展新的金融业务，以适应变化发展的国际经济格局。

3. 融资租赁产生的动机是什么？

国外认为融资租赁产生的主要原因是税负差异所形成的税收优惠共享。而"税负差别理论"是否适用于我国还有待商榷。有学者认为近年来我国融资租赁发展的真正动因是类信贷。对于小微企业而言，具有融资约束的企业倾向于采用融资租赁，该融资约束产生的影响条件是企业所处发展阶段以及法治环境。研究融资租赁产生的动机，可以促进融资租赁行业的发展。

4. 国际租赁的基本程序是什么？

虽然国际租赁的方式有很多，但国际租赁的基本程序是相同的，具体包括：

①租赁物的选定。在融资租赁中，租赁物一般由承租人挑选，出租人代为购买。承租人也可以委托租赁公司代为选择，或由租赁公司向承租人推荐租赁物。

②申请租赁。承租人就租赁的物品与供应商谈妥后，向租赁公司提出租赁意向及申请，告知所洽谈物品的品名、规格以及自己所要求的租赁方式及租期等，并要求租赁公司报来租金估价单及其他条件。

③租赁申请的审查。租赁公司接到租赁申请后，可要求申请人提供企业经营状况的说明文件及各种财务报表，衡量出租的风险程度。如有必要，还可委托各种信

用调查机构对申请人进行调查。租赁公司据此进行审查，做出是否提供租赁的决定。

④租赁合同的签订。申请人（承租人）接到租金估价单及相关条件后，应进行周密研究，如果同意，双方即可洽谈，达成一致后签订租赁合同，一般应由双方银行作为见证人并在合同上签字证明。

⑤租赁物的交接。租赁合同签订后，出租人根据与承租人所签的租赁合同与制造商就事先谈妥的贸易条件，正式签订购货合同。随后，制造商根据购货合同，按期直接交货给承租人，并及时通知出租人已按要求交货。承租人必须做好租赁物的报关、提货、运输、保险等手续，以利供应商交货。

⑥租赁物的验收。承租人收到租赁物后，立即进行安装调试。各方面均达到合同要求后，承租人办理验收手续并及时通知出租人，租赁期从验收日开始计算。出租人根据购货合同的规定，在收到验收合格通知后，应该立即向制造商付清贷款。

⑦支付租金。承租人按租赁合同规定定期向出租人支付租金。

⑧租赁物的保险和维修。该项责任的归属随租赁方式的不同而有所不同。在融资租赁中，该项责任一般由承租人负责，但投保何种险别则应征得出租人同意。

⑨租赁合同期满时租赁物的处理。随租赁合同的不同，期满后对租赁物的处理方式亦有差异。融资租赁期满后租赁物的处理方式，前已述及，不再赘述。

5. 国际租赁准则的主要变化是什么？

新的租赁准则取消了之前被人诟病的双重租赁会计模式，采取的是一种单一计资产负债表的模式。这种改变的本质就是要求企业将交易活动中的大部分计入表内，与准则变化前的融资租赁会计处理模式相似。这种方法可以更加真实地反映承租人的资产和负债，强化信息披露，清晰地展现承租人的财务杠杆和资本使用情况。新准则对于租赁方面的其他部分也进行了一定的调整，但出租人的会计核算与新准则颁布前基本一致，仍然采用双重会计模式。但是，IASB 在该项新准则完成阶段也承认，这种安排缺乏一致性，可能使企业在更复杂的协议安排中有结构化机会。

6. 国际工程承包模式各自适用状态是什么？

国际工程承包模式主要包括工程总承包模式（EPC）、项目管理承包模式（PMC）、设计-建造模式（DB）、平行发包模式（DBB）、施工管理承包模式（CM）、建造-运营-移交模式（BOT）、公共部门与私人企业合作模式（PPP）等。

当需要由一家承包商负责全部的工作内容时，通常选择 EPC 模式。各地政府也十分鼓励房屋建筑领域使用 EPC 模式。但我国现行的工程量清单招标、固定单价模式计价不适用 EPC 模式。

DB 模式的实施效率高，承包商可以创造更多的经济效益。

DBB 模式是指必须按照 D-B-B 的顺序进行项目建设，即依次进行设计、招标和施工三个阶段。

CM 模式特别适用于那种建设周期长，但时间要求紧迫的复杂工程。

BOT 模式适用于那些建设周期长并且可以通过运营偿债的基础设施项目。

PPP 模式可以很大程度上减少"融资难"的问题。但在项目开始前，项目的所有参与者都应清楚地知道，该项目所有的要求、机会和风险。

7. 常用的国际工程承包合同有哪些？它们之间有什么差别？

常见的国际工程承包合同主要有 FIDIC 系列合同、英国 ICE 合同、英国 JCT 合同和美国 AIA 系列合同。

FIDIC 条件合同是目前较为流行的工程合同，通用性较高，程序严谨，利于操作。

与 FIDIC 合同相比，ICE 合同更注重业主的利益，对承包商的要求更为严格。所以业主更倾向于选择 ICE 合同，而承包商更愿意选择 FIDIC 合同。

与 FIDIC 合同条件相比，JCT 合同条件存在明显的普通法法律文件特征。另外，JCT 的相关规定在合同管理者对于承包商的变动干预方面对业主更有利，而承包商选择分包商的决定权、付款的程序以及风险分配等方面对承包商更有利。

AIA 合同条件是由美国建筑师协会编制的，主要适用于私营的房屋建筑工程，可分为 A 系列、B 系列、C 系列、D 系列、G 系列、INT 系列六个系列。

8. 如何对国际信托投资进行分类？

按信托资金来源可分为甲类信托投资和乙类信托投资。甲类信托投资的资金由国外委托人提供，委托人可指明资金用途、投资期限等。信托机构仅起代理和监督作用，对风险和经营效果不承担责任。而乙类信托投资的资金由信托机构提供，国外委托人也可提供资金，除信托机构能接受的投资收益率和收益时间外，不能对资金项目提任何要求信托机构对项目承担一切风险，并按时、按协商收益率给国外委托人支付收益。

按信托投资期限长短可分为长期信托投资和短期信托投资。长期信托投资通常包括规定期限（10 年以上）和不规定期限（与企业存在相伴随）两种。短期信托投资是指 10 年及以内的信托投资。

按信托投资的实现方式可分为直接信托投资和间接信托投资。直接信托投资是指由信托机构将资金直接投入企业组成合资或合作企业，参与补偿贸易、来料加工、来件装配及海外投资等，参与企业的经营管理，实质是信托机构从事产业活动和贸易活动，谋求投资收益。间接信托投资是指信托机构以购买外国股票或债券的形式实现投资，通过股权和债权间接参与企业管理，求得股息、红利、债息以及差价投资收益。

9. 国际信托投资有哪些职能？

国际信托投资主要包括筹资职能、融资职能、投资职能、财务管理职能、信用服务职能和自我发展职能。

筹资职能。筹集建设资金是国际信托投资机构的主要职能之一。通过受托筹资、代理集资、代发有价证券等手段，国际信托投资机构可以较快地、较大规模地筹集建设资金。

融资职能。融资职能是指国内外资金的融通。非银行金融信托机构是我国金融体系的有机组成部分。国际信托投资机构完全可以充分利用国内外两种资金、两个市场，调度和融通资金，搞活搞好经营，更好地完成上级主管部门所赋予的各项任务。

投资职能。在国内投资中，信托机构可充分利用其投资职能，贯彻国家产业政策，实行建设资金有偿使用，加强对企业的监督管理，充分提高投资效益。在对国外的投资方面，国际信托投资机构应充分利用其在国外的分支机构和信息网络，尽量使投资区域和产业多元化，带动国内外向型经济的发展。

财务管理职能。信托投资是一种经济行为，离不开财务管理和核算。国际信托投资机构接受部门或企事业单位的委托，进行投资、贷款、外汇买卖、证券交易等多种业务活动。财务核算和经济效益的分析是必不可少的。机构不仅代理筹资、放款，还办理代为考察评估项目等业务，有时还会管理政府所托的特定资金。

信用服务职能。国际信托投资机构利用其信息网络，可向用户及时提供外汇、黄金、股市等方面的最新信息。机构还可以向国外的意向投资者介绍国内的投资环境，并为其寻找合作者。代企业发行股票、债券，代为保管重要财务，出租保险柜等业务，都是信用服务职能的具体体现。

自我发展职能。自我发展包含业务的拓展辐射、资金的积累增值、人员机构的增加、人员素质的提高等重要内容。自我发展与信用服务是互相促进的，国际信托投资机构通过为社会提供广泛优质的信用服务，能促进自身更快地积累、更快地发展；同理，国际信托投资机构自身发展得更为强大后，又可为社会提供更有效的信托服务。

10. 根据给出的国际信托投资案例，我国信托业要如何改进？

首先要优化企业的管理机制，这样有利于增强信托投资公司的运作效率，让企业有明确的发展方向。

其次在信托公司扩大规模时，要适时考虑公司的经营能力是否相匹配，避免出现资不抵债的现象，给公司造成混乱。

再次是要建立公司的内部控制体系，积极应对金融风险。避免资金过度集中，做好风险管理，更好地规避风险。

最后相关监管部门要加大信托业风险监督力度，为信托业的发展创造良好的环境。

第八章 习题答案

名词解释

1. 国际投资风险

国际投资风险是指由于各种国际中不可预测或不可避免的因素，投资收益率未能达到预期目标的风险，任何国际投资活动都是风险和收益并存的。

2. 汇率风险

汇率风险就是由于东道国汇率波动而导致跨国公司投资价值产生波动的风险。汇率波动对于国际投资是优劣并存的，汇率波动会给跨国公司的投资带来很大波动。

3. 安全风险

安全风险涉及了广泛的、制度化的个人（如袭击、抢劫、强奸、杀人、绑架）和财产（如盗窃、入室盗窃、纵火）犯罪模式，是个人对他人包括商业专业人员实施的犯罪。当国家存在高安全风险时，犯罪和侵略被认为是理所当然的，且往往会持续一段时间，这可能使个人对这些行为不再敏感，并使其正常化。在某些情况下，暴力被用来解决经济问题或冲突。也就是说，恐吓、绑架、使用武器或盗窃是可能增加财富和影响力的机制。

4. 国有化风险

在某些特殊情况下，东道国会通过政治权利对跨国公司在本土投资的项目进行没收，以增强本国的经济实力，或者由于对跨国公司经营方式的不满而采取强制征收政策。国有化政策带来的风险是致命的，一旦发生，跨国公司的损失将无法挽回。

5. 风险转移

风险转移是指风险承担者运用特定方法将风险转移。风险转移分为保险转移和非保险转移。前者是以支付保险费为成本，将风险转移给保险公司承担。后者是指用其他方式让他人承担风险，如签订合同和担保书等，如所在国的分公司看涨未来的人工和原材料成本，可以通过招投标的方式转移这部分风险。

6. 财务风险

财务风险的实质就是企业财务状况恶化和不能实现财务目标的风险，是企业收益目标无法实现的概率。对跨国公司而言财务风险常常体现在融资成本高、难度大两方面。从跨国公司自身原因来看，财务风险主要表现为现金流差、市场信用差、资本成本高等。

简答题

1. 国际投资风险有哪些？请简要说明。

①利率风险是指跨国公司在生产经营过程中调动资金时，受于宏观经济各种潜在因素的影响，直接或间接地遭受公司投资收益受损。利率风险主要是指市场环境的恶化导致跨国经营目标无法达到预期的可能性。

②汇率风险是指跨国公司在生产经营的过程中，汇率变动导致跨国公司收入、利润降低，负债、成本支出提升的风险。

③政治风险是指跨国企业的经营活动可能因东道国或本土国政治变动或国际环境恶化而中断的可能性。

④经营风险可以分为广义与狭义两种。广义的经营风险是指跨国公司在国际投资的大环境下进行生产经营活动时面临的负面因素。狭义的经营风险是指跨国公司在东道国营商环境中无法正常经营的可能性。

⑤安全风险涉及了广泛的、制度化的个人（如袭击、抢劫、强奸、杀人、绑架）和财产（如盗窃、入室盗窃、纵火）犯罪模式，是个人对他人包括商业专业人员实施的犯罪。当国家存在高安全风险时犯罪和侵略被认为是理所当然的，往往会持续一段时间，这可能使个人对这些行为不再敏感，并使其正常化。在某些情况下，

暴力被用来解决经济问题或冲突。也就是说，恐吓、绑架、使用武器或盗窃是可能增加财富和影响力的机制。

2. 什么是经营风险？如何有效地抑制经营风险？

经营风险可以分为广义与狭义两种。广义的经营风险是指跨国公司在国际投资的大环境下进行生产经营活动时面临的负面因素。狭义的经营风险是指跨国公司在东道国营商环境中无法正常经营的可能性。

①风险回避是指在风险发生之前，在公司可承受的前提下提前放弃可能出现损失的经营策略。

②风险控制是指风险发生时或发生后为了降低损失所采用的措施。

③风险转移是指风险承担者运用特定方法将风险转移。风险转移分为保险转移和非保险转移。前者是以支付保险费为成本，将风险转移给保险公司承担。后者是指用其他方式让他人承担风险，如签订合同和担保书等，如所在国的分公司看涨未来的人工和原材料成本，可以通过招投标的方式转移这部分风险。

④风险消化是指投资者在不损害自身根本利益的前提下，对一些无法转移、可承受的风险采取自我消化策略，主动承担风险。

3. 政治风险有何种评估手段？并逐一解释。

①国别评估报告。

国别评估报告是相关专业机构或跨国企业对于东道国的政治环境、社会状况、人民安稳程度进行综合分析后所出具的报告。它通常用于大型国际投资前，对投资项目进行可行性研究。

②评分定级法。

评分定级法是用一套统一的标准来对东道国各项可能产生风险的因素进行考量后得到风险评分的方法。这种方法易于操作，同时各个国家间可以相互比较，因此应用相对广泛。总的来说，评分定级分为四个步骤：

第一步：确定需要考量的风险因素，如政局稳定性、经济发展、影响政策等。

第二步：确定风险打分标准。分数越高，风险越大。例如，负债率10%以下为1分，10%~25%为3分，26%~50%为5分，51%~75%为7分，76%~100%为10分等。

第三步：将所有的分数进行统一加总，确定该国的风险等级。

第四步：对国家之间的风险等级进行比较，确定最后的投资方向。

③预先警报系统。

预先警报系统是联邦德国经济研究所（1975）提出的基于一系列风险指标所制定的一套风险防范系统。这种系统对于政治风险的防范十分有效，主要由以下指标组成：偿债比率、负债比率、负债对出口比率、流动比率等。

4. 预先警报系统可以参考的比率都有哪些？

①偿债比率。

偿债比率通常代表一个公司按时足额还本付息的能力，同样地，也可以用于表示国家的偿债能力。一般认为该比率在5%左右时，该国的偿债能力值得信赖；达到 20%，证明该国的财务发生困难，偿债能力很弱。

②负债比率。

负债比率表示一个国家的 GDP 与全部外债的比例。数值在 15% 左右时，该国的财务状况良好；高于 30%，说明该国存在一定的财务风险。

③负债对出口比率。

负债对出口比率主要用于评估一个国家短期的偿债能力。该比例越低，说明该国短期偿债能力越强。

④流动比率。

该比率表明一国外汇储备相当于进口额的月数。数值为五个月时，说明外汇储备余额是充足的；低于一个月时，外汇储备余额是严重不足的。

5. 如何有效地防范安全风险？

①政府角度。

政府的做法和政策在很大程度上是可控的（如腐败）。发展中经济体，甚至是发达经济体，如果能大幅实现这些政策，最终将实现其国家的繁荣和人民的财富积累。孤立地考虑，腐败似乎是一种相对无害的做法，它给予政府官员额外的、但非法获得的资金或礼物。然而，当考虑到更广泛的影响时，各国可能会意识到腐败的有害影响。这不仅是为了投资，也是为了人民的安全。

②公司角度。

从商业的角度来看，高管们应该更多地关注基于政府的腐败，即使有政策使公司本身不参与腐败（如《反海外腐败法》、公司层面的培训项目等）。制度方面也很重要，因为它可以对国家的安全和稳定产生更广泛的影响。高管们必须明白，增加的政治约束并不一定会转化为更安全的投资环境。

6. 汇率风险的预防手段有哪些？

①合理选择计价货币。

首先货币选择方面。尽量选择如美元、欧元等主流的国际货币（于海波，2009）。这类货币可以在短期内进行兑付以减少突发的损失。可快速流通的货币中，还应争取有利币种，如争取"收硬付软"，但这样存在两个问题：一是买方希望用软币计价，卖方希望用硬币计价，在双方没有让步或其他补偿条件时，兑付难度大。二是软硬币的身份是不断变化的，是相对的。对于热门的商品或劳务，出口商可坚持硬币计价；而对于滞销货或为新产品打开销路，可考虑用软币计价。

其次采用复合货币计价可减少风险。当贸易双方在为以何种货币计价而不能达成协议时，可考虑软硬货币搭配计价来兼顾双方利益。当然，搭配比例需要双方协商。若美元是硬币，日元是软币，可采用合同总值 50% 以美元计、50% 以日元计的方法。

②外币票据贴现。

外币票据贴现是银行为持有外汇票据的进出口企业提供的融资业务，银行在票据到期前扣除一定的利息后将余额支付给跨国公司。这种将汇率风险转移给银行的方法也有利于企业的资金周转。

7. **跨国企业如何防范政治风险?**

①倡导风险管理文化。

国际投资项目应根据项目所在国的环境与项目特点,在项目内建立可靠的风控部门,建立有效的监测部门,实时关注东道国政治环境的变化,及时预测未来可能发生的政治风险,了解其发生的可能性与可能造成的损失,制定相应的解决方案,最大限度地减少损失。树立良好的项目管理文化,培养职员的风险防范意识和警惕性,提高员工发现风险、解决风险的能力,尽可能将政治风险的损失降到最低。

②投保海外投资保险。

购买境外投资保险是指跨国企业通过购买保险的方式,将政治风险转由保险公司承担。从海外投资保险的现状来看,海外投资保险的本质是在国家的支持下,政府设立公司或委托专门机构通过海外投资保险为跨国公司有效减少政治风险所带来的损失。在中国,中国信保是唯一一家提供国际投资保险业务的公司,其各项标准由国家制定。为了鼓励和保护本土企业积极进行海外投资,当企业在东道国遇到政治风险后,保险公司应及时有效地给予补偿。同时,它也可以增进投资国与东道国之间的外交关系,保持良好的国家形象。因此,归根结底,海外投资保险也同样维护了投资国的国家利益。

③与当地居民建立友好关系。

首先是劳工权利问题。例如,一些进行跨国投资的企业对当地的劳动权益法律知之甚少,没有重视对当地劳动者权益的保护,产生了严重的劳动纠纷。这样的争端很可能引发大规模的公共事件,例如罢工、示威甚至民族主义情绪。其次是非法经营。一些不负责任的中小企业的违法经营将对跨国公司的形象产生不利影响。最后,跨国公司的员工通常生活在自身的圈子中,与当地人的联系很少,双方之间缺乏沟通,本地人对跨国公司的印象并不算好。当东道国政局稳定,经济稳定发展时,跨国公司大概率可以持续地发展下去;但是一旦发生社会和政治危机,不同政治力量产生冲突,跨国企业的损失将是其难以承受的。

8. **财务风险的起因是什么?**

从跨国公司自身原因来看,财务风险主要表现为现金流差、市场信用差、资本成本高等。

9. **政治风险的表现形式有哪些?**

①战争风险。

战争风险是指跨国公司经营中突发战争情况,给跨国公司带来损失的可能性。战争风险是跨国公司最难避免的风险之一。一旦战争爆发,出于人身和财产安全的考虑,许多项目必然会被关闭。战争造成的交通和通信中断会对项目的实施产生重大负面影响,从而造成严重财务损失。

②政策调整风险。

政治环境的不稳定通常会导致政府政策的不确定性过大,而一个国家的政策会对投资环境产生巨大影响。如对外资企业实行差别化税费等政策的变化可能会增加投资成本,从而影响投资回报。此外,政权一旦发生更迭,许多合同可能被取消,投资项目将被迫停运，损失只能由跨国公司独自承担。

③国有化风险。

在某些特殊情况下，东道国会通过政治权利对跨国公司在本土投资的项目进行没收，以增强本国的经济实力，或者由于对跨国公司经营方式的不满而采取强制征收政策。国有化政策带来的风险是致命的，一旦发生，跨国公司的损失将无法挽回。

10. 经营风险的发展历程是怎样的？有何改善方案？

复杂多变的国际市场环境中，无论是企业投资前的论证、投资策略的选择还是投资阶段的进度控制，风险都无处不在。大多数情况下经营风险是现金流不足产生的问题，充足的现金流是跨国企业进行国际投资的核心因素。西方大型跨国公司从事国际业务的部分资金来自银行贷款，由于跨国业务涉及进出口，具有很多环节如调解、汇兑、保险等，任何一个环节的不诚信行为都可能使交易失败，从而带来巨大的风险，而一些中国企业不注重考察合作伙伴的资金和信用硬实力，未建立东道国的风险防控体系。因此建立合理的风险防控体系迫在眉睫。

风险识别有多种方法，但是其原理都是从人的主观思考出发。最具代表性的鉴定方法是美国著名咨询机构兰德公司（Rand）于 20 世纪 50 年代初发明的德尔菲法。具体内容如下：

参与者互不透露姓名，对回答进行统计处理，并对意见进行反复测试。第一，专家应该来自不同的行业，专家之间没有密切的联系，不考虑专业、个人能力、社会阅历等因素。德尔菲法要求参与者先明确回答的问题。问题的条件可以由专家们单独制定，也可以由双方商议确定。第二，通过时事通信或会议向参与者发送问题，但要确保参与者不能相互交流。重新提问可以分两轮或两轮以上进行，每轮都有关于每个项目的统计反馈，统计每一类答案的分布情况。第三，随着每次项目反馈获得的信息量减少，将所有专家的反馈集中成一个答案，这个方法集结了每个人的智慧，使预测结果更加准确。一般来说，专家成员的知识水平越高，预测所需时间越长，风险识别结论的可信度就越高。

第九章　习题答案

名词解释

1. 国际投资法

国际投资法是为调整国际投资关系而专门制定的法律。关于国际投资法的定义，普遍认为国际投资法是调整跨国私人直接投资关系的国内外法规的总称。

2. 双边投资条约

两个国家常常签订双边投资条约以增进维护相互之间的投资，在国际投资法中双边投资条约具有不可忽视的作用，往往在国际投资实践中得到广泛应用。常见形式有友好通商航海条约、投资保证协定以及促进与保护投资协定等。近年来，国际上使用的双边投资条约在内容上表现出趋于接近的态势，而且越是最新制定的法规，内容越相近。我国双边投资条约的发展也呈现法律化、标准化、趋同化的趋势。

尽管双边投资条约应用较多，但是其仍然具有一定的局限性。就约束力来说，双边投资条约的效力局限在缔约国之间，而不具有普遍意义上的约束力。有学者认为，若大多数双边投资条约普遍采用了某些相同或类似的规则，该部分规则也有可能逐渐成为国际习惯，从而具有普遍约束力。而目前现行的双边投资条约在内容上分歧巨大，将前述普遍规则视为形成中的习惯法尚欠考虑。双边投资条约的缺陷可以从两个方面理解：一方面，其仍然具有前身友好通商航海条约的歧视性不平等内容；另一方面，体现在谈判双方、谈判机制的不匹配导致的限制。另外，不少双边协议存在内容弹性小、"国民待遇"规定存在限制、期限届满后续期搁置等问题。

3. 海外投资保险法

海外投资保险制度是资本输出国政府对其在境外投资的自然人或法人提供的一种风险补偿制度。面对投资过程中政治局势变化等因素形成的不确定性，由国家本身或支持相关机构设立保险机构，当承保范围内的政治风险引发相关损失时，从事境外投资的当事人可以得到补偿。海外投资保险制度主要是为了预防海外投资的政治风险。由此可见，该制度是保护与鼓励海外投资的重要法律制度。

与普通的财产或寿命保险不同，海外保险制度是对政治风险进行承保。其特点主要包括：①非营利性，此类保险承保机构的公益性决定了其并非以获利为最终目的，而主要是为了发挥保护作用；②保险的对象，只限于海外私人直接投资，而且须满足特定的条件；③保险的范围，只限于政治风险。

从保险人的角度来说，实施海外投资保险业务的主体有政府机构、政府公司等。前文提到，美国负责此项业务的是海外私人投资公司（OPIC）。该公司公私性质兼具，到目前为止均是自负盈亏，以保持机构的相对独立。澳大利亚也是由政府公司主管海外投资保险业务。而日本、新西兰和瑞典等国采取由政府机构承保的方式。还有的国家的海外投资政治风险由政府与国营公司共同承保，如德国，法定保险人由联邦政府担任，两个国营公司——黑姆斯信贷担保股份公司和德国信托股份公司负责执行具体业务。法国的做法与德国类似，担任法定保险人与承担业务的公司分别是经济与财政部和法国外贸银行（Natexis Banques Populaires）、法国外贸保险公司（France Foreign Trade Insurance Company，FTIC）。

从被保险人的角度来说，按照各国法律能申请海外投资保险的投资者均是被保险人。各个国家对这一投资者的范围规定各不相同，如美国《对外援助法》规定，被保险人可以是美国公民、主要权益（资产51%以上）属于美国公民的美国公司、合伙企业和其他社团或资本总额95%及以上为美国人所有的外国公司。日本则将投保人定义为从事境外投资的国民或法人。

从保险期限来说，美国最长为20年，规模较大的或敏感性较强的项目的财产征用险，期限被限制在12年内。日本一般为5~10年，其中不包括海外企业的建设期。德国一般为15年，而对于经营期限较长者根据需要期满后再延长5年。

从投保范围来说，美、日、德三国投保范围差别不大，但在投保方式上略有差异，美国投资者对各类险种可自由进行组合，单独付保与多险种合并付保均可，日、德两国则要求对所有险种综合投保。

4. 友好通商航海条约

友好通商航海条约是指国家之间对双方前来通商的国民相互保障、赋予其海上航行自由权的条约。此类条约范围广泛但内容较为抽象。

世界上第一个友好通商航海条约是美国与法国于 1778 年签订的。直到二战前，友好通商航海条约的主旨都是调整缔约国间的友好通商关系，而能够享受此条件的是公民而非企业。二战之后，美国成为世界上最大的对外资本输出国，国际投资也发展成为国际经济交往的重要形式，保护私人对外投资才逐渐演变为友好通商航海条约的重要内容。但至今为止，友好通商航海条约涉及的范围仍然过于宽泛，对外国投资者的保护也没有具体的规定。而 20 世纪 60 年代以后，许多发展中国家本身政局不稳以及对外资实行的大规模征用和国有化给国际投资带来了很大的风险，双边投资保证协定便应运而生。

5. MIGA

为缓解和消除外国投资者对资本输入国政治风险的担心，尤其是增强外资进驻发展中国家的信心，助力当地发展，1985 年世界银行年会通过了《多边投资担保机构公约》。多边投资担保机构（convention establishing the multilateral investment guarantee agency，MIGA）也同时成立。MIGA 主要对政治风险直接承保，为从事海外投资的企业或法人解决部分后顾之忧，以法律助力国际直接投资。中国于该公约生效当月便签订公约，是 MIGA 的初创成员国之一。该公约的宗旨是"促进资本流入发展中国家，对投资的非商业性风险予以担保。"承保范围只限于非商业性政治风险。此外，公约还有关于争端解决、东道国控制范围等事项的规定。

MIGA 从制度的设定上使得资本输入国承担更多的责任，从而实现约束作用。加入 MIGA 的国家在接受国际资本流入时，需要承担对此部分投资直接赔偿的部分责任以及作为成员国需要承担的外资风险责任。当境外资本投入后受到保险范围内风险的侵害形成损失时，资本输入国便要承担双重的责任与赔偿义务，因此，能够有效管制资本输入国引进外资后侵害外资利益的行为。另外，作为一个国际性的海外投资保险机构，它可以对国家违约承保，具有国家保险机构无可比拟的优势，对各国的官方投资保险机构起到了补充作用。此外，MIGA 还帮助许多发展中国家制定吸引外资的计划和政策，利用它的全球信息网络，为投资者提供全方位的信息服务。

6. 《解决国家与他国国民间投资争端公约》

《解决国家与他国国民间投资争端公约》由世界银行主导，1965 年在美国正式签署，次年 10 月 14 日正式生效。因签署地点为华盛顿，此公约又名《华盛顿公约》。

《华盛顿公约》的主要内容包括建立解决投资争端中心（International Centre for Settlement of Investment Disputes，ICSID），使其作为一个长期存在的机构来解决各类国际投资实践中的争议问题，遵循当事人双方的意见，要求调解抑或是仲裁，按照流程公平公正地进行。ICSID 经过几十年的运作，虽然仍存在着一些问题，如其一直主张否认资本输入国关于争端解决的管辖权而扩大自身的管辖权，但也应看到，

ICSID 在协调国际投资关系、增进国际资本流动方面起到了一定作用。截至 2020 年 7 月，ICSID 已有正式缔约国 155 个，中国于 1993 年正式加入该公约。

简答题

1. 国际投资法的特点有哪些？

国际投资法有以下特点：其一，国际投资法主要针对国际私人直接投资关系。重点落在"私人"和"直接投资"两个词上，投资者的身份限定在他国的自然人或法人的范围内，投资关系只能是直接性的投资（Lorenzo，2020）；其二，国际投资法具有国内法和国际法双重渊源（Ferreira，2020），是由国内法律规范和国际法律规范所构成的有机统一体，二者联系紧密又存在差异，在国际投资法中缺一不可（杨树明 等，1989）。除了上述两个特点外，国际投资法还具有调整投资环境的作用（Dimitropoulos，2020）。私人资本的国际流动，很大程度上依靠投资环境的友好性，法律尤其是国际投资相关的法律，在投资环境的变化上起至关重要的作用。

2. 投资国的对外投资法律管理中保护性法规包含哪些内容？

资本输出国建立的保护性法律法规乃是基于保障本国海外投资安全和维护己方经济利益的目的，保护性法律规范中，当以海外投资保险法律制度的重要性居首。当前海外投资保险制度应用广泛，但各国关于此项制度的具体规定却各有特点，其中以美国、日本、法国的制度最为典型，三者中又以美国居首。

①海外投资保险制度。

海外投资保险制度是资本输出国政府对其在境外投资的自然人或法人提供的一种风险补偿制度。面对投资过程中政治局势变化等因素形成的不确定性，由国家本身或支持相关机构设立保险机构，当承保范围内的政治风险引发相关损失时，从事境外投资的当事人可以得到补偿。海外投资保险制度主要是为了预防海外投资的政治风险。由此可见，该制度是保护与鼓励海外投资的重要法律制度。

②外交保护。

外交保护是指一国国民在境外权益受到侵害时，当外国法律未能正常及时予以应有的帮助时，该国民所属国家可采取外事协调等方式，提出合理的救济要求。外交保护是国家基于属人管辖权对本国国民合法权益进行的相关保护。外交保护在实践中还必须符合国际法所确立的有关条件。条件有三个：a. 受到不法行为侵害；b. 国际继续原则；c. 用尽当地救济原则。在资本输出国提请外交保护时上述三个条件缺一不可。

3. 简述最惠国待遇与国民待遇的区别与联系。

外国投资者的待遇标准涉及如何解决资本输出国政府的属人管辖权和资本输入国政府的属地管辖权之间矛盾冲突的问题，是许多国际投资法规调整各类关系时都必须明确的基础性问题。

国民待遇标准（standard of national treatment）是指无论国内还是国外的民众，在权利和义务的规定方面别无二致，处于相等的地位水平。国民待遇标准与国家主权原则相契合，还与资本输入国国内法规联系紧密，在实际运用中可依循的标准明

345

晰。所以，在一般国家中采用较为普遍（Brian，2020）。拉丁美洲国家长期在投资实践中秉持的卡尔沃主义，抗争外国施行的保护行为，便是建立在这一标准之上的。因此，资本输入国政府出于公共利益的考虑，依照正常的法律规定和程序对外国投资者的资产实行国有化和征收，只要对外国国民没有明显歧视或其他明显不公平的措施，资本输入国政府便不用承担任何国际责任，资本输出国政府亦无理由行使外交保护权。

最惠国待遇标准（most-favored-nation treatment）是指在国际条约中缔约国一方有义务使另一方国民享受该国对第三国国民所允许的同等权利。最惠国待遇的特点是，创造与第三国国民间的平等待遇。随着二战后民族独立浪潮的掀起，国家之间平等的观念被广泛接受。除少数国家和地区外，最惠国待遇逐渐向国民待遇原则贴合，二者在实践中常常共同发挥效力。

最惠国待遇标准和国民待遇标准在外资待遇上相似性很强。前者是指本国给予外资的待遇不低于本国已经给予或将要给予任何第三国相同外资的待遇，实质在于使各国外资之间的待遇平等；而后者则是指给予外资的待遇不低于本国相同资本的待遇，实质在于使外资与内资之间的待遇平等。但客观上，一国要完全实现"国民待遇"是不可能的，如移民限制、政治权利及国际通行的限制，国民待遇以符合本国法律或条约规定为限。此外，发展中国家往往还存在对外资的超国民待遇。例如，我国自20世纪70年代末以来，为了吸引外资流入，带动经济发展，制定与实施了大量的涉外优惠法规和政策，其中以外商投资企业税收优惠法规为主，在税收、进出口经营权、外汇管理、信贷、企业设立等方面为外资企业提供超常的优惠待遇。

4. 简述国际投资法律管理的体系。

国际投资法包含范围甚广，可由各国涉外投资法规与国际投资条约构成，各国涉外直接投资法规可以分为投资国与东道国的法律规范（袁东安，2003）。亦有学者直接将国际投资法划分为保护、鼓励、管理三个类别，其间再细分为国家法规或者国际性法规。具体如下图。

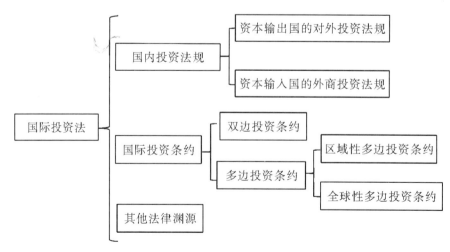

现代国际投资学

5. 资本输入国吸引外资的法律规范的特点是什么?

在国际资本自由流入与流出的环境下,外国直接投资对资本流入国的影响不可小觑。故而,制定相关的法律规范势在必行。资本输入国的法律规范是资本输入国制定的各类国际投资法的总称,能够实现对各类内外投资者关系的协调。资本输入国往往会制定一些优惠政策以吸引外来投资。同时,为防止或消除外国投资可能带来的不利影响,资本输入国也会采取一些管制性的政策和法规,对外国投资活动进行管理和规范。

一般而言,发达国家以其相对优越的政治、法律、社会、基础设施等条件,无须刻意引进,国际资金也相当富足。因此,其内外资差别不大,既没有太多的优惠政策,也没有严格的限制。而发展中国家在吸引外资方面相对处于劣势地位。此时,需要借力于一些优惠的政策法律条件和政府担保来增加自身的吸引能力,助力国内经济发展。但同时国内企业竞争力较差,为防止外资进入对国内经济和政治的不良影响,又不得不制定大量限制性的政策和法规。

6. 资本输入国吸引外资通常采取的法律措施有哪些?

①保护性法律法规。

资本输入国接受国际直接投资时,其国内经济环境必然会受到一定影响,视国家经济发达程度的不同而冲击也不一(Wellhausen,2019)。为了实现对国内经济环境、产业结构的有效保护,资本输入国政府采取制定保护性法律法规的方式,防范外资对其国内产业可能造成的潜在危害。

②激励性法律法规。

激励性法律法规主要包括给予外商投资的各种投资优惠,体现在财政、融资优惠等方面。地区性的优惠也是激励性法律法规的一种,如通过设立沿海经济开放区、经济特区、高新技术产业开发区等方式为外商提供土地、收费政策等方面的鼓励与优惠。

③管理性法律法规。

a. 对外国投资的审批。

对外国直接投资的审查和批准,常见于对国际资本流动进行限制时采用的政策。由于不同国家自身的发展诉求不一,在对外资审批的态度上各国的制度宽严差距很大(江小娟,2000)。

b. 关于外国投资者投资领域的政策和法规。

发达国家对外资的投资领域较为开放,但仍有一些鼓励和限制的措施。例如,大多数发达国家鼓励外资在新兴工业部门进行投资,以引进新技术和增加出口。而许多发达国家也严格限制甚至禁止外国跨国公司投资于那些关系到本国国计民生的特殊部门,如交通运输、银行、保险、国防工业等。有的国家对外资进入某些重要工业部门,尽管无明文禁止,但实际上仍存在行政上的干预。

c. 关于股权比例的政策和法规。

各国对外资可进入的领域所占股权的比重均有一定限制。发达国家只对特定行业或企业规定外资所占比例,例如法国有关政策规定外国企业在法国某些重要工业

347

部门的股份不得超过 20%~40%；美国规定在空运或水运相关企业中外资的股权比例不得超过 25%；澳大利亚政府规定外资在生产铂矿的企业中所占比重不超过 25%。

7. 简述资本输入国和资本输出国在国际投资中如何保护己方的利益。

①发展中国家和发达国家针对涉外投资的两大类国内立法。

一国的涉外投资法，通常包括两个基本方面：吸收外国投资的立法和向外国投资的立法。一般而论，发达国家的涉外投资立法侧重于后一个基本方面，发展中国家的涉外投资立法侧重于前一个基本方面。

发展中国家对涉外投资的法律保护。为了创设良好的投资法律环境以吸引外资，发展中国家对外资立法实行了保护和鼓励的措施，甚至一些国家对外资的保护和鼓励提高到国家根本大法的高度。如我国宪法第十八条第二款规定："在中国境内的外国企业和其他外国经济组织以及中外合资经营的企业，都必须遵守中华人民共和国的法律。它们的合法权利和利益受中华人民共和国法律的保护。"具体到外资立法，主要从待遇、资本和利润汇出、慎重征收（或国有化）、给予各种财税优惠、妥善解决涉外投资争端等方面予以保护。发展中国家也鼓励本国企业对外投资，但是建立了严格的审批程序，保证投资安全，减少投资风险。如韩国制定了《海外投资损失准备金制度》《税额控制制度》和《海外资源开发项目的免征所得税制度》三项保护制度。

发达国家对涉外投资的法律保护。发达国家一般采取"大进大出"的政策，即大量向海外输出资本，也积极引进利用外资。为了促进、保护本国的海外投资，发达国家在税收、立法及财政、信贷方面采取了一些鼓励政策，并建立了专门的海外投资保险制度；对流入本国的外国投资一般实行"国民待遇"，没有什么特别的优惠，而是有一些管理、监督和限制性规定。

②双边性、区域性以及世界性的国际投资法制。当代各国所缔结的双边投资保护协定一般包含投资定义、批准、待遇、代位权、征收条件和补偿以及争端解决程序等条款，其内容往往是资本输出国和资本输入国利益平衡和互相妥协的结果。区域性的国际投资法制随着各地区域经济一体化的发展不断变化。在外资保护方面，要求最惠国待遇，征收补偿应充分、及时、有效，对外资自由兑换未做硬性规定，原则上朝着汇兑自由化方向努力。世界性的国际投资法制主要包括《国际货币基金协定》《国际服务性开发银行协定》和《关税及贸易总协定》，在国际贸易、国际金融两大领域建立了世界性的法律体制和行为规范。

8. 试列举国际投资中关于贸易纠纷的法律规定。

为保证国际贸易能够顺利进行，使国际贸易得到法律的承认与保护，国际贸易业务必须符合法律规范。但由于国际贸易的当事人一般身处不同的国家或地区，具有不同的法律和制度，因此，国际贸易所适用的法律法规有较大的不同。概括起来，国际贸易所适用的法律法规主要有：国际条约、国际贸易惯例、国内法等。

①国际商事中的主要国际条约。

a. 关于国际货物买卖的公约。

《国际货物买卖统一法公约》（海牙，1964 年）

《联合国国际货物买卖合同公约》（维也纳，1980 年）

《联合国国际货物实卖时效期限公约》（纽约，1974 年）

b. 关于国际货物运输的公约。

《统一提单的若干法律规则的国际公约》（1924 年）

《有关修改统一提单若干法律规则的国际公约的议定书》（1968 年）

《联合国海上货物运输公约》（简称《汉堡规则》，1978 年）

《统一国际航空运输某些规则的公约》（简称《华沙公约》，1929 年）

《修改华沙公约的议定书》（简称《海牙议定书》，1955 年）

《国际铁路货物联运协定》（简称《国际货协》，1951 年）

《关于铁路货物运输的国际公约》（简称《国际货约》，1961 年 ）

《联合国国际货物多式联运公约》（1980 年）

c. 关于国际支付的公约。

《汇票、本票统一法公约》（日内瓦，1930 年）

《解决汇票、本票法律冲突公约》（日内瓦，1930 年）

《统一支票法公约》（日内瓦，1931 年）

《解决支票法律冲突公约》（日内瓦，1933 年）

《联合国国际汇票与国际本票公约》（1988 年）

d. 关于对外贸易管理的公约。

《世界贸易组织协议》（马拉喀什，1994）

e. 关于贸易争端解决的公约。

《关于承认和执行外国仲裁裁决的公约》（纽约，1958 年）

《关于争端解决规则和程序的谅解》（马拉喀什，1994 年）

f. 关于国际投资的公约。

《解决一国与他国国民投资争议的公约》（简称《华盛顿公约》）

《多边投资担保机构公约》（简称《汉城公约》，1985 年）

g. 关于知识产权的公约。

《保护工业产权巴黎公约》（巴黎，1967 年）

《商标注册马德里公约》（马德里，1995 年）

《伯尔尼公约》（伯尔尼，1971 年）

《世界版权公约》（日内瓦，1971 年）

②我国国内法涉及国际贸易的主要法律。

a. 适用于国际货物买卖的国内立法。

《中华人民共和国合同法》自 1999 年 10 月 1 日起正式生效。

b. 适用于国际货物运输与保险的国内立法

《中华人民共和国海商法》自 1993 年 7 月 1 日起正式生效。

c. 适用于国际货款收付的国内立法。

《中华人民共和国票据法》自 1996 年 1 月 1 日起施行。

d. 适用于对外贸易管理的国内立法。

《中华人民共和国对外贸易法》《中华人民共和国海关法》《中华人民共和国进出口商品检验》等。

e. 关于适用于国际商事仲裁的国内立法。

《中华人民共和国仲裁法》

③常用的国际贸易惯例。

目前，在国际贸易领域常见的国际贸易惯例有：

a. 国际贸易术语方面。

国际商会制定的《2000 年国际贸易术语解释通则》

国际法协会制定的《1932 年华沙-牛津规则》

美国全国对外贸易协会制定的《美国对外贸易定义修正本》

b. 国际货款的收付方面。

国际商会制定的《跟单信用证统一惯例》（国际商会第 500 号出版物）

国际商会制定的《托收统一规则》1995 年修订本（国际商会第 522 号出版物）

c. 运输与保险方面。

英国伦敦保险协会制定的《伦敦保险协会货物保险条款》

中国人民保险公司制定的《国际货物运输保险条款》

国际海事委员会制定的《约克-安特卫普规则》

d. 国际仲裁方面。

联合国国际贸易法委员会制定的《联合国国际贸易法委员会仲裁规则》

④国际条约、国内法及国际惯例的适用

国际条约、国际惯例和国内立法的关系，不同法律制度有不同的规定。一般地，在许多国家，国际条约有自动生效和非自动生效之分。

自动生效的国际条约，一经该国批准，自动产生效力，当事人可直接援引。对于非自动生效的国际条约，即使该国批准，也不对其居民产生直接约束力，只有经该国立法机关制定了有关实施该条约的法律后，才对其居民具有约束力。国际惯例具有非官方性质，因此不需要国家立法机关的批准。国际惯例多与当事人约定有关，而不与国内法或国际条约相关。在当事人的约定与其采用的国际惯例矛盾时，法院将根据当事人的意图予以解决。

9. 国际投资法律管理的发展趋势有哪些？请结合我国实际进行分析。

国际化、自由化、创新化，结合实际分析。略。

第十章 习题答案

名词解释

1. 中外合资经营企业

中外合资经营企业是指在我国境内由政府批准且具有法人地位，由中国企业或组织与外商共同创办的股份有限公司。其中，企业主体包括中外至少两个出资方；企业的合同规章等需要政府批准；企业必须具有中国法人地位。

2. 中外合作经营企业

中外合作经营企业是指各方提供不同的资源，并以契约的形式，在中国境内创办且经政府批准具有法人地位的企业。对于中方，一般是提供土地使用权等基本面的资源；外方则提供资金、设备、材料等物资面的资源。此类企业可以分为法人企业和非法人企业两种。前一种可以独立经营；后者则根据合同共同经营或者委托第三方进行经营。

3. 外商独资经营企业

外商独资企业是指经政府批准后，外商在中国法律法规保护下设立的具有法人地位、企业资源完全由外商投资者投入的企业。中方仅需提供厂房和基础设施，并根据合同对外商进行收费。企业独立经营，其盈利或亏损自行承担，并需要向中国缴纳各种税费。

4. BOT

BOT（build-operate-transfer）是指政府和私营部门签订项目合同，项目的前期筹资及基础设施的建设均由私营部门负责，同时在合同期收取使用费或者服务费，从而获得合理利润的项目建设模式。

5. 跨国并购

跨国并购是一国企业通过一定付款方式和手段，发起购买另一国企业（被并购企业）的全部资产或足以执行公司运营活动的股份，然后对另一国的企业进行经营管理的实际或完全控制行为。

简答题

1. 中国吸引外资经历了哪几个发展阶段？

（1）改革开放前（1949—1978年）。

新中国成立初期，中国政府主张经济建设以独立自主为主、以外援为辅的方针。苏联和东欧国家提供的政府贷款是早期中国利用外资的主要来源。20世纪60年代，随着中苏关系逐渐恶化，大多数东欧国家逐渐减少了与中国的经济往来。为此，中国将引进外资的来源转向日本与西欧一些国家，这使得20世纪60年代到1978年前我国引进外资基本处于停滞状态。此阶段，利用外资的主要特点是吸引外资流入量较小，来源国比较单一且选择受限；同时，外资分配制度高度集中，主要由中央政府直接管理引进的具体项目。

（2）改革开放后（1979年至今）。

1979—2019年间，中国吸引外资可以分为平缓发展阶段（1979—1991年）、高速发展阶段（1992—2000年）、逐渐成熟阶段（2001—2011年）和成熟稳定阶段（2012年至今）四个阶段。

第一阶段：平缓发展阶段（1979—1991年）

改革开放政策的确立是我国大规模利用外资的开端。作为吸引外资的初始阶段，此阶段中国外资的主要来源是外国贷款。在此期间，吸引外资的对象主要来自香港、澳门和台湾。随着经济特区的发展，也逐渐吸引了来自美国、英国、日本、法国等国家的资金流入，并主要集中在劳动密集型产业。这一阶段吸引外资主要以点和线的形式在经济特区和沿海城市中进行，尚未在全国范围内实施。

第二阶段：高速发展阶段（1992—2000 年）

1992 年南方谈话结束后，中国确立了新的经济体制，即社会主义市场经济，积极扩大对外开放。党的十四大提出要利用外资企业，提升国内企业的能力，从而进一步扩大对外开放。随后，国家决定将对外开放的优惠政策扩展到长江沿岸城市等更多地区，掀起了吸收外国直接投资的热潮。此阶段对外开放的进一步扩大，使得我国吸引外资得到快速发展。这一阶段，欧洲、美国、日本等成为中国利用外资的主要来源。在引资类型上主要偏向引进技术，FDI 流入制造业的比重迅速提高。在地域上，中西部实际利用外资额的比重也不断上升，形成了全方位的吸引外资格局。

第三阶段：逐渐成熟阶段（2001—2011 年）

2001 年 12 月 11 日，中国正式加入世界贸易组织。我国在经济快速增长的同时，投资的软硬环境也不断得到改善，从而迎来了外国直接投资的新一轮的增长。此阶段最明显的变化是跨国公司独自经营超过了中外合资经营，成为对外直接投资的主要方式。从行业的角度看，制造业一直是外国投资的重要产业。随着《外商投资产业指导目录》的颁布，中国扩大了服务业外商投资市场准入范围，越来越多的外国直接投资流入服务业。同时，外国对华投资的重心逐渐由数量扩张向质量提升转变，拓宽了外国经济的投资领域。

第四阶段：成熟稳定阶段（2012 年至今）

随着中国经济进入新常态后，国家确定了经济增长从要素驱动向创新驱动的战略转变。同时，"准入前国民待遇+负面清单"的管理模式逐步成型，进一步营造良好的国际化营商环境。此阶段，我国实际利用外资平稳发展。本阶段，我国利用外资的主要方式为设立外商独资经营企业，合作经营的方式逐渐减少，外商投资股份制企业渐渐增加。

2. 简述中国吸引外资的特点及方式。

①中国利用外资的方式。

中国利用外资的方式分为直接投资和间接投资。前者主要包括中外合资经营企业、中外合作经营企业和外商独资企业，后者主要是指外国政府优惠贷款。随着中国利用外资发展进入新时代，逐渐形成了一些新的投资方式，比如 BOT 和跨国并购。2020 年，国务院发布《关于修改和废止部分行政法规的决定》，将中外合资经营企业、中外合作经营企业和外商独资企业统一称为外商投资企业。

②中国吸引外资的特点。

随着吸引外资政策的不断变化，中国引进外资也呈现出新的特点：

a. 采取"准入前国民待遇+负面清单"利用外资。

b. 利用外资主要领域从制造业向服务业转换。

c. 从通过外资引进国外先进技术转变为通过外资提升技术创新能力。

d. 跨国公司的技术贡献逐步让位于国内技术创新。

e. 引用外资显著提升了我国国际分工地位。

3. 中国利用外资的挑战有哪些？

①全球投资持续低迷。

从金融危机爆发到 2017 年，全球外国直接投资的流入仍处于高位。然而，2018 年以来，由于全球经济下滑和中美贸易摩擦，全球外国直接投资表现不佳。同时受到美国税制改革和部分经济体加强对外国直接投资安全审查的影响，全球外国直接投资的跌幅超过预期，新兴市场的外国直接投资量跌至 20 年来的最低点。

②国际引资竞争愈发激烈。

继美国以税收改革等政策鼓励本国企业回国的示范和带头作用之后，欧盟和日本相继实施了"再工业化"战略，并出台了一系列鼓励本国企业回国的优惠政策，大力吸引外资。同时，为促进经济复苏和发展，许多发展中国家出台了引进外资的优惠政策，形成了越来越激烈的竞争格局。例如，越南出台了国家工业计划和外商投资优惠政策，柬埔寨对国际投资给予了优惠待遇，印度尼西亚放宽了对外国投资的准入限制，马其顿继续优化商业环境。发达国家和发展中国家更加密集的投资"双向挤压"，加剧了中国"稳外资"的难度。

③传统引资优势逐渐弱化。

长期以来，中国依托廉价的土地和劳动力成本、技术市场、税收优惠和宽松的生态规制体系，在引进外资方面取得了显著成就。随着中国经济发展进入新常态，劳动力、土地、自然资源等生产要素成本急剧上升，生态环境约束加剧，部分行业产能过剩凸显，廉价要素资源吸引投资优势已被削弱。同时，通过"干中学"，国内企业的核心竞争力和可持续竞争力不断增强，国内市场对外资的吸引力在不断下降。因此，外资企业逐渐开始谋求新的投资市场。

④营商环境亟待持续改善。

在全面深化改革的过程中，中国持续改善营商环境，取得了骄人的成绩。根据世界银行《2020 年营商环境报告》，中国的营商环境上升到全球 31 位，但仍存在一些薄弱环节。在市场化发展中，资源配置的作用没有得到有效利用，同时市场监管效率亟待提升。在法制化方面，需要在新修订的《中华人民共和国外商投资法》的基础上，补充和完善《中华人民共和国外商投资法实施细则》，突出《中华人民共和国外商投资法》的立法原则，有效保护外商投资企业的合法权益。

4. 简述中国吸引外资的现状。

①中国利用外资增长趋势稳定。

②外资企业是中国利用外商直接投资的主要方式。

③第三产业利用外资继续保持较快增长态势，占比持续上升。

④中西部地区吸引外资规模逐渐增加，东部地区增长放缓。

⑤亚洲是外资主要来源地，香港地区占据半壁江山。

5. 分析中国对外直接投资现状。

首先，加入 WTO 以来，我国对外直接投资额持续增长。2019 年，中国连续四年占全球总流出量的一成以上，中国对外投资在全球外国直接投资的影响力进一步加大。尽管中国对外投资规模经历了连续三年的下降，但中国对外投资的质量和效率均得到了提高。

其次，2019年，中国对亚洲和欧洲的投资额均上升，欧洲的上升比例最大。剩余四大洲的投资比例均有所下降，拉丁美洲下降比例最高。中国对外投资主要流向亚洲。

最后，从国民经济行业看，2019年中国对外直接投资涵盖了国民经济中的所有行业。其中，租赁和商务服务业、制造业、金融业、批发和零售业总流量超过100亿美元。从三大产业来看，2019年流向第一产业、第二产业和第三产业的资金分别为24.4亿美元、202.4亿美元和1 142.3亿美元。到2019年年底，中国对外投资中服务业的存量流入占比接近80%，价值17 510亿美元；第二产业为4 369.3亿美元，占中国对外直接投资的19.9%；第一产业为118.5亿美元，占0.5%。

6. 简述中国对外直接投资的方式及特点。

中国对外投资的方式主要包含直接投资与间接投资，主要为跨国并购。

中国对外直接投资的特点：

一是中国对外直接投资增速放缓。从改革开放开始，我国对外投资的规模便逐渐发展壮大，直到2016年达到顶峰。尽管中国的对外直接投资经历了三年的下滑，但中国的对外直接投资结构更加成熟和合理。

二是中国对外直接投资的区域分布进一步优化。境外投资企业分布在多个国家和地区，呈现日益多样化的趋势。总体而言，中国对外直接投资的国家分布更为合理，没有对单一市场的过度依赖。

三是中国对外直接投资的行业分布更加均衡。截至2019年年底，中国对外投资中服务业的存量流入接近80%；第二产业占存量的19.9%；第一产业仅占0.5%。从国民经济行业看，对外投资覆盖了所有行业，其中租赁和商务服务业、制造业、金融业、批发和零售业总流量超过100亿美元，且共有六个行业存量超过1 000亿美元，中国对外直接投资的产业分布更加均衡。

四是中国对外直接投资形式更加灵活多样。中国企业并购活动更加活跃，融资方式更加合理。2019年，中国企业对外投资和并购活跃，项目数量持续增加，涉及区域进一步扩大，包括467项对外投资并购，总价值342.8亿美元。其中，从组成部分看，新增股权投资483.5亿美元，占总流量的35.3%；债务工具投资（仅涉及外国非金融企业）为279.4亿美元，占20.4%；收益再投资达到606.2亿美元的历史新高，占总额的44.3%。2019年，中国海外公司表现良好，超过70%的公司盈利或保持持平。

五是投资区域和投资主体更加丰富。2019年，东部地区仍是对外投资的主要地区，投资额占对外投资总额的79.7%，为715.6亿美元。中西部投资流出量分别为91.1亿美元和78.1亿美元，而东北三省的对外直接投资流量明显低于其他三个地区，为12.6亿美元，占比为1.4%。中国非公有制国内投资者的对外非金融投资流量为588.7亿美元，占比50.3%；公有制经济持有的对外投资达到580.9亿美元，占49.7%。

7. 浅谈中国的"走出去"战略。

"走出去"战略又称国际化经营战略，是指中国企业充分利用国内和国外"两个市场、两种资源"，通过对外直接投资、对外工程承包、对外劳务合作等形式积极参与国际竞争与合作，实现我国经济可持续发展的现代化强国战略。

"走出去"是我国发展外向型经济的必由之路；"走出去"是中国参与经济全球化的重要条件；"走出去"是我国企业参与国际市场竞争的重要条件；"走出去"是我国企业发展壮大后国际扩张的必然选择。

"走出去"的战略意义在于：

第一，在更加市场化、更加开放、更加相互依存的世界，国家必须考虑通过具有宏观影响力和国家长远发展战略意义的对外投资，提高国家在全球经济中的地位，在国际资源分配中争取一个更加有利的形势并改善与相关国家和地区的关系。

第二，在中国成为"世界工厂"，对外贸易依存度超过70%的情况下，国家必须考虑通过提高引进外资质量和扩大对外投资两个轮子，主动地在更广阔的空间进行产业结构调整和优化资源配置。在保持制造业优势的同时，向产业链高增值环节迈进，提升中国在国际分工中的地位。

第三，无论是中国为全球制造产品，还是自身工业化、现代化的需要，都必须考虑如何通过对外投资主动地从全球获取资金、技术、市场、战略资源。

第四，在外资企业大举进入中国、分享中国市场的情况下，中国经济必须考虑拓展新的发展空间。在外资企业走进来的同时，中国有实力的企业要"走出去"，各自发挥优势，"你打你的，我打我的"，这将是一种必然的现实。

第五，在跨国公司利用自己实力重组中国优势的同时，中国有实力的企业也应利用跨国公司产业结构调整的机会，以自己的比较优势重组他国产业和企业，主动参与国际合作与竞争，以获得市场份额和技术开发能力，在这个过程中，壮大自己，成为与经济大国相匹配的跨国公司。

8. 中国对外直接投资存在什么问题？

①对外直接投资的总体规模明显偏小。因此中国的对外直接投资尚处于起步阶段。

②中国企业对外投资的规模偏小。

③投资项目的技术含量不高。

④企业对外投资地区结构不尽合理，从整个海外投资布局来看，对发展中国家和地区的投资仍明显偏少，从而影响了中国对外投资市场的进一步拓展。

⑤企业对外投资的效益还有待进一步提高。

⑥对外投资缺乏有效的国家宏观指导。

9. 为什么中国需要进行对外直接投资？

一般来说，对外直接投资的动机主要包括以下类型：

①追求高额利润型投资动机。追求高额利润，或以追求利润最大化为目标，这是对外直接投资最根本的决定性动机。追求高额利润是资本的天然属性，当在国外投资比在国内投资更有利可图时，资本必然流向国外。美国跨国公司对外直接投资，

355

特别是在发展中国家的直接投资所获利润要远远大于在国内投资的利润。

②资源导向型投资动机。这是指企业为寻求稳定的资源供应和利用廉价资源而进行的对外直接投资。这类投资又可分为两种情况：一是寻求自然资源，即自然资源导向型投资，企业对外直接投资以取得自然资源为目的，如开发和利用国外石油、矿产品以及林业、水产等资源；二是寻求人力资源，利用国外廉价劳动力。

③市场导向型投资动机。这类投资可分为以下四种情况：一是开辟新市场，企业通过对外直接投资在过去没有出口市场的东道国开辟一定的市场；二是保护和扩大原有市场，企业对出口市场的开辟进行到某种程度之后，通过对外直接投资在当地进行生产和销售更为有利；三是克服贸易限制和障碍，企业可通过向进口国或第三国直接投资，在进口国当地生产或在第三国生产再出口到进口国，以避开进口国的贸易限制和其他进口障碍；四是跟随竞争者，在寡头垄断市场结构，即少数大企业占统治地位的市场结构中，当一家企业率先到国外直接投资，其他企业就会跟随而至，有时甚至不惜亏损，以维护自己的相对市场份额，保持竞争关系的平衡。

④效率导向型投资动机。效率导向型投资动机是指企业进行对外直接投资的目的在于降低成本，提高生产效率。通常有两种情况：一是降低生产成本，如果企业在国内生产出口产品，其生产成本高于在国外生产时，可通过对外直接投资方式在国外设厂生产，以降低生产成本以及运输成本等，提高生产效率；二是获得规模经济效益，当企业的发展受到国内市场容量的限制而难以达到规模经济效益时，企业可通过对外直接投资，将其相对闲置的生产力转移到国外，以提高生产效率，实现规模经济效益。

10. 浅谈中国对外直接投资的发展前景。

①对外投资合作整体将平稳有序发展。

在以习近平同志为核心的党中央强有力的领导下，中国迅速遏制了新冠肺炎疫情的蔓延，并在2020年第三季度末实现了由负数向正数的正经济增长，为世界经济的复苏注入了正能量，增强了世界对中国企业的信心，这也增强了中国企业"走出去"的信心。面对逆全球化，中国积极推动经济全球化，坚定支持多边贸易体制，并支持和引导有实力且具有良好声誉的中国企业开展跨境投资合作，这为中国对外投资合作平稳有序发展奠定了坚实基础。

②企业对外投资合作将更注重质量效益。

2020年，中国《政府工作报告》明确提出要引导对外投资健康发展。在欧美发达经济体不断加大对外资的审查和监管、疫情加剧逆全球化进程，以及地缘政治争端等多重复杂的国际大环境中，中国企业对外投资合作将更为审慎理性。中国正在按照党的十九大报告要求，不断创新投资方式，增强为对外投资合作企业服务的能力。"走出去"企业在对外投资中不再只谋求单一控股和规模扩张，而是更加注重合规运作、防范风险、注重实现与东道国的互利共赢，这为对外投资的高质量发展提供了保障。

③中国对外直接投资结构将持续优化。

随着产业结构的优化和我国在全球价值链中地位的提高，"走出去"企业的创新能力和内生动力得到增强,有望为中国对外投资的持续优化提供强有力的支持。服务业近年来一直蓬勃发展,是中国经济高质量增长的重要引擎,同时也成为中国对外直接投资的主要产业。在"十三五"期间,中国对外投资在服务业中的增加值大幅增长,其占全部产业的比重由 2016 年的 51.6% 上升到 2019 年的 53.9%。同时,信息传输、软件和信息技术服务业以及高新技术产业的对外投资额也逐年增加。

④企业将更加注重通过对外投资实现产业链和供应链自主可控。

面对复杂的国际环境,中国通过创新发展和双循环的相互促进,增强产业链和供应链的独立可控能力,将成为当前和未来的关键任务之一。经过多年的不懈努力,中国企业的对外投资合作在存量、质量和结构上不断增长和优化,海外经贸合作区的数量和质量都有所提升,深化了中国企业与东道国之间的产业合作。

未来,中国将贯彻新的发展理念,更加注重跨国产业体系建设,依托强大的国内市场优势,研究关键的核心技术,通过"走出去"弥补技术上的弱点,解决"卡脖子"问题,以此提升在国际产业链和供应链中的地位。在竞争性行业中,利用"走出去"加强国际合作,带动技术、设备、产品和服务的出口,并巩固国际供应链的市场份额。可以预见,海外投资与合作将帮助中国企业更好地利用国内外市场和资源,为产业链和供应链的稳定以及独立可控做出贡献。

后记

　　本书是由西南财经大学、中国社会科学院、云南大学、中南财经政法大学、四川农业大学、西华大学、厦门理工学院、浙江师范大学、深圳市房地产和城市建设发展研究中心的十名教学科研人员共同编写的，由吕朝凤、周学智任主编，支宏娟、朱丹丹、陈燕鸿任副主编。吕朝凤撰写第一章，并对全书进行统稿；周学智撰写第二章，并做大量的联系和校对工作；支宏娟撰写第三章；吕朝凤、朱丹丹撰写第四章；王珊珊撰写第五章；陈燕鸿撰写第六章；袁凯华撰写第七章；刘爱兰撰写第八章；朱丹丹、郎建燕撰写第九章；崔庆波撰写第十章。

　　感谢西南财经大学、中国社会科学院、云南大学、中南财经政法大学、四川农业大学、西华大学的许多经济学子为本书所做的贡献，其中谢哲、郭子玉、陶毅、姚媛媛、李陆宁、蔡静、崔英健、钱旭洋、陈高山、毛霞、余啸、谌科、龙佳乐、肖子恒分别参与了本书第二、三章及第五章至第十章的写作，并分别对第一章至第十章进行了修改、校正和排版，其贡献尤其值得称道。感谢西南财经大学马骁教授、西南财经大学财政税务学院刘蓉教授、何加明教授、高琪教授和李建军教授的支持，正是他们的大力支持才使得本书能够如期撰写完成并顺利出版。感谢西南财经大学出版社李琼女士的帮助，她耐心地对本书出版的各项工作进行了热心的指导。

　　感谢以下课题及项目对本书的资助：西南财经大学"光华百人计划"项目；中南财经政法大学中央高校基本科研业务费专项"价值链视角下中国内外贸易成本变动的事实与影响测度"（项目编号：2722020JCT003）；云南大学教学改革研究重点项目"新文科专业人才培养的价值取向与理论融通——以国际经济与贸易专业为例"（项目编号：2019Z10）；西南财经大学中国特色现代金融理论平台，西南财经大学双一流重大（重点）建设项目"财政与金融协同机制研究"；国家自然科学基金项目"中国经济增长与经济结构转型研究——基于新结构经济学的新范式"（项目编号：72141301）。

　　限于编者的知识水平和教学经验，书中的不足和遗漏之处在所难免，编者将来势必要对本书进行修改和增删。为此，希望使用本书的同志随时向本书的编写人员提出意见，指出问题，以便将来对这些不当之处进行修订。具体联系邮箱为：xdgjtz@126.com。

编者

2022 年 3 月